TERREUR EN BEVRYDING

DIE ANC/SAKP, DIE KOMMUNISME EN GEWELD (1961-1990)

LEOPOLD SCHOLTZ

Jonathan Ball Uitgewers
Johannesburg · Kaapstad · Londen

Uitgegee in 2022 deur
JONATHAN BALL UITGEWERS
'n Afdeling van Media24 (Edms.) Bpk.
Posbus 33977
Jeppestown
2043

ISBN 978-1-77619-167-3
e-ISBN 978-1-77619-168-0

Webwerf: www.jonathanball.co.za
Twitter: www.twitter.com/JonathanBallPub
Facebook: www.facebook.com/Jonathan-Ball-Publishers

Omslag deur Sean Robertson
Ontwerp en geset deur Johan Koortzen
Geset in Adobe Garamond Pro 11 op 15pt

Inhoud

Skrywersnota

Ek is in 1948 gebore, die jaar toe die Nasionale Party aan die bewind gekom en sy apartheidsbeleid in werking begin stel het. Ek het grootgeword in 'n algemene atmosfeer waarin óns (die Afrikaners) goed was en húlle (die Engelse, die Zoeloes, noem maar op) sleg. Bowendien was óns vroeër die slagoffers van onuitgelokte en onverdiende aanslae en alles wat ons gedoen het, was om onsself te verdedig.

My vader, die historikus GD Scholtz, het al in die 1950's en 1960's – sy dit in beperkte mate – kritiese vrae oor dié paradigma gestel. In sekere ortodokse Afrikanernasionalistiese kringe is hy behoorlik daarvoor verkwalik, maar by hom het ek en my broers geleer om krities vir onsself te dink, nie gevolgtrekkings wat ander aan ons opdring noodwendig te aanvaar nie en om na eerlikheid te streef, wetende dat volkome eerlikheid in die finale instansie 'n onbereikbare ideaal is.

In die 1990's was ek hoofredaksielid en adjunkredakteur van die Kaapstadse dagblad *Die Burger*. Dit was die tyd ná die opheffing van die verbod op die African National Congress (ANC) en die Suid-Afrikaanse Kommunistiese Party (SAKP). Toe het die ANC/SAKP-alliansie 'n paradigma geskep wat in belangrike mate 'n spieëlbeeld was van die een waarmee ek grootgeword het – óns, die ANC/SAKP, is goed; húlle (die apartheidsregering) is sleg. Óns was die slagoffers van onverdiende diskriminasie en aanslae en alles wat ons gedoen het, was slegs om onsself te verdedig.

Ek het dié soort paradigma nie in die apartheidstyd aanvaar nie en ook nie in die era ná apartheid nie. Daardie soort wit-swart-denke stuit my volkome teen die bors. Dit druis in teen my eie waarneming dat die lewe in die praktyk nie spierwit teen pikswart is nie, maar genuanseerd verskillende skakerings van grys. Soos wat die apartheidsregering nie net sleg kon wees nie, kon die ANC/SAKP nie net goed wees nie. Die ANC/

SAKP-alliansie het 'n punt gehad deur teen apartheid in opstand te kom, maar in die proses het hy, indien moontlik, vir 'n nóg immoreler stelsel geveg. Sy metodes het bowendien baie te wense oorgelaat.

Ek het gevolglik destyds al met die gedagte begin speel om mettertyd 'n akademiese studie daaroor te skryf en het bronne begin versamel. Die resultaat hou die leser nou in die hand.

Sekere dele van die boek vertoon ooreenkomste met voorstudies wat ek – bygestaan deur my vrou Ingrid (ook 'n historikus) – in verskeie akademiese tydskrifte gepubliseer het. Hulle is egter grondig hersien en nuwe materiaal en insigte is bygevoeg sodat hulle hier grotendeels nuut is.

Ek het geen twyfel dat die werk nié in goeie aarde by die huidige regering en sy aanhangers sal val nie. Laat dit so wees. Wat hier volg, is 'n ontleding en vertolking wat nie summier van die tafel gevee kan word nie. Ander vertolkings is moontlik, maar hulle moet eweseer op feite gebaseer word.

Laat die gesprek begin!

Inleiding

D ie geykte vertolking van die African National Congress (ANC) en Suid-Afrikaanse Kommunistiese Party (SAKP) se stryd teen apartheid klink asof dit uit 'n sprokie kom: Daar is goeie ouens en slegte ouens, en die goeies is báie goed en die slegtes is báie sleg. Tipies hiervan is dié woorde van prof. Craig Soudien van die RGN oor die berugte gevangenis op Robbeneiland:

> Holding the country's most visible public figures, people such as Nelson Mandela, Walter Sisulu, Govan Mbeki and Robert Sobukwe, the prison rightly became a place of national and international significance. Central to this significance is what it came to stand for: oppression, cruelty and inhumanity, on the one hand, and stoic resistance and nobility of spirit, on the other. In the South African discourse on transformation, the prison is one of the country's most important symbols of redemption and reconciliation.[1]

Andersyds het Wynand Malan, een van die lede van die Waarheid-en-versoeningskommissie, gewaarsku: "To pour history into a mould is to recreate the potential for conflict ... A shared understanding of our history requires an understanding of different perpectives, not the building of a new national myth. Presenting 'the truth' as a one-dimensional finding is a continuation of the old frame."[2]

Dít is inderdaad die benadering van hierdie boek – om nog 'n perspektief op ons geskiedenis te bring en in hierdie geval spesifiek op die ontwikkeling van die ANC/SAKP-alliansie se denke en dade in hul jare van ballingskap van 1961 tot 1990. Dit is beslis nie die enigste moontlike perspektief op die verlede nie; ander is altyd moontlik. Dit is nou eenmaal die aard van die historiese wetenskap.

In dié studie gebeur dit aan die hand van 'n aantal temas wat nou verband hou met mekaar.

Die eerste is die wyse waarop die alliansie se taamlik gewetensvolle en beperkte gebruik van geweld in die vroeë 1960's geëskaleer het tot 'n situasie wat uiteindelik op 'n byna onbeperkte terreurveldtog neergekom het. Aandag word gegee aan die fases waarin dit gebeur het, aan die interne debatte in die ANC/SAKP daaroor en die wyse waarop die alliansie teen die 1980's deels beheer oor die aanwending van geweld op voetsoolvlak verloor het. Dit terwyl 'n beduidende deel van die twee bewegings se leiers steeds voortgegaan het om die geweldpleging van buite aan te hits.

'n Tweede tema is die verhouding tussen die ANC en die SAKP. Hulle was formeel twee aparte liggame, maar met één brein. Die SAKP het reeds in 1928 opdrag van die Kremlin ontvang om die ANC te infiltreer en mettertyd die leiding daarvan oor te neem terwyl hy steeds sy eie onafhanklikheid behou (deel van die Sowjetunie se beleid om die Derde Wêreld onder sy beheer te kry). Die doel was om 'n revolusie in twee fases voor te berei. In die eerste sou die ANC as't ware as stormram gebruik word om die apartheidsbewind tot 'n val te bring. Terselfdertyd moes die SAKP sorg dat die meeste van die ANC se leiers- en ander sleutelposte deur SAKP-lede beklee word. Dit sou die SAKP dan in 'n goeie posisie plaas vir die tweede – kommunistiese – fase van die revolusie. Dit moes die weg na 'n kommunistiese "diktatuur van die proletariaat" voorberei.

Die SAKP se magsoorname van die ANC het geleidelik en subtiel geskied. Eers het hy die ANC ideologies gekaap, 'n proses wat teen die einde van die 1960's met die raadplegende konferensie by Morogoro voltooi was. Teen 1985, met die raadplegende konferensie by Kabwe, was die proses waarvolgens die SAKP die ANC vir alle praktiese doeleindes ook organisatories en magspolities gekaap het, afgehandel.

Dié tweede tema het op sy beurt twee subtemas. Een is hoe Nelson Mandela en Oliver Tambo in bogenoemde skema ingepas het.

Ondanks latere ontkennings was Mandela wel deeglik in die 1950's en 1960's lid van die SAKP. Uit sy eie uitsprake op skrif kan gesien word dat sy denke in dié tyd ortodoks Marxisties-Leninisties was. Sy vrylating in 1990 en sy aanvaarding van die presidentskap vier jaar later het saamgeval met die val van die Berlynse Muur en van die verkrummeling van die Sowjetunie en van die kommunisme as internasionale ideologiese revolusionêre voorbeeld en as globale magsfaktor. Mandela, ondertussen al oud en wys, was verstandig genoeg om toe vrywel volledig afstand van sy eertydse kommunistiese oortuigings te doen.

Oliver Tambo was nooit formeel lid van die SAKP nie; sy verdienste – uit ANC-oogpunt beskou – was dat hy 'n ideologies taamlik diverse versets-organisasie in moeilike tye bymekaar kon hou. Om te openlik kommunisties te wees sou die beweging, veral aanvanklik, eerder verdeel het. Tog, as jy Tambo se ideologiese oortuigings – soos geboekstaaf in sy geskrifte, onder-houde en toesprake – ontleed, was daar slegs subtiele verskille met die ortodokse Marxisties-Leninistiese standpunte van die SAKP.

Die tweede subtema is die verhouding tussen die ANC/SAKP en die Sowjetunie. Dit blyk dat die ideologiese wêreldbeskouing van spesifiek die SAKP volledig met dié van die Sowjetunie ooreengestem het. Daar was eenvoudig géén verskil nie. Meer nog: Die SAKP het in alle opsigte, met inbegrip van alle aktuele internasionale politieke geskille, slaafs agter die Sowjetunie aangeloop. In die SAKP was daar geen onafhanklike denke nie. Dis nie dat die party vir elke daad of uiting eers toestemming in Moskou moes kry nie; die aanbidding van die Kremlin was bloot só oorweldigend dat dit eenvoudig ondenkbaar was dat die alliansie selfs maar 'n millimeter buite die grense wat die Sowjetunie gestel het, sou beweeg. En omdat die SAKP die onbetwisbare leiding in die alliansie gegee het, was dit in 'n marginaal mindere mate ook waar vir die ANC.

Die derde tema is dat die ANC/SAKP regdeur hul bestaan daarop aanspraak gemaak het dat húlle die "good guys" en die apartheidsregime die varke in die verhaal is. Húlle het die morele oorhand gehad; die apartheidsregering kon byna met Hitler-Duitsland vergelyk word. Dit was 'n geval van baie goed teen absoluut sleg.

Ja, het die alliansie soms toegegee, hy het foute gemaak. Maar dit was maar min en net af en toe en kan nie afbreuk doen aan die glorieryke saak – vryheid en geregtigheid – waarvoor daar geveg is nie. Dié paradigma is verder in mindere of meerdere mate deur 'n leërskare van honderde onkritiese politici, joernaliste en akademici verkondig.

Wat slegs enkelinge hier en daar hulle afgevra het, was: Ons weet almal waartéén die ANC/SAKP geveg het, naamlik die op sigself immorele apartheidstelsel wat op rassediskriminasie en rassisme berus het. Maar waarvóór het hulle geveg? Wat wou hulle in die plek van apartheid stel?

Die antwoord word in dié boek uitvoerig behandel: Hulle wou 'n Marxisties-Leninistiese diktatuur van die proletariaat in Suid-Afrika vestig. Só 'n stelsel het inderdaad die voordeel gehad dat rassediskriminasie en rassisme nie deel daarvan sou wees nie. Maar as jy sien wat alles in die Sowjetunie en ander kommunistiese diktature gebeur het, kan geen regdenkende mens tot 'n ander gevolgtrekking kom nie: Immoreel soos apartheid was, onder dié stelsel was beperkte vryheid steeds moontlik, selfs voorwaardelik vir swart mense. As die ANC/SAKP daarin geslaag het om die bewind voor die einde van die Sowjetunie deur 'n gewelddadige revolusie te gryp, sou Suid-Afrika in 'n donker nag van verdrukking en onvryheid weggesink het.

Daar is ook 'n vierde tema wat naatloos by die derde aansluit: Die wedervaringe van die ANC/SAKP in die struggle-jare is gekenmerk deur 'n dodelike kombinasie van erge interne onverdraagsaamheid, fundamentele onbekwaamheid en selfverryking en korrupsie deur 'n groot deel van die leiers. Dit het gepaard gegaan met 'n gebrek aan interne demokrasie in die alliansie, ernstige menseregtevergrype in die buitelandse kampe en basisse regoor Suider-Afrika en erge onbekwaamheid en ondoeltreffendheid. 'n Soortgelyke kombinasie kon ná 1994 steeds meer in die nuwe Suid-Afrika gesien word, met as (voorlopige?) hoogtepunt die staatskaping in die era van Jacob Zuma as president.

Die geskiedenis van die ANC/SAKP in ballingskap help dus ook verklaar waarom dinge ná 1994 gebeur het soos hulle gebeur het.

Ten slotte, 'n vyfde tema, wat net by implikasie aan die beurt kom, is die wyse waarop slegs enkele akademici eerlik genoeg was om die minder aantreklike aspekte van die alliansie se wedervarings van voor 1990 met sy volle implikasies te boekstaaf. Inderdaad is bitter min van die alliansie se geskiedenis van dié tyd nié ondersoek nie, maar 90 tot 95% daarvan is klein studies wat min bydra tot die verstaan van die geheelbeeld, of wat andersins vergoeilikend na dinge kyk. Die enigste akademici wat die moed gehad het om teen dié oorweldigende konsensus in te gaan, was wyle prof. Stephen Ellis (Leiden), dr. Anthea Jeffery (SA Instituut vir Rassebetrekkinge), dr. Irina Filatova (Staatsuniversiteit in Moskou en emeritus-professor aan die Universiteit van KwaZulu-Natal) en dr. Jan-Adriaan Stemmet (Universiteit van die Vrystaat). Van hul werk is slegs dié van Ellis en in mindere mate van Filatova vryelik vir die algemene publiek beskikbaar; Stemmet s'n is 'n ongepubliseerde doktorale proefskrif.

Ek volg in alle nederigheid waar hulle gelei het. Ek voeg bepaalde belangrike feite en perspektiewe by en dit alles in Afrikaans. Of dit die openbare debat gaan beïnvloed, staan nog te besien.

1

In Opdrag van Moskou

Die gewapende stryd wat die African National Congress (ANC) en die Suid-Afrikaanse Kommunistiese Party (SAKP) van 1961 tot 1990 teen die destydse Suid-Afrikaanse regering gevoer het, het nie uit die lug geval nie. Wat 'n mens ook al van die stryd en die doelstellings en metodes daar agter dink, dit is die historikus se taak om dit te ondersoek en in perspektief te plaas. Hierdie boek gaan aantoon dat die gewapende stryd grotendeels teruggevoer kan word na die invloed van die SAKP en die kommunisme op die ANC en die sogenaamde tweefaserevolusie wat die SAKP in opdrag van die Sowjetunie in Suid-Afrika wou uitvoer.

In sekere sin begin ons verhaal in 1927. In daardie jaar het drie Suid-Afrikaners – Josiah T Gumede, president van die ANC, James la Guma, sekretaris van die ANC se Kaapse tak en lid van die Kommunistiese Party van Suid-Afrika (KPSA – die SAKP se voorganger), en Daniel Colraine van die South African Trade Union Congress – die stigtingskongres van die Bond teen Imperialisme in die majestueuse Egmontpaleis in Brussel bygewoon. Die kongres is gefinansier deur die Komintern, die sambreelorganisasie wat alle kommunistiese partye ter wêreld verteenwoordig het, en is gelei deur ene Willi Muzenberg van die Duitse Kommunistiese Party.[1] Dié samekoms sou deur ander – veel belangriker – ontmoetings gevolg word.

Daar was egter vroeër al kontak tussen die ANC en kommuniste, en ons sal baie kortliks daaraan aandag moet gee. Die heel eerste kontak tussen die ANC en kommuniste het in Februarie 1916 plaasgevind, skaars vier jaar ná die stigting van die ANC. Toe is 'n vergadering deur 'n groep Transvaalse kommuniste belê om die Naturellen Grond Wet van 1913 te bespreek. (Dié wet het swart grondbesit beperk tot die sogenaamde reserwes, toe maar sowat tien persent van die land, en het huurpag van swart mense op wit mense se plase verbied.) Die vergadering het geen praktiese gevolge gehad nie.[2]

Dat die kommuniste ewenwel geen hoë dunk van die ANC gehad het nie, blyk uit 'n brief wat Ivon Jones, die sekretaris van die International Socialist League (die voorganger van die Kommunistiese Party van Suid-Afrika), in Maart 1921 na Moskou gestuur het: Die ANC, het hy geskryf, is slegs "a small coterie of educated natives" wat bloot agiteer vir "civil equality and political rights". Hy het vol vertroue voorspel dat "the growing class organisations of the natives will soon dominate or displace the Congress".3

Terug na 1927. Vir Gumede, wat geen Kommunis was nie en in 1917 nog sterk standpunt teen die Bolsjewistiese revolusie ingeneem het, was dit veral 'n beslissende gebeurtenis. By die stigtingskongres van die Bond teen Imperialisme is hy naamlik vir die eerste keer as swart mens op sosiale vlak as gelyke behandel deur die wit afgevaardigdes, oorwegend kommuniste. Soos hy dit in sy toespraak gestel het: "I am happy to say that there are Communists in South Africa. I myself am not one, but it is my experience that the Communist Party is the only party that stands behind us and from which we can expect something."4 (Later sou La Guma by die SAKP aansluit en is die Sowjetunie se Presidium, die Orde van Vriendskap, ook aan hom toegeken.5)

Ná die kongres het Gumede en La Guma verder gereis, eers na Duitsland, waar Gumede verskeie toesprake gehou het, en toe na die Sowjetunie. Daar het Gumede onder meer Georgië besoek, waar hy sterk onder die indruk gekom het van die – soos hy dit ervaar het – verstandige manier waarop die Russiese kommunistiese bewind sy etniese probleem aangepak het. Terug in Suid-Afrika het Gumede entoesiasties uitgeroep: "I have seen the world to come where it has already begun. I have been to the new Jerusalem."6

In Moskou het La Guma intussen 'n rigtinggewende gesprek gehad met Wladimir Boecharin, voorsitter van die Komintern. Dié gesprek sou van beslissende belang wees vir die geskiedenis van Suid-Afrika en die betrekkinge tussen die ANC en die Kommunistiese Party van Suid-Afrika of KPSA. (Dié party is in 1950 ontbind en het ná sy herstigting in 1953 sy naam verander na Suid-Afrikaanse Kommunistiese Party of SAKP.)

Die belangrikste bron oor die gesprek is tweedehands, 'n passasie van Eddie Roux ('n wit Kommunis aan wie La Guma dit waarskynlik vertel het) in sy biografie van die destydse leier van die KPSA, Sidney Bunting. Dit lui só:

> La Guma, when he had visited Russia in 1927, had had a discussion with Bukharin (then a leading figure in the Comintern) on the situation in South Africa. It was agreed that the struggle in this country was primarily an anti-imperialist one. The country was a colony or semi-colony of British imperialism. The Bantu, like the Indians and Chinese and other colonial peoples, were suffering national oppression ... It was clear therefore that the main task of the revolution in South Africa was to overthrow the rule of the British and Boer imperialists, to set up a democratic independent Native republic ... as a stage towards the final overthrow of capitalism in South Africa.[7]

Ongelukkig weet 'n mens nie presies wie wat gesê of hoe die gesprek in detail verloop het nie. Volgens wat La Guma by sy terugkeer aan die KPSA se sentrale komitee gerapporteer het, het Boecharin gesê dat "the white workers in South Africa, soaked as they were with imperialist ideology, were not of primary revolutionary importance in this country".[8]

In isolasie beskou, sou dit moeilik wees om die gesprek behoorlik te takseer. Neem 'n mens egter die destydse internasionale agtergrond in ag, word die betekenis daarvan wel duidelik.

Kommunisme en die tweefaserevolusie

In die eerste plek is dit noodsaaklik om te begryp dat die Russiese Revolusie van 1917 in twee duidelik onderskeibare fases plaasgevind het. Die eerste fase was in Maart 1917, toe die tsaristiese regime deur 'n burgerlike regering omvergewerp is.

In dié fase het die kommuniste van Wladimir Lenin prakties geen rol gespeel nie. Lenin is heeltemal onkant betrap en hy was trouens nog in Switserland in ballingskap. Met behulp van die Duitsers (wat tereg gemeen het Lenin sal Rusland uit die Eerste Wêreldoorlog help haal) is hy daarop in 'n verseëlde trein in Rusland ingesmokkel en hy het onmiddellik aan die werk gespring om die chaos uit te buit. Formeel het Lenin met die burgerlike bewind saamgewerk, maar in die praktyk alles in sy vermoë gedoen om dit te destabiliseer. Sy kans het uiteindelik in November gekom, toe hy 'n staatsgreep uitgevoer en self die mag gegryp het. Dit was die belangrike tweede fase.

Daar was dus eers 'n burgerlike revolusie en toe 'n sosialistiese een.

Dié feit het 'n belangrike implikasie. Lenin het reeds vroeg in die twintigste eeu ingesien dat 'n klein, streng gedissiplineerde voorhoede, soos hy die Kommunistiese Party georganiseer het, nie die mag alleen kon gryp nie; daarvoor was bondgenote nodig. Volgens die Leninisme, skryf die Poolse kenner Leszek Kolakowski, moes die proletariaat homself organiseer "for a democratic revolution in a semi-feudal country, in the hope of first sharing power with the peasantry and then initiating the struggle for socialism and a proletarian dictatorship against the bourgeoisie … In all this the proletariat was to act under the leadership of the party – the true keeper of the proletariat's consciousness …"[9]

Ten slotte het die Komintern, wat onder beheer van die Sowjetunie was, mettertyd die behoefte gevoel om dié beleid vir koloniale gebiede aan te pas. Die probleem hier was dat die Derde Wêreld volgens die ortodokse Marxistiese wêreldbeskouing steeds in die feodale fase was en nog nie die kapitalisme betree het nie – en dus ook nie ryp vir 'n sosialistiese revolusie was nie. In 'n aantal "koloniale stellings" het Lenin verordineer dat die Derde Wêreld maar die kapitalistiese fase kon oorslaan.

Daarby moes die kommuniste opereer – en dit is belangrik – "in 'n tydelike alliansie met die bourgeoisie van die kolonies en agterlike lande, maar nie daarmee saamsmelt nie en die onafhanklikheid van die proletariese beweging selfs in sy mees embrionale vorm onvoorwaardelik beskerm". Koloniale kommunistiese partye, het Lenin beveel, moet "bevrydingsbewegings aktief steun". Hulle moet "veral versigtig wees en aandag gee aan nasionale gevoelens, anachronisties soos dit is, in lande en by volke wat lank verslaaf was". Hulle moet dus "voorlopig met die revolusionêre bewegings van die kolonies en agterlike lande saamwerk en selfs 'n alliansie daarmee vorm, maar … nie daarmee saamsmelt nie."[10]

Dié woorde is van groot belang wanneer die samewerking tussen die SAKP en ANC ontleed word.

Dít was dan die agtergrond waarteen La Guma en Boecharin in 1927 met mekaar gepraat het. In die lig van die historiese feite wat hierbo genoem is en dit wat later op die Komintern se kongres van 1928 besluit is (ons behandel dit verderaan), sou die volgende rekonstruksie van die gesprek waarskynlik nie alte ver van die waarheid wees nie: Boecharin (wat ongetwyfeld nie veel van Suid-Afrika en die toestande daar geweet het nie) het waarskynlik die beleid van Lenin en die Komintern oor 'n tweefaserevolusie en taktiese samewerking met 'n burgerlike massabeweging aan La Guma verduidelik. Hy het hom heel moontlik gevra of daar in Suid-Afrika 'n geskikte burgerlike massabeweging was wat as tydelike bondgenoot van die KPSA kon dien totdat die dag aanbreek wanneer die mag self gegryp kan word. La Guma se antwoord – die ANC – sou voor die hand liggend wees, want hy was immers sekretaris van die Kaapstadse tak van dié beweging.

Ewenwel, dié gesprek en Gumede se besoek aan Brussel was die eerste keer dat die ANC en die internasionale kommunisme kennisgemaak het.

Ingrypende besluite

Die gesprek tussen La Guma en Boecharin is gevolg deur 'n reeks ingrypende besluite op die jaarkongres van die Komintern in 1928 in Moskou. Tot die ontsteltenis van die wit Kommuniste uit Suid-Afrika is hulle gekonfronteer met 'n konsepresolusie wat heel waarskynlik die regstreekse gevolg van die gesprek tussen La Guma en Boecharin was. Daarin is die KPSA opdrag gegee om hom te beywer vir "an independent native South African republic, as a stage towards a workers' and peasants' government with full, equal rights for all races, black, coloured and white".[11] Feit is dat die Moskouse leiers destyds hoë verwagtings vir 'n spoedige geslaagde kommunistiese revolusie in Suid-Afrika gehad het. Dit het bekend gestaan as die nasionale demokratiese revolusie (NDR), 'n begrip wat in die jare ná 1990 en 1994 bekendheid in Suid-Afrika verwerf het.[12]

Dit is later in 1928 opgevolg met 'n uitvoerige beleidsverklaring van die Komintern oor Suid-Afrika, waarin die resolusie verder uitgewerk is. In dié taamlik uitvoerige dokument[13] word die politieke, maatskaplike en ekonomiese toestand in Suid-Afrika uit 'n ortodokse Leninistiese hoek behandel, met speciale verwysing na die rassesituasie.

Namate die kapitalisme in die land posgevat het, lui die dokument, het die Afrikaners en Britte hul verskille al hoe meer begrawe en gesamentlik met die kapitalistiese uitbuiting van swart en bruin mense begin. Die moontlikheid dat die Nasionale Party en die Arbeidersparty dit kan verander, word kortliks oorweeg en verwerp. Wat oorbly, is die Kommunistiese Party van Suid-Afrika (KPSA).

Onder die stellings in die verklaring is die volgende:

- dat die Kommunistiese Party homself op voetsoolvlak moet reorganiseer om mettertyd 'n massaparty te word;
- dat hy homself veel meer op die swart werkers moet toespits en dus ook swart mense in die leierskorps van die party moet bring;
- dat hy diskriminasie teen swart en bruin moet beveg met as slagspreuk "an independent native South African republic as a stage towards a workers' and peasants' republic";
- dat Suid-Afrika primêr 'n swart land is en dat "[t]he black peasantry constitutes the basic moving force in the revolution in alliance with and under the leadership of the working class" en
- dat die Kommunistiese Party die enigste party is wat die bevryding van swart mense kan lei. Die party word gekritiseer dat hy tot in daardie stadium nie sy taak reg verstaan het nie.

Die wit werkersklas se rol word ook behandel. Hulle vorm "nasionale minderhede" met gelyke regte en hulle moet saam met swart mense teen die wit bourgeoisie en die Britse imperialiste veg. Slegs as die party die belang van die "nasionale vraagstuk" reg verstaan, sal hy kan voorkom dat die wit en swart werkers verdeel word. Die swart massa moet oortuig word dat die wit werkers hul bondgenote is en ook uitgebuit word.

Teen dié agtergrond is daar drie kardinale verwysings na samewerking met ander bewegings:

- Dit is die taak van die Kommunistiese Party "to influence the embryonic and crystallising national movements among the natives in order to develop these movements into national agrarian revolutionary movements against the white bourgeoisie and British imperialists".
- Die doel moet wees "to transform the embryonic nationalist movement into a revolutionary struggle against the white bourgeoisie and foreign imperialists".
- Die aap word vervolgens uit die mou gelaat: "The Party should pay

particular attention to the embryonic national organisations among the natives, such as the African National Congress. The Party, while retaining its own independence, should participate in these organisations, should seek to broaden and extend their activity. *Our aim should be to transform the African National Congress into a fighting nationalist revolutionary organisation against the white bourgeoisie and the British imperialists … developing systematically the leadership of the workers and the Communist Party in this organisation.*" (My kursivering.)

Dié besluit wat in Moskou aan die KPSA opgedwing is dat die Kommuniste die ANC as stormram vir 'n revolusie moes gebruik, het in Suid-Afrika heelwat woelinge in die party veroorsaak, maar is in Januarie 1929 amptelik aanvaar. In opdrag van Moskou is diegene wat gekant was teen slaafse gehoorsaamheid aan die Kremlin (sowat 'n derde van die lede) uitgedryf.[14]

Van toe af tot en met die uiteenval van die Sowjetunie aan die einde van 1991 was die KPSA en sy latere opvolger, die SAKP, een van die kommunistiese partye wat die gehoorsaamste aan die Kremlin was. Soos die ortodoks-kommunistiese historikus Brian Bunting dit stel: "The resolution … laid the theoretical foundation of the work of the Communist Party of South Africa in the ensuing decades and its importance cannot be overemphasised."[15]

Dit was die begin van 'n dekades lange slaafse gehoorsaamheid aan die Kremlin. Die onafhanklik denkende kommunis Eddie Roux vertel waarom hy die party in 1936 verlaat het: "The control exercised by the Communist International over its South African section had produced a situation which I and a number of other members began to find intolerable." Hy sê daar is na die Sowjetunie vir leiding opgekyk, maar namate Stalin se "purges continued and as one admired leader after another made his confession of 'anti-revolutionary activity' before being 'physically liquidated', one's faith diminished".[16]

Begin 1929 het die KPSA dus braaf op sy konferensie besluit dat "the unequal, subjected enslaved status of the native workers and people" eers beëindig moet word; waarna "the conception and realisation of native rule merges into that of the Workers' and Peasants' Republic … in effect Socialist".[17]

In die geheel genome was die jare 1927-1930 dus van deurslaggewende belang vir die geskiedenis van die ANC/SAKP en van Suid-Afrika. Dit was die fondament van die SAKP se onkritiese aanvaarding van die Kremlin se leiding, sy oorheersing van die ANC en van die aard van die alliansie se opstand teen die apartheidsbeleid. Dit was die begin van die Suid-Afrikaanse Kommuniste se breë revolusionêre strategie, naamlik om éérs die ANC aan die bewind te help en dán self die mag te gryp.

2

Die SAKP dring die ANC binne

Die ANC se toevlug tot terreur en geweld was die gevolg van 'n eskalasie wat tot die bewindsoorname van die Nasionale Party en die inwerkingstelling van sy apartheidsbeleid teruggevoer kan word. Op 31 Mei 1952 het die leiers van die ANC en die SA Indian Council in Port Elizabeth byeengekom om die sogenaamde Defiance Campaign te beplan. Hulle het intensief gedebatteer of die veldtog prinsipieel geweldloos moes wees – soos dié van Mohandas Gandhi teen die Britse oorheersing in Indië – en of geweld toelaatbaar sou wees. Sommige het gewys op die morele meerderwaardigheid van geweldloosheid; ander was meer pragmaties: Die omstandighede moes die strydwyse dikteer, het hulle gevoel. Nelson Mandela, ook teenwoordig, se eie gevoel was dat geweldloosheid die beste wapen was, maar "only in so far as our people still needed to prepare for more effective forms of struggle".[1]

In die daaropvolgende jare het die ANC besluit dat planne gesmee moes word om ondergronds te gaan indien die beweging verbied word. Dit het bekend geword as die M-Plan (Mandela-plan). In sy geheime outobiografie, wat stuk-stuk uit die gevangenis op Robbeneiland gesmokkel is, het Mandela die doel omskryf: "The idea behind the plan was to set up a machinery which would enable the ANC to take decisions at the highest level and which could be swiftly transmitted to every member throughout the country without calling a meeting and without publicity."[2]

Dit sou in werking tree so gou die regering die ANC verbied of van sy leiers inperk en sou die beweging in staat stel om ondergronds voort te gaan.[3] Dit was nog geen gewelddadige opstand nie, maar wel 'n stap in dié rigting.

Tog het die plan 'n aansienlike mate van organisatoriese vermoë veronderstel. In 1955 moes die nasionale uitvoerende komitee (NUK) van die ANC dit egter boekstaaf dat hy nog nie met sy praktiese organisasie veel hond haaraf kon maak nie.[4] En Raymond Suttner, wat self jare lank ondergronds namens die ANC/SAKP in Suid-Afrika geopereer het, meen die toepassing van die M-Plan was "partial and very uneven in its impact. The moment of banning found the ANC unprepared on the whole." Dit het die SAKP, wat toe reeds verskeie jare se ervaring met ondergrondse aktiwiteite gehad het (die party is immers al in 1950 verbied), in 'n goeie posisie geplaas om sy invloed in die ANC te vergroot.[5]

Teen 1961, toe hy in Johannesburg weggekruip en probeer het om 'n guerrillaleër op die been te bring, het Mandela 'n studie van verskeie militêre skrywers gemaak. Hy was nogal beïndruk deur die Pruisiese militêre denker Carl von Clausewitz, veral deur dié se stelling dat oorlog 'n voortsetting van politiek is, maar met ander middele. Dit het ingepas by sy gevoel dat die gewapende stryd geen doel op sigself was nie, maar in diens van die bevrydingstryd moes staan.[6] Ander skrywers wat hy bestudeer het, was Deneys Reitz (seun van die Vrystaatse pres. FW Reitz wat 'n boek oor sy wedervarings in die guerrillafase van die Anglo-Boereoorlog geskryf het), die Chinese kommunistiese leier Mao Zedong, asook ander boeke oor die insurgensieveldtogte in Maleia (vandag Maleisië) en die Filippyne.[7]

In sy geheime outobiografie vertel Mandela dat hy hoofsaaklik literatuur gelees het "on armed warfare with particular emphasis on guerrilla warfare in Europe, Asia and Latin America". Wat hom veral geïnteresseer het, was die verslag van Blas Roca, hoofsekretaris van die Kubaanse Kommunistiese Party oor die oorlog teen die diktator Fulgençio Batista: "He made the interesting point that the significance of Fidel Castro in the Cuban Revolution lay in the fact that while the CP did not realise that the moment of revolution had come, Fidel was able to see and seize it."[8]

Jonathan Hyslop noem Mandela in dié stadium "a serious student of military doctrine".[9]

Hoe ook al, die verbod op die ANC en die gebeure in 1960 by Sharpeville toe 69 betogers deur die polisie doodgeskiet is, het die laaste argument weggevee van diegene in die ANC wat ten gunste van geweldlose verset was. ANC-leiers het gaan kers opsteek in Moskou en Beijing en daar gehoor dat 'n gewapende opstand in beginsel 'n goeie rigting was, maar dat dit baie sorgvuldig voorberei moes word. In die jare hierna sou dit moes blyk of die ANC/SAKP dit voldoende besef het.

Die ANC se siening van sy alliansie met die SAKP

Voordat 'n mens die ANC en SAKP se gewapende stryd self aanpak, is dit nodig om eers 'n verwante tema te behandel, te wete die verhouding tussen die twee partye. Deur die jare het dit 'n fundamentele uitwerking op die aard en rigting van die gewapende stryd gehad.

Niekommunistiese leiers van die ANC het die beweging se samewerking met die Kommuniste herhaaldelik verduidelik. 'n Gemeenskaplike tema was dat die alliansie pragmaties was, dat die Kommuniste op die ANC se voorwaardes in die beweging geduld is, dat hulle inderwaarheid 'n ondergeskikte rol gespeel het en dat dit nie van die ANC 'n kommunistiese of selfs kommunisties-oorheerste organisasie gemaak het nie.

Een van die heel eerste uitlatings in dié verband was dié van Walter Sisulu ná sy terugkeer in 1953 van 'n lang reis na Oos-Europa, die Sowjetunie en China: "The immediate task of the people of South Africa is to win the right to determine what society they are going to live in. When democratic rights have been won, we can discuss what type of social system we are going to have. Meanwhile democrats of all shades must unite to win political equality."[10]

Albert Luthuli, geen kommunis nie en selfs bekend as 'n pasifistiese Christen, het dit in sy memoires bevestig:

> [O]ur primary concern is liberation, and we are not going to be side-tracked by ideological clashes and witch hunts. Nobody in Congress may use the organisation to further any aims but those of Congress. When I co-operate with Communists in Congress affairs I am not co-operating with Communism. We leave our differing political theories on one side until the day of liberation, and in the meantime we are co-operating in a defined area, in the cause of liberation.[11]

Dieselfde tema is in later jare herhaaldelik gebruik toe die alliansie in ballingskap was en homself teen verwyte van samewerking met die Kommuniste moes verdedig. So het Oliver Tambo in 1987 voor die studente van die Georgetown-Universiteit in Amerika gesê die SAKP het sy "own agenda and its own programme. There is no conflict because the Communist Party has accepted the programme of the ANC. What the

Communist Party may want to do in the future, well, that's something it will want to tell a democratic people of South Africa and try to convince them, if it is able to."[12]

In 1989 het Mandela aan die destydse pres. PW Botha verduidelik: "As members of the ANC engaged in the anti-apartheid struggle, their [die Kommuniste se] Marxist ideology is not strictly relevant. The SACP has throughout the years accepted the leading role of the ANC, a position which is respected by the SACP members who join the ANC."[13]

Van hul kant het SAKP-leiers ook moeite gedoen om in die openbaar in pas met dié beskouings te bly. In 1968 het Moses Kotane in 'n onderhoud met die ANC se propagandablad, *Sechaba*, gesê die feit dat hy 'n kommunis is, "has never changed or interfered with my representation on behalf of the ANC. When I have been charged with a mission by the ANC National Executive, I have protected and promoted the interests of the ANC and have never changed my mandate."[14] In 1991 het Joe Slovo eweneens getuig: "Following the steps of Moses Kotane, the Party leadership has on no occasion instructed Party members to adopt specific positions on any aspect of ANC policy. All members of the Party argue their points of view without any form of mandate."[15]

Die vraag is of dit alles wel so eenvoudig was.

Die SAKP ruk op in die ANC

Dit is nou interessant om te sien hoe die SAKP in die 1950's, voordat hy die ANC volledig kon binnedring, die verskil met die ANC gesien het. In 'n anonieme analise van die geskiedenis (die datum 30 Jan. 1958 is met die hand op die dokument geskryf) word gesê die ANC en ander dergelike bewegings staan die saak van gelykheid voor, maar nie van sosialisme nie: "They were ... 'National movements', as distinguished from class organisations. They were opposed, not to private property and exploitation, but to racial discrimination. Their aim was to achieve equality for their communities within the framework of a capitalist liberal order."[16] Dit was 'n akkurate ontleding vir daardie tyd.

In die 1930's en 1940's kon die Kommuniste nie daarin slaag om die opdrag van die Komintern, om die beheer oor die ANC oor te neem, uit te voer nie. Ironies genoeg, die enkele belangrikste faktor wat die KPSA se geloofwaardigheid onder swart mense gevestig het, was die feit dat die NP-regering hom in 1950 verbied het. In sy outobiografie skryf Mandela hoe hy vegters soos Moses Kotane, Ismael Meer, Ruth First, JB Marks, Dan Tloome, David Bopape en Yusuf Dadoo aanskou en ingesien het dat hy nie langer hul goeie trou as ware vryheidsvegters kon bevraagteken nie. Hy het dus oor die Marxisme begin lees en die versamelde werke van Marx, Engels, Lenin, Stalin, Mao Zedong en ander bestudeer.[17]

Op sy laaste kongres voor sy ontbinding in 1950 het die KPSA se sentrale komitee sy prinsipiële standpunt oor die tweefaserevolusie herbevestig deur te beklemtoon dat die "dominant role of the class conscious workers in the national organisations" verseker moet word. Voorts: Die bourgeois-organisasies waarmee die kommuniste 'n bondgenootskap moet aangaan (lees: die ANC):

> must be transformed into a revolutionary party of workers, peasants, intellectuals and petty-bourgeoisie, linked together in a forum organisation, subject to a strict discipline, and guided by a definite programme of struggle … Such a party would be distinguished from the Communist Party in that its objective is national liberation, that is, the abolition of race discrimination, but it would co-operate closely with the Communist Party. In this party the class-conscious workers and peasants of the national group concerned [jargon vir die swart kommuniste] would constitute the main leadership.[18]

Die opstel van die Vryheidsmanifes van 1955 verteenwoordig 'n goeie gevallestudie van hoe die SAKP, wat intussen in 1953 in die geheim tot stand gekom het, sake benader het: Aan die begin van die 1950's het die ANC, behalwe vir sy verset teen rassediskriminasie, nog geen duidelik geartikuleerde ideologie gehad nie. Ná die verbanning van die KPSA vyf jaar tevore is talle van sy lede egter in die ANC opgeneem. Dit het 'n wesenlike impak op beleidsformulering gehad.

Volgens Anthony Sampson[19] is die konsep van die Vryheidsmanifes deur die wit Kommunis Rusty Bernstein opgestel. Hy het dit aan 'n klein beplanningsgroep (onder wie Mandela) gegee om te verwerk, wat op hul beurt enkele wysigings aangebring het. Die akademikus Michael Radu noem spesifiek die name van Joe Slovo, Stephen Dhlamini, Yusuf Dadoo en Dan Tloome, almal Kommuniste, as lede van die groep.[20] Sheridan

Johns, verbonde aan die Duke-Universiteit in Amerika, bewys ook dat Kommuniste destyds al 'n hele aantal leiersposte in die ANC beklee het.[21]

Ondanks die duidelik kommunistiese vaderskap van die Vryheidsmanifes adem dit geensins 'n ortodokse Marxisties-Leninistiese gees nie. Veral drie punte is vir ons doeleindes interessant:

- In die eerste plek lui dalk die beroemdste sin in die dokument: "South Africa belongs to all her people, both black and white." Hierin – en dit was veral die bydrae van die Kommuniste, wat dikwels wit mense of Indiërs was – het die ANC sy nierassigheid as 't ware in beton gegiet. Dit het van die ANC kwalitatief 'n heel ander soort revolusionêre beweging gemaak as die meeste van dié elders in Afrika, waar antiwit gevoelens 'n deurslaggewende rol gespeel het.
- "National groups", waarmee verskillende rasse bedoel word, speel soos in die Komintern-opdrag van 1928 'n belangrike rol deurdat hul bestaan as politieke feit erken word en deurdat hulle gelyke taal- en kulturele regte gegun word. Hulle word nie verder gedefinieer nie, ofskoon daar wel na "black and white" verwys word. Klas word glad nie genoem nie.
- Ten opsigte van die ekonomie word 'n tipies sosiaal-demokratiese standpunt ingeneem, soos dit ook in dié tyd in talle Europese lande voorgekom het. Die minerale rykdomme onder die grond, banke en "monopoly industry" sal oorgedra word aan "the people as a whole" [lees: die staat]. Alle ander nywerhede en handelsondernemings "shall be controlled to assist the well-being of the people". Die grond sal herverdeel word onder diegene wat dit bewerk. Die staat erken die reg en plig van almal om te werk.[22]

Dit is duidelik dat die kommunistiese opstellers van die Vryheidsmanifes die tweefaserevolusie ernstig opgeneem het en dat die dokument volkome in die eerste fase inpas. Immers, dit gaan primêr oor die nasionale bevryding van swart mense en die tegemoetkoming van hul belangrikste ekonomiese griewe, sonder om eksplisiet 'n kommunistiese samelewing in die vooruitsig te stel. Dit is 'n dokument wat die maksimum steun vir die nasionale demokratiese revolusie, die eerste fase onderweg na 'n kommunistiese oorname, kon werf.

Oor die tweede fase – 'n kommunistiese revolusie – is uiteraard geswyg omdat dit 'n verdelende faktor kon wees. Immers was nie almal wat apartheid wou beveg kommuniste nie. Dus kon Yusuf Dadoo, 'n prominente Kommunis, by geleentheid sê die toepassing van die Vryheidsmanifes "has become the immediate programme of the national liberation alliance and the short-term programme of our Party".[23] Die SAKP-voorbok Michael Harmel was ook van mening die Vryheidsmanifes "is identical in all its main provisions to the demands set forth in the immediate programme of the SACP adopted in 1953".[24]

Hoe ook al, die aanvaarding van die Vryheidsmanifes het aan die ANC as't ware 'n ideologiese grondwet gegee wat baie gedoen het om die uiteenlopende rigtings binne die beweging deur die jare bymekaar te hou.

In die Suid-Afrikaanse verband het die Vryheidsmanifes in 1962 vir die eerste keer 'n rol gespeel op 'n haastige kongres wat die SAKP, kort ná die verbod op die ANC, in Betsjoeanaland (later Botswana) gehou het. Op dié kongres is 'n dokument aanvaar met die titel "The Road to South African Freedom",[25] wat die party se belangrikste ideologiese en praktiese rigsnoer in die lang jare van ballingskap sou vorm. (Dis geen wonder nie, want die dokument is vantevore eers vir goedkeuring aan die sentrale komitee van die Kommunistiese Party van die Sowjetunie voorgelê.[26])

Dié dokument is onder meer gekenmerk deur 'n nuwe, eiesoortige toevoeging tot die Marxisties-Leninistiese ideologie, te wete die verwysing na "colonialism of a special type" in Suid-Afrikaanse verband. Daarmee is bedoel dat Suid-Afrika in die lig van sy formele onafhanklikheid en die permanensie van sy wit bevolking geen "normale" kolonie was nie, maar dat sy sosiaal-ekonomiese stelsel wat die verhoudings tussen wit en swart bepaal het, 'n tipiese koloniale karakter gedra het. Swart Suid-Afrika is kragtens dié beskouing as 'n kolonie van wit Suid-Afrika beskou. Dit is die implikasies hiervan wat vir ons doeleindes belangrik is.

So word die ANC geprys as "a national liberation organisation". Die beweging het steeds "narrow nationalism, Black chauvinism, anti-Communism and other outlooks which are harmful to the people's cause" verwerp. Die SAKP word in tipies Leninistiese jargon genoem "the party of the working class, the disciplined and advanced class". Dis slegs onder dié klas se leiding dat die volledige doelwitte van die nasionale demokratiese revolusie bereik kan word.[27]

Dié begrip van 'n nasionale demokratiese revolusie is belangrik. Dit "will overthrow the colonialist state of White supremacy and establish an independent state of National Democracy in South Africa". Die hoofdoelstellings hiervan is uiteengesit in die Vryheidsmanifes, wat weliswaar geen sosialistiese dokument is nie, maar 'n gemeenskaplike program vir 'n demokratiese Suid-Afrika waarmee sowel sosialiste as niesosialiste saamstem.

Dit hou onder meer "profound economic changes" in wat gedefinieer word as "drastic agrarian reform to restore the land to the people; widespread nationalisation of key industries to break the grip of White monopoly capital on the main centres of the country's economy; radical improvements in the conditions and standards of living for the working people". Die toepassing van die Vryheidsmanifes "will answer the pressing and immediate needs of the people *and lay the indispensable basis for the advance of our country along non-capitalist lines to a communist and socialist future*" (my kursivering).[28]

Dan volg enkele konkrete voorstelle oor hoe die nasionaal-demokratiese staat moet lyk. Oor die uiteindelike doel van die voorstelle word die aap telkens uit die mou gelaat met frases soos "thus also laying the foundations for the advance to socialism" en "thus paving the way for a gradual and peaceful transition to socialism", ensovoorts.[29]

Ooreenkomstig die opdragte van Lenin en die konferensie van 1928 word die tweefaserevolusie reeds aan die begin van die dokument taamlik eksplisiet uiteengesit:

> As its immediate and foremost task, the South African Communist Party works for a united front of national liberation. It strives to unite all sections and classes of oppressed and democratic people for a national democratic revolution to destroy White domination. The main content of this Revolution will be the national liberation of the African people. Carried to its fulfillment, this revolution will at the same time put an end to every sort of race discrimination and privilege. The revolution will restore the land and the wealth of the country to the people, and guarantee democracy, freedom and equality of rights, and opportunities for all.[30]

Dit is die eerste fase. Dan volg die tweede: "The destruction of colonialism and the winning of national freedom *is the essential condition and the key for future advance to the supreme aim of the Communist Party: the establishment of a socialist South Africa, laying the foundation of a classless, communist society.*"[31] (My kursivering.)

Wat dit in die praktyk sou beteken, word ook in die vooruitsig gestel. Die staat moet vir alle burgers "the fullest liberty of speech and thought, of the press and of organisation, of conscience and religion" waarborg. Maar dit word in dieselfde asem opgevolg met die voorneme dat "a vigorous dictatorship must be maintained by the people against those who would seek to organise counter-revolutionary plots, intrigues and sabotage, against all attempts to restore White colonialism and destroy democracy".[32]

Dit is die tipiese Marxisties-Leninistiese diktatuur van die proletariaat – en wat dit in die Sowjetunie en ander kommunistiese diktature teweeg gebring het, is algemene kennis.

Die historici Shula Marks en Stanley Trapido – albei taamlik deur die Marxisme beïnvloed – vertolk die saak anders. Hulle meen dat die dokument wat by die SAKP se 1962-konferensie opgestel is net soseer deur die vereistes en sterk punte van swart nasionalisme gevorm is as deur die ideologie van die SAKP. Volgens hulle is die SAKP meer deur die ANC beïnvloed as andersom.[33]

Die twee se mening is seker nie van alle waarheid ontbloot nie. Soos hierbo aangedui is, was die aandeel van verskeie wit Kommuniste en 'n swart Kommunis soos Moses Kotane wat in die 1950's die saak intensief gedebatteer het, deurslaggewend. In 'n sekere sin was dit 'n pragmatiese, intelligente houding: Hulle het nie, soos hul Trotskiïstiese teenstanders, domweg vasgeklou aan die klassestryd sonder om die belang van die stryd se etniese element te erken nie. Maar was dié pragmatisme bloot die gevolg van gesonde verstand en die druk van die swart nasionalisme?

In isolasie gesien, soos Marks en Trapido doen, kan dit inderdaad so vertolk word. Tog, as die saak beskou word teen die agtergrond van die konsekwente en strakke ideologiese leiding uit die Kremlin sedert Lenin se dae, kan 'n mens nie anders as om tot die gevolgtrekking te kom dat die "pragmatisme" minstens ewe veel die gevolg was van gehoorsaamheid aan die bevele uit Moskou nie. Die SAKP-leiers, so blyk uit al hul geskrifte, was uitstekend onderlê in die Marxisties-Leninistiese ideologie en werkwyse.

Gesien die slaafse houding wat die party in ander opsigte teenoor die Sowjetunie gehandhaaf het, is dit ondenkbaar dat hulle daardie leiding ook in dié opsig nie swaar sou laat weeg het nie.

Yusuf Dadoo, 'n prominente SAKP-leier, het trouens in 1978 self in 'n artikel oor die party se 1962-dokument pertinent na die Kremlin-opdrag van 1928 verwys: "In our search we were greatly assisted by the Communist International and the accumulated experience of the world revolutionary forces, in particular of the Great October Revolution."[34]

Die Kommuniste in die alliansie het hul SAKP-lidmaatskap meestal geheim gehou. Die gevolg was ofskoon hulle van mekaar geweet het, het ander ANC-lede nie geweet wie Kommuniste was en wie nie. (Amper soos die Broederbonders in die ou Nasionale Party!) Dit het hulle in staat gestel om vooraf te koukus en hul eie idees op byeenkomste deur te druk sonder dat ander mense dit kon agterkom. 'n ANC-lid het byvoorbeeld die volgende oor Kotane se optrede in die 1950's gesê: "In his speeches and in conversations, he never mentioned the Communist Party, and it was only when I joined the party after the banning of the ANC in 1960 that I realised Kotane had been putting the Communist Party line all the time."[35] In elk geval, soos die SAKP-lid Paul Trewhela later getuig het, was die leierskorps van die SAKP en die ANC in hierdie era so na aan mekaar dat 'n mens hulle moeilik uitmekaar kon ken.[36]

Raymond Suttner, 'n gewese lid van die SAKP, getuig voorts in 'n akademiese ondersoek dat die Kommuniste in dié tyd hoofsaaklik hul kragte aangewend het om die ANC te bou. In dié vroeë tyd, meen hy, was die ideologiese invloed van die SAKP in die ANC al hoe merkbaarder.[37]

Bartholomew Hlapane, wat in die 1960's lid van sowel die ANC as die SAKP was, later bedank en in die Transkei gaan woon het voordat hy in 1982 in 'n sluipmoord deur die ANC om die lewe gebring is,[38] het in 1966 in 'n hofsaak oor die verhouding tussen die twee partye getuig:

[T]he Central Committee [van die SAKP] had amongst its members some members in the national executive of the ANC as members of the Central Committee ... The position is that members of Congress [die ANC] did not know exactly what was going on, on the higher level insofar as the leaders are concerned ... There was no difference between the African National Congress and the Communist Party in the higher body. But there was a difference in the lower organs of ANC and ... [the] Communist Party. They did not meet in common. They met in separate cells ... Matters of ANC, regarding policy ... were first discussed by the Central Committee before they go to even the National Executive of the ANC.[39]

Hlapane het dit in sy getuienis voor 'n Amerikaanse senaatskomitee nog sterker gestel. Reeds teen die 1950's het dié situasie al gegeld: "No major decision could be taken by the ANC without the concurrence and approval of the Central Committee of the SACP. Most major developments were in fact initiated by the Central Committee." Hy het dit uitdruklik gestel dat die stigting van die alliansie se militêre vleuel, Umkhonto we Sizwe, ook die SAKP se geesteskind was.[40]

Reeds in dié tyd het Klaas (die SAKP) dus baas geword, al was dit agter die skerms. In 'n geheime dokument het twee SAKP-voorbokke, Yusuf Dadoo en Veli Pillay, dit reguit gestel:

All important positions and direction in the Congress and in other organisations are occupied by members of our Party. In the African National Congress, this is particularly the case. The Secretary-General is a member of the Party and party members hold positions in the National-Executive and in the Provincial organs of this Congress.

The policy of the African National Congress is therefore heavily influenced by our Party. This general position is equally true of most of the other mass democratic organisations in the country. The Party is strong in the SA Indian Congress, the Congress of Democrats, the South African Congress of Trade Unions, the Youth Congress and so on. Indeed it is true to say that the leading positions in these mass organisations are occupied by our party members.[41]

Dit is bevestig deur Joe Matthews, SAKP-lid, wat gesê het: "Remember, up to 1960 the Party did not announce its existence – although any intelligent person could have seen the coordination, not only in the Party but in the broad democratic movement. People spoke with one voice too often and it was obvious that there was a coordinating force. I must say that, contrary to popular belief, every important decision was taken by the Party, not by the ANC."[42]

Trouens, reeds in 1958 was vyf van die 15 lede van die SAKP se sentrale komitee ook lid van die ANC. Een van hulle was Kotane, hoofsekretaris van die SAKP, wat ook lid was van die ANC se nasionale uitvoerende komitee. Die ander was Walter Sisulu, Raymond Mhlaba, Duma Nokwe en Joe Matthews. Later het Nelson Mandela ook bygekom.[43] Die invloed van die Kommuniste in die ANC was groot. Partydissipline, wat streng afgedwing is, het bepaal dat partylede ten alle tye eerstens aan hul eie party lojaal moet wees.[44]

Paul Trewhela, self destyds lid van die SAKP, het later vertel dat die party die ANC reeds in 1960 grotendeels beheer het: "Now the way it did so was very flexible and it was very successful. Basically conflict was not sought with the ANC on any single point." Bowendien het die posisie van die SAKP binne die ANC versterk nadat die Afrikaniste die party in 1959 verlaat het om die PAC te stig.[45]

Dit is in elk geval belangrik om daarop te let dat die SAKP deur al die jare heelhartig en in elke opsig agter die Kremlin aan geloop het. Nie omdat Moskou dit beveel het nie, maar uit die oortuiging dat die Kremlin die beste weet. Ronnie Kasrils, 'n senior Kommunis, getuig in sy memoires dat "ideological development in our Party marked time at 1917, and then at 1945 ... Even the exposure of Stalin's crimes by Khrushchev in 1956 failed to shake the basic ideological position of the old guard."[46]

3

Nelson Mandela en die kommunisme

'n Belangrike tema wat met die aard van die alliansie tussen die ANC en die SAKP verband hou, is die verhouding tussen Nelson Mandela en die kommunisme. Dit is buitengewoon moeilik vir enige historikus, al is sy of haar bedoeling ook hoe akademies suiwer, om enigiets te skryf wat afwyk van die ikonografie wat ná sy dood rondom Nelson Mandela tot stand gekom het. By sy afsterwe was daar tussen die honderde aanbiddende hagiografieë, sover vasgestel kon word, slegs enkeles wat 'n paar treë teruggestaan en nugter na sy historiese rol probeer kyk het.[1]

Mandela word om verskeie redes deur honderdduisende – dalk selfs miljoene – Suid-Afrikaners van alle groepe as die toppunt van wysheid, versoening en vergewensgesindheid gesien. Dit is immers 'n onomstootlike feit dat hy die gevangenis ná 27 jaar sonder sigbare bitterheid verlaat het. Sterker nog: 'n Groot deel van sy openbare loopbaan ná sy vrylating, veral tydens die vyf jaar van sy presidentskap, is gewy aan versoening tussen die eertydse bittere vyande.

Waarom dan 'n verlede oprakel wat – soos hieronder sal blyk – afwyk van die openbare heiligverklaring? Daar is veral twee redes. Ten eerste, vir die historikus is dit altyd 'n uitdaging om gapings in die geskiedskrywing in te vul. Mandela se verhouding met die kommunisme voor sy vrylating in 1990 is iets wat in die ikonografie verswyg word. Ten tweede kan die invul van die gaping help om die destydse verhouding tussen die ANC en die SAKP te verklaar.

Dus, hoe polities inkorrek en ongewild dit ook al in sommige kringe mag wees, is selfs Nelson Mandela nie bo 'n normale akademies-kritiese analise van sy verlede verhewe nie, ook nie waar dit sy verhouding met die kommunisme betref nie.

Mandela se openbare getuienis

In die jare dat hy buite die gevangenis was – met ander woorde, voor 1962 en ná 1990 – was Mandela begryplikerwys versigtig om sy verbintenis tot die kommunisme openlik te bely. Voor 1962 was dit immers onwettig en ná 1990 was dit in die lig van die tydsgees (die verkrummeling van die kommunisme en die oorwinning van die liberaal-demokratiese kapitalisme) polities onverstandig.

Kom ons kyk eers na wat Mandela wel in die openbaar oor sy houding teenoor die kommunisme getuig het.

Voor sy gevangeneming in 1962 het Mandela hom teenstrydig oor sake soos die sosialisme en die liberale veelpartydemokrasie uitgelaat. Toe hy in sy getuienis in die sogenaamde Hoogverraadsaak van 1957 gevra is of hy 'n kommunis is, was sy antwoord dubbelsinnig: "I do not know if I was a Communist. If by Communist you mean a member of the Communist Party and a person who believes in the theory of Marx, Engels, Lenin and Stalin, and who adheres strictly to the discipline of the party, I did not become a Communist."[2] (Mandela was een van die aangeklaagdes in die Hoogverraadsaak, maar almal is uiteindelik onskuldig bevind.)

Dit beteken nie dat Mandela die invloed van die Marxisme op sy politieke denke ontken het nie. Inteendeel, in sy beroemde verklaring in 1964 aan die einde van die Rivonia-verhoor, bekend as die "Statement from the Dock", het hy erken dat dit so was. Hy het egter daarop gewys dat kommuniste die parlementêre stelsel as ondemokraties beskou, terwyl hý dit juis bewonder: "I have great respect for British political institutions, and for the country's system of justice. I regard the British parliament as the most democratic institution in the world … I should tie myself to no particular system of society other than socialism. I must leave myself free to borrow the best from the West and the East … "[3]

In ooreenstemming hiermee het hy in die Hoogverraadsaak getuig dat ofskoon hy die sosialisme baie aantreklik vind, "I have no intention of copying anything that has been done in any other country".[4]

Tog was hy ambivalent oor die liberale veelpartydemokrasie. In die Hoogverraadsaak het die regter sy mening oor 'n eenpartystaat gevra, waarop sy antwoord vaag en onduidelik was:

My lord, it is not a question of form, it is a question of democracy.
If democracy could best be expressed by a one-party system then
I would examine the proposition very carefully. But if democracy
could best be expressed by a multiparty system then I would
examine that carefully. In this country, for example, we have a
multi-party system at present, but so far as the non-Europeans are
concerned this is the most vicious despotism you could think of.[5]

In sy gepubliseerde memoires wat eers in 1993, drie jaar ná sy vrylating,
uitgegee is, het Mandela geskryf dat, toe hy in die 1940's as jong man sy
politieke verstand kry, hy nogal 'n sterk aanhanger van die denker Anton
Lembede was, 'n Afrika-nasionalis wat nie veel van die wit invloed in die
SAKP op die ANC wou weet nie. Sy kennismaking met SAKP-lede het
hom egter weer laat dink, en hy het oor die Marxisme en kommunisme
begin lees. Volgens hom is hy gestimuleer deur die Kommunistiese Manifes,
maar Marx se *Das Kapital* het hom nogal uitgeput. Tog, sê hy, is hy sterk
aangetrokke tot die idee van 'n klaslose samelewing, soortgelyk aan dié wat
volgens hom ook in die tradisionele swart kultuur bestaan het:

Dialectical materialism seemed to offer both a searchlight illumi-
nating the dark night of racial oppression and a tool that could be
used to end it. It helped me to see the situation other than through
the prism of black and white relations, for if our struggle was to
succeed, we had to transcend black and white. I was attracted to
the scientific underpinnings of dialectical materialism, for I am
always inclined to trust what I can verify. Its materialistic analysis
of economics rang true to me ... Marxism's call to revolutionary
action was music to the ears of a freedom fighter. The idea that
history progresses through struggle and that change occurs in
revolutionary jumps was similarly appealing. In my reading of
Marxist works, I found that a great deal of information that bore
on the types of problems that face a practical politician. Marxists
gave serious attention to national liberation movements, and the
Soviet Union in particular supported the national struggles of
many colonial peoples.[6]

Soos soveel jong mense in die 19de en 20ste eeu, blyk dit, is hy geïnspireer deur die skynbaar ysere logika van die Marxisme en die ideologie se "wetenskaplike" aanspraak op die waarheid.

Toe hy in die Hoogveraadsaak gevra is waarom hy Josef Stalin nie veroordeel het nadat dié se misdade in 1956 deur sy opvolger, Nikita Chroesjtsjof, aan die kaak gestel is nie, het hy met 'n slimmigheid geantwoord: "It was not our political function. What Stalin did was not against us."[7]

Oor die ANC se samewerking met die Kommuniste het Mandela in sy "Statement from the Dock" in die Rivonia-hofsaak dié relatief onskuldige verduideliking gegee: Samewerking met die SAKP "is merely proof of a common goal – in this case the removal of white supremacy – and is not proof of a complete community of interests." As voorbeeld het hy verwys na Brittanje, Amerika en die Sowjetunie wat in die Tweede Wêreldoorlog saam teen Nazi-Duitsland geveg het, maar ná die oorlog het die rede vir die samewerking weggeval. "Theoretical differences amongst those fighting against oppression is a luxury we cannot afford at this stage," het hy oor die alliansie tussen die ANC en die SAKP gesê.[8]

Dié standpunt het hy lank na buite volgehou. So laat as 1987 het hy uit die tronk aan pres. PW Botha geskryf: "As members of the ANC engaged in the anti-apartheid struggle, their [die kommuniste se] Marxist ideology is not strictly relevant. The SACP has throughout the years accepted the leading role of the ANC, a position which is respected by the SACP members who join the ANC."[9]

In 1966 het hy in 'n brief aan die departement van justisie "nadruklik ontken" dat hy 'n lid van die KPSA was. Die Brits-Nederlandse historikus Stephen Ellis, wat dié brief opgespoor het, wys egter daarop dat die Kommunistiese Party van Suid-Afrika reeds vroeg in die 1950's verbied is en ontbind het. Dit is toe in die geheim in 1953 deur die SAKP vervang. Ellis noem Mandela se ontkenning "a telling formulation".[10]

In sy gepubliseerde memoires het Mandela dinge nóg onskuldiger voorgestel: "I was prepared to use whatever means necessary to speed up the erasure of human prejudice and the end of chauvinistic and violent nationalism. I did not need to become a communist in order to work with them. I found that African nationalists and African communists generally have far more to unite them than to divide them." Dan volg 'n heel interessante opmerking: "The cynical have always suggested that the communists were using us. But who is to say that we were not using them?"[11]

Die vraag is of dié verduidelikings wel akkuraat en die volle waarheid was.

Mandela in die 1950's

'n Mens sou Mandela moet vergewe as hy sy houding oor die kommunisme tydens sy twee hofsake en ná sy vrylating onskuldiger voorgestel het as wat dit in werklikheid was. As hy in die getuiebank openlik sy geloof in die kommunisme bely het, kon dit immers die verskil gemaak het tussen lewenslange gevangenisstraf (wat hy toe wel gekry het) en die doodstraf. 'n Geskikte plek om die waarheid te vind sou dus in Mandela se geskrifte van die 1950's wees, voordat hy met die gereg te make gekry het.

En inderdaad, uit Mandela se destydse openbare uitsprake blyk die duidelike invloed wat die Marxisties-Leninistiese ideologie op sy politieke denke gehad het.

Toe hy die kongres van die ANC-jeugliga in 1951 open, het Mandela streng binne die SAKP se ideologiese raamwerk gehou deur die destydse Verenigde Party se politieke oortuigings slegs aan "mining interests and also the rapidly rising industrialist power" toe te skryf en die regerende Nasionale Party se politieke ideologie in terme van "farming interests and the growing Afrikaner commercial interest" te verklaar. Tussen dié twee partye, wat volgens hom al twee Malan se "fascistiese beleid" gepas gevind het, het hy 'n groeiende toenadering waargeneem. Soos die SAKP het Mandela teen die agtergrond van die groeiende aantal apartheidswette gemeen Suid-Afrika ontwikkel in die rigting van "an openly fascist state" met die Broederbond in die sentrum daarvan en die militêre skietkommando's as "the nucleus of a future Gestapo".

Waar die kommunistiese invloed egter die duidelikste blyk, is uit die volgende sin, wat net so goed 'n aanhaling uit enige kommunistiese leier se toesprake kon wees: "True to the pattern depicted for the rest of the imperialist world, South African capitalism has developed [into] monopolism and is now reaching the final stage of monopoly capitalism gone mad, namely fascism." Hy het verder herhaaldelik van "African nationalism" gepraat, maar nie verduidelik wat hy daarmee bedoel het nie.[12]

Toe die ANC se Vryheidsmanifes in 1955 bekend gemaak is, het Mandela 'n artikel geskryf vir die maandblad *Liberation*, wat deur lede van die destyds klandestiene SAKP uitgegee is. Dit was só ortodoks Marxisties dat die redaksie dit na hom terugverwys het "to correct the assumption that the Freedom Charter was the embryo of a socialist state".[13] In die weergawe wat wel verskyn het, was sy standpunt nietemin steeds taamlik ortodoks Marxisties. Daarin het hy dit gestel dat die manifes meer as slegs 'n lys vereistes vir demokratiese hervorming was. Hy het dit "'n revolusionêre dokument" genoem, juis omdat die veranderinge wat dit in die vooruitsig stel "cannot be won without breaking up the economic and political setup of present South Africa".[14]

Oor die internasionale politiek was sy mening ewe insiggewend. Hy het losgetrek teen diegene wat bereid is om in oorloë betrokke te raak ter beskerming van kolonialisme, imperialisme "en hul winste" en met die "heersende kringe in Amerika" aan die spits. Hulle is vasbeslote om 'n permanente atmosfeer van krisis en vrees in die wêreld te perpetueer. Volgens hom was die regstreekse vyande van Afrika se mense Brittanje, Spanje, Frankryk, Portugal, Italië en (wit) Suid-Afrika. Maar in navolging van die Marxisties-Leninistiese wêreldbeskouing het hy, sonder om name te noem, ook gewys op "the indirect enemy, the infinitely more dangerous enemy who sustains all those with loans, capital, and arms."[15]

In 'n toespraak wat in 1953 namens hom voor die jaarlikse kongres van die Transvaalse ANC voorgelees is (hy was destyds ingeperk en mag nie die geleentheid self bygewoon het nie), het hy enersyds die ANC se "vaste geloof" in die beginsels in die VN se Universele Verklaring van Menseregte uitgespreek. Terselfdertyd het hy "imperialist America and her satellites" daarvan beskuldig dat hulle daarop uit is "to drag the world into the rule of violence and brutal force, into the rule of the napalm, hydrogen and the cobalt bombs where millions of people will be wiped out to satisfy the criminal and greedy appetites of the imperial powers".

Hy het die ANC solidêr verklaar met die mense van Maleia, Viëtnam, Indonesië, Tunisië en Tanganjika, asook met die mense van Korea en Kenia, wat volgens sy mening die slagoffers van die Amerikaanse en Westerse aggressie was.[16] (Let daarop dat die opstande in Indonesië, Tunisië, Tanganjika en Kenia suiwer nasionalisties was, maar dat dit in Maleia en Viëtnam deur kommuniste gelei is. In Korea het Amerika in die jare 1950-1953 'n inval van die kommunistiese Noord-Korea help afweer.)

In dieselfde jaar het hy in 'n toespraak voor die linkse Peace Council uitgevaar teen die "mad lust for markets and profits", ter wille waarvan die "imperial powers" – die kapitalistiese lande – nie aarsel "to cut one another's throats, to break the peace, to drench millions of innocent people in blood and to bring misery and untold suffering to humanity" nie. Duidelik beïnvloed deur Lenin se boek van 1917 oor imperialisme en oorlog, het Mandela in Afrika "a major eruption of the worst type" verwag. Dis immers in Afrika dat Brittanje, België, Frankryk, Nederland (sic!), Portugal en Spanje hul vernaamste of selfs enigste kolonies het, het hy gesê. Dis hier waar hulle meedoënloos meeding "for monopoly control of raw materials and markets". Maar nou begin Amerika hom hier inmeng, en dit "wek ontevredenheid in daardie lande se heerserskringe". Die stryd tussen Brittanje en Amerika neem daagliks toe, het Mandela gemeen; Amerika is besig om die Britse invloed sienderoë te verminder. Die Europese Navo-lande loop selfs gevaar om hul onafhanklikheid te verloor.[17]

Dit is natuurlik 'n taamlike jong Mandela wat hier skryf, een wat die Marxistiese materiaal wat hy bestudeer het, nog nie behoorlik geïnternaliseer het nie. Hoe sleg hy sake verstaan het, blyk daaruit dat hy 'n uitlating aan 'n Britse veldmaarskalk toeskryf dat die rol van Noord- en Suid-Rhodesië – albei honderde kilometers van die see af – die beskerming en ontwikkeling van "seekommunikasie" moet wees![18]

Daarby het hy nie ingesien dat die Sowjetbedreiging die Westerse moondhede juis byeengedryf het nie. Lenin se analise, wat moontlik vir die chaotiese tyd van voor 1914 'n sekere waarde kon hê, was teen die 1950's totaal onrealisties – en tog het Mandela dit onkrities aanvaar, sonder om die veranderde omstandighede in ag te neem. Hy het die situasie in die wêreld van ná 1945 in die keurslyf van die 19de-eeuse Marxistiese dialektiese materialisme probeer pers.

Vyf jaar later het hy weer 'n internasionale ontleding geskryf. Dié keer was die groot boosdoener Amerika, wat hom voordoen "as die leier van die sogenaamde vrye wêreld teen die kommunisme", maar wat tog 'n bose imperialistiese moondheid bly. ('n Onderlinge oorlog tussen die Westerse moondhede was nie meer deel van sy voorspelling nie.) In teenstelling met Amerika vorm nóg die Sowjetunie nóg China deel van enige aggressiewe militêre blokke, wat dus by implikasie beteken dat die Warschauverdrag volgens Mandela geensins aggressiewe bedoelings gehad het nie. "None of the Socialist countries has military bases anywhere in Africa, whereas the U.S.A. has built landing fields, ports and other types of strategic bases all over North Africa." (Hy het geen voorbeelde genoem nie, eenvoudig omdat sy feite heeltemal verkeerd was.)

Mandela het voorts beweer dat geeneen van die sosialistiese state kapitaal "for the exploitation of its people" in Afrika belê het nie. Daarteenoor: "[T]he U.S.A has very often allied itself with those who stand for the enslavement of others ... They [die Afrikastate] know that their independence is threatened not by any of the countries in the socialist camp but by the U.S.A. who has surrounded their continent with military bases."[19]

Hy het verder gegaan: "At the United Nations Organisation the Soviet Union, India and several other nations have consistently identified themselves unconditionally with the struggle of the oppressed people for freedom, whereas the USA has very often allied itself with those who stand for the enslavement of others ... The communist bogey is an American stunt to distract attention of the people of Africa from the real issue facing them, namely American imperialism."[20]

Die gevolgtrekking uit dié ontleding van Mandela se standpunte in die 1950's is duidelik: Hy het Marx en Lenin se wêreldvisie byna tot in die absurde klakkeloos nagevolg. Wat dit des te interessanter maak dat die staat dié geskrifte om onbekende redes nie in die twee hofsake teen hom gebruik het nie.

Was Mandela lid van die SAKP?

In sy gepubliseerde memoires behandel Mandela nie die vraag of hy ooit lid van die SAKP was nie. Soos hierbo gestel is, het hy dit wel in die Hoogverraadsaak ontken. Sy biograwe aanvaar sy woord eksplisiet of by implikasie, terwyl die ANC-regering se amptelike geskiedenis van die anti-apartheidstryd die saak glad nie aanroer nie.[21] Tog dui alles daarop dat hy – al was dit om menslikerwys begryplike redes – nie die waarheid gepraat het nie.

Ben Turok, 'n kommunis wat in dié tyd baie na aan Mandela beweeg het, se oordeel was: "He was very close [aan die SAKP]. If he wasn't in the Party, that was tactical".[22] Paul Trewhela, 'n kommunis wat later uit die party geskors is, het in later jare getuig dat toe hy saam met Bram Fischer,

Ivan Schermbrucker en Eli Weinberg (al drie prominente SAKP-leiers) in die tronk was, "the understanding I had from them was that Nelson Mandela was 'one of us'."[23] En Padraig O'Malley haal in sy biografie van Mac Maharaj twee intieme kennisse van Mandela aan – Hilda Bernstein en Brian Bunting – wat albei adamant is dat Mandela minstens 'n tyd lank lid van die SAKP was. In 'n intrigerende voetnoot voeg O'Malley daaraan toe: "Other sources embargoed until 2030."[24]

Drie navorsers – wyle Stephen Ellis (in lewe hoogleraar aan die Universiteit van Amsterdam en dié van Leiden), Irina Filatova (Staatsuniversiteit in Moskou en emeritus-hoogleraar aan die Universiteit van KwaZulu-Natal) en Apollon Davidson (Sentrum vir Afrikageskiedenis aan die Russiese Akademie vir Wetenskappe in Moskou) – het egter in verskeie publikasies onthul dat Mandela in die laat 1950's en vroeë 1960's wel deeglik nie alleen lid van die SAKP was nie, maar ook van die party se sentrale komitee.

Dit is dié liggaam wat in Desember 1960 in 'n woonhuis in Emmarentia, Johannesburg, die besluit geneem het om 'n gewapende stryd teen die regering te begin en Umkhonto we Sizwe as guerrillaleër te stig. Mandela was een van die belangrikste dryfvere van dié besluit. Dit het buiteom die ANC gebeur. Die ANC se leier, Albert Luthuli – 'n gelowige Christen en pasifis – is eenvoudig omseil.[25] Die SAKP het ook in 'n persverklaring net ná sy dood toegegee dat Mandela lid van die party se sentrale komitee was.[26]

Mandela se lidmaatskap van die SAKP het wel nie alte lank geduur nie; beslis nie langer as drie, vier jaar nie. In 1962 het hy Suid-Afrika onwettig verlaat en verskeie state in Noord- en Oos-Afrika besoek om steun vir die ANC en die stryd teen apartheid te werf. Tot sy ontnugtering het hy kennis gemaak met 'n wyd verbreide argwaan jeens die SAKP, hoofsaaklik omdat die party soveel wit en bruin mense en Indiërs in leiersposte gehad het. Volgens Paul Trewhela, in dié tyd self lid van die SAKP, het die sentrale komitee van die party dus "om taktiese redes" toestemming aan Mandela gegee om sy lidmaatskap ná sy reis deur Afrika te laat verval.[27]

Ná sy Afrikareis het Mandela Londen aangedoen, waar hy 'n (volgens hom) moeilike gesprek met SAKP-leier Yusuf Dadoo oor die betrekkinge tussen die SAKP en die ANC gevoer het. Dadoo was hoogs ongelukkig omdat Oliver Tambo, in daardie stadium waarnemende leier van die ANC in ballingskap, na aanleiding van Mandela se ervaring besluit het dat die ANC onafhankliker moes voorkom. Op Dadoo se vraag: "What about policy?" het Mandela geantwoord: "I was not talking about policy, I was talking about image. We could still work together, only the ANC had to *appear* to be the first among equals ..." (my kursivering).[28]

Mandela het dus sy lidmaatskap van die SAKP om taktiese redes prysgegee. Het dit ook beteken dat hy die Marxisme-Leninisme die rug toegekeer het? Stephen Ellis skryf: "[I]t is evident that Mandela's brief membership of the Party was motivated by pragmatism rather than ideological commitment, that his opinions on communism had a strongly Christian tint, and that his primary allegiance was to Africa".[29]

Ellis, vir wie ek die hoogste respek het, het egter nie Mandela se geskrifte uit die 1950's onder oë gehad nie en daaruit blyk 'n veel groter verbintenis (al was dit tydelik) tot die ortodokse Marxisme-Leninisme.

In die gevangenis

Dat Mandela se geloof in die Marxisme-Leninisme nog tot laat in die 1970's onverwoesbaar was, blyk uit twee geskrifte. Die een is sy geheime outobiografie; die ander 'n uitgebreide ideologiese verwerping van die Swartbewussynsbeweging vanuit die onmiskenbare perspektief van 'n oortuigde kommunis.

Dit was al lank bekend dat Mandela se amptelike memoires, *A Long Walk to Freedom*, gebaseer was op 'n handgeskrewe stuk wat hy in die geheim in die 1970's op Robbeneiland opgestel het. Stephen Ellis skryf dat dit

> was secretly handwritten by Mandela in Robben Island prison before being smuggled out, typed up, and handed to Yusuf Dadoo, chairman of the South African Communist Party, in August 1977. This was the document that was re-worked in the years after Mandela's release from prison to form the basis for *Long Walk to Freedom*, the best-selling autobiography published in 1994.[30]

Blykbaar is die inligting in die oorspronklike manuskrip aangevul deur 'n reeks onderhoude wat Mandela se spookskrywer, die Amerikaanse joernalis Richard Stengel, met hom gevoer het. Maar, soos James Myburgh tereg opmerk, lê die historiese betekenis van dié manuskrip nie soseer in wat daarín staan nie, maar eerder in wat uitgelaat is.[31] Sommige van die stukke in die ongepubliseerde geskrif is opgeneem in Mandela se *Conversations with Myself*,[32] maar ook dít laat stukke uit waaruit Mandela se kommunistiese gesindheid blyk.

Myburgh verduidelik verder:

> The prison manuscript was written in the mid-1970s at a time when Soviet-backed National Liberation Movements were on a triumphal march across Asia and Africa. Frelimo had ascended to power in Mozambique, and the MPLA was in the process of doing the same in Angola. Western power meanwhile appeared very much on the wane, following America's defeat in Vietnam. That was the milieu then in which the prison manuscript was written. The final autobiography was commissioned and completed, however, following the collapse of Communism and the disintegration of the Soviet Union. Revelations of Mandela's past sympathies had the potential to cause acute embarrassment, as well damage the myth built up around him by the ANC's Western supporters.
>
> In both *Long Walk to Freedom* and *The Authorised Biography* there appears to have been extensive "scrubbing" from the original manuscript of passages pointing to Mandela's support for the Soviet Union and his fervently expressed belief in Marxist-Leninist ideology. This is important as these two books were foundational in cementing the West's understanding of Mandela and the ANC.[33]

Inderdaad werp die oorspronklike manuskrip[34] heelwat ongesensureerde lig op Mandela se vroeëre lewe en oortuigings. Vir die doeleindes van dié hoofstuk val die kollig uiteraard slegs op wat hy oor die kommunisme skryf.

Ten eerste volg Mandela die aanvaarde standpunt van sowel die ANC as die SAKP in dié tyd waneer hy 'n verenigde front van "African nationalists, Marxists, Christians, workers, peasants, business and professional men" in die stryd teen apartheid bepleit. Die verset teen só 'n front skryf hy toe aan "the influence of the enemy press, radio, literature and other forms of propaganda". Hy skryf, soos min of meer in sy gepubliseerde lewensverhaal, dat hy die onselfsugtige opoffering en strydvaardigheid van kommuniste gesien het en vra dan: "How could I question the bona fides of such men?"[35]

Op grond van sy studie van Marxistiese literatuur sê hy "the idea of a classless society appealed to me. Later I was to embrace dialectical and historical materialism as my philosophy." Hy het ook vasgestel dat die Sowjetunie "fully supported the national struggles of the colonial people and that in that country racial discrimination was expressly prohibited by law".[36] Die Russiese Revolusie van 1917 was vir hom "an immortal achievement which opened up vast possibilities for man's forward movement".[37]

In 'n verwysing na die Kubaanse missielkrisis van 1962 kies hy sonder om doekies om te draai Fidel Castro en Kuba se kant en sê Castro het onomwonde die meerderwaardigheid van die sosialisme oor die kapitalisme bewys.[38] Hy noem die "imperialistiese" lande wat net so wreed soos die Afrikaners was by name – Spanje, Portugal, Brittanje, Nederland, Frankryk, België, Duitsland, Italië en Amerika.[39] Dit klop alles met sy geskrifte uit die 1950's wat hier bo behandel is.

Hy gaan dan voort:

> With this backbround I came to appreciate the correctness of the policy of the ANC which has since the formation of the CP [Communist Party] welcomed Marxists as members and which has repeatedly and emphatically resisted any anti-communist influences within its own ranks. Of more immediate concern to me was the fact that in Marxist literature I had found a wealth of information on all types of problems that trouble an active politician; information collected by leading theoreticians who themselves had been in the forefront of revolutionary struggles in their respective countries.[40]

Volgens Mandela was daar geen teenstrydigheid tussen sy Marxisme en sy geloof in die Afrika-nasionalisme nie:

> Accordingly I considered the struggle against white supremacy as our most immediate task. I am proud of what I am, of my country and people, our history and tradition, language, music and art, and firmly believe that Africans have something distinct to

contribute to world culture. I will streneously fight for the respect of the national independence of a free and democratic South Africa and will resist aggression against its territorial integrity or interference in its domestic affairs. Equally important is the fact that my roots are struck deep into the soil of Africa and the idea of pan-Africanism flows in my blood.[41]

Inderdaad het 'n soort Afrikanasionalisme 'n sekere aantrekkingskrag vir Mandela bly behou. Op Robbeneiland het hy 'n reeks gesprekke met Neville Alexander gevoer waarin hulle oor sake soos Afrikanasionalisme verskil het. Volgens Alexander was Mandela se standpunt: "African people are a nation and the rest are minority nations."[42]

Mandela keer vervolgens terug na die dialektiese materialisme, wat hy "'n magtige wapen" noem en behandel die voordele daarvan vir iemand wat verdrukking beveg. In die proses verwerp hy ooreenkomstig die waardes van die Marxisme-Leninisme ook die waarde van godsdiens:

To a nationalist fighting against national oppression dialectical materialism is like a rifle, bomb or missile in the field of battle enabling the army to defend its position and to strike. It is a powerful searchlight on a dark night which enables the traveller to see all round, to detect danger spots and the way forward. Finally, dialectical materialism excludes belief in the existence of a supernatural world and rests on the principle that all causes are capable of scientific explanation. It demands that our actions should be based on facts that can be verified through observation, research or experiment. It rejects anything beyond the realm of experience and in particular the existence of a supreme being directing the course of human affairs. For this reason, many people who otherwise would accept the correctness of a materialist approach feel outraged when they realise that belief in dialectical materialism clashes with their religious views.[43]

Hy eggo dan die amptelike ateïsme van die kommunisme wanneer hy skryf: "It is sufficient to say that the origin of religion is to be sought in man's ignorance of his environment and his inability to control the forces of nature on which his life depends. As scientific knowledge increases and man masters the natural forces, supernatural beliefs will be correspondingly weakened."[44]

By later geleenthede het Mandela wel sy Christelike geloof bely. Toe prof. HW van der Merwe, 'n gelowige Kwaker, hom in Oktober 1984 besoek, het dié reguit gevra: "Are you a Christian?" Mandela se antwoord was ewe reguit: "Very definitely."[45] Miskien het hy in die tronk tot bekering gekom, of anders was dit bloot 'n geval dat hy Van der Merwe – 'n belangrike tussenganger tussen die ANC en die regering – na die mond wou praat. Dit is in elk geval 'n onderwerp vir verdere navorsing.

In ooreenstemming hiermee het Mandela ook kritiek op die Afrika-sosialisme uitgespreek omdat dit na sy mening nie wetenskaplik genoeg was nie.[46] Neem hier in ag dat die Marxisme-Leninisme homself graag as "wetenskaplike sosialisme" beskryf, as die enigste ideologie wat werklik wetenskaplik is en die objektiewe waarheid kan blootlê. Mandela het dit ook geglo: "By studying the history of the entire human race we can anticipate the course of the future development of our people and help to speed up the process by concentrating our resources on the achievement of what human history demonstrates as inevitable".[47] Dit was tipies Marxistiese taal – die onafwendbaarheid van die sosialistiese revolusie en die aanbreek van 'n utopie op aarde.

Oor die SAKP het Mandela in sy ongepubliseerde manuskrip besonder hoë lof gehad:

> The SACP is one of the most radical, active and consistent political parties in this country, and has a far better record of service and achievement than those who now question its bona fides. For more than 50 years it has fought against all forms of oppression and fully identifies itself with the struggle of the oppressed peoples, emerging in the process as a bitter enemy of apartheid, a fact which the Nats acknowledged by declaring it illegal within two years of coming to power. To reject the co-operation of a party with such a good record can only be due to the influence of our own background and of missionary education, to many years of anti-communist indoctrination by the propaganda agencies of the enemy and an inability to think for ourselves in this regard.[48]

Teen dié agtergrond het hy antikommunisme bestempel as "a social disease most people educated in Western schools have inherited".[49]

Dit is interessant dat Mandela ook wys dat hy bekend is met die SAKP se tweefaserevolusie en hom implisiet positief daaroor uitlaat. Teen dié agtergrond is Mandela se woorde veelseggend: "Of course in a way we cannot dismiss the argument that the victory of the Congress movement and the overthrow of colour oppression will be a step towards scientific socialism. In a democratic South Africa established by us our allies will naturally have a free run and the CP will have a proportionate say in the solution of the country's problems." (Hy voeg wel daaraan toe dat dít nie noodwendig van Suid-Afrika 'n kommunistiese staat sal maak nie.)[50]

Ten slotte het Mandela gewys dat hy ook insake kwessies soos geweld en dwang as't ware aan die voete van Lenin gesit het. Hy beskryf byvoorbeeld aksies uit die 1950's in Sophiatown en Port Elizabeth en verduidelik dat die ANC besluit het om nié die bevolking te dwing om aan die aksies deel te neem nie. Maar die insiggewende in sy verhaal lê in hierdie aanhaling:

> But this is neither a question of principle nor wishful thinking but of necessity and should be governed strictly by actual conditions. The real issue is whether the use of force will advance or retard the struggle. If the use of force on a given occasion will harm the cause then we must avoid it by all means. But if it will advance it then it must be used whether or not the majority agrees with us. In our case we have to contend with a brutal regime which invariably uses force to break our strikes and to drive the people from their homes to work and to allow ourselves to be crippled by lofty principles unrelated to the circumstances would be fatal.[51]

Met ander woorde, as dwang die revolusie dien, is dit moreel geoorloof.[52]

Die tweede dokument is 'n polemiese essay wat hy in 1978 op Robbeneiland teen die Swartbewussynsbenadering geskryf het.[53] Daaruit blyk dat sy politieke denke ook in daardie stadium nie werklik van die SAKP s'n te onderskei was nie.

Marx en Engels se geskrifte het hy "a blueprint of the most advanced social order in world history" genoem wat gelei het tot "an unprecedented reconstruction of society and to the removal of all kinds of oppression for a third of mankind". "Scientific socialism," het hy geskryf, "brings security to all men in the form of a just redistribution of the country's wealth and the removal of all sources of national and international friction". Soos voor sy inhegtenisneming het hy die kommunistiese lande "the best friends of those who fight for freedom" genoem.

Mandela het goedkeurend uit die Kommunistiese Manifes van 1848 aangehaal en geskryf dat die botsing van klasbelange die fundamentele teenstrydigheid in die eietydse samelewing is en dat die stryd teen die kapitalisme deur die werkersklas gelei sal word. Laasgenoemde is "the most reliable force in the fight for socialism". Die klassestryd is "the driving force in the development of society and to sharpen it is the duty of all revolutionaries". Die geskiedenis van Suid-Afrika, het hy daaraan toegevoeg, "bears out Marxist history".

Hy het die SAKP se model van 'n tweefaserevolusie op die voet gevolg en geskryf dat die bevrydingsbeweging deur die tweeledige probleem van nasionale onderdrukking en klasseuitbuiting in die gesig gestaar word. "The concern of the liberation movement and its immediate task is the removal of the former evil, not because national oppression is primary, but because its destruction will pave the way for the eventual elimination of economic exploitation."

Daarop het hy die volgende betekenisvolle opmerking gemaak: "This is a question of strategy. The fight against racism demands the maximum unity of all the people, who may differ fundamentally on the type of social order to be established after liberation. *For this reason we deliberately do not stress the economic aspect.*" (Eie kursivering.)

Wat die steun van die Sowjetunie en ander kommunistiese lande betref, het Mandela geskryf dat hulle gemotiveer word deur die begeerte om te sien hoe alle mense hul eie sake organiseer en gelukkig leef. As hulle enige bybedoeling het, is dit eenvoudig die wete dat "the freedom of any oppressed nation is a blow to imperialism and an advantage to socialism". Dít het hy 'n waardige motief genoem "that accords with the aspirations of any freedom-loving people throughout the world".

In so laat as 1985 het hy in die Pollsmoor-gevangenis aan 'n besoeker uit Brittanje, lord Bethell, gesê: "Personally I am a socialist and I believe in a classless society. But I see no reason to belong to any political party at the moment."[54]

Op grond van sy lang persoonlike gesprekke met Mandela in aanhouding het Niël Barnard, hoof van die Nasionale Intelligensiediens (NID), laat in die 1980's tot die gevolgtrekking gekom dat "Mandela ondanks 'n ideologiese flirtasie met die kommunisme, allesbehalwe 'n klipharde Stalinistiese kommunis was". Hy noem Mandela eerder 'n "kriptokommunis wat elemente van die kommunisme deel van sy politieke filosofie gemaak het".[55]

Gevolgtrekking

In die loop van die 1980's het die ANC/SAKP 'n globale veldtog aan die gang gesit met 'n verpletterend eenvoudige leuse: "Free Mandela!" Regoor Suid-Afrika, Europa, Noord-Amerika en die kommunistiese lande het tienduisende mense aan betogings deelgeneem, dikwels in die omgewing van Suid-Afrikaanse ambassades en konsulate. In die proses het die naam van Nelson Mandela as vryheidsvegter, as die man wat vervolg is omdat hy vryheid en geregtigheid vir sy mense geëis het, sinoniem met die antiapartheidstryd geword. Mandela het naam gemaak as held.

Teen dié agtergrond was dit belangrik dat Mandela se Marxisties-Leninistiese oortuigings nie aan die groot klok gehang word nie. Hy kon hoogstens vaagweg as linksgesind voorgestel word; in baie kringe sou dit slegs in sy guns tel.

En toe Mandela in Februarie 1990 vrygelaat word, was hy die gesalfde wat sy mense na vryheid sou lei. Hy moes 'n leier word wat die uiteenlopende antiapartheidskragte in Suid-Afrika tot 'n hegte eenheid in die stryd teen die regering kon saamsnoer. Alte veel duidelikheid oor sy vroeëre kommunistiese oortuigings sou die ANC/SAKP in die onderhandelinge van die oorgangstyd net skaad.

Uit sommige van sy doen en late ná sy vrylating het ewenwel geblyk dat sy natuurlike simpatie steeds by die kommuniste en ander antikolonialistiese kragte was. Hy het diktators soos Fidel Castro van Kuba en Moeammar Ghaddafi van Libië letterlik aan die bors gedruk en hulle uitvoerig geprys.

In die proses is Mandela se verlede wel deur die ANC en deur homself toegeverf. 'n Gaping het in die geskiedenis ontstaan en dit moet ingevul word, nie om die destydse politieke doeleindes te neutraliseer of om nuwes te dien nie, maar om die akademikus se enigste oogmerk na te streef, naamlik 'n soeke na die waarheid.

Uit die behandeling van die materiaal hierbo moet dit duidelik wees dat Mandela 'n senior lid was van die SAKP, 'n kommunistiese party wat by uitstek getrou was aan Moskou. Dit is verder uit sy geskrifte van die 1950's tot die 1970's duidelik dat hy minstens tot 1978, waarskynlik selfs later, 'n uiters ortodokse Marxis-Leninis was. Uiteraard moet dié stelling genuanseer word, want vir 'n swart mens wat apartheid voor 1990 wou beveg, was daar nie baie beskikbare opsies nie. Die dikwels gewelddadige onderdrukking deur die destydse regering het van die Marxisme-Leninisme 'n aantreklike en byna vanselfsprekende keuse gemaak.

4

Die gewapende stryd: Die vroeë jare

S uid-Afrikaners van alle bevolkingsgroepe was geskok toe 'n reeks ruwe tuisgemaakte bomme op 16 Desember 1961 op verskeie plekke in die land ontplof en 'n aantal elektrisiteitsmaste laat omval het. Die datum, Geloftedag, is met opset weens sy simboliese waarde gekies.[1] In pamflette wat terselfdertyd onder swart mense versprei is, is die bestaan van Umkhonto we Sizwe (MK) bekendgemaak, 'n nuwe bevrydingsleër wat beloof het om swart mense van die verdrukking van apartheid en kolonialisme te bevry.

As 'n mens dié saak behoorlik wil begryp, moet dit teen die agtergrond gesien word van hoe swart mense, reg of verkeerd, hul behandeling deur wit Suid-Afrika ervaar het. Kom ons kyk dus eers dáárna, na die ander kant van die munt. Die geweldsaspek kan immers nie in isolasie gesien word nie; alle aksies – ook ekstreme aksies – het oorsake.

Toe dr. Hendrik Verwoerd, Suid-Afrika se eerste minister, in 1959 die idee van gebiedskeiding opper, wat mettertyd sou uitloop op "soewerein onafhanklike lande", het dit nogal wye positiewe reaksie uitgelok, ook van kritici van die Nasionale Party-regering. Maar as 'n mens die kwessie ná verskeie dekades onemosioneel bekyk, kan jy sien dat die voorwaardes vir sukses waaraan die beleid moes voldoen, nie naastenby bereik is nie. Erger nog, die politici het nie eens daaraan probéér voldoen nie; hul fokus was op die trek van (wit) stemme en die wen van die volgende verkiesing.

Trouens, toe die Nasionale Party in 1948 met sy apartheidsbeleid begin, was die demografiese en ekonomiese vervlegting van die wit en swart bevolkingsgroepe reeds te ver gevorder. Op die keper beskou, was die beleid reg van die begin af tot mislukking gedoem.[2]

Voldoende literatuur bestaan oor die intense gevoelens wat die onreg en diskriminasie waarmee apartheid gepaard gegaan het by die swart en bruin mense gewek het. Walter Sisulu, later 'n prominente ANC-leier, het byvoorbeeld sy politieke ontwaking toegeskryf aan die verhale wat hy as kind gehoor het oor hoe sy mense "were moved from the fertile lands near Elliot to make way for white farmers. Adults would point out the large tracts of land owned by one or two people, while black people were crowded onto smaller, less fertile plots and forced to cut down on the sheep, goats and cattle they owned – and even prevented from picking up sticks in the forest."[3]

In sy geheime outobiografie wat hy in die tronk geskryf het, vertel Nelson Mandela van 'n keer toe hy met sy motor in die 1950's naby Kroonstad 'n wit seun raakgery het. 'n Polisieman was gou op die toneel en sy eerste woorde was waarskynlik tipies van wat duisende swart mense van wit polisiebeamptes gehoor het: "Kaffer, jy sal kak vandag!"[4]

Mandela het die beleid later beskryf as

> diabolical in its reach and overwhelming in its power. The premise of apartheid was that whites were superior to Africans, Coloureds and Indians, and the function of it was to entrench white supremacy for ever. As the Nationalists put it, *'Die wit man moet altyd baas wees'* ('The white man must always remain boss'). Their platform rested on the term: *baasskap*, literally 'boss-ship', a loaded word that stood for white supremacy in all its harshness.[5]

Nog 'n voorbeeld: In Mei 1948 – min of meer die tyd van die Nasionale Party se oorwinning in die algemene verkiesing – het Oliver Tambo in Johannesburg in die straat geloop. Sonder waarskuwing het 'n wit man hom in die gesig gespoeg. Dat Tambo dit as 'n intense vernedering ervaar het, blyk daaruit dat hy dit meer as 40 jaar later aan 'n groep Suid-Afrikaanse sakelui vertel het. Hy het steeds die sakdoek waarmee hy die speeksel afgevee het, het Tambo gesê.[6]

Ten slotte: Toe 'n jong swart man, Radilori Moumakwe (19), in die vroeë 1960's as ANC-lid in Moskou vir militêre opleiding vir Umkhonto we Sizwe of MK, die ANC se militêre vleuel, aankom, het 'n (wit) Rus hom met 'n handdruk begroet. Moumakwe het verskrik teruggedeins. Hy is geleer dat 'n swart mens nooit aan 'n wit mens mag raak nie, omdat dit die wit mens sou besoedel.[7]

'n Swart onderwyser het sy ervaring só beskryf:

> Apartheid, when I became aware of it, was horrific, because you
> could hardly get employment. When the Nationalist Party came to
> power, and even when I started work, before Apartheid time, as an
> African you couldn't get a decent job in Cape Town. When you went
> out to look for a job, you would have to go to the Labour Department
> and they preferred to give work to a coloured person, as Cape Town
> was classed as a Coloured labour preference area. After you found a
> job you had to go to the Native Administration office in Langa. They
> issued you a 'pink paper' which gave you permission to work.[8]

Die destydse regering het in teorie 'n antwoord vir die beskuldiging van wit
oorheersing gehad. Dit was die sogenaamde tuislandbeleid waarvolgens
sekere gebiede vir die uitsluitende bewoning van swart mense opsy gesit
is en wat mettertyd soewerein onafhanklike state kon word. In teorie kon
hulle daar ewe vry wees en net soveel gesag hê as die wit mense in die res
van die land. Maar swart mense het dit as 'n bedrogspul gesien. Biskop
Joseph Kobo het dit só gestel:

> The idea was that these lands would house the bulk of the black
> population while the white population kept the rest of the
> country for themselves. Of the twenty-odd million population,
> less than four million were actually white, yet they intended once
> and for all to hold onto territory twice the size of France. By
> comparison, Transkei added up to less than two Corsicas. The
> other homelands-to-be, Venda, Ciskei and Bophutatswana, were
> even smaller.[9]

Voor sy dood aan die hand van die polisie het die Swartbewussynsleier
Steve Biko getuig dat swart mense in absolute vrees vir die einste polisie
leef: "No average black man can ever at any moment be absolutely sure
that he is not breaking a law. There are so many laws governing the lives
and behaviour of black people that sometimes one feels that the police
only need to page at random through their statute book to be able to get
a law under which to charge a victim."[10]

Die punt is, hoe 'n mens ook al oor die beginsel van die destydse apartheidsbeleid wil oordeel, dit was prakties onuitvoerbaar en het gevoelens van uiterste bitterheid by diegene aan die ontvangkant ontlok. Dit was uit dié bitterheid dat die ANC se gewapende stryd – en die latere eskalasie tot terrorisme – gegroei het. Die een kan nie sonder die ander gesien word nie.

Groei van geweld

Gedurende die 1950's het die land aansienlike burgerlike onrus beleef. Die ANC het destyds 'n geweldlose veldtog gevoer. Reeds in 1952 het die ANC in 'n brief aan die destydse eerste minister, dr. DF Malan, gevra om die ses wette wat die beweging as onregverdig beskou het, terug te trek. Die versoek is kortaf geweier. Hierop het die sogenaamde Defiance Campaign gevolg waartydens duisende swart mense die apartheidswette doelbewus oortree het. Die regering het die leiers, onder wie Mandela, in hegtenis geneem en van hoogverraad aangekla. Die saak, wat as die Hoogverraadsaak bekend staan, het jare lank voortgesleep voordat die beskuldigdes uiteindelik vrygespreek is.

Die reeks ontploffings van 16 Desember 1961 het dus 'n nuwe, onheilspellende era in rassebetrekkinge in Suid-Afrika ingelui. Die land was blykbaar onderweg na 'n bloedige burgeroorlog.

In April 1960 het die Nasionale Party-regering die ANC met sy nierassige etos verbied, asook sy eksklusief swart teenhanger, die Pan-Africanist Congress (PAC). Die ANC se vernaamste bondgenoot, die Kommunistiese Party van Suid-Afrika, is reeds in 1950 verbied.

Hiermee het die regering in die oë van militante swart mense 'n tweede belangrike grens oorskry. Die eerste, net enkele weke tevore, was toe die polisie op 21 Maart 69 swart betogers in die township Sharpeville net buite Vereeniging doodgeskiet en nog sowat 250 gewond het. Dit het 'n golf van verontwaardiging oor die wêreld gestuur, maar ook vir militante Suid-Afrikaanse swart mense was dit die laaste strooi. In 'n dokument wat onder sy ondersteuners versprei is, het die ANC mense probeer touwys maak oor hoe om klandestien met hul politieke aktiwiteite voort te gaan.[11]

Belangriker nog: Op 'n geheime vergadering in Desember 1960 in Johannesburg het die Suid-Afrikaanse Kommunistiese Party (SAKP) formeel besluit dat die tyd aangebreek het vir 'n gewapende mag, bestaande uit klein groepe saboteurs, om die pad vir guerrillaoorlog voor te berei. Nelson Mandela was onder meer teenwoordig en het die besluit gesteun. Dit was, ook in die ANC, 'n omstrede stap wat nie algemene steun geniet het nie. Die geykte siening is dat Albert Luthuli op grond van sy Christelike oortuigings 'n afstand gehandhaaf het, maar die nuutste navorsing wys dat die waarheid baie meer genuanseerd is.[12]

Gebaseer op uitvoerige argivale navorsing skryf Simon Stevens: "The MK high command did not launch their campaign of urban sabotage because they believed that this would prompt a white change of heart, nor because they believed that such a campaign was a necessary prelude to the launch of rural guerrilla warfare. Rather, sabotage bombings were a spectacular placeholder, a stopgap intended to advertise the Congress movement's abandonment of exclusive non-violence and thus to discourage opponents of apartheid from supporting rival groups or initiating violent actions themselves."[13]

Ewenwel, die ANC het 'n paar maande later, in Junie of Julie 1961, besluit om die gewapende opstand te steun. In Desember van daardie jaar het die twee groepe, die SAKP en die ANC, ooreengekom om hul pogings in één organisasie, Umkhonto we Sizwe (Spies van die Nasie), ook bekend as MK, saam te snoer.[14] Dit verklaar moontlik waarom veral Nelson Mandela (as lid van die SAKP) in die ANC die leiding oor die gewapende opstand geneem het. Daar was wel teenstand, onder meer van Michael Harmel, 'n leidende Kommunis, maar die teenstanders was in die minderheid.[15] Nietemin was dit blykbaar maar 'n ondeurdagte en amateuragtige besluit. 'n Leidende Kommunis, Rusty Bernstein, het later getuig dat dit "off the back foot" gebeur het en "that they had not thought the thing through".[16]

As 'n mens kan aanvaar wat Mandela later aan die joernalis Allister Sparks vertel het, het hy wel goed daaroor nagedink. Hy het vertel dat hy nooit enige illusies gekoester het dat die stryd militêr gewen kon word nie. Sy doel was om druk op die regering van eerste minister Hendrik Verwoerd uit te oefen en dié se aandag op die swart verset te vestig.[17]

Die ANC se eie vertolking van die besluit is in elk geval duidelik. 'n Paar jaar later het die beweging se sekretaris-generaal, Alfred Nzo, dit só verduidelik:

Our legal and passive resistance in the Fifties, despite massive political demonstrations, was met not with government concessions but with increasingly brutal repression. Virtually every year from 1956 to 1961 saw the all-White South African parliament adopt piece after piece of legislation designed in a conscious and calculated manner to cripple the national liberation movement and block all peaceful paths to democratic change in South Africa. So our real choice was either to submit to the terror of the enemy and cease to exist or recognize that peaceful forms of struggle alone were no longer valid and that it was necessary to go underground and prepare for armed struggle.[18]

Om taktiese redes is besluit om MK nie eksplisiet aan die ANC te koppel nie, maar formeel as 'n onafhanklike organisasie in die lewe te roep. Die doel was om die ANC van verdere vervolging te vrywaar. Die voortou is deur lede van die SAKP geneem omdat baie van hulle tegnies opgelei en in revolusionêre teorie geskool was.[19] Omdat MK destyds nie formeel deel van die ANC was nie, kon wit Kommuniste 'n prominente leiersrol speel. (Die ANC het nog geen wit mense as lede toegelaat nie; dit sou eers in 1969 gebeur.) Dit het beteken dat die SAKP reg van die begin af beheer oor die gewapende stryd geneem het. Tien maande ná die eerste ontploffings het die ANC MK openlik as sy gewapende vleuel erken.[20]

Dit is vermeldenswaardig dat MK se opperbevel deur Kommuniste oorheers is. In 'n SAKP-memorandum van laat 1962 of vroeg 1963 is geskryf: "In all cases, the effective control is in the hands of members of the Party." Voorts: "The overall strategy and direction of policy of UWS [Umkhonto we Sizwe] remains at all times in the hands of the leadership of the Party. The national command of UWS, consisting in the main of members of the Party, acts only in terms of the overall political policy, main lines of strategy and general direction of the Party leadership."[21]

Ter voorbereiding van die gewapende stryd het die ANC en SAKP eers in Moskou en Beijing gaan kers opsteek. Daar is hulle dit op die hart gedruk onder meer deur Mao Zedong en Deng Xiaoping persoonlik, dat 'n gewapende opstand die korrekte pad is, maar dat dit baie sorgvuldig voorberei moet word. (Dit was voor die breuk tussen die Sowjetunie en

China, toe kontak tussen China en die SAKP nog nie polities inkorrek was nie. MK-lede is selfs vir opleiding na China gestuur.[22])

In die pamflette wat saam met die eerste bomontploffings versprei is, het Mandela gewaarsku dat swart mense se geduld nie eindeloos is nie: "The time comes in the life of any nation when there remain only two choices: to submit or to fight. That time has now come to South Africa."[23]

Sabotasie

MK se opperbevel het vier opsies oorweeg: sabotasie, guerrillaoorlog, terrorisme en openlike revolusie. Aanvanklik is sabotasie gekies, primêr om morele en politieke redes. In sy memoires het Mandela geskryf: "Because it did not involve loss of life, it offered the best hope for reconciliation among the races afterwards." Die doel, het hy geskryf, was om die regering na die onderhandelingstafel te dwing. "Strict instructions were given to members of MK that we would countenance no loss of life." Maar, het Mandela eerlik voortgegaan, "if sabotage did not produce the results we wanted, we were prepared to move on to the next stage: guerrilla warfare and terrorism".[24]

In die Rivonia-hofsaak, waarin hy in 1963-1964 saam met nog nege ANC/SAKP-lede op verskeie klagte tereggestaan het, het hy getuig dat dit nodig was om goeie beheer oor mense se woede en frustrasie te behou; die alternatief was "outbreaks of terrorism which would produce an intensity of bitterness and hostility ... "[25] Joe Slovo het dit "beheerde geweld" genoem.[26] Mandela het self in Junie 1961 geredeneer "there is no other way the ANC can remain on top, unless it takes a lead on the question of armed struggle".[27]

In dié tyd het Mandela 'n studie gemaak van boeke oor die guerrillaoorlog teen die Britte in Maleia (die latere Maleisië), die Joodse opstand teen die Britse oorheersers in Palestina (Israel), asook die opstande teen die Franse in Algerië en die guerrillakonflikte in Kuba en China. Paul Landau het die notas wat hy daaroor gemaak het, onder oë gekry: Uit die Kubaanse revolusionêr Che Guevara se boek oor sy stryd beklemtoon Mandela twee aspekte: "First, there is no need to wait for all the conditions for revolution to arrive before launching a guerrilla struggle. 'The insurrection can create' these conditions." Tweedens, "sabotage 'is an arm of guerrilla warfare'."[28] Ons sal later op die implikasies hiervan

ingaan, maar die punt is dat sy benadering 'n groot invloed op die Suid-
Afrikaanse opstandelinge gehad het.[29]

In 1962 het die SAKP-maandblad *African Communist* 'n hoogs optimis-
tiese strategiese analise oor die vooruitsigte van die gewapende stryd
geplaas. Die regering se posisie is swak, was die boodskap. Hy het geen
enkele vriend in die wêreld nie en al is hy militêr sterk, is dit irrelevant
in die guerrillaoorlog wat wag. In Algerië kon selfs die veel magtiger
Frankryk nie teen die rebelle stand hou nie en die Suid-Afrikaanse
regering is oneindig swakker as dié van Frankryk. Dus: "Despite the
surface appearance, South Africa is a country on the brink of a democratic
revolution."[30] Die party sou mettertyd pynlik agterkom dat dinge nie só
eenvoudig was nie.

In die dekades wat hierop gevolg het, sou die ANC/SAKP dikwels
daarop hamer dat hulle tot in dié stadium geweldlose verset teen apartheid
gepleeg het, maar dat dit met brute geweld deur die apartheidsregering
begroet is. Dit het hulle geen ander keuse gelaat as om tot geweld
oor te gaan nie en selfs toe dit gedoen is, was die doel streng om
bloedvergieting te vermy: "The ANC ... did not approve of attacks on
'civilian targets'," het die beweging in sy voorlegging aan die Waarheid-
en-versoeningskommissie (WVK) betoog. "Attacks on civilian targets
would be morally indefensible, and strategically senseless ..."[31] Ook Jane
Cherry, 'n ANC-aktivis wat as akademikus 'n boekie oor MK geskryf het,
was van mening dat MK "acted with remarkable restraint, and in doing
so prevented a bloody race war ..."[32]

MK se klein bietjie militêre kundigheid was hoofsaaklik van wit SAKP-
lede wat in die Tweede Wêreldoorlog geveg het. Mandela self het Algerië
besoek en is daar voorgelig.[33]

Die sabotasieveldtog het nie in sy doel geslaag nie, ondanks die feit dat
daar sowat 190 voorvalle was, die meeste klein.[34] Daar was geen teken
dat die regering gewillig was om te luister nie. Bowendien was daar ook
geen teken dat dit die swart massa tot opstand of selfs steun aan die
antiapartheidstryd gemobiliseer het nie. In 1974 moes Ben Turok erken
"the sabotage campaign failed on the main count – it did not raise the
level of the masses themselves".[35]

Die veldtog is op 'n naïewe en amateuragtige manier gevoer. Mac Maharaj
het die ligsinnige benadering toegelig: "We used to sing a song: 'One stick,

two sticks, six sticks of dynamite, we'll take the country the Castro way …'
We were all singing this song, as if to say in six months we would be free."[36]

Bowendien het die saboteurs, in teenstelling met die ANC se mooi woorde, glad nie veel moeite gedoen om bloedvergieting te voorkom nie. Volgens Tom Lodge was 23 sabotasiedade van so 'n aard dat lewensverlies 'n moontlikheid was en was daar nog 23 moorde of pogings tot moord op polisiebeamptes, swart informante of kollaborateurs.[37]

5

Guerrillaoorlog

Kort nadat die eerste bomme ontplof het, het aktiviste aan die volgende fase begin dink – guerrillaoorlog. In Oktober 1962 het die ANC in Lobatse op sy eerste konferensie nadat hy verbied is, die mislukte sabotasieveldtog hervertolk as MK se "elementêre fase" en vooruit gekyk na "die gevorderde stadium van guerrillaoorlogvoering".[1]

Dit het die vorm aangeneem van Operasie Mayibuye: 'n plan om die regering binne 'n relatief kort tyd omver te werp. Die plan het baie gesofistikeerd geklink. In die dokument daaroor, geskryf deur Joe Slovo en Govan Mbeki, is 'n inval van buite, gepaardgaande met 'n binnelandse opstand voorgestel. Dit sou afskop met 'n landing – hetsy vanaf die see of vanuit die lug – van vier groepe van 30 vegters elk, met voldoende voorrade vir 'n maand. Dié groepe sou dan hul kragte verenig met 'n mag van 7 000 gewapende vegters in die Oos-Kaap/Transkei, Natal/Zoeloeland, Noordwes-Transvaal en Noordwes-Kaapland.

Die plan het voorsiening gemaak vir die vestiging van basisse in afgeleë gebiede, waar rekrute ook opgelei kon word. Moontlike teikens is geïdentifiseer: Strategiese pad-, spoor- en ander verbindings, kragstasies, polisiekantore, weermagbasisse en wat genoem is "irredeemable Government stooges". Die onderliggende benadering was gebaseer op die voorbeeld van Kuba – "the general uprising must be sparked off by organized and well prepared guerrilla operations during the course of which the masses of the people will be drawn in and armed".[2]

Nie al die ANC-leiers het dit gesteun nie. Rusty Bernstein het gemeen dit is te gevaarlik. Maar Joe Slovo het op Kuba se voorbeeld gewys, waar Fidel Castro met slegs 'n handjievol vegters begin het, maar uiteindelik wel geseëvier het. Die debat het, volgens die Amerikaanse joernalis en historikus Glenn Frankel, in 'n lelike onenigheid ontwikkel.[3]

Met die voordeel van agternakennis was die plan uiters naïef en onrealisties. Om dit uit te voer was dit nodig om massas wapens en ammunisie te versamel – daar is gepraat van 210 000 handgranate, 48 000 personeelmyne, 1 500 tydbomme, 144 ton ammoniumnitraat, 26,6 ton aluminiumpoeier en 15 ton kruit.[4] Om alles te vervaardig sou 'n oond van 13-14 meter hoog nodig wees, asook 260 000 slagdoppe, 48 000 batterye, 270 ton ammoniumnitraat, baie balke, werkplekke, masjinerie en sowat 200 werkers. Soos Glenn Frankel dit stel: "It was the kind of midsized factory that would be hard to conceal in the Ruhr Valley, let alone amidst the rolling hills of Rivonia."[5]

Die plan het op 'n bepaalde militêr-teoretiese vertrekpunt berus: Die onwaarskynlikheid van 'n spontane algemene opstand, sodat 'n guerrilla-oorlog nodig was om dit te ontketen: "[T]he general uprising must be sparked off by organised and well prepared guerrilla operations during the course of which the masses of the people will be drawn in and armed". Daar was 'n sterk klem op die plattelandse gebiede, wat "the main theatre of operations in the initial phase" sou word.[6]

In 1975, terwyl hy in die tronk was, het Mandela in sy geheime outobiografie hierop uitgebrei: Hy het twee parades, een in Ethiopië en een in Algerië, bygewoon, wat hom diep beïndruk het.

> The main passion that inspired me was the birth of a South African liberation army commanded by ourselves and fighting on our soil. I felt sure then … that once our units, operating from a friendly territory, set foot on our soil, they would grow in numbers and striking power so rapidly that in due course Verwoerd would be plagued by all the problems which once tormented Chiang Kai Shek, Ngo Diem, De Gaulle, Batista and the British. I was confident then as now that the democratic social order we hoped to build, our superiority in numbers, the isolation of white South Africa and the overwhelming support we enjoy from every part of the world would enable us to fight our way right to the Atlantic and the Indian Oceans.[7]

Operasie Mayebuye was egter, om dit reguit te stel, roekeloos en onrealisties. Die probleem was drieledig. In die eerste plek was die opstellers van die dokument baie naïef in hul verwagting van buitelandse hulp. Hulle het selfs gereken goedgesinde Afrikastate kon die vliegtuie verskaf vir 'n lugstormoperasie – per valskerm dus – deur MK op Suid-Afrika (vliegtuie wat dié brandarm state waar sou kry?). Bowendien was dit onsinnig om te dink dat 'n mag van 7 000 gewapende en opgeleide man die inval sou kon begroet. Selfs in die 1980's, toe die oorlog al veel verder gevorder het, kon MK nooit 'n beduidende mag in Suid-Afrika blywend aan die gang hou nie. In dié stadium het MK op die allermeeste 250 lede in die land gehad, waarskynlik minder, terwyl nog sowat 300 met opleiding in die buiteland besig was.[8]

Tweedens praat Rocky Williams, 'n MK-bevelvoerder, van "the lack of familiarity of the leadership with the basic tenets of underground work (most members were drawn from the tradition of the high-profile resistance campaign of the 1950s)".[9]

Derdens het die plan wel geografiese beperkings erken, maar nie naastenby voldoende in ag geneem nie. Soos tallose voorbeelde in die 20ste eeu gewys het, word guerrillaoorlog aansienlik makliker wanneer die guerrillas van veilige basisse in afgeleë gebiede of vriendelike buurstate kan opereer. Die afwesigheid daarvan lei weliswaar nie outomaties tot mislukking nie, maar maak sukses aansienlik moeiliker. In Suid-Afrika se geval was die land nog omring deur wit-geregeerde gebiede – Rhodesië na die noorde en die Portugese kolonies van Mosambiek en Angola na die ooste en noordweste. Suidwes-Afrika, later Namibië, was stewig in Suid-Afrikaanse hande. Die naaste plekke waar MK iets kon hê wat na 'n veilige gebied gelyk het, was Zambië en Tanzanië. Dit het beteken dat kommunikasie tussen die hoofkwartier en die vegters op voetsoolvlak vir alle praktiese doeleindes onmoontlik was. Dít het ook die infiltrasie van guerrillas ongelooflik bemoeilik. Dit sou 'n paar jaar duur voordat dié waarhede tot die ANC-leiers kon deurdring.[10]

Ahmed Kathrada se destydse waarneming van die revolusionêre beplanning op die plaas Lilliesleaf was in die kol:

> I'm living in another world. The comrades here were completely divorced, Soweto was just a few miles from here, they were completely divorced from reality. And drawing up very fancy documents. They had even forgotten that when MK was formed, no one had the idea that MK was going to overthrow the government. At the very

most MK was going to be a pressure group. The goal remained that MK would be one of the pressure groups together with the political struggle, together with the international pressures, to force the enemy to the negotiation table.[11]

Agterna het verskeie ANC-leiers beweer dat die plan nooit behoorlik aanvaar is nie en dat húlle dit teengestaan het.[12] Dié teenstand, moet bygesê word, blyk nie uit die destydse bronne nie.

Niemand minder as Joe Slovo nie het later in 'n onderhoud erken dat "initially we had a little bit of euphoria about the prospects". Hulle is beïnvloed "by a belief that we could bring about a situation in which we could make the countryside so ungovernable through the presence of guerrilla formations that we would eventually lead the other side to the point where we would win". Terselfdertyd het die opstandelinge "a rather exaggerated understanding" van ander Afrikalande se krag gehad. "We thought my God, the continent is going to rise on our side and this puny little white state in the south is going to shudder and collapse."[13]

Hoe ook al, MK het nooit die kans gekry om die plan op die proef te stel nie. Al het sommige guerrillas Suid-Afrika in 1963 vanuit Botswana oor die Limpopo probeer infiltreer, was dit in die breë onbeduidend.[14] Op 11 Junie 1963 het die polisie op die plaas Lilliesleaf in Rivonia buite Johannesburg toegeslaan en die belangrikste leiers van Operasie Mayibuye in hegtenis geneem – Govan Mbeki, Walter Sisulu, Ahmed Kathrada, Harold Wolpe, Denis Goldberg, Raymond Mhlaba, Bob Hepple, Arthur Goldreich, Andrew Mlangeni en Elias Motsoaledi. Mandela is reeds enkele maande tevore aangekeer en Joe Slovo het 'n paar dae tevore uit die land padgegee.

Dit was 'n hamerslag en die einde van Mayibuye. Slovo sou later erken dat "for all practical purposes the internal movement as an organised structure had been destroyed".[15] Die ANC-maandblad *Sechaba* het ook erken: "The enemy was thus able to smash the very heart of the organisation and this was a very serious setback."[16]

In ballingskap het dit vir die oorblyfsels van die ANC/SAKP en MK jare geneem om te hergroepeer. Die Tanzaniese regering het 'n stuk grond by Morogoro vir die ANC beskikbaar gestel om 'n politieke en militêre basis te skep. Luidens 'n interne dokument het die SAKP hom wel voorgeneem om die leiding in die afdelings wat militêre en politieke strategie bepaal te behou, maar intussen het die ballinge se opstand teen die regering nie gevorder nie. Teen 1964 het slegs sowat 300 MK-vegters al uit Suid-Afrika padgegee om in verskeie Afrikastate, die Sowjetunie, China en ander lande agter die Ystergordyn opgelei te word, maar die opleiding in veral die Afrikastate was minderwaardig. In 1965 was daar net 500 van hulle.[17]

Sommige MK-vegters wat militêre opleiding in die Sowjetunie ontvang het, was ongeduldig en het op aksie aangedring, maar dit was asof die ANC verlam was. Niks noemenswaardig het in ballingskap gebeur nie en die verveling het ondraaglik geword. Die humeure het opgevlam. Daar was klagtes van korrupsie en magsmisbruik. Daar was voortdurende konflik tussen veral die Xhosas, Zoeloes en Tswanas. Die lewensomstandighede vir die gewone mense was ellendig, terwyl dié in bevel allerlei soorte luukshede gehad het. 'n Muitery het gedreig.[18]

Volgens een gefrustreerde MK-lid was die kamp waar hulle gehuisves is ver van die beskawing. "If you could get a woman, she was a prostitute. We were eating dirty food, sometimes they bought old rice with worms. There was no bread, nothing! Water was scarce. This would cause runny stomachs and vomiting …"[19] 'n Ander het die Kongwa-kamp in Tanzanië beskryf as "a filthy place, no women, no food, no proper clothes, mosquitoes … the place was primitive".[20]

Joe Matthews het later as volg onthou:

> The boredom of spirited men soon sprouted a series of grievances at the camp. The leadership of the camp left much to be desired. There was a great deal of heavy drinking of intoxicating liquor. The camp commander, Ambrose Makiwane, was crude in the treatment of the men and introduced practices that left much resentment. As always in such situations, the solidarity of the men began to crumble, and groupings began to form, based on places of origin, tribe, and ideology. But at the root of the problem was the perceived delay in any plan to get back home to fight apartheid with the new weapons they had been trained to use.[21]

Meer oor die toestande in die kampe in hoofstuk 11 en 12. Die manne was ongeduldig. "Don't tell us there are no routes," het hulle volgens

Chris Hani gesê. "We must be deployed to find routes. That's what we are trained for."[22] Maar die reaksie van die kampbevelvoerder, volgens Ben Turok, was om entoesiastiese toesprake te hou "along the theme that we should all prepare to go to the frontline for action and 'the transports are waiting' when there was clearly no such intention".[23]

In dié tyd was daar wel 'n wilde plan om 'n groep MK-guerrillas met 'n seiljag, die *Aventura*, na die Suid-Afrikaanse ooskus te smokkel om in Natal, die Transkei en die Oos-Kaap 'n opstand aan die gang te kry. Die jag se motor het egter in die omgewing van Mombasa ingegee en die plan moes laat vaar word.[24]

Om die gewapende stryd beter te lei, het Oliver Tambo in 1964 die ANC se hoofkwartier van Londen na Morogoro in Tanzanië oorgeplaas, met nog 'n belangrike vesting in Lusaka, Zambië.[25]

Wankie en Sipolilo

Ook in internasionale opsig het dit nie goed met die ANC/SAKP gegaan nie. In 'n anonieme dokument, blykbaar afkomstig van die alliansie se Londense kantoor, onder die titel "Problems of the Congress movement", is in 1966 erken dat Afrika "has been shown to be an unstable factor as an aid and assistance to our struggle … The material assistance that we expected from a united Africa has not been forthcoming." Dus is die situasie in Afrika oor die algemeen "not a happy one".[26]

Meer om die moreel te verbeter as enigiets anders, het MK se opperbevel toe besluit om 'n groot operasie te onderneem. Dit het in nog 'n ramp geëindig.

Reeds in Mei 1967 het 'n mag van MK en Frelimo, die Mosambiekse rebellebeweging, dié Portugese kolonie twee keer binnegeval, maar is deur die Portugese verslaan en verdryf.[27] Einde Julie 1967 het 'n gemengde mag van sowat 80 MK- en Zipra-vegters (Zipra was die militêre element van Zapu, een van die Rhodesiese rebellebewegings) die Rhodesiese grens naby die Victoria-waterval oorgesteek in wat bekend geword het as die Wankie-veldtog. Dit was die gevolg van 'n alliansie tussen die ANC en Zapu. Die wapens is in Tunisië gekoop en na Zambië gesmokkel.[28] In opdrag van Oliver Tambo was dit "*not* an invasion army. It was a guerrilla detachment expected to avoid battle except where this was impracticable."[29]

Nadat hulle Rhodesië binnegedring het, het hulle in twee afdelings uiteengegaan. Die MK-guerrillas, onder die bevel van 'n jong en baie charismatiese Chris Hani, het hulself die Luthuli Detachment genoem. Die doel, soos Hani later vertel het, was "to establish an MK presence in Zimbabwe which could be used in future to service MK combatants passing through."[30] Daarna sou hulle mense in plekke soos Kaapstad, Durban, Umtata, Johannesburg, Noord-Transvaal, Zeerust, Port Elizabeth en Stutterheim polities mobiliseer[31] – 'n nogal ambisieuse plan. ('n Ander, minder vleiende vertolking van ontevrede ANC-lede was dat dit 'n poging van die beweging se leiers was om 'n klomp lastige Jong Turke, wat hulle as 'n bedreiging vir hul eie gerieflike posisies beskou het, op 'n selfmoordmissie te stuur.[32])

Hoe ook al, onderweg het die Luthuli Detachment in die omgewing van die dorp Wankie 'n aantal hewige gevegte met die Rhodesiese veiligheids-magte gevoer, wat nogal verbaas was oor die aggressie en vasbeslotenheid van die Suid-Afrikaners. Maar dinge het vir Hani verkeerd geloop. Die operasie was baie lukraak en slordig beplan; sommige senior offisiere kon nie eens kaart lees nie.[33] Die guerrillas se kos, water en ammunisie het begin opraak, die plaaslike bevolking het hulle met argwaan bejeën en die Rhodesiese veiligheidsmagte het al hoe sterker teen hulle begin druk. Hani moes die moeilike besluit neem om die grens na Botswana oor te steek en sy mag aan daardie land se polisie oor te gee.[34]

Net 'n paar MK's het Suid-Afrika bereik en hulle is vinnig aangekeer. Een het selfs 'n polisieinformant geword en in verskeie hofsake teen lede van die ANC getuig. Hy en sy vrou is later in hul slaap deur die ANC doodgemaak.[35] Dit het daartoe gelei dat Suid-Afrikaanse polisiebeamptes gestuur is om die Rhodesiese veiligheidsmagte by te staan. Van MK het 25 lede gesneuwel, teenoor agt van die Rhodesiese veiligheidsmagte.[36]

Nog twee soortgelyke operasies het in die omgewing van Sipolilo gevolg, wat ewe rampspoedig deur die Rhodesiërs verslaan is. Altesame 23 MK's is in dié gevegte dood teenoor agt aan die Rhodesiese kant.[37] Uiteindelik het drie vegters na Suid-Afrika deurgedring, maar al drie is opgespoor en in hegtenis geneem.[38]

Die Wankie-veldtog en sy opvolgers was 'n eerste poging om die wit regimes van Suider-Afrika militêr aan te vat. Takties het MK gewys sy lede is dapper en vasbeslote genoeg om beter bewapende en georganiseerde wit troepe baas te raak en as sodanig het hulle 'n inspirasie in die beweging geword. Maar operasioneel en strategies was dit 'n totale mislukking wat gewys het dat dit 'n fout was om eensydige klem op plattelandse militêre aksie te lê. Geeneen van die doelstellings van die operasie is bereik nie, al het die blote feit dat iéts darem geprobeer is, wel MK se moreel gelig.[39]

Tog het die ANC/SAKP homself oor die operasie se sukses mislei. In 'n interne dokument is die operasie as van "wesentlike belang" beskryf: "Our liberation movement is poised for a big advance in the year 1968 which should see an extension and consolidation of the guerrilla activity in Zimbabwe and its spread to the Republic of South Africa."[40]

Die harde waarheid was dat daar nie naastenby aan die politieke voorwaardes vir 'n suksesvolle guerrillaoorlog binne Suid-Afrika voldoen is nie. Die terrein is nie voorberei is nie: Daar was eenvoudig geen poging om propaganda vir die revolusie te maak of die steun van die bevolking vooraf te wen nie. Trouens, die vegters het geen opdragte ontvang oor wat om te doen as hulle by hul bestemmings in Suid-Afrika sou aankom nie en Moses Mabhida, leier van die SAKP, was bitter ongelukkig daaroor.[41] Terselfdertyd was die teenmaatreëls van die Suid-Afrikaanse regering só sterk dat alle werwing van MK-revolusionêre en hul oorplasing na Zambië en Tanzanië heeltemal tot stilstand gekom het.

- In 1970 het die SAKP in 'n nogal skerpsinnige ontleding[42] die flaters geïdentifiseer wat met die aanpak van die Wankie- en die Sipololo-veldtog begaan is: Die politieke leiers is nie die kans gegun om die doelstellings van die operasies te oorweeg en goed te keur nie;
- die toerusting, voorrade, kaarte en logistieke vermoëns was hopeloos onvoldoende;
- die vegters wat ingestuur is, is nie behoorlik voorberei vir die gewapende politieke rol wat hulle by aankoms by hul bestemming moes speel nie;
- die algemene politieke voorligting aan die manne was onvoldoende en oop vir misverstande en gebrek aan vertroue en
- daar was 'n groot kloof tussen die politieke en militêre beplanning.

Belangrik soos dié waarnemings was, het die probleem dieper gelê. Dit is 'n paar jaar later, in 1972, in 'n moedelose brief van Sizakele Sigxashe, destyds 'n senior lid van MK, aan die ortodoks-Leninistiese sosioloog Ray Alexander Simons, uitgelig. Daarin het hy iets oor die lae moreel in die beweging blootgelê: "[V]ery few things take the course we like, especially when the organisation in Lusaka is so disorganised," het hy gekla. "Nobody cares about what happens to another comrade's personal life as long as he/she like a machine (an iron piece with no feelings) must work for the organisation. Factually, if our administration in Lusaka cares a hair's breath my family would not have been refused residence in Lusaka since I work for the organisation there."[43]

Inderdaad, toe Ben Turok hom in 1968 by die ANC in Tanzanië aansluit, moes hy "the looseness of ANC structures and the lack of political coherence" ontdek – iets wat regstreeks met die lae moreel in die organisasie te make gehad het.[44] Dit sou nog jare lank die geval wees.

6

Korrupsie in MK en die Morogoro-konferensie (1969)

Die raadgewende konferensie van Morogoro is in April 1969 in Morogoro, Tanzanië, by die ANC se destydse hoofkwartier in ballingskap gehou. Dit was die eerste groot konferensie waarop die beweging – en sy alliansievennoot, die SAKP – kon besin oor die stand van sake en die pad vorentoe. As sodanig was dit 'n belangrike gebeurtenis.

Maar dit het nie vanself gebeur nie. Die leiers se arms moes by wyse van spreke uit hul potjie gedraai word om tot die konferensie in te willig. Die regstreekse aanleiding was die sogenaamde Hani-memorandum.

Die mislukte veldtogte in Rhodesië het 'n fel debat in die ANC van stapel laat loop. Nog voor Hani se terugkeer ná die veldtog het 'n ander groep MK-lede in Julie 1968 uit Tanzanië na Kenia gevlug en politieke asiel gevra. Hulle het gekla oor die weelderige lewe van hul bevelvoerders, dat Xhosas voorgetrek word en dat Sowjetleerstellings oordrewe streng toegepas word.[1] Ander Wankie- en Sipolilo-veterane is na bewering ook uit die ANC gedryf omdat hulle oor hul leiers se uitspattige lewenstyl gekla het.[2]

Met 'n siedende Chris Hani – wat 18 maande in 'n tronk in Botswana deurgebring het – terug in Tanzanië, het hy en ses ander MK-bevelvoerders 'n verwoestend kritiese ontleding van die ANC se lukrake benadering tot die revolusie geskryf. In sy memorandum[3] het hy groot wantroue in die leierskap uitgespreek en dramaties verwys na "the frightening depth reached by the rot in the ANC and disintegration of MK". Die leierskorps, het hy beweer, was "completely divorced from the situation in South Africa". In die memorandum is ook gepraat van "the careerism of the ANC leadership abroad, who have, in every sense, become professional politicians rather than professional revolutionaries". Die ondergetekendes het geprotesteer teen "secret trials" en "extremely reactionary methods of punishment" teen andersdenkendes in die beweging.

Ten slotte het hulle 'n volle konferensie geëis om die klagtes te behandel. Hani het ook verwys na simptome wat op erge korrupsie neerkom:

> These comprise the opening of mysterious business enterprises which to our knowledge have never been discussed by the leadership of the Organisation. For instance, in Lusaka a furniture industry is being run by the ANC. In Livingstone a bone factory whose original purpose was to provide cover for underground work in Botswana is now being used as a purely commercial undertaking. As a result of these enterprises more and more MK men are being diverted to them. And some of the people in charge of these enterprises are dubious characters with shady political backgrounds. We are therefore compelled to conclude that there is no serious drive to return home and carry on the struggle. This is disturbing because the very comrade, Thabo More [skuilnaam van Joe Modise, bevelvoerder van MK], who is supposed to be planning, directing and leading the struggle in South Africa is fully involved in these enterprises. Now he has assumed complete responsibility for the running of these enterprises in collaboration with others ... The Leadership of the ANC can't but be blamed for this state of affairs.

Hani en die ander bevelvoerders gaan later in dieselfde trant voort:

> We are perturbed by the fact that certain members of MK are receiving payments from the External Mission, eg the C-in-C and the C.P.O. who as a matter of fact are getting allowances and the fact that the C-in-C has a posh and militarily irrelevant car at his disposal. The fact that these soldiers are paid has a very demoralising effect on the other revolutionaries.
>
> Individual leaders keep cars and run them and this, coupled with the fact that they receive salaries alias allowances, is in every way building them up as a middle class in our revolutionary organisation and in MK ... It is very alarming that double standards as regards to health of the members of the Organisation are maintained. Whenever leaders are sick arrangements are made

for them to receive excellent medical attention without delay but this sort of concern is hardly shown to the rank and file of the movement.

Een van die ernstigste aanklagte was:

> Another disturbing symptom is the glaring practice of nepotism where the leadership uses its position to promote their kith and kin and put them in positions where they will not be in any physical confrontation with the enemy. The sending of virtually all the sons of the leaders to universities in Europe is a sign that these people are being groomed for leadership positions after the MK cadres have overthrown the fascists. We have no doubt that these people will just wait in Europe and just come home when everything has been made secure and comfortable for them, playing the typical role of the Bandas and others. As opposed to the treatment of the students, we find complete indifference and apathy to the heroes and martyrs of our Revolution who have fallen in South Africa and Zimbabwe ..."

Dit was 'n verwoestende aanklag van arrogansie, korrupsie en magsmisbruik, sake wat ook hierna (en selfs ná die magsoordrag in 1994) naatloos sou voortduur.

Nog 'n aspek van die memorandum wat in die lig van die gebeure in die 1980's noemenswaardig is, is 'n aanklag teen die National Intelligence and Security Department, algemeen bekend as NAT. Die ondertekenaars het geskryf die organisasie "is internally directed. It is doing nothing against the enemy. It has achieved nothing of military importance ... In the prosecution of its internally directed activities the Security Department has become notorious. Those who serve in it have the central task of suppressing and persecuting dedicated cadres of MK."

Dié klagte is aanvanklik besonder sleg ontvang en sommige ANC-leiers (veral Joe Modise) het selfs voorgestel dat Hani en sy medeondertekenaars tereggestel word. Dit was slegs die tussenkoms van Mzwai Piliso wat dit voorkom het en Oliver Tambo het toe die aanhoudingsbevel teen hulle gekanselleer. Hulle is geskors, maar ná 'n tyd in hul poste herstel.

Daar is wel toegegee aan hul belangrikste eis – dat 'n konferensie gehou word om hul klagtes te bespreek.[4]

Strategiese debat

Joe Slovo, een van die voortvarendste SAKP-leiers, het intussen wal gegooi teen die klagtes. In 'n uitgebreide artikel in *Sechaba* het hy erken dat daar aan die volgende politieke voorwaardes vir 'n suksesvolle opstand voldoen moet word: Die meeste onderdruktes moet insien dat 'n vreedsame skikking deur onderhandeling geen uitvoerbare opsie is nie; hulle moet die noodsaak van 'n gewapende opstand aanvaar en daar moet 'n politieke leierskorps wees met "the ability to carry out the painstaking process of planning, preparation and overall direction of the conduct of operations". Die antwoord lê in guerrillaoorlog, 'n metode waar die opstandelinge in Suid-Afrika se eindelose ruimtes kan wegsmelt.[5]

Slovo se uitlatings wys dat die ANC en die SAKP geen lesse geleer het uit die totale mislukking van die stryd tot op daardie punt nie. By terugskoue het Mac Maharaj geoordeel dat traagheid om op te tree in dié tyd die ANC se voorkeur- modus operandi was, want lede se loopbaanvooruitsigte is bepaal deur die mate waarin hulle nie foute gemaak het nie. Hy sê reguit: "The post-1963 generation grew comfortable in exile."[6] Selfs pres. Kenneth Kaunda van Zambië het in die openbaar minagtend verwys na die ANC-leiers, wat dikwels in duur restaurante gesien kon word, as "chicken-in-the-basket freedom fighters".[7]

Op die Raadgewende Konferensie van Morogoro was die hoofonderwerp egter nie die Hani-memorandum nie, maar militêre en politieke strategie. Voor die konferensie sien 'n mens weliswaar al in geskrifte aanduidings van 'n besef dat die Suid-Afrikaanse regering nie verdryf sal word deur die soort primitiewe pogings tot opstand van vroeër in die dekade nie. In 1968 het die sentrale komitee van die SAKP byvoorbeeld 'n verslag aanvaar waarin foute erken word. Die oorwinning kan slegs kom deur "every form of struggle including guerrilla warfare and other forms of armed conflict". Guerrillaoorlog is dus nie die enigste pad na bevryding nie. Dan kom dié belangrike erkenning:

The question of armed struggle in South Africa cannot be approached purely as a military question. Particularly in its opening stages, the armed conflict cannot take the form of a head-on con-frontation with the military and police forces of the SA state. The task of the armed units is basically a political one. Their operations must be designed to help organise and rally the masses, and arouse them into action around their practical problems and grievances.[8]

Ben Turok skryf eksplisiet in 1969 dat "the emphasis is once again moving away from immediate armed struggle and there is greater stress on rebuilding political structures at home. The urgent need seems to be for political organisers who can return home and take root among the masses ... "[9] Hier sien 'n mens, sy dit nog taamlik primitief, die kern van 'n strategie wat teen die 1980's op 'n volskaalse "people's war" sou uitloop.

Op die Morogoro-konferensie is intussen 'n fundamentele strategiese dokument, "Strategy and Tactics of the African National Congress", aanvaar.[10] Die politieke belang van dié dokument lê in die buitengewoon ortodokse Marxisties-Leninistiese benadering tot ideologie en die internasionale situasie, maar die militêre uitgangspunte is vir dié hoofstuk miskien interessanter (die ideologiese belang daarvan word in 'n latere hoofstuk behandel). Dat Joe Slovo en Joe Matthews, albei doktrinêre Kommuniste, dit opgestel het,[11] maak die benadering begryplik.

Betreffende die basiese militêre vertrekpunt het die dokument om twee gedagtes gedraai, wat dalk 'n kompromis tussen twee faksies in die beweging was.

Aan die een kant is daar erkenning gegee aan die mislukking van Operasie Mayibuye en die Wankie- en die Sipolilo-veldtog, asook aan Mao Zedong se idees oor die noodsaak vir wye steun vir 'n guerrillaoorlog. Daar is dus in die dokument toegegee dat die stryd nie bepaal word slegs deur wat in die gevegseenhede gebeur nie en dat die kant wat die harte van die gewone mense wen, die konflik sal wen. Dit het beteken dat die stryd gewen moes word "in all-round political mobilisation which must accompany the military activities".

Aan die ander kant is die vorige foutiewe eensydige militêre benadering terselfdertyd verdedig: Dit is onnodig "to wait for the evolvement of some sort of deep crisis in the enemy camp which is serious enough to hold out the possibility of an immediate all-round insurrection". Daar was groter realisme in hierdie dokument as in vorige benaderings, maar wéér is beweer, gegewe sekere basiese faktore, die begin van 'n gewapende stryd kon "steadily develop conditions for the future all-out war which would eventually lead to the conquest of power". In welke mate die ANC aan dié militêre benadering vasgehou het, blyk daaruit dat guerrillaoorlog beskryf is as die enigste formaat waarin die gewapende stryd van stapel gestuur kan word. Ooreenkomstig die model van Mao Zedong kon dit tot mobiele oorlogvoering ontwikkel en uiteindelik tot 'n "future all-out war".

In die dokument is 'n aantal voorwaardes geformuleer waaraan voldoen moes word voordat 'n volskaalse guerrillaoorlog kon ontwikkel:

- 'n Politieke leierskorps wat die lojaliteit van die mense kan kry;
- 'n bereidheid om die enorme opofferings wat met 'n gewapende opstand gepaard gaan, te verduur;
- die versterking van die ANC se klandestiene aanwesigheid. Militêre optrede is slegs 'n deel hiervan en moet deur 'n breë politieke strategie gelei word en
- voorrang moet aan politieke leierskap gegee word.

Ondanks die herhaalde raad uit die Sowjetunie om die eensydige klem op die gewapende stryd te laat vaar, het dit die ANC se houding tot diep in die 1970's gebly. Die gevolg was dat die stryd gestagneer het. 'n Interne ANC-dokument het in 1970 bevestig dat die organisasie in Suid-Afrika "feitlik dood" was.[12] Dit sou laat in die 1970's wees voordat MK sy eerste skoot op Suid-Afrikaanse bodem kon afvuur. Die rede vir dié hardnekkige benadering was eenvoudig die rigiede ideologiese benadering van die SAKP – die Marxisme-Leninisme wat geleer het dat verandering slegs deur 'n gewelddadige revolusie kon kom.

Hoe ook al, een aspek het wel verander. By Morogoro is die leiding van die gewapende stryd in die hande van 'n nuwe liggaam, die soge-naamde revolusionêre raad (RR), geplaas, wat namens die ANC se nasionale uitvoerende komitee kon optree. Van die 12 lede wat aanvanklik daarin gedien het (dit is later tot 20 vergroot), was verreweg die meeste Kommuniste. "The formation of the RC represented an important advance for some in the SACP leadership," skryf die joernalis en historikus Howard Barrell, "particularly [Yusuf] Dadoo and [Joe] Slovo. It bolstered their influence over operational strategy."[13]

Nog 'n belangrike ontwikkeling van die Morogoro-konferensie was dat die ANC-lidmaatskap vir die eerste keer vir almal, ongeag ras of kleur, oopgestel is. Tot in daardie stadium kon alleenlik swart mense lid wees. Wit en bruin mense en Indiërs is weliswaar as lid van die SAKP en MK verwelkom, maar nie van die ANC nie.

Dit was die gevolg van 'n jare lange debat in die ANC-leierskorps, wat reeds in 1965 op versoek van Oliver Tambo begin het. Sommige van die ANC-leiers het gevrees dat dit die ANC opnuut aan wit mense – al was hulle Kommuniste – sou onderwerp. Ander het ingesien dat die wit, bruin en Indiër-Kommuniste 'n noodsaaklike onderdeel van die bevrydingstryd was. Die SAKP het as geheime organisasie betreklik min lede gehad, maar hulle was gehard, ervare en buitengewoon gedissiplineer. Wanneer hulle met ANC-lede vergader het, het hulle eers agter die skerms bymekaar gekom om oor 'n gemeenskaplike houding te besluit en dan nie daarvan afgewyk nie.[14] Dít was die belangrikste rede waarom hulle die relatief gedisorganiseerde ANC so maklik kon oorheers.

Wat die saak bemoeilik het, was die Afrika-nasionalistiese organisasies soos die PAC se verwyte oor die ANC-lidmaatskap. Die PAC het slegs vir die bevryding van swart mense geveg en het dus slegs swart lede gehad. Uiteindelik het hierdie kwessie deel uitgemaak van die magstryd tussen die ANC en die PAC. Die besluite van Morogoro moet ook teen dié agtergrond gesien word.

Ten slotte is 'n kompromis op die konferensie bereik. Slegs één beperking rakende ras het gebly: Mense wat nie swart is nie, mag steeds nie lid van die ANC se nasionale uitvoerende komitee geword het nie. Die idee daaragter was om aanklagte dat die ANC deur wit mense oorheers word, te voorkom. Die bedoeling is egter ondermyn deur die belangrike posisie wat die revolusionêre raad in die alliansie ingeneem het. Die RR het in die praktyk die belangrikste beleidmakende orgaan geword en mense wat nie swart was nie kon wel lid daarvan wees.[15] Vandaar dat in die dokument "Strategy and Tactics of the ANC", wat ná Morogoro byna 'n soort ANC-grondwet geword het, onder meer geskryf word dat ofskoon swart mense die "primêre rol" in die stryd speel,

those belonging to other oppressed groups and those few White revolutionaries who show themselves ready to make common cause with our aspirations, must be fully integrated on the basis of individual equality ... Equality of participation in our national front does not mean a mechanical parity between the various national groups. Not only would this in practice amount to inequality (again at expense of the majority), but it would lend flavour to the slander ... of a multiracial alliance dominated by minority groups.[16]

Feit is dat die aandrang om die lidmaatskap vir almal oop te stel hoofsaaklik van die SAKP gekom het. Dit het uiteraard wel om die beginsel gegaan, maar ook om magspolitiek. Stephen Ellis meen oop lidmaatskap "would enable the Party to occupy a position in which it could perform its self-appointed role as a vanguard, able to guide the ANC in the correct path without formally dominating it".[17] Ons sal later sien hoe die SAKP se magsposisie in die ANC verder ontwikkel het.

Nie almal in die ANC was ewe gelukkig daarmee dat wit mense nou lid kon word nie. Alfred Nzo, sekretaris-generaal, het baie eerlik in 'n onderhoud toegegee dat dit 'n aansienlike tyd geduur het voordat dit algemeen aanvaar is. Daar was mense wat gevoel het die ANC versaak sy primêre doel, die bevryding van swart mense, en dat die leiding van die stryd in swart hande moes bly. "So, there was a period following this decision during which its implementation was made very difficult ... even threatened altogether."[18]

Maar intussen was die stryd nog nie heeltemal gewonne nie. 'n Groep Afrikanasionaliste in die ANC, bekend as "the Gang of 8", het hulle teen die rol van wit en bruin mense en Indiërs bly verset. In 'n uitvoerige pamflet het die SAKP hulle met die grond gelyk gemaak en deels daardeur is hulle uit die beweging geskop. Die ANC was formeel veelrassig en sou so bly.[19]

7

Die gewapende stryd verskerp: Die 1970'S

Ondanks al die mooi woorde by Morogoro, het die gewapende stryd nie gevorder nie. Die ANC het self toegegee dat daar 'n leierskapsvakuum in sy geledere was.[1] In *The African Communist* het 'n skrywer met die skuilnaam Sol Dubula (eintlik Joe Slovo) tereg die punt gemaak dat "without internal organisation, mass mobilisation and mass support, armed activity becomes strangulated".[2]

In 1973 het die SAKP se sentrale komitee gemeen só min gebeur op die gewapende front dat die ANC maar moes ophou om op 'n gewapende stryd aanspraak te maak.[3] Om die kroon te span het die kommunistiese ideoloog prof. Jack Simons privaat aan 'n vriend geskryf dat "we are involved in some great charade, a play staged for the benefit of the outside world".[4] Vir dié tyd was dit 'n akkurate waarneming.

Bowendien was dit 'n harde slag vir MK toe die Tanzaniese regering hom in 1969 beveel om sy basis in die land te ontruim. Die Sowjetunie het MK te hulp gekom deur al die kampbewoners na die Sowjetunie te ontruim en hulle drie jaar lank gratis daar te huisves.[5]

Sake was egter op die punt om te verander. Die fondament hiervoor is gelê deur 'n aantal dramatiese politieke ontwikkelinge. In 1974 is die outoritêre Portugese regering deur 'n staatsgreep omver gewerp. Die nuwe regering het hom haastig voorberei om uit sy kolonies in Afrika – Mosambiek, Angola en Guinee-Bissau – pad te gee. Dit het Suid-Afrika se strategiese geopolitieke situasie aansienlik verander deurdat die verdedigingsgordel om hom verswak is. Ofskoon Rhodesië nog tot 1980 onder wit beheer gebly het, het Suid-Afrika nou 'n grens met Mosambiek en in Suidwes-Afrika (vandag Namibië) met Angola gedeel. Albei lande het hulself vinnig as Marxisties-Leninisties verklaar.

Voortaan sou sowel Mosambiek as Angola morele en militêre hulp aan die ANC en sy ewekie in Suidwes-Afrika, Swapo, verleen. Joe

Slovo het hom byvoorbeeld in Maputo gevestig en van die bekwaamste MK-offisiere met hom saamgeneem. Chris Hani het sy hoofkwartier in Lesotho gevestig en daar was ook 'n beduidende MK-aanwesigheid in Swaziland en Botswana. Tussen 1974 en 1976 is sowat 200 MK-rekrute vir militêre opleiding na die buiteland gesmokkel.[6]

Die afdeling Militêre Inligting van die SA Weermag het in Augustus 1974 gewaarsku dat sowel Swapo as die ANC voortaan veel groter bewegingsvryheid in Angola en Mosambiek sou geniet. Die tydskaal ingevolge waarvan sake sou ontwikkel, sou bepaal word deur die Sowjetunie en China, aldus die analise.[7] Alfred Nzo, die ANC se sekretaris-generaal, het in dié jaar ewenwel gewys op die praktiese probleme wat die beweging ondervind het: Die een was die kwessie van logistiek, die probleem om vegters en voorrade in Suid-Afrika in te smokkel. Die tweede was die rekrutering van vegters, hul opleiding in die buiteland en hul terugkeer na die land.[8]

Tog het die Suid-Afrikaanse regering, onder die leiding van John Vorster as premier, slim teruggeveg deur voelers na Afrikastate uit te steek. In Augustus 1975 het Vorster en Zambië se pres. Kenneth Kaunda mekaar by die Victoria-waterval ontmoet om die steun vir die bevrydingsbewegings te neutraliseer. Vir die ANC/SAKP was dit na aan 'n laagtepunt.[9]

Maar uit die oogpunt van die opstandelinge was daar lig voor in die tonnel. In 1976 is die Suid-Afrikaanse regering se strategiese posisie verder verswak deur die spontane ontploffing van woede in die strate van Soweto, wat vinnig na ander dele van die land versprei het. Die onluste is onderdruk, maar dit het 'n swaar hand van die polisie geverg, iets wat die swart bevolking verder vervreem het. 'n Nuwe selfversekerdheid en uitdagendheid het onder veral swart jeugdiges in die stede vaardig geword. Daarmee saam is die verwagting versterk dat die val van die wit heerskappy onafwendbaar was. Vir die eerste keer het 'n potensieel revolusionêre situasie ontstaan – mits die ANC die woede behoorlik kon kanaliseer.

Maklik sou dit nie gaan nie. In interne dokumente het die ANC toegegee dat die onluste hom heeltemal verras het. Onder die skuilnaam "Mzala" het Jabulani Nxumalo, 'n invloedryke denker in die alliansie, reguit geskryf: "It must be pointed out that the events of June 16th came as a complete surprise for everybody. Not even the most far-sighted analyst in the world could have predicted that uprising in 1976."[10]

Die onlusmakers is egter meer deur die eenvoudige, dikwels kru rassistiese Swartbewussynsidees beïnvloed as deur die ingewikkelde Marxisties-Leninistiese ideologie van die ANC/SAKP. Die ANC moes dus vinnig beweeg om beheer oor die revolusie te behou. Oliver Tambo het self toegegee dat die ANC teen dié tyd "baie min aktiewe eenhede ... binne die land" gehad het en "geen noemenswaardige militêre teenwoordigheid nie". Die kommunikasie tussen die ANC in ballingskap en opstandelinge in die land was moeisaam, wat die gevaar geskep het dat die ANC irrelevant vir die swart verset sou word.[11] Steve Biko, 'n prominente leier van die Swartbewussynsbeweging – 'n mededinger van die ANC – het laasgenoemde minagtend magteloos genoem.[12]

Die ANC moes dus behoorlik spook om homself as die enigste lewensvatbare en legitieme versetbeweging teen die apartheidsregering te vestig. Nietemin, omdat daar buite die grense geen alternatief was nie, het jong swart Suid-Afrikaners oor die grense na die buurstate gestroom en by die ANC beland. Veral die roete na Lesotho, waar Chris Hani toe gestasioneer was, was 'n nuttige pypleiding.

Gelukkig vir die ANC was die feit dat die beweging teen dié tyd soveel beter georganiseer was, asook dat die PAC juis toe in een van sy vele interne twiste uitmekaar geskeur is, daarvoor verantwoordelik dat die jonges na die ANC se kraal afgekeer kon word.[13] Volgens een skatting was daar teen 1974 tussen 800 en 1 000 opgeleide MK-lede in Suider-Afrika, maar 'n verslag van die Veiligheidspolisie stel die syfer teen 1978 op 4 000 opgeleide vegters.[14]

Sommige is na kommunistiese lande in Oos-Europa gestuur vir gespesialiseerde opleiding. James Ngculu vertel byvoorbeeld hy het in Oos-Duitsland geleer "to make home-made explosives; produce various switches from materials available in any supermarket; make booby traps; time bombs and leaflet bombs; and produce many other gadgets. The training we received was to prepare us for urban guerrilla warfare."[15]

Die opleiding was ook ideologies van aard. Jeffrey Motuzele Bosigo, wat in 1976 die grens na Botswana oorgesteek het, het aan die Amerikaanse Denton-kommissie van ondersoek na die kommunistiese invloed in die ANC vertel dat sy opleiding ook ingesluit het "lectures on the teachings of Marx and Engels, the theory of Communism and the history of South Africa".[16]

Nietemin, in Oktober 1976 het die eerste MK-eenheid 'n aksie op Suid-Afrikaanse grondgebied uitgevoer toe 'n spoorlyn in die omgewing van Pietersburg met plastiese plofstof beskadig is. Die eenheid is onmiddellik weer die land uit,[17] maar dit was slegs die begin.

Oorreaksie

Die onluste het nog 'n gevolg gehad, een wat die ANC op die lange duur bevoordeel het. Die polisie het, op die keper beskou, oorreageer en die betogings met groot geweld uitmekaar geslaan en geskiet. Genl. Herman Stadler, destyds hoof van die Suid-Afrikaanse Veiligheidspolisie se inligtingseenheid, skryf dat "the action necessarily taken by the police over this period was to lead to the reputation of the S.A. Police being severely and most adversely affected, notably amongst large sections of the black community ..."[18] Joe Slovo was dus in dié tyd reg in sy waarneming dat daar "signs of a significant upswing in political awareness and militancy" in Suid-Afrika was.[19]

Mac Maharaj is in 1977 vrygelaat en het dadelik na die buiteland uitgewyk om hom by die ANC in ballingskap te voeg. Hy het ontdek dat

> little had been done about political mobilization within South Africa, and for what had been done, there were no records ... Over the years, work among the masses had been neglected inside the country. There was no political underground. The struggle was being pursued almost exclusively in armed terms. Whether armed propaganda or sabotage or clashes with enemy forces. The de facto position now was that *only* the armed struggle was the way forward. We could still talk about the "all-round struggle", but it was theoretical talk. In practice, the Revolutionary Council had tilted the balance between the military and political pillars of struggle in favor of the military.[20]

Nogtans, in die diepste geheim het die ANC/SAKP daarin geslaag om 'n klandestiene netwerk aktiviste in die meeste stedelike en sommige plattelandse gebiede te vestig. Dit sou op die duur vrugte afwerp, maar op kort termyn kon MK geen georganiseerde hulp gee aan die jeugdiges wat in 1976 vir al die onrus en geweldpleging gesorg het nie. Die geweld was spontaan, ongeorganiseer en ongerig.[21] Wat nodig was – soos die Marxisme-Leninisme leer – was 'n voorhoedeparty wat die ideologiese en praktiese leiding kon neem. Dit sou 'n belangrike tema in die laat 1970's en deur die hele 1980's wees.

Jabulani Nxumalo, wat blykens sy geskrifte nogal dieper as baie ander nagedink het, het in 1987 gewys op sekere foute wat MK begaan het:

> Trained guerrillas went inside the country succesfully, fully equipped to survive, and then relied on the assumption that all our people were clear about the need to fight the regime, particularly after the experience of the Soweto uprising. However, on numerous occasions, we discovered that some people did not understand who the guerrillas were, we discovered that political consciousness and people's readiness to support guerrilla fighters was not to be assessed from headlines of newspaper reports about mass attendances at political funerals. When our guerrilla units found difficulty in hiding among the very people they had come to fight for, they resorted to living in the terrain – in dug-outs far from the eyes of the people.

Dit, het Nxumalo tereg geskryf, was nie goed genoeg nie, want die guerrillas moes sodanig deel van die mense word dat hulle almal saam in opstand kom.[22]

8

Keerpunt: Besoek aan Viëtnam

Teen 1978 het dinge, ondanks die opstand van 1976, maar droewig vir die ANC gelyk. Sy gewapende stryd het gestagneer. Oliver Tambo het self erken: "Comrades, it is said correctly that one would judge a lion by its claws rather than its roar. We must admit among ourselves that our roar is indeed very thunderous while our claws are virtually absent."[1]

Die idee wat tot in daardie stadium gegeld het en wat gebaseer was op die denke van die Kubaanse revolusionêr Che Guevara, naamlik dat die gewapende stryd éérs moes kom en dat dit dan vanself tot 'n algemene opstand sou lei, was duidelik foutief. In sy memoires erken Aziz Pahad dat die skouspelagtige gewapende propaganda-aksies nie gekoppel was aan 'n oorkoepelende strategiese benadering nie. Dit het swaar ongevalle meegebring onder MK-vegters, wat sonder behoorlike planne in Suid-Afrika ingestuur en dus uitgeskakel is.[2]

'n Nuwe benadering was dringend nodig. Dit het in Oktober 1978 gekom nadat 'n ANC/SAKP-afvaardiging, bestaande uit Oliver Tambo, Joe Slovo, Chris Hani, Thabo Mbeki, Joe Modise, Moses Mabhida en Cassius Make deur Moskou se bemiddeling 'n 16 dae lange besoek aan die Viëtnamese regering en militêre leiers gebring het. Dié kommunistiese land se voorbeeld is as belangrik geag. Viëtnam het 'n paar jaar tevore met 'n sogenaamde volksoorlog (Engels: "people's war") ontslae geraak van die pro-Amerikaanse Suid-Viëtnamese regime en die Amerikaners wat laasgenoemde bygestaan het. Die ANC-leiers is uitvoerig oor die oorlog voorgelig, onder andere deur die legendariese genl. Vo Nguyen Giap, en is in die land rondgeneem.[3]

Wladimir Sjoebin skryf, heeltemal korrek, dat dit moeilik is om die belang van dié besoek in 1978 te oorskat. Tambo en die ander was diep beïndruk deur die Viëtnamese benadering.[4] Volgens Mark Gevisser, Thabo Mbeki se biograaf, was Tambo se "extensive notes of the week-long trip … breathless with excitement". Hy was beïndruk deur die Viëtnamese se boodskap dat die revolusie op "albei voete" moes loop – sowel militêr as die mobilisering van die bevolking. In sy notas het hy erken dat die ANC in "a bad strategic situation" beland het "in which the armed struggle is & remains the basis of political struggle – an impossible equation".[5]

Met ander woorde, Tambo het heeltemal tereg ingesien dat die opstand te eensydig op die militêre aspekte van die gewapende stryd berus het. Giap het beklemtoon dat die kommuniste se rol "beslissend" vir sy kant se oorwinning in Viëtnam was, maar terselfdertyd gewaarsku dat die kommuniste se oorheersende rol nie te wyd bekend gemaak moet word nie. Die geheimhouding was nodig om alliansies met ander niekommunistiese groepe te smee en so wyd moontlik steun onder die bevolking te verwerf.[6]

In sy eie boek het Giap sy benadering só opgesom:

Ons politieke mag is 'n mag van al die mense wat aan opstande en oorloë deelneem, op 'n georganiseerde manier onder die Party se voorhoedeleiding. Dit sluit in revolusionêre stande, patriotiese elemente en nasionaliteite in ons land wat bymekaar gekom het in 'n breë, verenigde nasionale front, onder leiding van die arbeiderstand, met die arbeider-kleinboer-alliansie as 'n grondslag.[7]

Terug in Suider-Afrika het die ANC/SAKP-leiers die lesse wat hulle geleer het, só opgesom: Die politieke stryd is primêr, die wydste moontlike nasionale front moet om 'n minimumprogram gebou word om alle groepe in die stryd in te bind, maar in die proses moet die revolusionêre front (die ANC/SAKP) sy onafhanklikheid behou.[8]

Daarna het die lede van die besoekerspan, bygestaan deur ander wat nie deel daarvan was nie, tussen Desember 1978 en Maart 1979 'n reeks byeenkomste in Luanda, Maputo en Lusaka gehou. Volgens die dokument wat deur dié groep aanvaar is – dit het bekend geword as die Green Book[9] – het hulle tot die gevolgtrekking gekom dat "the Vietnam experience reveals certain shortcomings on our part". Die afgevaardigdes het die vraag bespreek of die gryp van die mag die gevolg sou wees van "a general all-round *nation-wide insurrection* which a period of armed struggle will have helped to stimulate" (die benadering wat tot dusver gevolg is), "or are we embarked on a *protracted people's war* in which partial and general uprisings will play a vital role?" Die keuse het op laasgenoemde geval: Só 'n "people's war" sou slegs kon posvat en ontwikkel as dit op "political revolutionary bases amongst the people" gebaseer was en daaruit kon groei.[10]

Die voorbeeld van Viëtnam was juis dat die gewapende stryd – altans in die begin – minder belangrik was as die politieke mobilisering van die bevolking. Die gewapende stryd moes in die beginstadium beperk bly tot "gewapende propaganda", waar gewapende aksies bloot dien as kommunikasiemiddel om aan die bevolking duidelik te maak dat die opstandelinge dáár was en dat daar aan die mense se bevryding gewerk word.[11]

Daar is gevolglik besluit om die ANC se ondergrondse teenwoordigheid in Suid-Afrika uit te brei en om die beste elemente "from the principal social force of the revolution – the workers and landless mass" te rekruteer; om die wyds moontlike front teweeg te bring om die regime aan te pak; om leiding en rigting vir die revolusie te verskaf; en "to maintain our independence as the vanguard of our revolution".

Rakende die gewapende stryd sou die doel voortaan wees "to keep alive the perspective of People's revolutionary violence as the ultimate weapon for the seizure of power" en belangriker nog, om in die kort termyn op gewapende propaganda-aksies te konsentreer. Dit is gedefinieer as "armed action whose immediate purpose is to support and stimulate political activity rather than to hit at the enemy". Wat ook belangrik was, is dié veelseggende sin: "[T]he guiding hand of our liberation movement does not always have to be seen or publicly acknowledged".[12]

Alle lede van die span wat die Green Book opgestel het (byna almal SAKP-lede), het saamgestem oor "the ultimate need to continue our revolution towards a socialist order". Maar daardie uiteindelike doel moes stil gehou word, anders kon dit "this line-up of social forces" onnodig verklein – 'n veelseggende stelling.[13]

Die stryd sou gekoördineer word deur 'n "politico-military strategy commission", bestaande uit Oliver Tambo, Joe Gqabi, Moses Mabhida, Thabo Mbeki, Joe Modise en Joe Slovo[14] – met ander woorde, vier lede van die SAKP teenoor twee wat nie lede was nie.

Die vier pilare van die revolusie

Op die duur het dit alles uitgekristalliseer in wat die ANC genoem het die Vier Pilare van die Revolusie:

- Die opbou van ondergrondse ANC-strukture;
- massa-aksie waarin die wyds moontlike verenigde front gebou sou word;
- die internasionale isolasie van die apartheidsregime en
- die gewapende stryd.[15]

Let daarop dat die gewapende stryd in dié skema slegs een van vier elemente is. Dit was, in die woorde van die MK-offisier James Ngculu, bowendien bedoel "as a *secondary* means of stimulating political consciousness, combativity and organisation" (my kursivering).[16] Die klem het dus duidelik van die militêre, gewelddadige stryd na politieke mobilisering verskuif. Dit was 'n verskuiwing van taktiek; die strategiese doel – die verowering van die staatsmag en die invoer van 'n Marxisties-Leninistiese diktatuur van die proletariaat – het dieselfde gebly.

Feit was dat 'n klassieke guerrillaoorlog, soos elders in Suider-Afrika teen die Portugese koloniale bewind en die Ian Smith-regering in Rhodesië gevoer is, eenvoudig nie in Suid-Afrika moontlik was nie. Soos Thabo Mbeki, waarskynlik een van die intelligentste ANC-leiers, in 1980 aan 'n Amerikaanse koerant verduidelik het:

> We can't fight a bush war in South Africa. Look at the map. It is all developed. There are roads, radios and landing strips everywhere. This is not Angola or Mozambique. We do not have forests. The (military) machine would smash us if we tried to send in an army from outlying areas. Also, 87% of the Whites are in towns and cities. Our masses have to serve as our bush. The Black community is our bush.[17]

Die Green Book is opgevolg met 'n besprekingsdokument onder die titel "Planning for a People's War". Dit was bedoel om die gevolgtrekkings van die Green Book vir die gewone kaders op te som en hulle daaroor te laat debatteer. Onder die probleme wat behandel is, was die vraag of wapens vryelik uitgedeel moes word, hoe die oorgang van "gewapende propaganda" na 'n "volksoorlog" moes plaasvind, die skep van bevryde gebiede binne Suid-Afrika en die vraag of die opstand gedeeltelik of algemeen moes wees. Die belangrikste klem was op die stelling dat "our military line grows out of our political line" – die militêre strategie moes dus ondergeskik aan die politieke ideologie wees.[18]

Jabulani Nxumalo het dit uitstekend in 'n artikel saamgevat. As 'n mens na 'n enkele aanhaling soek wat die hele saak kernagtig verduidelik, dan is dit dié een:

> The Vietnamese experience tended to confirm our own belief that the armed struggle must be based on, and grow out of, mass political support and it must eventually involve all our people. All military activities must, at every stage, be guided and determined by the need to generate political mobilisation, organisation and resistance, with the aim of progressively weakening the enemy's grip on his reigns of political, social and military power, by a combination of political and military action.[19]

Daarmee het die ANC in teorie 'n hoogs gesofistikeerde en allesomvattende strategie aanvaar waarvolgens die gewapende stryd slegs een van vier pilare was. Alle antiapartheidskragte sou ingesuig word in 'n breë alliansie. Dit sou die Pretoria-regering sowel binnenslands as buitelands isoleer en die land onregeerbaar maak ('n idee wat aan Mbeki toegeskryf word)[20] en sy vermoë om te funksioneer kortwiek.

Uiteindelik, so was die idee, sou die regering tot stilstand knars en 'n situasie geskep word waarin die ANC die mag kon oorneem. Die kragtigste wapen sou nie die geweer, landmyn of bom wees nie (ofskoon dit wel 'n rol sou speel), maar die oorweldigende getalle van die swart bevolking. Hulle sou hul vetoreg oor die wit regering uitspreek. Dit sou 'n ruk duur, maar dit was haalbaar, het die ANC geglo.

Joe Nhlanhla het die ANC se strategiese toekomsvisie uitstekend verwoord:

> One feature of the People's war is the growing involvement of the people in all fields of confrontation with the enemy. There is

no diminishing of the political role. As the struggle intensifies, the confrontation becomes total engulfing all spheres of social life, political, economic, social, cultural and military. The saying that war is the extension of politics by other means is clearly discernible here.[21]

Die *African Communist* het die klemverskuiwing van blote geweld na die mobilisering van die massa geëggo: Die stelsel kan nie verslaan word sonder "revolutionary violence involving the whole people" nie. Maar die gewapende stryd kan slegs slaag "if it is rooted in the broadest possible mobilisation and organisation of our people in mass legal and semi-legal struggle". In 'n duidelike koerswysiging het die blad voortgegaan: "It is politics which is in command and it is politics which determines the nature and level of armed activity at every stage."[22]

In 'n memorandum wat aan die Organisasie vir Eenheid in Afrika voorgelê is, was die ANC in 1980 baie optimisties oor 'n oorwinning:

> We have reached the stage where we are able to think in terms of planning a final assault ... We look forward to a political upheaval of such dimensions as to overwhelm the enemy and render his massive arsenals of armaments ineffective against the whole nation ... We do know however that we must strain every nerve, and employ the maximum amount of force available to succeed against our enemy ...[23]

Dit kom alles neer op 'n hoogs rasionele, genuanseerde en goed uitgewerkte strategiese benadering. Die vraag is in welke mate dié indrukwekkende teoretiese strategie op voetsoolvlak verwerklik is. Soos Howard Barrell, self 'n gewese ANC-operateur, in sy studie oor die ANC se gewapende stryd skryf: "The lasting impression is of an ANC which is eloquent in its reasoning and its resolutions but hidebound or incompetent in implementation."[24] Die oorwinning was nie om die draai nie.

9

Opmars van die SAKP

Dit is tyd dat ons terugkeer na 'n tema waaraan ons reeds geraak het, een wat op die agtergrond deurgaans 'n groot invloed op die aard en rigting van die ANC se oorlog teen die Suid-Afrikaanse regering uitgeoefen het. Dit is die wyse waarop die SAKP gaandeweg die beheer oor die ANC verkry het.

In 'n vorige hoofstuk is bespreek hoe die SA Kommunistiese Party (SAKP) – of die Kommunistiese Party van Suid-Afrika (KPSA), soos hy tot 1950 bekend was – in 1928 opdrag van die Kremlin gekry het om 'n alliansie met die ANC te smee en dié organisasie te gebruik om in 'n eerste fase 'n burgerlike revolusie teweeg te bring en dan 'n sosialistiese staat in die tweede fase te verkry. In hierdie hoofstuk word gekyk na hoe dié saak in 'n groot mate die verhouding tussen die ANC en die SAKP sedert die vroeë 1960's bepaal het.

Die 1960's was 'n dekade waarin die SAKP ideologies, indien nie soseer organisatories nie, sy greep op die ANC gevestig het. Dit het nie vanself gebeur nie. Enersyds het die SAKP-leierskorps in só 'n mate ná die begin van die ballingskap fisiek uitmekaar gespat dat die lede kwalik vir 'n vergadering byeengekry kon word. Daarby het die wit, bruin en Indiërlede hulle oorwegend in Londen gevestig, terwyl swart mense – met inbegrip van Moses Kotane en JB Marks – in Tanzanië gaan woon het, waar hulle, in die woorde van Sifiso Mxolisi Ndlovu, "became almost wholly absorbed in and indistinguishable from the ANC in Dar es Salaam and Morogoro".[1]

Inderdaad het die SAKP in Januarie 1967 opnuut formeel besluit om die ANC in die nasionale bevrydingstryd te steun, en wel as "onafhanklike organisasie". Die doel was (soos die Kremlin in 1928 voorgeskryf het) om samewerking te bevorder ter wille van "the liberation of our country, as a step towards socialism". Dit kon slegs gebeur deur noue samewerking met die ANC en "the strengthening of the socialist outlook in the movement".[2] Ons sal sien hoe dié doel stadig maar seker deur die jare verwesenlik is.

Intussen het die SAKP (voorlopig) aanvaar dat die ANC beheer oor die struggle het en dat hy die hele bevrydingsbeweging verteenwoordig. In 1968 het die SAKP egter besluit om self *as party* in die alliansie verteenwoordig te word.[3]

Andersyds het die verhouding tussen die ANC en die SAKP in 1969 'n belangrike nuwe fase binnegegaan toe die ANC vir sy tweede raadplegende konferensie byeengekom het sedert hy in Suid-Afrika verbied is en in ballingskap gegaan het (die eerste was in 1962 in Lobatse). Dié konferensie, wat in die ANC-dorp in Morogoro, Tanzanië, gehou is, is hoofsaaklik op aandrang van SAKP-lede van die ANC belê, onder meer met die doel om die SAKP en die ANC nouer aan mekaar te bind. Hier was die SAKP-lede namens hul party teenwoordig en nie namens die alliansie as sodanig nie – 'n belangrike ontwikkeling.[4]

Dié doel is bereik, want etlike SAKP-lede is in sleutelposte verkies. Daaronder tel die drie nieswart Kommuniste wat onmiddellik benoem is tot die belangrike Revolusionêre Raad, wat gestig is om die gewapende stryd te koördineer en toe uit tien lede bestaan het. Hulle was Joe Slovo, Yusuf Dadoo en Reggie September. Hulle het hulle gevoeg by Oliver Tambo (voorsitter), Alfred Nzo, Joe Modise, Sizakele Sigxashe, Moses Mabhida, Henry Makgothi, Jacob Zuma en Leonard Dilinga.

Hiermee het die SAKP 'n meerderheid – volgens Bartholomew Hlapane minstens sewe van die tien lede – in die revolusionêre raad verkry en in die praktyk die beheer van MK en die gewapende stryd oorgeneem.[5] Nhlanhla Ndebele en Noor Nieftagodien het reg as hulle daarop wys dat "[t]he creation of the Revolutionary Council was … a recognition of the important political and strategical role that the [Communist] Party could play in the armed struggle".[6] Die belangrikste onder hulle was Joe Slovo, 'n man wat Mark Gevisser, Thabo Mbeki se biograaf, beskryf as "the unquestioned policy supremo of both the SACP and the ANC".[7]

Dit het nie hierby gebly nie. Daar is ook op die Morogoro-konferensie besluit om die NUK van 23 tot nege lede te verklein, van wie minstens ses of sewe SAKP-lede was.[8] Tambo het later iets soortgelyks erken.[9] Voorlopig het dit ewenwel organisatories en struktureel nie soveel saak gemaak nie, want dit was 'n tyd dat die SAKP homself as party op die agtergrond gehou en die organisatoriese leiding formeel aan die ANC oorgelaat het.

Dit is intussen belangrik om daarop te wys dat Tambo nie lid was van die SAKP nie. Maar, soos Ellis en Tsepo Sechaba (skuilnaam van Tsepo Mabandla) opmerk, "it suited the Party to have a relatively weak non-communist president of the ANC serving as the symbolic leader of the triple alliance of the ANC, the Party and SACTU [die vakbondfederasie wat saam met die ANC en SAKP in ballingskap was]."[10]

Die numeriese magsposisie wat SAKP-lede in die ANC-leierskorps verkry het, is in dié stadium veral op ideologiese vlak bevestig. Op dié konferensie is 'n lang dokument met die titel "Strategy and Tactics of the African National Congress"[11] as grondslag vir die stryd vorentoe aanvaar. Ons het reeds in 'n vorige hoofstuk gelet op die dokument se militêr-strategiese aanslag. Wat nou belangrik is, is die mate waarin die outeurs, Joe Slovo en Joe Matthews[12] – albei Kommuniste – se kommunistiese oortuigings deeglik daarin weerspieël is. Die dokument sou rigtingbepalend vir die ANC/SAKP word.

Die ortodokse Marxisties-Leninistiese trant blyk reeds uit die inleidende sin: "The struggle of the oppressed people of South Africa is taking place within an international context of transition to the Socialist system, of the breakdown of the colonial system as a result of national liberation and socialist revolutions, and the fight for social and economic progress by the people of the whole world."

Hiermee gee die opstellers blyke van hul geloof in die onafwendbaarheid van die globale kommunistiese oorwinning, asook in Lenin se model van die tweefaserevolusie. Dit blyk nog duideliker wanneer hulle oor die revolusie uitwei. Dit word in tipies Leninistiese trant gedefinieer as "the quickest and most fundamental transformation and transfer of power from one class to another."

By die bespreking oor die krag en swakhede van die wit minderheid word die SAKP se idee van "colonialism of a special type" onveranderd gehandhaaf. (Trouens, dié dogma kom reeds voor in 'n memorandum wat die ANC in Oktober 1966 aan die sentrale komitee van die Kubaanse Kommunistiese Party gerig het.)[13]

Dit is egter wanneer die "liberation forces" ontleed word dat die skrywers se kommunistiese onderrok werklik uithang. Die belangrikste inhoud van die Suid-Afrikaanse revolusie, sê hulle, is die "national liberation of the largest and most oppressed group – the African people". Dié strategiese doel moet elke aspek van die stryd oorheers, of dit nou om beleidsformulering of die skep van strukture gaan. Dit behels "a stimulation and a deepening of national confidence, national pride and national assertiveness", iets wat egter nie teen die "principles of internationalism" hoef in te druis nie, mits dit reg gekanaliseer en gelei word. Dan volg dié belangrike woorde:

> The national character of the struggle must therefore dominate our approach. But it is a national struggle that is taking place in a different era and in a different context from those which characterised the early struggles against colonialism. It is happening in a new kind of world – a world which is no longer monopolised by the imperialist world system [die kapitalisme]; a world in which the existence of the powerful socialist system and a significant sector of newly liberated areas [vrygeworde kolonies] has altered the balance of forces; a world in which the horizons liberated from foreign oppression extend beyond mere formal political control and encompass the element which makes such control meaningful – economic emancipation [die kommunisme] ... In the last resort it is only the success of the national democratic revolution which – by destroying the existing social and economic relationships – will bring with it a correction of the historical injustices perpetrated against the indigenous majority and thus lay the basis for a new – and deeper internationalist [kommunistiese] – approach.

Tussendeur die ingewikkelde, gewronge Marxistiese jargon blyk dit onmiskenbaar: Met die aanvaarding van dié dokument het die ANC die SAKP se tweefaserevolusie-model huitjie en muitjie gesluk. Dit word verder bevestig wanneer die rol van die werkerstand ontleed en die liberale veelpartydemokrasie verwerp word: Dit is 'n fundamentele element van die ANC se strategie, word gesê, "that victory must embrace more than formal political democracy. To allow the existing economic foes to retain their interests intact is to feed the root of racial supremacy and does not represent even the shadow of liberation."

Met ander woorde, ooreenkomstig die Leninistiese standpunt moet die sosialistiese transformasie met dwang geskied en die vryheid van die ou orde se aanhangers moet aan bande gelê word. Wat minstens 'n belangrike stap onderweg na 'n diktatuur is.

Alle historici wat die dokument behandel (ook dié wat die Marxisme-Leninisme aanhang), is dit eens dat dit diepgaande deur die SAKP beïnvloed is. Die SAKP se "colonialism of a special type" – die een aspek waarmee die party die globale Marxisties-Leninistiese ideologie "verryk" het – was, saam met die aanvaarding van die tweefaserevolusie, duidelik bepalend vir die ANC se siening.[14] Bowendien het niemand minder nie as Joe Slovo bevestig dat die ANC se "Strategy and Tactics"-dokument verder as enige ander dokument gaan "in the linking of social and national liberation".[15]

Die invloed wat die SAKP op die ideologie van die ANC gehad het, is op die Morogoro-konferensie op nóg 'n manier bewys. Dit is die formele aanvaarding van 'n ideologie van nierassigheid, waardeur nieswart Kommuniste lid van die ANC kon word. Die betekenis hiervan kan moeilik oordryf word. Tot in dié stadium was die ANC hoofsaaklik 'n swart organisasie met wit mense (almal Kommuniste) wat op die agtergrond invloed uitgeoefen het. Nou kon wit mense vir die eerste keer lid van die ANC word, al kon hulle formeel geen leiersrol vervul nie. Die historikus Philip Bonner praat van "a seismic shift".[16]

Groeiende invloed

In Februarie 1978 het die SAKP in 'n interne dokument presies gewys wat sy strategie vir uiteindelike oorwinning is:

> Marxism-Leninism teaches that the Party of the working class has the leading role in the struggle for the elimination of exploitation of man by man [die kapitalisme] and the building of a Socialist society which will eventually be transformed into a Communist society [die twee fases]. The working class can only carry out this mission if it is organised and guided by its political vanguard – the Communist Party.[17]

In sy eie gemoed, so meen die SAKP, is die struggle dus nie deur die ANC gelei nie, al het die party dit wel na buite so voorgehou en al het die ANC ook so beweer. Die "leiding" deur die ANC was 'n (voorlopige) taktiese rookskerm. En agter die rookskerm sou dit steeds meer die SAKP wees wat sake bepaal.

Die mate waarin die ANC die SAKP se politieke en ideologiese paradigma oorgeneem het, het deur die jare toegeneem. In 1978 het die ANC se lyfblad, *Sechaba*, byvoorbeeld in 'n insiggewende artikel[18] geredeneer dat

> [T]he national mission of the South African people – black and white – is the destruction of the imperialist system of colonialism and racism in our country and the establishment of a predominantly black, but not exclusively black, democratic and essentially workers' and peasants' government. In this context it is necessary to state that South Africa is not a colony of the 'classical type' whose specific feature lies in the fact that black South Africa is a colony of white South Africa ... In South Africa, as elsewhere in the former colonial world, the national question at this phase of our struggle is the question of decolonisation whose main content is the national liberation of the Africans and other nationally oppressed black communities.

Die skrywer vervolg dan:

> The above-mentioned factors, coupled with the reality of today's world, which is characterised by growing merits and influence of world socialism and the disintegration of imperialism and capitalism, and our bitter experience and suffering under imperialism and capitalism, force us to conclude that the struggle for national liberation of the black people in South Africa is not an end in itself, *but a stage, or one of the stages, to a non-exploitative society, a future without exploitation.*" (My kursivering.)

Sulke ortodokse SAKP-standpunte is logies, want teen die vroeë 1980's was die meeste redaksielede van *Sechaba* Kommuniste,[19] wat beteken dat die belangrikste propagandamedium van die ANC inderwaarheid onder die beheer van die SAKP was.

Ander blaaie van die ANC, soos *Dawn*,[20] MK se lyfblad, en *Mayibuye*,[21] die ondergrondse nuusbrief van die ANC, het eweneens talle artikels geplaas waarin die standpunt van die SAKP onkrities as dié van die ANC weergegee is. In 1980 het *Dawn* die SAKP selfs kategories die "vanguard party" van "the working class of our country"[22] genoem – tipies Leninistiese woordkeuses. Op 'n ander keer is die Russiese Revolusie van 1917 as "the greatest event of our century" beskryf.[23]

In die MK-kampe het die vegters lesings oor ideologiese sake van SAKP-ideoloë soos Mark Shope, Ronnie Kasrils en Jack Simons gekry en het sowat 200 Sowjetinstrukteurs hulle vanaf 1979 militêr opgelei. James Ngculu het later vertel dat "the question of politics and its supremacy over the military" beklemtoon is: "It was emphasised that our war was an extention of political objectives by military means."[24]

Onder die temas wat behandel is, was die Kommunistiese Manifes, die Russiese revolusie van 1917 en teorieë van historiese en dialektiese materialisme. Met ander woorde, ortodokse Marxisme-Leninisme. Bowendien is uiteindelik ver meer as 2 000 MK's in die Sowjetunie self militêr opgelei.[25]

In sy eie gemoed was die SAKP baie duidelik oor sy strategie. In 'n besprekingsdokument wat in 1980 voor die party se sentrale komitee gedien het, is pertinent gestel dat die nasionale demokratiese revolusie (die eerste fase) deel vorm van die Sosialistiese Revolusie, oftewel die tweede fase. Daarom – en dít is belangrik vir 'n magspolitieke perspektief op die saak – is dit noodsaaklik "that the working class [lees: die SAKP] can and must lead all other classes and strata in the struggle for the victory of the national democratic revolution".[26]

Die SAKP was dan ook trots op die bepalende invloed wat hy op die ANC gehad het: "There can be no doubt that our Party can be proud of the fundamental contribution it has made to the evolvement of the advanced revolutionary nationalism of the ANC." Dié "advanced ideological character" van die ANC is "the result of the impact of our class movement".[27] Duideliker as dít kan 'n mens die SAKP se ideologiese oorheersing van die ANC nie stel nie.

Die invloed van charismatiese leiers soos Chris Hani was in dié verband uiters belangrik. Hani is in die vroeë 1960's vir militêre opleiding na die Sowjetunie gestuur. Wat hy daar gesien het, het 'n groot indruk op hom en sy makkers gemaak: "In the USSR now, the men were witnesses to the way a powerful nation was run. For Hani, having joined the Communist Party a mere two years earlier, but having read extensively on socialism and Marxism, it was the culmination of theory, reading, imagining. It was akin to Mecca. The Vatican. The country of Lenin."[28]

Tog het die SAKP, ondanks sy ideologiese oorheersing van die ANC, in die jare voor en ná Morogoro organisatories doelbewus op die agtergrond gebly. Veral op aandrang van die partyleier, Moses Kotane, was die idee om nie aanstoot te gee nie en om nie diegene af te skrik wat nie Kommuniste was nie, want hul hulp in die stryd teen apartheid was onontbeerlik. Chris Hani het later verduidelik dat Kotane "felt he himself was representing the Party in the ANC and that therefore there was no need for the Party itself".[29] In 1990 het 'n prominente SAKP-lid, later adjunk-sekretaris-generaal van die party en adunkminister in Thabo Mbeki en Jacob Zuma se kabinette, Jeremy Cronin, opgemerk, "during the 1950s and 1960s the party was virtually invisible. It had no independent profile."[30]

Met ander woorde, ofskoon die ANC teen 1969 strategies lewens-belangrike elemente van die SAKP se ideologie oorgeneem het, het laasgenoemde *as organisasie* steeds nie die ANC oorheers nie. 'n Voorbeeld hiervan was die ontmoeting tussen Oliver Tambo en Joe Slovo namens die ANC en SAKP kort ná die Morogoro-konferensie. Tambo het sy ontevredenheid uitgespreek omdat sommige Kommuniste in MK apart vergader het. Hy was bang dat dit ammunisie kon verskaf aan diegene wat sê die ANC is maar net 'n front vir die SAKP.[31]

Slovo het toegegee dat die twee mekaar beïnvloed het. "Indeed at the moment," het hy met 'n sekere humor gesê, "we have all been 'captured' by the ANC and it is right that this should be so." Volgens Slovo het die SAKP se Marxisme-Leninisme sy lede in staat gestel "to be Congressists, beter trade unionists, better fighters for the freedom of our country". Hy het ook onderneem om getrou te bly aan die "progressiewe nasionalisme" van die ANC, soos uiteengesit in die Vryheidsmanifes.[32]

Tambo se afsluitingswoorde op die vergadering was veelbetekenend. Hy het die SAKP se lojaliteit en buigsaamheid in die stryd geprys en gesê dis goed dat die twee organisasies nou saamwerk. Toe volg dié veelseggende sin: "Amongst other reasons it is also good tactics because the masses of our people have not yet been mobilised into a socialist way of thinking."[33]

Met ander woorde, Tambo se besware was nie prinsipieel van aard nie, maar takties. Hoe kon dit ook anders, gesien die oorweldigende mate waarin die ANC reeds in dié stadium ideologies deur die SAKP beïnvloed is?[34]

Tog was daar 'n ongemaklikheid in die SAKP oor sy ondergeskiktheid aan die ANC. Sommige voorste leiers, veral dié van die Londense groep, was in die besonder ongelukkig met die houding van Kotane, wat na hul mening geneig was om die aparte taak en identiteit van die SAKP ten koste van die ANC te onderbeklemtoon. Toe hy uit Tanzanië na Londen uitwyk omdat die antiwit gevoelens in die ANC in eersgenoemde land na sy mening te erg geword het, het Ben Turok, lid van die SAKP, byvoorbeeld ontdek dat die Londense groep in Morogoro bekend gestaan het as "the London problem". Dié groep het 'n begeerte gehad dat die party opnuut sy rol as revolusionêre voorhoede inneem.[35]

In sy studie van die ANC in ballingskap in die 1960's maak Sifiso Ndlovu uitdruklik gewag van spanning tussen die SAKP in Londen en "a more Africanist ANC based in Africa".[36] Ondanks die gematigde houding wat Slovo in die vergadering met Tambo ingeneem het, was Kotane se houding volgens Slovo "actually a very big danger to the historical survival of the Party".[37] Maar Kotane was reeds ernstig siek en sou binne enkele jare sterf en sy invloed het stelselmatig afgeneem.

In Junie 1970 het die sentrale komitee van die SAKP dus in Josef Stalin se ou datsja buite Moskou vergader om sy invloed in die alliansie onder die loep te neem. Daar is gekla dat "leading members of the Party, however strategically placed in the national movement [die ANC] or Mkhonto … do not function as party cadres … "[38]

Die saak moes reggestel word deur onderlinge kontak en deur te koukus, maar sonder om formeel aan die hoof van die bevrydingstryd te staan. "Our leadership must rather depend on the correctness of our political line, on our ability to win non-Party comrades to supporting our line, and on our cohesiveness as an organisation."[39] Daar is ook besluit dat die party sy voorhoederol moes herstel "to assert its ideology and the leadership of the working class. At the same time the Party will maintain and build its separate and independent political existence."[40] Die tyd het dus aangebreek dat die party sy leierskap moes herbevestig, nie bloot deur die aanwesigheid van partylede in die ANC nie, maar *as party*.

Op dié beraad, lees 'n mens in die SAKP se vertroulike bulletin vir lede, is opgemerk dat die party in sy betrekkinge met die ANC só 'n ondergeskikte posisie ingeneem het dat hy nagenoeg verlam is. Leidende SAKP-lede in die ANC funksioneer nie *as Partylede* nie. "This is why the political role of the Party in vital spheres has diminished in crucial years ... It is above all the reason why the Party failed in its role in the formulation of policy in the national movement [die ANC] and in our military organisation [MK]."[41]

Nietemin, lui die dokument voorts, al het die SAKP reg op sy eie bestaan, apart van die ANC, moet hy sy status as revolusionêre voorhoedemag verdién. "Experience has shown that the Party can fulfil its vanguard role without 'being at the head' of the movement in the physical or public sense. Our leadership must rather depend on the correctness of our political line ..." Dit was 'n refleksie van die debat in die SAKP oor sy rol in die alliansie.[42]

Dit is iets wat in later jare sou verander. Maar tog, voorlopig was dit, in die woorde van Stephen Ellis, "the specific contribution of the SACP during the years of its ascendancy after the Morogoro conference to introduce into the ANC the notion of a single correct ideological and strategic line, a direct input of the scientific Marxist-Leninist method."[43] Dit sou die oorheersende magsposisie van die SAKP aansienlik vergemaklik.

In teorie was dit reeds bereik. Volgens Mark Gevisser was Oliver Tambo in 'n stadium in die 1970's die enigste nie-Kommunis in die ANC se nasionale uitvoerende komitee (NUK).[44] Maar omdat die SAKP homself as 'n ondergeskikte element in die alliansie gedra het, het dit in die praktyk nie veel beteken nie.

Hoe ook al, by dié geleentheid het die party weer eens sy geloof in die tweefasemodel bevestig. "The aim of the workers [lees: die SAKP]," is in 'n verklaring gesê, "is socialism. The mines, factories, banks, land and big business must be in the hands of the people. They must be owned and run by a state in which the majority – the working people of state and country – hold power." Dit is die uiteindelike doel, synde die tweede fase. Die onmiddellike doel, die eerste fase dus, is "to abolish the white monopoly of power, to carry out the national democratic revolution for the liberation of the African and other oppressed people."[45]

Die klimaks

Nie almal in die SAKP was dit altyd met mekaar eens nie. Volgens Ellis en Tsepo Sechaba was daar basies drie rigtings in die sentrale komitee:

- Die ortodokse Staliniste soos Chris Hani, Jack Simons, Joe Slovo en Mac Maharaj;
- hervormingsgesindes soos Thabo Mbeki, wat na die Sweedse model geneig het (hy is klaarblyklik taamlik deur die eerste groep gewantrou, ofskoon hulle sy intellek en belesenheid erken het) en
- die Afrikaniste soos Moses Kotane, sy opvolger, Moses Mabhida en Josiah Jele. (Laasgenoemde sou in 1985 uit die party geskop word weens sy vyandigheid teenoor wit mense en Indiërs.)[46]

In 1979 was daar 'n yslike botsing tussen Thabo Mbeki en Joe Slovo in die ANC se Politiek-Militêre Strategiekommissie (die opvolger van die ou Politiek-Militêre Raad, wat ook deur die SAKP oorheers is) met die opstel van 'n dokument oor die rigting wat die gewapende stryd na aanleiding van die Viëtnam-besoek moes inslaan. In die verslag van die kommissie aan die NUK[47] is daar 'n taamlik bloedlose passasie waaruit blyk dat daar 'n debat was oor die "extent to which the ANC, as a national movement, should tie itself to the ideology of Marxism-Leninism and publicly commit itself to the socialist option."

Die uiteindelike besluit, luidens die verslag, het daarop neergekom dat só iets die maatskaplike grondslag van die revolusie kon vereng en dat daar juis 'n noodsaak was "to attract the broadest range of social forces amongst the oppressed to the national democratic liberation". Die ANC se openlike verbintenis tot die sosialisme kan sy aard as 'n breë nasionale beweging ondermyn. Die volgende veelseggende sin volg dan: "It should be emphasised that no member of the Commission had any doubts about the ultimate need to continue our revolution towards a socialist order; the issue was posed only in relation to the tactical considerations of the present stage of our struggle."

In 'n bylae word dan ook erken dat "real national liberation and social emancipation" ('n eufemisme vir die twee fases) slegs bereik kan word indien "the dominant part is played by the oppressed working people" ('n eufemisme vir die SAKP).

Uit ander bronne is dit egter duidelik dat die rusie veel erger was. Volgens Mark Gevisser[48] het Slovo aanvanklik daarin geslaag om Oliver Tambo daarvan te oortuig "that the ANC should cease to be a 'national liberation movement' and should become, like Frelimo and the MPLA, a 'Marxist-Leninist movement'." Mbeki het hom egter hierteen verset. Hy het aangevoer "that it was wrong, the notion that the ANC was a party of socialism. I [Mbeki] said, 'well, if that is the case, then what is the SACP doing? You might as well dissolve it.' The ANC, he [Mbeki] said, had to remain a 'broad church' and 'National Liberation' had to remain the objective."[49]

Uiteindelik het Mbeki die stryd gewen. Hy het ewenwel sy SAKP-lidmaatskap kort ná die wending van 1990 doelbewus laat verval.

Toe 'n nuwe liggaam, die Politiek-Militêre Strategiese Kommissie aan die einde van 1978 gestig is om die stryd te koördineer, was vier van die ses lede ook lid van die SAKP.[50] Teen 1984 is die lidmaatskap van dié liggaam tot 15 uitgebrei, van wie minstens 13 Kommuniste was.[51]

In 1980 was dit egter nog in die toekoms. Toe het die ondergrondse Kaapstadse tak van die SAKP in 'n geheime brief aan Moses Kotane, die party se sekretaris-generaal, daarop gewys dat die ontevredenheid en strydvaardigheid van die verdruktes in Suid-Afrika toeneem. Maar, is bygevoeg, "[t]his development has outstripped our capacity for specific organisation and leadership – *we* [as party] *are not seen* to be organising and leading the upsurge".[52]

Maar, het die SAKP in dieselfde tyd in 'n pamflet beklemtoon, "within the broad alliance for national liberation the working class must be the leading revolutionary force". En dié "working class has a political vanguard, the SACP". In die dokument is dus ook ligweg beswaar gemaak teen die feit dat die SAKP altyd tweede viool teenoor die ANC speel.[53]

In die verslag van die politburo van die SAKP aan die sentrale komitee in 1984 is geskryf die onmiddellike doel is "the seizure of power by the people and the establishment of a democratic state in which the working class plays the decisive role". Daarop volg hierdie veelseggende sin: "It is the only guarantee for a speedy and uninterrupted transition to a socialist society." In dié verband speel die SAKP 'n belangrike rol "to ensure that the national democratic perspective [die eerste fase van die revolusie] achieves its full expression through the transition to socialism".[54]

Wat veral in dié verband baie belangrik is, is die feit dat die SAKP in alle opsigte onkrities agter die kommunistiese dogmas gestaan het. Ben Turok, self 'n relatief onafhanklik denkende Kommunis, het as volg oor sy mede-Kommuniste in die Londense ballingskap se houding getuig: "[W]hat caused me concern was the ease with which they slipped into an uncritical dogmatism and how intolerant they became. They accepted everything they were told without question and when they doubted it was in the private recesses of their minds, rather like someone who fears the consequences of revealing feelings of a forbidden love."

Soos die prominente SAKP-lid Alex la Guma dit in 'n gesprek met Turok gestel het: "Soviet life might be less luxurious than that in the West, but it was far more moral."[55] Dit is 'n uitstekende beskrywing van die kultuur in die SAKP in die algemeen en dus van die oorheersende element in die ANC in dié tyd.

Die Kabwe-konferensie

Die SAKP se oorheersing van die ANC het sy hoogtepunt bereik tydens die derde raadplegende konferensie wat in Junie 1985 in Kabwe, Zambië, plaasgevind het. Volgens die oorwegend goed ingeligte Ellis en Sechaba het die SAKP noukeurig vir die konferensie voorberei: "It would have been unthinkable for the Party to enter any major meeting of the ANC without having prepared its own position beforehand, knowing it could count on its members to advance the Party's line, without necessarily identifying it as such, in a larger ANC assembly."[56]

Die konferensie is in Junie 1985 onder voorsitterskap van prof. Jack Simons, 'n Kommunis, gehou. Ons gee in 'n volgende hoofstuk meer aandag aan ander aspekte van dié rigtinggewende konferensie; vir nou is dit belangrik om te weet dat twee belangrike besluite geneem is. Die eerste was om die lidmaatskap van die NUK, die ANC se hoogste uitvoerende liggaam, ook vir mense wat nie swart is nie oop te stel.[57] (Eintlik het die Londense afdeling van die SAKP al in September 1982 by die party aangedring om sy invloed in die ANC te gebruik om ook die leierskorps nierassig te maak.[58])

Dit het die weg gebaan vir die tweede besluit, naamlik om die NUK tot 30 lede te vergroot en 'n nuwe liggaam te kies. Die leier van die ANC, Oliver Tambo, het voor die verkiesing 'n lys name onder die afgevaardigdes versprei van mense wat na sy mening gekies behoort te word. Ofskoon die notule dit duidelik stel dat afgevaardigdes nie verplig was om vir dié mense te stem nie, het slegs name wat op die lys was, uiteindelik die paal gehaal.[59]

Die top vier poste het onveranderd gebly: Oliver Tambo (president-generaal), Alfred Nzo (sekretaris-generaal), Thomas Nkobi (tesourier-generaal) en Joe Modise (bevelvoerder van MK). Van hulle was slegs Nzo 'n Kommunis. Onder die nuwelinge in die NUK was vir die eerste keer een wit mens (Joe Slovo), twee bruin mense (Reggie September en James Stuart – die *nôm de guerre* van Hermanus Loots) – en twee Indiërs (Mac Maharaj en Aziz Pahad) – almal Kommuniste. Trouens, van die 30 lede was 21 of selfs 25 Kommuniste. En van die SAKP se politburo was slegs twee nié lid van die NUK nie.[60] Ander bekende Kommuniste in die NUK was Thabo Mbeki, Dan Tloome, Jacob Zuma, Chris Hani, Gertrude Shope en Francis Meli. In Julie 1988 is 'n verdere sewe lede gekoöpteer, van wie drie of vier ook SAKP-lede was.[61]

Dis nie dat al die afgevaardigdes noodwendig geweet het wat die partyverband is van dié vir wie hulle stem nie. Volgens Wladimir Sjoebin was van slegs twee of drie afgevaardigdes bekend dat hulle Kommuniste was.[62] Ofskoon die ANC, synde 'n breë alliansie wat alle antiapartheidskragte van uiteenlopende oortuigings dankbaar in sy geledere aanvaar het, nie *as sodanig* 'n kommunistiese organisasie genoem kan word nie, was die meeste van sy topleiers dus wel lede van die SAKP. In sy interne kommunikasies het die party dit in soveel woorde erken: "We must not be satisfied with the position we have undoubtedly won as the radical conscience of the liberation front. We must in addition become a radical force in our own right."[63]

Dit was die formalisering van die SAKP se oorheersing, wat reeds sedert die 1950's beslag gekry het. Maar, soos Mark Gevisser skryf, "[t] here was no possible way the ANC could admit to any of this. The Party was underground even within the movement, and only its most senior officials were public. Not even communists themselves necessarily knew who other communists were; unless you were in the Party leadership, the only other cadres you would know of were those in your 'unit'." Vandaar dat die SAKP se invloed veel groter as sy beperkte ledetal was.[64] Die kleiner alliansielid het die toon aangegee.

In November 1986 het die party slegs 241 lede gehad. 'n Jaar later was dit 267 en in April 1989 609, van wie 340 in ballingskap was. Soos Eddy Maloka, skrywer van 'n boek oor die SAKP se geskiedenis, dit stel: "The membership of the Party in exile was deliberately kept small not just for reasons of security and quality of cadres, but also to enable the leadership to excercise control over the membership."[65] (Ná 1990 het die party wel vinnig gegroei. Teen 1993 kon hy al met 'n ledetal van meer as 40 000 spog.[66])

Wat hier ook van belang is, is die wyse waarop lede van die SAKP die rigting van MK se interne veiligheidsafdeling, bekend as NAT, oorheers het. NAT is deur die SAKP gestig en het in die 1970's en 1980's terreurbewind in die ANC se kampe in Zambië en Angola gevoer, soos in 'n volgende hoofstuk behandel sal word. Op grond hiervan noem Paul Trewhela, 'n SAKP-lid wat weggebreek en in die jare negentig 'n groot rol in die oopvlek van die wantoestande in die ANC-kampe gespeel het, MK "an extension in Africa of the KGB".[67]

Die magsgreep wat die SAKP op die ANC uitgeoefen het, word in ideologiese opsig duidelik geïllustreer deur 'n dokument met die titel "The Nature of the South African Ruling Class" wat deur die Kabwe-konferensie goedgekeur is. Die SAKP se eie, unieke bydrae tot die Marxisme-Leninisme, "colonialism of a special type", is opnuut daarin gepropageer.

By die behandeling van die Vryheidsmanifes word in die dokument weliswaar gesê dat dit geen program vir sosialisme is nie, maar nietemin word 'n demokratiese revolusie in die vooruitsig gestel waarin die belange van die werkersklas voorrang sal geniet. Heel ortodoks Marxisties-Leninisties sê die dokument ook dat politieke mag gewoonlik vloei uit eienaarskap van en beheer oor die middele van produksie. 'n Prinsipiële onderskeid word getref tussen "political office" en "political power":

> Political office refers to control of ministries conferred on a party on the basis of the results of a general election. Thus it is conceivable in a capitalist country, as happens in France, Britain, Sweden, etc., that a party of the working class may win the elections and assume political office – that is, it is given control over the ministries – without that in any way altering the fact that political power remains in the hands of the capitalist class. What

happens in such instances is that a party of the working class is allowed to administer the capitalist state, introduce ameliorative reforms, even impose certain controls on the activities of the capitalists just as long as it does not tamper with the central sphere of capitalist political power. Forming the government, therefore, is not the same thing as acquiring political power ... political power is expressed through the state."[68]

Dit is hieruit duidelik dat die liberale veelpartydemokrasie, ooreenkomstig die kommunistiese ideologie, in die dokument by implikasie as vals verwerp word. Wat in die plek daarvan moet kom – daaroor is die dokument vaag, behalwe deur te sê dat politieke mag "deur die staat" uitgedruk word, wat moontlik kan sinspeel op 'n kommunistiese diktatuur.

Hoe ook al, ofskoon Oliver Tambo self geen ingeskrewe lid van die SAKP was nie, is sy kantoor teen die 1980's heeltemal deur Kommuniste oorheers. Sy administratiewe sekretaris was Anthony Mongalo, 'n leidende Kommunis. Feitlik al die mense in Tambo se kantoor was SAKP-lede.[69]

Daarby het die party grotendeels beheer oor die ANC-kampe in Angola verkry. Politieke kommissars is volgens Sowjet-gebruik aangestel om aan die rekrute duidelik te maak dat koeëls en bomme sinloos is as dit nie in diens van 'n duidelike politieke strategie staan nie. 'n Kommunistiese ideoloog soos Jack Simons is ook na die kampe gestuur om die nuwe rekrute ideologies te vorm.[70] Die beraad se "Commission on Ideological and Political Work" het dan ook aanbeveel dat die Marxisties-Leninistiese revolusionêre teorie deel word van die leerplan vir politieke opvoeding in die ANC-kampe.[71]

In die 1980's het 'n gedagtewisseling in die SAKP se maandblad, *Umsebenzi*, 'n goeie illustrasie gebied van hoe die Kommuniste se denke oor die tweefaserevolusiemodel later ontwikkel het. Die gedagtewisseling het in 'n stadium plaasgevind toe die SAKP heeltemal oppermagtig in die ANC was, met die gevolg dat dit toe minder belangrik was om nie-Kommuniste se gevoelens in ag te neem. Enkele verwysings daarna kan verhelderend wees.

In 'n anonieme artikel ter geleentheid van die 30ste herdenking van die Vryheidsmanifes skryf die blad in 1985 dat die bepalings van dié manifes en die nasionaal-liberale stryd "the most important immediate class interests of our proletariat" omvat. Daarom is 'n alliansie "between all classes, whose interests are served by the national democratic revolution" nodig. Wat in dié fase moet gebeur, is om seker te maak "that the working class plays the leading role at all stages of the struggle". Ofskoon die Vryheidsmanifes geen sosialistiese dokument is nie, sal dit "a basis for an advance to a socialist future" verskaf. Dan volg dié insiggewende sinne:

> The question as to which road South Africa wil follow on the morning after our liberation flag is raised over Union Buildings, will in practice be decided by the class component of the forces who have come to power. That is why the issue of the role of the working class in the national democratic revolution cannot be postponed to any later stage; the working class [lees: die SAKP] … must be the leading force at every stage of the national democratic revolution.[72]

'n Paar maande later het die blad kritici van die tweefasemodel geantwoord dat die party nooit geglo het dat daar 'n Chinese muur tussen die twee fases is nie. Inteendeel,

> the strategic aim of establishing a socialist republic is "inseparably linked" to the more immediate aim of winning the objectives of the national democratic revolution … this national democratic revolution must lead to a South Africa of "people's power" in which the working class will be the dominant force and which will move uninterruptedly towards social emancipation and the total abolition of the exploitation of man by man.[73]

Laat in 1986 het die SAKP sy tweefasebenadering in 'n studiedokument, bedoel vir geheime lede in Suid-Afrika, verduidelik. Die party het dit gestel dat die oprigting van "people's committees" nodig was vir die bou van "a people's army for a people's war". Hierdie komitees "will be the organs of the future people's government. It is these very committees that will also be organs of a future socialist revolution."

Daarom moet alle lede werk om die "leiersrol van die werkersklas" (lees: die SAKP) te waarborg.[74] Die implikasie is duidelik: Die magsinstrumente om die eerste (nasionale demokratiese) revolusie met die tweede (sosialistiese) een op te volg, moet nóú reeds gevestig word.

Selfs nog tot 1989 het *Umsebenzi* pertinent die punt gemaak dat die ANC en die SAKP se gemeenskaplike perspektiewe in die eerste fase nie die "independent role of [Communist] party objectives" verminder nie: "The party must help organise the working class and help to ensure that it occupies a dominant place in the alliance of social forces striving for liberation." Terselfdertyd moet hy "the understanding of socialist ideology" bevorder, sowel as "the inseparable link between national democratic and socialist transformation".[75] Ietwat later is eksplisiet geskryf: "The national democratic revolution remains the most direct line of advance to socialism in South African conditions."[76]

In 'n invloedryke pamflet[77] wat hy in 1988 geskryf het, het Joe Slovo, in daardie stadium leier van die SAKP, die punt weer eens beklemtoon:

There is, moreover, no need for the spread of socialist awareness among the working people to be postponed during the phase emphasising the democratic transformation, a belief falsely attributed to our Party by some of its left-wing critics. During this period it is vital to maintain and deepen working class understanding of the interdependence between national liberation and social emancipation. This task cannot be postponed until the ANC flag flies over Pretoria.

Hy het ontken dat die SAKP se samewerking met die ANC 'n opportunistiese voorwendsel was "to camouflage our so-called 'hidden agenda' and to use the ANC merely as a stepping stone to socialism". Maar hy het dié stelling in net die volgende sin weer ontkrag: "We have never made a secret of our belief that the shortest route to socialism is via a democratic state."[78]

Verder af in die pamflet keer hy weer terug na die onderwerp: "We do indeed see the current stage of struggle, the national democratic phase, as the most direct route of advance, in our particular conditions, to a second stage, socialist development. Looking even further ahead, it is valid to describe socialism itself as a major transitional stage on the road to communism."

Die twee stadiums kan nie in isolasie van mekaar gesien word nie; "they are steps in development". Daarom, "when we talk of stages we are talking simultaneously about distinct phases and a continuous journey ... There is thus no Chinese wall between stages." Dit beteken dat "under South African conditions *the national democratic revolution has great prospects of proceeding at once to socialist solutions.*" (My kursivering.)

Dít, sê Slovo, sal afhang van "the extent to which the most revolutionary class, the proletariat, is politicised and participates as a leading force in the coming struggles and in the state forms which are constructed in place of the old." Indien dit gebeur, indien die werkersklas die leiding in die eerste fase neem, "the possibility is clearly opened up of a peaceful progression towards socialism".[79]

Dit is bevestig in 'n geheime SAKP-nuusbrief vir lede, waarin die party se strategiese doel – 'n kommunistiese diktatuur – en die pad daarheen sonder omhaal van woorde beskryf is: "Our immediate demands for a national democratic revolution neither shelve nor postpone our socialist goals. The succesful prosecution of the national democratic struggle ... is the shortest way to socialism." Dit moet gelei word deur die werkersklas en die politieke party van die werkersklas, naamlik die Suid-Afrikaanse Kommunistiese Party.[80] (Die strewe dat die SAKP die leiding moet neem, was teen dié tyd reeds bereik. Alle geluide in die alliansie oor die vervanging van apartheid met 'n demokratiese stelsel moet teen dié agtergrond gelees word.)

Die dokumente waarna hierbo verwys is, was natuurlik nie algemeen toeganklik nie. Gevolglik was selfs akademici wat die ANC as navorsingsonderwerp dopgehou het, nie op die hoogte van die werklike toedrag van sake nie. Prof. Thomas Karis van New York, skrywer van verskeie publikasies oor die ANC/SAKP, het in 1986 in die gesaghebbende akademiese tydskrif *Foreign Affairs* geskryf "[t]he allegation of outright Communist control over the ANC cannot be substantiated, and estimating the degree of Communist influence in the ANC is nearly as difficult". Inteendeel, die "Communist factor is in many ways less significant than other groups supportive of the ANC"[81] – 'n aanduiding van hoe suksesvol die alliansie se propaganda was.

Nog 'n historikus wat persoonlike ervaring met die ANC se hoofkwartier in Lusaka gehad het, Hugh Macmillan, se (foutiewe) mening was: "There was never really any doubt in Lusaka about the subordination of the SACP to the ANC. Although there were more party members in Lusaka in the late 1980s than in any other exile centre, there were remarkably few as a proportion of the ANC population as a whole, and few of them would have given their primary allegiance to it."[82]

Wat egter interessant is, is wat die ANC/SAKP van sulke naïewe oortuigings gedink het. Enersyds is dit verwelkom; andersyds het dit sommige denkers in die organisasie ongemaklik laat voel. In 1987 het 'n aantal hoofsaaklik wit Afrikaanssprekende Suid-Afrikaners – akademici, kunstenaars, joernaliste – na Dakar, Senegal, gereis om met ANC-voorbokke gedagtes te wissel. 'n ANC-deelnemer het sy indrukke kort daarna in 'n verslag saamgevat. Dié (anonieme) persoon het verwys na die indruk by heelparty van die besoekers dat daar by die ANC 'n "supposed pragmatism" oor allerlei sake en 'n "refusal to adhere to an ideological position" was. Die waarnemer het voortgegaan:

> However, it seems to me that this is not a welcome characteri-sation of the ANC. The distinction between pragmatism and opportunism is very thin and confuses the issue. Our position is not pragmatic – the ANC has a definite ideology and objective coupled with tactical and strategic flexibility based on continuous analysis of the changing situation. The pragmatism label might be welcome to a section of the whites but would it be welcome to the masses … ?[83]

Dus het die ANC/SAKP, volgens die waarnemer, eerder as om pragmaties te wees soos die besoekers gemeen het, wel 'n definitiewe ideologie en doelstelling gehad, al was daar 'n mate van buigsaamheid om voorsiening vir veranderde omstandighede te maak.

Kulminasie

Die kulminasie van die SAKP se denke het gekom op sy sewende kongres wat in 1989 in Havana in Kuba gehou is. Dit het plaasgevind op 'n tydstip toe die verkrummeling van die kommunisme sigbaar begin word het, veral in die Sowjetunie, waar pres. Michail Gorbatsjof die kommunisme huiwerig begin hervorm en selfs die Kommunistiese Party van die

Sowjetunie se magsmonopolie (in teorie) afgeskaf het. Die keuse van Havana as konferensieoord was dus op sigself al 'n politieke verklaring, te meer omdat die Kubaanse leier, Fidel Castro, hom juis verset het teen pres. Michail Gorbatsjof se versigtige hervormings.[84]

Nietemin kan nie veel van dié internasionale konteks herken word in die triomfantelike dokument wat die SAKP aanvaar het om sy meesterplan van 1962, *The Road to South African Freedom*, te vervang nie. Die belangrikste relevante punte van die nuwe dokument met die titel "The Path to Power"[85] was die volgende:

- Die internasionale situasie word, heel ortodoks, getipeer as "competition between the two opposing social systems – capitalism and socialism". Triomfantelik word verklaar dat die proses gekenmerk word deur "more and more peoples taking the path of social progress". "World imperialism" is sy eerste slag in 1917 toegedien deur die "victory of the Great October Socialist Revolution" in Rusland. Sedertdien het 'n derde van die mensdom onder die sosialisme gekom, 'n rigting "that reveals the intellectual and moral potential of humanity". Die dokument praat ook optimisties van die groeiende mag van die sosialistiese state.

- Oor die "national democratic state" – die eerste fase van die revolusie – word gesê dat die grondslag daarvan sal wees "popular representative institutions of government based on one-person, one-vote" vir liggame wat onderworpe is aan "popular control". Die staat moet die basiese vryhede waarborg, soos "the freedoms of speech and thought, of the press and of organisation, of movement, of conscience and religion and full trade union rights for all workers including the right to strike".

- Dit moet egter gepaard gaan met "popular control over vital sectors of the economy" soos mynbou, swaar nywerhede, banke "and other monopoly industries". Ook sal "democratic ownership and control over decisive aspects of the economy" nodig wees, maar die staat sal die belange van private ondernemings beskerm "where these are not incompatible with the public interest".

- Of dié doelstellings verwesenlik sal kan word, sal afhang van die magsverhoudinge tussen die klasse in die bevrydingsalliansie, hul krag vergeleke met die regerende klas en die internasionale magsewewig. Dit beteken dat "the South African working class – and black workers in particular – must play the leading role in the national democratic struggle". Dit – en dié sin is belangrik – is "absolutely crucial to ensure that the national democratic revolution lays the basis for a transition to socialism".

- 'n Oorwinning in die nasionale demokratiese fase van die revolusie is dus "the most direct route to socialism and ultimately communism". Dit verg wel dat die werkers die oorheersende rol in die nuwe regering moet speel. In dié tyd sal die stryd teen die kapitalisme voortgesit moet word.

- Dat die beloftes oor vryheid van die pers en van spraak hierbo aangehaal net tydelike geldigheid het, blyk uit die volgende aanhaling: "A deliberate effort will have to be made to prevent attempts by the bourgeoisie and aspirant capitalist elements – and their imperialist supporters – to dominate state power and divert the revolution." (Met ander woorde, die kapitaliste mag nie dieselfde vryheid as die werkers hê nie.) Ietwat verder word gestel: "The fundamental question of any socialist revolution is the winning of political power by the working class ..."

- Die ANC word genoem "the spearhead of the national democratic revolution" en "the head of the liberation alliance", wat almal in sy geledere verwelkom. Daarteenoor moet die werkers se voorhoedeparty (die SAKP) bestaan uit "the most tried and tested representatives of this class". Dit is een van die beste bewyse van die simbiose tussen die twee groepe.

Feit is dus dat die SAKP se einddoel "socialism and ultimately communism" is. Met ander woorde, 'n totalitêre diktatuur.

Dié idees is gepropageer deur mense wat nie alleen leiersposte in die ANC gehad het nie. Hulle het dié organisasie se leiding inderdaad heeltemal oorheers en dit as voertuig vir die oorgang na die sosialisme en kommunisme aangewend. Dit is duidelik dat die SAKP in 1989, slegs enkele maande voor die val van die Berlynse Muur, steeds vasgehou het aan sy model van 'n tweefaserevolusie met 'n Leninistiese diktatuur as sy uiteindelike doel.

As 'n mens die saak tot sy absolute kern reduseer en al die ideologiese jargon opsy skuif, kom dit hierop neer: Die SAKP wou toenemend die beheer van die alliansie en die revolusie oorneem totdat die wit minderheidsregime verjaag is. Deurdat hy beplan het om reeds in dié stadium magspolities die oorheersende faktor in die revolusie te wees, sou die tweede fase relatief maklik wees. En dit sou vergemaklik word deur – soos Pallo Jordan dit baie reguit beskryf het – die SAKP se "spirit of intolerance, petty intellectual thuggery and political dissembling among its membership".[86] Dit is 'n model wat in feitlik elke kommunistiese revolusie ter wêreld voorgekom het.

Toe Nelson Mandela dus in Maart 1989 in 'n memorandum aan pres. PW Botha nog die mite verkondig het dat bewerings dat die SAKP die ANC oorheers deel is van "die smeerveldtog wat die regering teen ons voer", het dit geen waarheid bevat nie. Dit is ook onwaar dat wanneer SAKP-lede by die ANC aansluit, "hulle volledig gebonde raak aan die organisasie se beleid" of dat die SAKP oor die jare "die leidende rol van die ANC" aanvaar het. Of dat die ANC onverbonde tussen die Sowjetunie en die Weste is.[87]

In 'n persoonlike gesprek met dr. Niël Barnard, hoof van die destydse Nasionale Intelligensiediens, het Mandela gesê wanneer "die onderhandelinge oor 'n nuwe staatkundige bedeling eers begin het, sal die verhouding tussen die ANC en die SAKP irrelevant word".[88] Dit was nie waar toe Mandela dit in sy memorandum geskryf het nie en dit was ook nie waar terwyl hy nog op vrye voet was nie.

10

Die pad na terrorisme

Ná die besoek aan Viëtnam het MK die nuwe fase op skouspelagtige wyse begin met aanvalle op polisiekantore, die militêre dorp Voortrekkerhoogte en 'n gelyktydige en goed gekoördineerde aanslag op vier olieraffinaderye van die staatskorporasie Sasol. Daar was doelbewus geen ongevalle nie en aksies wat bloed sou laat vloei het, is vermy.

Waar MK in 1976 twee aanvalle uitgevoer het, het dit in 1977 tot 20 aangegroei (waarvan 15 in die laaste helfte van die jaar) en 13 in 1978. MK het 'n hoë prys daarvoor betaal: Vir elke drie aanvalle in dié tyd is twee tot drie MK-kaders uitgeskakel. In die daaropvolgende twee jaar is 31 gevalle van MK-geweld geboekstaaf, terwyl 51 MK-vegters gedood of gevange geneem is. In 1981 was daar 55 aanvalle, met die verlies van 21 vegters. In 1982 is die kernkragstasie Koeberg 'n volle 12 uur lank deur 'n reeks bomontploffings geruk, ook die werk van MK. In dié stadium het MK sowat 5 000 opgeleide vegters gehad, van wie slegs 70 in Suid-Afrika aktief was.[1]

Die ANC het ook die morele oorhand probeer kry deur in November 1980 te verklaar dat MK hom voortaan sou hou aan die bepalings van die Geneefse Konvensie van 1949 en Protokol 1 van die Konvensie van 1977. In ruil is van die Suid-Afrikaanse regering geëis dat hy gevange MK-vegters nie as gewone misdadigers sou behandel nie, maar as krygsgevangenes.[2]

Wat die ANC in dié geval waarskynlik nie goed deurdink het nie, was dat die strenge nakoming van die Protokol van 1977 sy hele militêre strategie grootliks aan bande sou lê. In die Protokol is naamlik bepaal: "Parties to the conflict shall at all times distinguish between the civilian population and combatants and between civilian objects and military objectives and accordingly shall direct their operations only against military objectives". Daar staan uitdruklik in die dokument: "Acts or threats of violence the primary purpose of which is to spread terror among the civilian population are prohibited."

Willekeurige aanvalle, wat verbied word, word gedefinieer as aksies wat gemik word teen teikens in burgerlike gebiede wat duidelik as militêr aangedui is, of aanvalle wat lewensverlies onder burgerlikes kan veroorsaak en waarvan die militêre voordeel nie opweeg teen die burgerlike nadeel nie. Daarteenoor maak die toevallige teenwoordigheid van burgerlikes by militêre teikens nie aanvalle op sulke teikens onwettig nie.[3] Dié beperkings sou deur die eskalasie van die oorlog in die 1980's in 'n groot mate in die slag bly.

Dit het reeds in Januarie 1980 geblyk toe drie MK-vegters 'n Volkskastak in Pretoria binnegeval en die aanwesiges – burgerlikes – gyselaar gehou het. Die polisie het binne enkele ure 'n einde aan die beleg gemaak en al drie guerrillas doodgeskiet. Die ANC se reaksie was onseker; sy nominale verbod op die vloei van burgerlike bloed het blykbaar nie baie vas gestaan nie. Joe Slovo het later as volg onthou:

> Our immediate reaction as leadership [was] one of uncertainty about this type of tactic. Individual reactions within our movement tended to be generally negative. The formal statement issued by our leadership on the raid was ambiguous in the sense that it did not specifically endorse the action of our MK cadres involved. Yet there could be no doubt that the overwhelming majority of our people inside the country responded positively to the siege.[4]

Die Suid-Afrikaanse regering was nie bereid om die reeks MK-aanvalle van die laat 1970's, wat hoofsaaklik vanuit Mosambiek gedoen is, ongestraf te laat verbygaan nie. Spesmagte van die Weermag het gevolglik in 1981 'n aanval op sekere ANC-huise in die woonbuurt Matola in Maputo gedoen en 25 mense is gedood, onder wie Joe Slovo se assistent, Obadi Mokgabudi, en die MK-bevelvoerder in Natal, Mduduzi Guma.[5]

Dit was 'n swaar slag. Dit het die ANC se leier, Oliver Tambo, ernstig gekwel en op die gesneuwelde ANC-lede se begrafnis het hy wraak gesweer. Hy het die Suid-Afrikaanse regering "a terrorist in our midst genoem" en vervolg: "For our part as the African National Congress, we pledge here today, that we shall respond to this signal, this challenge – we shall respond in South Africa ... From now on the forces of liberation in South Africa will engage the enemy at the level which the enemy himself has prescribed. And therefore it is not the end for the Matola 12, rather it is the beginning ..."[6]

Die proses van wedersydse eskalasie het dus begin, soos 'n toespraak van Tambo by nog 'n begrafnis, dié van die ANC-leier Joe Gqabi (wat 'n tydjie later in Harare deur agente van die Suid-Afrikaanse regering om die lewe gebring is), illustreer: "[I]t was Matola yesterday; it is Ashdown in Salisbury [waar Gqabi gesterf het] today, but tomorrow it will be Pretoria".[7] Sy beskermling Thabo Mbeki het bygevoeg dat baie min wit mense in die stryd sterf: "They must begin to die as we are dying. That's the nature of war. So suffering there will be on our side, but let there be suffering also on the other side."[8]

Op 10 Desember 1982 het die SA Weermag ANC-teikens in Maseru, Lesotho, aangeval en 42 mense gedood.[9] Dit het sake verder laat eskaleer. Tambo het aanvanklik selfs 'n plan van Mac Maharaj goedgekeur om 'n trein vol wit dienspligtiges van die SAW te laat ontspoor en in 'n kloof te laat afstort (dit is "Operation Green Vegetables" genoem). Uit vrees vir weerwraak is dit egter gekanselleer.[10]

Inklusiewe benadering

In 'n vorige hoofstuk is die besoek van ANC/SAKP-leiers aan Viëtnam behandel. Daar het hulle deurslaggewende raad gekry oor hoe om die eensydige militêre klem van die gewapende stryd uit te brei tot 'n allesomvattende volksoorlog of "people's war". Dit sou behels die opbou van geheime ANC-strukture, die skep van die wyds moontlike verenigde front, die internasionale isolasie van die apartheidsregime en die gewapende stryd.

Met dié strategie het die ANC/SAKP in teorie 'n hoogs gesofistikeerde en inklusiewe benadering aanvaar waar die gewapende stryd slegs een van vier pilare sou wees. Alle antiapartheidskragte sou ingetrek word in 'n breë alliansie waardeur die Nasionale Party-regering sowel binnenslands as buitelands geïsoleer sou word. Daardeur sou die land onregeerbaar gemaak en die regering se vermoë om te funksioneer geneutraliseer word. Uiteindelik, so is voorsien, sou die regering tot stilstand gedwing en 'n situasie geskep word waarin die ANC/SAKP die mag kon oorneem. Die sterkste wapen sou nie die koeël, die landmyn of die bomontploffing wees nie, maar die oorweldigende meerderheid van die swart bevolking.

Ooreenkomstig die raad vanuit Viëtnam het Tambo in sy Nuwejaars-boodskap van 1983 dus klem gelê op sowel die militêre stryd as die politieke mobilisering van die massa. Hy het vier punte genoem:

- We must organise the people into strong mass democratic organisation.
- We must organise all revolutionaries into underground units of the ANC.
- We must organise all combatants into units of Umkhonto we Sizwe.
- We must organise all democratic forces into one front for national liberation.[11]

Uiteindelik sou dit uitloop op die stigting van die United Democratic Front (UDF). In sy boodskap het Tambo 1983 verklaar tot "die jaar van verenigde aksie" en mense aangemoedig "to organise all democratic forces into one front for national liberation".[12]

In dieselfde jaar het die ANC-leiers ewenwel 'n besprekingsdokument onder die titel "Planning for people's war" aanvaar, wat sake effens anders benader het. Dit is deur Joe Slovo opgestel. Die kern daarvan is terselfdertyd 'n goeie opsomming van die ANC se destydse oorkoepelende benadering:

> The armed struggle is *secondary* and our priority task is to build up revolutionary bases out of which its armed struggle (in the case of people's war) can be developed. In the meantime the purpose of armed activity is to keep alive the perspective of people's revolutionary violence as the ultimate weapon for the seizure of power and to concentrate on armed propaganda whose purpose is to stimulate political activity and organisation rather than to hit at the enemy.[13]

Let ewenwel daarop dat dié dokument, soos vorige benaderings, steeds om twee gedagtes draai: politieke mobilisering is belangriker as geweld, maar uiteindelik is "revolusionêre geweld" tog "die finale wapen". "People's war" is gedefinieer as "war in which a liberation army becomes rooted among the people who progressively participate actively in the armed struggle both politically and militarily, including the possibility of engaging in partial or general insurrections".

Teen dié agtergrond moet "aktiewe guerrillasones" geskep word, waar nuwe vegters gerekruteer en opgelei kan word. Dit alles kan lei tot 'n "sudden transformation opening up the possibility of a combined military and political assault on the enemy and leaning to its overthrow by such combined insurrecting forces."[14] Hieruit blyk dat die lesse van die besoek aan Viëtnam maar deels geleer is.

Dit alles kon natuurlik nie sonder grootskaalse geweldpleging bereik word nie. Die ANC het self gemeen dit is geregverdig. Chris Hani het aan 'n wit Suid-Afrikaanse advokaat verduidelik: "These men are not killers, they are not criminals, and in a different time they would be normal citizens. It is the country that has criminalised them, it is not their fault."[15]

In 1983 het die MK-leiers in Maputo bymekaargekom, waar hulle besluit het om MK se bevel en beheer te stroomlyn. Die nuwe struktuur sou gedesentraliseer word en voorwaartse bevelvoerders het groter operasionele vryheid met beplanning, operasies, kommunikasie en die uitvoering van operasies gekry.[16] Die ANC het in later jare aan die Waarheid-en-versoeningskommissie (WVK) verduidelik dat MK se opleiding klem gelê het op persoonlike inisiatief en die gebruik van vegters se eie diskresie, gebaseer op politieke oorwegings. "Except for major operations, senior commanders provided guidelines and a framework within operatives were expected to execute their mission ..."[17]

Dié besluit was belangrik, want dit het beteken dat taktiese besluite – soos watter teikens om aan te val – nie langer deur die MK-hoofkwartier geneem sou word nie. Dié hoofkwartier sou slegs die breë strategiese rigting aandui en operateurs op voetsoolvlak sou baie groter vryheid kry om self te besluit. Hoewel dié beslissing militêr begryplik was in die lig van die moeilike kommunikasie tussen die vegters op voetsoolvlak en die ANC-hoofkwartier in Lusaka, was dit 'n belangrike stap in die ontwikkeling van terreur, selfs al is terreur nooit amptelik deur die ANC as sodanig goedgekeur nie. In die praktyk sou dit ook blyk dat dit ingedruis het teen die alliansieleiers se nuwe klem op politieke werk.

Soos 'n interne MK-dokument dit gestel het, was die voorlopige idee dat daar op die uitskakeling van "enemy personnel" gekonsentreer moes word.[18] Waartoe dít gelei het, is laatmiddag op 20 Mei 1983 geïllustreer, terwyl mense ná werk op pad was huis toe. Wit Suid-Afrikaners se gevoel van veiligheid is ernstig geruk deur 'n bomontploffing in Kerkstraat in die Pretoriase middestad, waarin 19 mense dood en 220 beseer is. Sewe van die gesneuweldes en 86 van die gewondes was Lugmagpersoneel, maar die res was onskuldige burgerlike omstanders (onder wie ses of agt swart mense – die bronne verskil), asook die twee mans wat die bom geplant het.

Die ANC het beweer dat die teiken die Lugmaghoofkwartier – en dus 'n wettige militêre doelwit – was.[19] In werklikheid was die teiken glad nie die Lugmaghoofkwartier nie, maar 'n burgerlike gebou van Nedbank waar die Lugmag kantore op die tweede verdieping gehuur het. Die regte hoofkwartier was 'n hele ent weg.

Die motorbom het reg voor 'n skoenwinkel en 'n bank aan die ander kant van die straat ontplof. Dit was só kragtig dat dit vensters tot op die 21ste verdieping aan skerwe laat spat en baie mense beseer het.[20] Om dit 'n aanslag op 'n wettige militêre doelwit te noem, rek die waarheid baie ver.

'n Belgiese vrou wat die plofstof per motor van Swaziland na Pretoria vervoer het, Hélène Passtoors, het later aan 'n Vlaamse dagblad beweer dat die bom weens 'n tegniese fout te vroeg ontplof het. "Daardeur het ook militêre naas burgerlike slagoffers geval. Bowendien het ons die krag van die plofstof enigsins onderskat. U moet weet: Dit was die allereerste motorbom van die ANC."[21]

In sy getuienis voor die WVK het Aboobaker Ismail, bevelvoerder van die eenheid wat die Kerkstraataanslag uitgevoer het, egter nie verwys na die bom wat te vroeg afgegaan het nie. Inteendeel, sy weergawe was juis dat die aksie gemik was teen die apartheidstaat se "soft underbelly": "We aimed at military personnel. We understood that there may be civilian casualties, but … we would not, for the sake of saving a few lives, stop ourselves from fulfilling objectives in order to bring an end to that heinous apartheid state."[22]

'n MK-lid wat homself "Sipho Jama" noem, het in die ANC-propagandablad Sechaba geskryf die feit dat daar nie méér ongevalle was nie, dui op die bomplanters se sorgvuldige werkwyse.[23]

Tambo het in verskeie personderhoude en toesprake geen berou oor die

Kerkstraatbom getoon nie. "Elke keer as daar sprake is van burgerlike slagoffers," het hy woedend aan die Paryse dagblad *Le Monde* gesê, "word daar slegs na wit mense verwys. Hoeveel swart burgerlikes is in 30 jaar van apartheid gedood? Duisende."[24] In 'n toespraak voor Australiese universiteitstudente het hy die wêreld aangekla omdat die ANC weens die dood van 19 "wit mense" 'n terreurorganisasie genoem is. Hy het taamlik sarkasties voortgegaan:

> The regime is not terrorist, notwithstanding the thousands it has killed by them, and the thousands it has killed since ... And so that is how the ANC became terrorist. Because for the first time in 1983, after a chain of massacres against our people in assassinations, it targets a military establishment in which there happen to be, well let's say civilians, innocent too for that matter.[25]

In sy voorlegging aan die WVK het die ANC die aksie ook kliphard verdedig. "There is no doubt whatsoever that this was overwhelmingly a military target," het die beweging gesê. Baie van die dooies en beseerdes was werknemers van die Lugmag, "and had thereby associated themselves with apartheid military aggression". In sommige opsigte, het die ANC gesê, was die Kerkstraatbom "a decisive step towards waging urban guerrilla warfare".[26] Dit is moeilik om met laasgenoemde te verskil.

Hoe ook al, in 1983 is 56 gewelddadige MK-aanslae geboekstaaf. Altesame 29 daarvan was teen burgerlike ekonomiese teikens gerig en ses teen die veiligheidmagte (waaronder die Kerkstraatbom, wat eerder burgerlikes getref het). Van MK is 43 vegters gedood of gevang, wat beteken dat sowat drie MK-vegters vir elke vier aanvalle geneutraliseer is.[27]

Dit wys in elk geval dat MK se breë benadering nie beslissend deur die Viëtnam-besoek gewysig is nie. In 'n uitsending op die ANC/SAKP se Radio Freedom in November 1984 is geen doekies omgedraai nie:

> We must use all methods of struggle, both legal and illegal, underground and above, mass political activity and revolutionary violence ... We need to arm ourselves. We need to know how to prepare home-made explosives, Molotov cocktails, etc. Already these weapons have been used in clashes with the fascist police

or in attacks against stooges. Those of us who have the know-how must teach others ... Each and every white family has their weapons hidden somewhere. We work for these people. In some cases we even know where these weapons are hidden. Let us disarm the whites and arm ourselves. Let us organise raiding groups to break into shops that sell weapons. Let us fight back.[28]

Hierdie woorde was inderdaad ver verwyder van die gesofistikeerde Viëtnam-benadering.

'n Nuwe benadering

Die een aspek waarop wel suksesvol gekonsentreer is, was om alle antiapartheidskragte agter die ANC/SAKP te monster. Om dit reg te kry, is wettige frontorganisasies soos die United Democratic Front (UDF) gebruik. Die ANC het dit eksplisiet gestel dat die UDF nie heeltemal gekaap moes word nie, maar formeel onafhanklik moes bly sodat hy die bevolking vryelik binnenslands teen die regering kon help mobiliseer.[29]

Tog het die stigting van die organisasie gepaard gegaan met verskeie vergaderings met die ANC-leiers. Uit Aziz Pahad se memoires blyk dat die teoloog dr. Allan Boesak ook daarby betrokke was en daarna was daar ook verskeie koördinerende ontmoetings op verskeie plekke in Europa.[30]

Oor die UDF was daar gemengde gevoelens in die ANC/SAKP. Aan die een kant het die stigting van die UDF die ANC/SAKP gepas, want dit het bygedra tot die verset onder die bevolking teen die regering. Daarby was die UDF, synde 'n aanhanger van die Vryheidsmanifes, 'n ideologiese bondgenoot van die ANC teenoor die Swartbewussynsbeweging. Anders-syds was die UDF nie volledig onder beheer van die alliansie nie, wat beteken het dat dit ook met argwaan bejeën is.

In haar doktorale proefskrif oor die UDF skryf Ineke van Kessel: "The extent of direct ANC involvement in the launch of the UDF remains ambiguous." Daar was wel raadpleging met die ANC oor die stigting van die organisasie.[31] Later het 'n leidende Kommunis, Rusty Bernstein, oor die ANC/SAKP se ambivalente houding getuig: "In the late 80s, when mass popular resistance revived again in the country led by the UDF, it led the ANC to see the UDF as an undesirable factor in the struggle for power, and to fatally undermine it as a rival focus for mass mobilization. It has undermined the ANC's adherence to the path [of] mass resistance as a way to liberation ...".[32]

Formeel het die beweging tot aan die einde onafhanklik van die ANC/ SAKP gebly, maar die samewerking en koördinasie tussen die twee was onmiskenbaar. Om maar 'n voorbeeld te noem: Begin Desember 1988 het verteenwoordigers van die ANC/SAKP, die vakbondfederasie Cosatu en die UDF in Harare bymekaargekom. Uit die notule blyk hoeveel moeite hulle gedoen het om ooreenstemming oor doelstellings en taktiek te bereik. Die ANC/SAKP se bydrae is só opgeteken[33] (let op hoe pragmaties die ANC/SAKP is om die UDF in te bind):

1. "Underlined that convening of conference aims at bringing together forces not necessarily agreeing on everything. Its strength should be on how far it succeed[s] to weaken the opposing side.
2. "Point at issue is mobilisation of forces for change (not necessarily revolutionaries, although component part). Need to accept all those opposed to the regime but differing on long term objectives ...
3. "Unity of the democratic core in an alliance of Anti-Apartheid forces is essential. If differences exist, leadership can be explained by other forces. The ability of the core to generalise popular aspirations, allow mass active participation. Core can provide leadership through striving for acceptance by all parties ..."

Dieselfde taktiek is gevolg met ander swart gemeenskapsorganisasies, soos die Congress of South African Students (Cosas), die Port Elizabeth Black Civic Organization (Pebco), die South African Allied Workers' Union (Saawu), die South African Congress of Trade Unions (Sactu), die Azanian Students' Organisation (Azaso), die Soweto Civic Association, die End Conscription Campaign, ensovoorts. Geeneen van hulle is formeel deur die ANC ingepalm nie, maar in die praktyk is hulle almal in ANC-frontorganisasies omskep.[34] Daarby het 'n groep soos die Instituut vir Kontekstuele Teologie baie gedoen om 'n gewelddadige opstand onder 'n Christelike sousie te bedek en om dit daardeur meer aanvaarbaar vir swart Christene te maak.[35]

Op die naaldpunt

Teen 1984 het dinge steeds beter vir MK en die ANC/SAKP begin lyk.
In sy Nuwejaarsboodskap het Oliver Tambo die Dekade van Bevryding
geproklameer: "All revolutions are about state power," het hy uitgeroep.
"Ours is no exception ... We must begin to use our accumulated strength
to destroy the organs of the apartheid regime." Sy opdrag aan ANC-
ondersteuners was eksplisiet om die land onregeerbaar te maak. Hy het
verwys na instansies van die sentrale en provinsiale regerings, die weermag
en die polisie, die howe, die tuislandadministrasies en plaaslike owerhede
en gesê: "It is these institutions of apartheid power that we must attack
and demolish ..."[36] Thabo Mbeki het 'n leuse uitgedink wat Tambo in die
openbaar gepropageer het: "Make apartheid unworkable and the country
ungovernable."[37]

Onder die MK-kaders op voetsoolvlak is dit, volgens Howard Barrell
op grond van sy eie ervaring as gewese ANC-kader, vertolk "as a call for a
new round of uprisings and attacks against the local state in black areas".[38]

Die ANC/SAKP het ook geëksperimenteer met "grenade squads",
afdelings wat in die gebruik van handgranate opgelei is. Teen laat 1983
was daar verskeie sulke eenhede in die land, waarvan vyf behoorlik
gefunksioneer het. Aangesien hulle ook burgerlikes geteiken het, was
die ANC/SAKP egter huiwerig om verantwoordelikheid vir hulle te
aanvaar. Bowendien het die veiligheidsmagte gesaboteerde handgranate
aan militante jeugdiges laat uitdeel, wapens wat onmiddellik ontplof het
as die veiligheidspen uitgetrek word, pleks van eers ná 'n paar sekondes.
Talle jeugdiges het op dié manier gesterf. Dit het die geesdrif vir dié vorm
van gewapende optrede aansienlik laat afneem en die ANC/SAKP het dit
dus taamlik vinnig laat vaar.[39]

Wat 'n rol op veral die platteland gespeel het, was dat boere dikwels lede
van plaaslike kommando's was. Dié kommando's was amptelik deel van
die SA Weermag, deur die Weermag bewapen en deel van die plattelandse
plaaslike verdedigingstelsel. James Ngculu verwoord MK se houding
daaroor só: "At the time, it was clear that white farmers had volunteered
themselves as the buffer between the security forces and our combatants.
They were also part of the commando units that were a reaction force
against our forces. The farmers were linked by radio to the police stations
and/or military bases. They therefore constituted a legitimate target." [40]

Gevolglik is landmyne op plaaspaaie gelê wat tot heelwat ongevalle gelei het. Volgens genl. Herman Stadler van die Veiligheidspolisie was daar tussen 26 November 1985 en 21 Februarie 1991 57 landmynvoorvalle op plaaspaaie. In die proses is 25 mense gedood en 76 beseer. Die eerste persoon wat in só 'n landmynontploffing omgekom het, was 'n swart plaaswerker, Jas Balie. Van die sterfgevalle was 24 burgerlikes en een 'n soldaat. Onder die beseerdes was 46 burgerlikes, baie van hulle swart, en 30 was in uniform.[41] Dit het die ANC heelwat negatiewe publisiteit besorg en die myne is ná 'n tyd gestaak.[42]

Volgens MK is geen teenpersoneelmyne gelê nie, slegs teenvoertuigmyne. Dit is gedoen omdat die regering wit grensplase tot militêre sones verklaar en wit boere in die veiligheidstelsel geïntegreer het.[43] Die ANC-landmyne het egter geen onderskeid getref tussen die beweerde gemilitariseerde wit boere en hul duidelik steeds burgerlike gesinne of werkers nie. Luidens 'n propagandauitsending van die ANC se Radio Freedom is "white men, women and youths part and parcel of the military and paramilitary units. They are part of the police force ... They are the people who are planted there by the regime to detect any movement by fugitives of the freedom [movement]." Gevolglik: "We have declared these areas war zones ... That is why landmines are becoming the way of life."[44]

'n Alternatiewe vertolking is egter ook moontlik. Lede van die ou SAW het in 'n ontleding van die WVK-verslag opgemerk: "The zoning of border areas had nothing to do with the blurring of targets. The step was necessitated by the ANC's shift of emphasis to soft targets."[45]

Dié voorbeeld illustreer in elk geval duidelik die logika van oorlog en geweld. Die boere het bedreig gevoel deur MK se infiltrasie en het hulself dus as deel van die SAW-kommando's georganiseer. Dit het op sy beurt daartoe gelei dat MK sy aanvalle op die boere as geregverdig kon rasionaliseer.

Dit is dus geen wonder nie dat Stephen Ellis en Tsepo Sechaba tot die gevolgtrekking kom dat die regering teen die tweede helfte van 1985 die militêre stryd aan die wen was (ofskoon hy duidelik geen lewensvatbare nuwe politieke idees gehad het nie).[46] Dit word bevestig deurdat MK in 1986 70% meer aanvalle as in die jaar tevore kon uitvoer — maar sy verliese terselfdertyd met 500% gestyg het.[47]

11

Interne "demokrasie" (1)

Die vernaamste bestaansrede vir die ANC en SAKP was, soos hulle self gesê het, die onreg en rassediskriminasie wat uit die apartheidsbeleid gespruit het. In ANC- en SAKP-dokumente is daar tienduisende verwysings na die wyse waarop die beleid teen swart mense gediskrimineer het. Presies wat die bondgenootskap in die plek daarvan wou stel, was iets waarna hy in die openbaar slegs vaagweg verwys het. Daar is gereeld gepraat van "demokrasie", maar wat is onder dié begrip verstaan?

Een manier om meer te wete te kom oor hoe die leiers se koppe gewerk het, is om te kyk watter houding hulle intern teenoor afwykende menings ingeneem het. Dan maak dit nie regtig saak uit watter hoek dit bekyk word nie; uit die behandeling van andersdenkendes in eie kring is dit onomstootlik duidelik dat die leiers se denke en optrede totalitêr, diktatoriaal en onverdraagsaam was.

In 1975 het die NUK van die ANC nog in 'n omsendbrief geskryf dat besluite kollektief geneem moet word sodat "the traditional *internal democracy* of our movement is maintained".[1] Wat wys dat die teorie van interne demokrasie wel aanwesig was. Elders in die alliansie was dit egter reeds in die praktyk in onbruik.

Toe 'n groep dissidente bekend as die "Gang of Eight" in dieselfde jaar uit die beweging geskop word, het een van hulle, Tennyson Makiwane, beswaar aangeteken weens wat op 'n gebrek aan interne demokrasie neergekom het. Geeneen van dié wat uitgeskop is "have been charged with anything, tried or called upon to make a defence," het hy geskryf. Soos die praktyk onder die Nazi-minister van propaganda, Josef Goebbels, en die hoof van Stalin se geheime polisie, Lawrenti Beria, het hy voortgegaan, "you are guilty until you prove your innocence".[2]

Toe Chris Hani en ses ander MK-leiers in 1969 'n verwoestende memorandum oor die stand van die ANC in ballingskap geskryf het, het hulle gewag gemaak van "secret trials and secret executions … It is a shame that we should have been witnesses to the emergence of extremely reactionary methods of punishment in MK. There have been instances where offenders in MK have been dumped in dugouts filled with several drums of water without blankets or any other protective material for periods of up to about 22 days." Hulle het dié soort strawwe beskryf as "criminal and inhuman, and must have been designed to break the physical and moral integrity of victims".[3]

Daarteenoor het die weelderige lewenstyl van die leiers gekrap. Ontstellende stories het na die kampe deurgesypel. Twee MK-lede skryf: "The belief was they were living in luxury in the city while the soldiers were stuck out in the bush camps with virtually no facilities. Stories filtered back about some leaders frequently wining and dining at expensive hotels. It was rumoured that some of them even had white girlfriends from Rhodesia and South Africa."[4]

Die probleme wat in die 1970's in ANC-kampe in Angola kop uitgesteek het, is voorafgegaan deur soortgelyke wantoestande in die kamp by die spoorwegaansluiting Kongwa in Tanzanië in die 1960's. Teen die einde van 1964 was daar al maklik 400 opgeleide MK-vegters in dié kamp.[5] Kongwa is uitmekaar geskeur deur mededinging tussen Joe Modise en Ambrose Makiwane, etniese spanning tussen die Xhosas en ander, onderlinge misdaad, swak organisasie, rusies oor vroue en verskille oor gereelde voorvalle van homoseksualiteit. Twee ooggetuies van die lewe in Kongwa het geskryf: "It is difficult to measure the level of demoralisation that saturated MK's ranks at Kongwa."[6] (Die Tanzaniese regering het die kamp later gesluit en die Sowjetunie het almal per vliegtuig ontruim.[7])

Ben Turok se oordeel oor die kampe, wat hy op mededelings van 'n kameraad in dié tyd baseer, lui: "There's a great deal of position-mongering and self-assertiveness here. One wouldn't bother about it if all the careerism and individualism promoted our cause, but it holds no promise for the revolution. Instead there is anarchy, with no control over the chaps. Anyone sleeps out as he pleases, chaps are now dictating the terms and holding the leadership to ransom."[8]

Dit was slegs die begin.

Die ANC se buitelandse kampe

In die 1970's en 1980's het die ANC/SAKP volgens sy eie getuienis altesame 11 opleidings-, deurgangs- en basiskampe in Angola gehad, ofskoon nie almal tegelykertyd bestaan het nie. Hulle was Gabela (opleiding), "Engineering Luanda" (deurgang), Benguela (deurgang), Nova Catengue (opleiding), Quibaxe (opleiding), Funda (opleiding), Fazenda (opleiding), Pango (basiskamp), Viana (deurgang), Camalundi (het net kort bestaan), Caculama (basiskamp) en Caxito (opleiding).

Die alliansie het ook vier detensiefasiliteite in Suider-Afrika gehad: Die berugte "Morris Seabelo Rehabilitation Centre" in Angola, beter bekend as Kamp 32 of Quatro. "Sun City" in Lusaka, "The Farm" in Tanzanië en "the Ugandan Prison" in Kayunga, Uganda.[9] Volgens 'n ander bron was daar ook nog detensiefasiliteite in Angola se Sentrale Gevangenis, in die ANC-hoofkwartier in Lusaka (bekend as die Revolutionary Council), Nonkala in Angola, asook Mazimba in Tanzanië.[10]

Die kampe het onder MK se militêre hoofkwartier geval, maar die detensiefasiliteite was die verantwoordelikheid van die Department of National Intelligence and Security, beter bekend as NAT,[11] 'n organisasie wat volgens alle aanduidings heeltemal deur lede van die SAKP oorheers is.[12]

Die uittog van jeugdiges ná die 1976-onluste het die ANC/SAKP heeltemal onkant betrap. Opeens is die alliansie oorval deur duisende jong mense vir wie hulle op kort termyn geen heenkome kon bied nie. Volgens Hermanus Loots, wat onder sy MK-*nôm de guerre*, James Stuart, in 1984 in opdrag van die Werkkomitee van die ANC se nasionale uitvoerende komitee 'n eerste ondersoek na die toestande in die kampe gedoen het, was Nova Catengue – die eerste kamp – 'n sukses.[13]

'n Eerste aanduiding vir die ANC-leiers dat iets verkeerd was, was toe die inwoners van Nova Catengue in September 1977 op groot skaal siek word. Volgens die ANC se voorlegging aan die Waarheid-en-versoeningskommissie (WVK) sou die nagenoeg 500 kampinwoners almal gesterf het as dokters nie ingegryp het nie. Dit is toegeskryf aan 'n poging van Suid-Afrikaanse regeringspioene om hulle te vermoor.[14]

Terloops, waar Aziz Pahad Nova Catengue in sy memoires as uiters gedissiplineerd en doeltreffend voorstel,[15] skryf die Marxistiese historikus Jack Simons, wat lesings aan die MK-kaders oor die kommunisme moes gee, in sy dagboek uiters onvleiend oor die kamp: "It's a harsh, forbidding place. Exposed to elements, untamed, a pioneer camp, with few comforts. Running water (twice a day – 1 hr at a time) is dark brown & unpleasant to taste; rooms are stifling at night (sealed to keep out mosquitoes), food is often unpalatable & always monotonous, & so on."[16]

Dit laat die vraag laat ontstaan of die siekteuitbraak van 1977 nie bloot die gevolg van slegte higiëne was nie. Volgens die ANC se eie verslag het ene Vusi Mayekiso, wat in die kombuis gewerk het, die kos vergiftig. Hy het – ongetwyfeld onder marteling – die name van verskeie ander beweerde spioene genoem. Hy – en hulle – is almal tereggestel.[17]

Twee jaar later het die SA Lugmag se presisiebombardement op die kamp egter opnuut die idee laat ontstaan dat regeringspioene onder die ANC in Angola gewerk het.[18]

Onder die duisende jonges wat in dié tyd na MK gestroom het, het die alliansie, reg of verkeerd, oral spioene begin sien. Dus het NAT alle nuwelinge aan veiligheidskontroles onderwerp deur hulle te dwing om herhaaldelik hul eie lewensverhaal neer te skryf en hulle dan op inkonsekwenthede uit te vang.[19] Die alliansie het só paranoïes geword dat hy in een van sy veiligheidsdokumente laat skryf het: "Our guiding principle must be that 'every new individual is suspect until proven innocent'."[20] Dié beginsel sou later tot groot wantoestande lei.

Dit is in dié tyd, laat in 1979, dat die berugte strafkamp Quatro begin is.[21] Mtunzi Gabriel Mthembu, wat opgelei is deur die Oos-Duitse geheime polisie, die *Staatssicherheitsdienst* (Stasi), is as bevelvoerder van die kamp aangestel. Hy was slegs 19 jaar oud en was bekend as "the panelbeater" – 'n titel wat hy glo weens sy wreedheid gekry het.[22]

Volgens Wladimir Sjoebin het NAT in die eerste twee jaar van sy bestaan altesame 932 nuwe rekrute ondersoek. Van hulle het 26 glo erken dat hulle "agente van die vyand" is en nog 35 is ondervra.[23] Dit klink nie onmoontlik nie.

Dit is interessant hoe die ANC-leiers die ontevredenheid in die kampe beskou het. Volgens Mzwai Piliso, een van die MK-voorbokke wat later aan die voorpunt was om die ontevredenheid met groot geweld te onderdruk, wou die "regime" die ANC deur infiltrasie uitskakel. Die doel was glo die eliminering van die senior leierskorps.[24]

'n Deel van die ANC/SAKP se probleem in dié stadium was die

ballingskapskultuur wat hulle deur die jare begin kry het. Toe Thabo Mbeki aan die einde van die 1970's as Oliver Tambo se politieke sekretaris en woordvoerder aangestel is, het hy 'n vorm van oop en deursigtige kommunikasie probeer bevorder. Volgens Mark Gevisser, sy biograaf, was dit heiligskennis vir die groot meerderheid van ANC-kaders in ballingskap. Dit was in dié kultuur van vrees en agterdog dat MK se geheime polisie 'n greep op die beweging begin ontwikkel het.[25]

Wat hiermee saamgehang het, was die groot kloof wat tussen die ANC/SAKP-leiers en die gewone kaders in die kampe ontstaan het. Die Stuart-kommissie het bevind dat die kloof beskryf kon word as "master and servant". Die leiers het beter kos, drank en sigarette gekry. Daarby het hulle hul posisie misbruik "to seduce woman comrades. This even affected married women and lovers. The boyfriends are harassed and if need be, transferred to other camps."[26]

Daar was ook geen bereidheid om die probleme met die kampbewoners te bespreek nie. Trouens, enigiemand wat gekla het, is geviktimiseer. Swaar strawwe en afranselings was aan die orde van die dag.[27] Dit het tot groot ontevredenheid gelei, want die kampbewoners was immers vrywilligers, nie gevangenes nie.

Intussen het die alliansie met 'n groot probleem te make gekry in die vorm van die duisende jonges wat gebrand het om teen die "Boere" te gaan veg. Maar kanse om te gaan veg was daar in die eerste jare om verskeie redes byna nie. Daar was 'n duidelike generasiegaping tussen die jonges, met hul politieke onvolwassenheid en haat teen wit mense en die relatief gedissiplineerde ouer geslag wat gevorm is deur die alliansie se streng beleid van nierassigheid. James Ngculu, 'n ooggetuie, skryf: "The most traumatic thing in the camps was the waiting. This waiting became the source of all our frustrations and feelings of despondency. We moved from one post to another, from one camp to another, without ever being employed to the front ..."[28]

Die Motsuyenyane-kommissie, wat onder voorsitterskap van dr. Sam Motsuyenyane, 'n gesiene sakeman en humanis, in opdrag van die ANC ná 1990 ondersoek na die gebeure in die kampe moes instel, het bevind dat baie jonges "exhibited the life-style problems of their generation – petty thievery, smoking dagga and the like". Belangriker nog, "most of them were not disposed to patiently wait until the conditions were ripe to engage the enemy. They wanted to fight, and to fight now." Veral die daggarokery het hulle onregeerbaar, vyandig teenoor die leiers en ook oproerig gemaak.[29] Die dissipline was dikwels swak. 'n MK-vegter in Angola vertel oor 'n ANC-buitepos: "Unfortunately, Cacuso was a mess. The people robbed the stores, stole supplies to buy liquor, there was no discipline."[30] Sommige gefrustreerde kaders het selfmoord gepleeg of lukraak op ander kampbewoners geskiet.[31] Trouens, volgens sommige bronne was tot die helfte van die kampbewoners misdadigers wat voordat hulle na Angola uitgewyk het, tyd in Suid-Afrikaanse tronke deurgebring het.[32]

Die MK-leiers se reaksie was egter totaal buitensporig. Toe 'n MK-vegter in 1981 in Pango betrap word waar hy dagga verkoop, is hy op bevel van die kampkommandant, Kenneth Mahamba (*nôm de guerre* van Timothy Seremane), só aangerand dat hy gesterf het. Ander is só gemartel dat hul gesigte onherkenbaar was.[33] 'n Ondersoek deur die ANC-leiers na dié daad het glo aan die lig gebring dat Seremane 'n regeringspioen was. Dit het die vrees vir spioene enorm laat toeneem, veral toe Seremane (onder marteling?) die name van etlike ander beweerde spioene genoem het.[34] (Seremane is hierna aangehou en het in 1988 onder verdagte omstandighede gesterf.[35])

Die uitwerking van dié beweerde ontmaskering is deur 'n ander probleem versterk. Ondanks die feit dat MK-kaders in dié tyd etlike spektakulêre sabotasiedade in Suid-Afrika gepleeg het, soos die aanvalle op Voortrekkerhoogte, Sasol en ander teikens, was MK inderwaarheid militêr uiters ondoeltreffend. Met die voordeel van agternawysheid kon Chris Hani in 'n onderhoud in 1992 insien dat "if for instance we had sent people into the country and 60 percent of them were either arrested or killed, sometimes the wrong conclusion would be drawn that those who handled the operation were working for the enemy".[36]

Dit is duidelik dat die uitskakeling van die groot getalle insurgente erge paniek veroorsaak het. Hani praat van algemene argwaan, paranoia en histerie.[37] Om die egte en vermeende spioene uit te ruik, is NAT versterk en beman met hoofsaaklik jong mans — talle eintlik tieners — wat in die Sowjetunie en Oos-Duitsland opgelei is.[38] Hulle is na al die kampe versprei as 'n soort geheime polisie. Die algemene weeklikse byeenkomste waarop kaders voorheen vrylik kon praat, is afgeskaf.

'n Elite-eenheid, bekend as die People's Defence Organisation, wat eweneens uit jong manne en tieners bestaan het, is deur Andrew Masondo gestig om ANC-leiers te beskerm wanneer hulle kampe besoek het. Vir besoeke van Oliver Tambo moes die hele kamp eers ontwapen word,[39] wat wys dat daar 'n fundamentele gebrek aan onderlinge vertroue in MK was.

In 1981 is 'n hele spioenasienetwerk van 20 infiltreerders blootgelê, wat glo van Botswana en Angola tot in Zambië gestrek het. Van die beweerde spioene is in hegtenis geneem en het ná erge marteling (onder meer deur Mzwai Piliso, 'n NAT-leier) alles "beken". Vier van hulle het weens dié mishandeling beswyk. In die ANC-verslag oor die saak, bekend as die Shishita-verslag, is geen getuienis teen die beskuldigdes aangehaal nie, maar die meeste is in die jare hierna deur vuurpelotons tereggestel. Dit alles het die moreel laat daal en die onderlinge agterdog in die kampe en die beweging as geheel aansienlik laat vererger.[40] Selfs Thabo Mbeki is in 'n stadium ondersoek ná bewerings dat hy glo 'n Suid-Afrikaanse regeringspioen is. Nie eens Oliver Tambo was in staat om die ondersoek te keer nie,[41] wat nogal iets verklap van Tambo se werklike gesag in die ANC.

Amnestie Internasionaal kom in sy verslag oor die ANC-kampe tot die gevolgtrekking dat dié ontmaskering "may have been accurate in some cases, in many other instances those imprisoned by the ANC appear to have been *bona fide* MK members who had raised concerns about their own conditions or questions of ANC policy". Tussen 1981 en 1988, het Amnestie Internasionaal vasgestel, is gevangenes gruwelik gemartel. Hulle is aangerand "with a variety of implements, including batons, wires, hosepipe, barbed wire, iron bars and bicycle chains". Die doel was om die gevangenes te laat erken dat hulle Suid-Afrikaanse spioene is.[42]

Pat Hlongwane, een van die jong swart mense wat van spioenasie vir die regering verdink is, is gemartel totdat hy skuld erken het: "I was made to take off all my clothes and I remained being naked and I was beaten up. I was also forced to put my hand, you can see my left hand here, in boiling water and I was tortured until I decided to admit that I was an enemy agent because I was beaten with a steel helmet."[43]

Sipho Ngema se verhaal is nie veel anders nie: "I was beaten with a barbed wire, all my joints were dislocated, I was beaten up until I collapsed. Then I was taken to a certain underground house which had no bedding where I was dumped. At about 12 midnight, they poured water on me and the water kept on rising in the room where I was. Even though my joints were dislocated and I could not stand, I was forced to stand by the water, in order to avoid drowning. The next day I was made to confess that I am an enemy agent."[44]

Soos een van die slagoffers, Stanley Manong, later geskryf het: "In my wildest dreams, I never imagined the ANC could be so brutal against its own innocent members." Op die Kabwe-konferensie in Junie 1985, vertel Manong, het hy die kwessie van marteling te berde gebring, maar dit het onmiddellik 'n vyandige reaksie by Zola Skweyiya en Kader Asmal ontlok. Asmal se standpunt was dat aangesien die ANC in 'n bevrydingsoorlog gewikkel was, "some of the recommendations contained in the Geneva Convention and Protocol were not practical".[45]

Skweyiya was nietemin later die voorsitter van 'n kommissie van ondersoek na die klagtes van voormalige gevangenes en aangehoudenes in die kamp oor mishandeling en het onder meer gehoor "the feeling that the security department had become a law unto itself ... Certain elements within the security department still carried great power."[46]

Tot sy eer het die SAKP aanvanklik teen die oordrewe reaksie teen beskuldigdes gewaarsku. Die ANC moet oppas dat hy nie in "a wild and groundless witch-hunt against innocent members" beland nie. Dit is "the duty of the Party to ensure that those who are used for interrogation purposes do not unnecessarily adopt methods which undermine revolutionary morality", is gesê.[47] Dit het duidelik nie gehelp nie.

Dit is ook nie dat die ANC-leiers slegs spoke gesien het nie. Die hoof van die Suid-Afrikaanse veiligheidspolisie, genl. Johan Coetzee, het op 'n keer gespog dat hy "informante die hele pad na Moskou" het. Toe die Amerikaanse joernalis Joseph Lelyveld dié stelling aan Oliver Tambo voorlê, was dié se reaksie tot Lelyveld se verbasing: "He was right! He was right!"[48] Later het die ANC toegegee dat selfs twee van sy mees senior lede in ballingskap, Francis Meli en Solly Smith, in werklikheid agente vir die regering was.[49]

Niël Barnard, die direkteur van die regering se Nasionale Intelligensiediens (NID), het later vertel die NID "had at top level, paid sources within all levels of the ANC at the time, working for us, providing us with intelligence." Volgens een van sy senior amptenare, Maritz Spaarwater, het NID "a number of their bigger people on our books" gehad. Goeie inligting het gereeld uit Lusaka en Dar es Salaam gekom. Spaarwater het erken dat minstens sommige van die mense wat in Quatro opgesluit was, regeringspioene was.[50] Bowendien het NID dikwels daarin geslaag om die ANC se interne kommunikasies te volg, wat ook waardevolle binneinligting opgelewer het.[51]

Terselfdertyd het sommige leiers, ook kampkommandante, in relatiewe weelde geleef en selfs seksuele verhoudings met vroulike kaders (soms teen dié se wil) aangeknoop, iets wat vir die gewone lede verbode was. Ander vroue is verkrag. Die Stuart-kommissie het bevind dat vroue in die praktyk dikwels as seksobjekte beskou is, mense "who did not develop politically and militarily."[52] (Overgeset synde, dom vroue.)

Twee vroulike navorsers wat dit later probeer ondersoek het, het nie ver gekom nie, want die betrokke vroue wou nie daaroor praat nie. Byvoorbeeld: "In an interview with Caesarina Kona Makhoere she expressed an unwillingness to speak about the camps but intimated that her experience had been terrible. She said 'At least in prison I knew I was in the enemy camp'."[53] Jare later het nóg 'n vrou getuig: "When I remember my first three years in exile, I feel like crying because I had sexual intercourse with more than 20 MK commanders. I also saw this happening to other young female comrades who joined MK in the '70s and '80s."[54]

Thenjiwe Mtintso, later Suid-Afrika se ambassadeur in Malawi, was ook in die Angolese kampe: "In MK, there was also this belief that you don't want to divide the movement. You don't want to do anything to divert from the liberation struggle by talking about women's liberation and feminism. So, if you were a woman MK soldier and you were violated, you wouldn't get support from everybody. You'd get support – probably – from the women. Probably. Because some of them would just not support you."[55]

In 'n vertroulike SAKP-nuusbrief, wat net vir die oë van lede bedoel was, is getuig – waarskynlik deur 'n vrou – dat "we have all known what it means to have unwelcome physical approaches or have been verbally abused simply because we are women. Most of us know cases of male comrades who have even raped or attempted rape of women and who have then been 'rewarded' by a stint in Party school [in Moskou] or a 'promotion' to another area of work, instead of being disciplined and severely punished."[56]

Jesse Duarte, later adjunk-sekretaris-generaal van die ANC, het voor die WVK getuig: "If women said that they were raped, they were regarded as having sold out to the system in one way or another."[57] Nog 'n vrou het later vertel dat as vroue geweier het om seks aan lede van Mbokodo, die ANC se geheime polisie, te verskaf, "they were immediately detained and labelled agents of the SA government".[58]

In minstens een geval is vroue wat seksuele verhoudings met lede van die Pan Africanist Congress (PAC) – 'n mededingende beweging – aangeknoop het, só met sambokke toegetakel dat hulle in die hospitaal opgeneem moes word. Die ANC-leiers het wel later die áárd van die straf afgekeur, maar nie die straf self nie.[59]

Kaders is ook nie toegelaat om sonder toestemming te trou of met hul familielede in Suid-Afrika te kommunikeer nie – 'n verbod wat openlik deur die leiers oortree is. "They drank in the best hotels," skryf Ellis en Sechaba, "had free communication with South Africa, and, in the cases of some male officials, made free with the wives and girlfriends of ANC members, who felt powerless to complain. The ANC and the Party had their own privileged elite, whatever they might say to the contrary, and the rank and file knew it, and resented the fact."[60] 'n MK-offisier, Teddy Williams, het later voor die WVK getuig dat hy van sy rang gestroop is toe hy beswaar maak teen die vryheid wat die MK-leiers hulself toegeëien het om vroulike lede feitlik na willekeur seksueel te misbruik.[61]

In Lusaka, Zambië, het die ANC-leiers boonop in weelde geleef. 'n Groep dissidente het getuig: "It became clear that the financial support extended to the ANC [uit die Sowjetunie en Europa] was used to finance the lavish way of life of the ANC leadership." Dan volg 'n veelseggende sin: "Corruption, involving rackets of car, diamond and drug smuggling was on a high rise."[62]

Paul Trewhela, 'n ANC-lid wat weens afwykende menings uitgeskop is, het geskryf van "an ongoing, stable criminal network in the ANC in exile, involving traffic southwards of drugs and gems from Angola and Zambia to South Africa, and traffic northwards of cars stolen in South Africa. This traffic had the ostensible purpose of raising funds for ANC operations, with car thefts discreetly known among cadres as 'expropriations'."[63]

Niemand minder nie as Alfred Nzo het dit in interne memorandums oopgevlek en sy bes gedoen om dit te verbied, maar vergeefs. Dit het eenvoudig voortgeduur. Mwezi Twala, 'n MK-kader wat in 1982 meegewerk het aan die oopvlek van die misstande, het die gevoel later só opgesom:

> The cadres were floundering in fetid Angolan camps while the leaders were wallowing in luxury in Lusaka. There was very strong evidence that ANC funds were misappropriated for the personal use of leaders, many of whom had acquired expensive real estate in foreign countries. An audit of ANC funds was demanded. Corruption was rampant: some ANC leaders were using ANC personnel and facilities to indulge in illegal activities such as drug smuggling, car theft and illicit diamond dealing, while others abused their positions to gain sexual favours from young female cadres.[64]

Twala het later ook agtergekom dat miljoene dollars wat deur die Skandinawiese lande aan die ANC vir die bou van huise geskenk is, blykbaar in die sakke van ANC-leiers verdwyn het. Tussen 1983 en 1989, sê hy, is slegs nege huise met die geld gebou – "the money had disappeared without trace".[65]

Luidens 'n interne dokument was korrupsie, bedrog, dwelmsmokkelary en die seksuele misbruik van vroue 'n probleem "throughout our structures from the leadership to the last cadre in the section" – 'n nogal dramatiese klag. In 'n ander dokument is dit afgekeur op grond van uitsprake van Wladimir Lenin in dié verband. In nóg 'n verslag word doodluiters gerapporteer dat "the involvement of our people, as reported by the security comrades with drug peddlers and car racketeers goes on unabated". Dronkenskap en daggarokery was 'n taamlike probleem wat, ondanks pogings om dit aan bande te lê, nog die res van die dekade voortgeduur het.[66]

'n Britse kommunis, Alan Brooks, wat 'n ruk lank in Suid-Afrika gewoon en vir die ANC/SAKP in Lusaka gaan werk het, het in 'n verslag aan Tambo ernstige aanklagte aanhangig gemaak. Hy het gewag gemaak van onbevoegde personeel, drankmisbruik, 'n gebrek aan leierskap, 'n gebrek aan kollektiewe gesprekvoering, asook "ledigheid en korrupsie". 'n Ontnugterde Brooks is terug na Brittanje en wou niks meer met die ANC/SAKP te make hê nie.[67]

Dit alles was 'n herhaling van wat Chris Hani al in 1969 in sy veel geroemde memorandum oopgevlek het. Blykbaar het niks in die tussentyd verander nie. Net soos toe, is Twala in 1982 ernstig kwalik geneem. Andrew Masondo, MK se nasionale kommissaris oftewel hoof- politieke beampte, het hom gewaarsku: "You should be very careful, because at times, truth and facts are very destructive and should be avoided."[68] Ná 'n "ondersoek" het NAT toe inderdaad gerapporteer dat die ontevredenheid toe te skryf was aan pogings van "enemy agents".[69]

Teen dié agtergrond het NAT oppermagtig geword en die bynaam *Imbokodo* (meulsteen) gekry.[70] Volgens die Motsuyenyane-verslag het dit gevaarlik geword "to voice criticism, and this in turn, stifled the political expression of the cadres." Byeenkomste waarop kaders die kans gehad het om griewe te lug, is ná ongeveer 1981 gestaak en kritiek op die ANC en sy leiers is ontmoedig.[71]

Soos 'n groep latere aangehoudenes dit gestel het:

MK began to crack into two armies, the latent army of rebels which kept seething beneath the apparent calm and obedience, and the army of the leadership, their loyal forces ... Security personnel were first-class members of the ANC. They had first preference in everything, ranging from military uniforms and boots right up to opportunities for receiving the best military, political and educational training in well-off institutions in Europe.[72]

Mwezi Twala, in dié stadium 'n militêre instrukteur in Pango, het stories gehoor van hoe mense in Viana gruwelik aangerand is om die name van daggarokers (lees: spioene) uit hulle te kry. Later het die terreur ook na Pango uitgebrei. Toe Oliver Tambo die kamp op die hoogtepunt van die terreur besoek, het hy van die ingang tot by die administrasiegebou verby 'n laning bome gestap. Aan elke boom was 'n gemartelde gevangene vasgemaak, bloedig en bevuil. 'n Vergadering is belê waarheen dié gevangenes ook geneem is.

Twala sê hy kon nie daar wees nie, maar sy adjunk het hom vertel dat "instead of objecting to their treatment, as I had hoped, Tambo berated them for their dissident behaviour and appeared to approve when Andrew Masondo declared that on the president's next visit they would be in shallow graves behind the stage." Die gevangenes is weer aan die bome vasgebind en Tambo het nie eens na hulle gekyk toe hy uitstap nie. Hulle is nog drie maande lank aan die bome vasgemaak gehou, waarna hulle drie maande se hardearbeid moes verrig, aldus Twala.[73] Mzwai Piliso se woorde (op Xhosa) was by dié geleentheid glo: "Ek sal hulle aan hul testikels ophang!"[74]

Twala se verhaal word in beginsel bevestig deur die getuienis voor die Douglas-kommissie[75], wat deur die International Freedom Foundation in Washington onder voorsitterskap van adv. RS Douglas aangestel is om bewerings oor die toestande in die kampe te ondersoek. 'n ANC-verpleegster in Pango het voor die kommissie getuig oor die beserings wat sy by gevangenes opgemerk het:

- "Internal bleeding after having had people jumping on their stomachs with heavy boots on;
- "severe bruisings from constant beatings;
- "fractures from having been beaten by iron bars particularly under the feet (we had to put plaster on these fractures);
- "dehydration caused by indefinite incarceration in sealed containers and
- "burn marks from burning plastic which had been held against the skin."[76]

Sommige van die gemarteldes is daarna eenvoudig doodgemaak. Enkele weke ná Tambo se besoek het Moses Mabhida, leier van die SAKP, gefrustreerde MK-vegters daarvan beskuldig dat hulle dagga rook en in die kampe dronk word. Verskeie kommissies is in April 1981 in die lewe geroep om dit te ondersoek. Volgens 'n groep dissidente is die kommissies gelei deur kampkommandante en veiligheidsoffisiere in vier van die kampe en is almal wat geïmpliseer is, aangehou, geslaan en gemartel om inligting uit hulle te kry. "The issue was treated as a security risk, an enemy manoeuvre to corrupt the culprits' loyalty to the ANC leadership. Most of those arrested were known critics of the ANC leadership and were labelled as anti-authority."[77]

Nog 'n inwoner van Pango wat vyf jaar daar deurgebring het, het die kamp as "a semi-jail" beskryf. "All of us in Pango at this time felt as if we were being ruled by fascists."[78] James Ngculu het getuig: "A near state of emergency developed in the camps in Angola and other front areas. A number of people were arrested … Fear gripped the ranks of the organisation. No one was certain of his/her position because under torture a person could admit even the most unbelievable things. The tales of those who had gone through torture would send shivers down your spine …"[79]

Let wel, dié toestande het in gewone MK-kampe voorgekom, nie noodwendig slegs in strafkampe soos Quatro nie. Daar moet in ag geneem word dat die kampwagte en NAT-operateurs oorwegend in Oos-Duitsland opgelei is, dikwels deur mense wat Josef Stalin bewonder het.[80]

In 1982 het Oliver Tambo die kaders in die kampe uitgenooi om hul mening oor die stand van die gewapende stryd te gee. Die wyse waarop die ANC-leiers die reaksie gehanteer het, het die saak vererger. Talle kaders het skriftelik en krities gereageer. Klaarblyklik het die leiers geskrik, want in sy terugvoer aan die kaders het MK se nasionale kommissaris, Andrew Masondo, Tambo se teleurstelling oor die kaders se negatiewe houding in die kampe oorgedra: "Claiming to be echoing the views of President Tambo, he said the papers were 'unreadable' and that Tambo had not expected that this opportunity would be used for launching attacks against the leadership and military authorities."[81] Dit word in hoofsaak deur die Stuart-verslag en Mwezi Twala bevestig.[82]

In min of meer dieselfde tyd het Joe Slovo 'n lesing voor MK-vegters gegee. Die onderwerp was die lewe van die SAKP-voorbok JB Marks, maar dit het eintlik skerp, maar bedekte, kritiek op die stand van die demokrasie in die ANC/SAKP bevat. Slovo het onder meer gesê: "JB was always anxious that we did not use excuses to suppress democracy, and he was amongst those who even under the most difficult security conditions insisted on the maximum democratic life within the Party … [H]e also understood that often resistance under the guise of security to the democratic process was a device used by some to hold on to the reins of power."[83]

Volgens James Ngculu en Stanley Manong het baie kaders goed verstaan wat Slovo gesê het. Dit het net die ontevredenheid vererger. Dit is waarskynlik om dié rede dat die uitgawe van die tydskrif waarin die toespraak verskyn het, *The African Communist*, teruggetrek en daarna as 'n "onwettige dokument" gehanteer is.[84]

Die muitery

Te midde van die groeiende frustrasie het die MK-leiers in 1983 op versoek van die MPLA-regering in Luanda, Angola, besluit om kaders in te span vir die oorlog teen Unita, die antikommunistiese guerrillabeweging.[85] Volgens die Stuart-verslag was die aanvanklike reaksie positief omdat dit hier gegaan het om operasies teen Unita-eenhede in die omgewing van die MK-kampe self. Die MK-lede se eie veiligheid is immers bedreig.

Toe word egter voorgestel dat Unita-basisse verder weg ook aangeval word. Dit is vergeefs deur Chris Hani teengestaan, hoofsaaklik omdat die terrein onbekend was. Bowendien is die MK-vegters oor die hele Angolese mag verdeel, pleks daarvan om as eenheid aangewend te word. Om alles te kroon is vyf MK's op 26 Desember 1983 in 'n hinderlaag teen Unita gedood. Die Angolese soldate het weggehardloop en die MK's in die steek gelaat.[86] Joseph Makura, 'n MK-vegter, se reaksie was tipies: "When we got there people were crying and removing the bodies from the road. It was terrible. And then I knew that I must get out of this place. This wasn't why I'd left South Africa. This wasn't my war."[87]

Die voorval was water op die meul van die ontevrede MK-kaders en is vererger deurdat sommige hooggeplaaste ANC-lede glo gekeer het dat hul kinders aan die front geplaas word.[88] Vroeg in Desember het 'n groep MK's by Calangala geweier om saam met Fapla, die Angolese MPLA-regering se weermag, te veg. Hulle het vrylik met hul gewere in die lug geskiet en burgerlikes geterroriseer. Toe hulle verneem dat Oliver Tambo by die Caculama-kamp daar naby aangekom het, het hulle geëis dat hy na Calangala kom om hul griewe aan te hoor, maar Tambo het geweier en na Luanda teruggekeer. Intussen het die opstandiges ook afgekom op die lyk van ene Solly ('n kader met 'n geskiedenis van geestesongesteldheid) in 'n metaalkonstruksie wat NAT vir die aanhouding van gevangenes gebruik het. Hy het 'n koeëlwond in die kop gehad.

Op 12 Januarie 1984 het Chris Hani daar opgedaag om met hulle te praat, maar hy kon nie hond haaraf maak nie. Later die middag het hy Tambo daar aangebring, maar die ANC-leier het in sy toespraak daarop gefokus om Joe Modise, MK-leier (wat weens sy beweerde swak leiding baie ongewild was), te verdedig, wat nie byval by die MK-vegters gevind het nie. Die kreet was: "We want to go home and fight there."[89]

Die opstandiges is daarna na die Caculama-kamp geneem en uiteindelik na Viana, die deurgangskamp buite Luanda.[90] Hier het die opstandigheid slegs toegeneem, veral ná die dood van nog 'n mishandelde kader. Van oraloor het ontevrede MK-lede na Viana gestroom – volgens een bron tot 90% van alle MK-vegters in Angola.[91] 'n Komitee van Tien is gekies om hul griewe teenoor die revolusionêre raad (die liggaam wat vir die gewapende stryd verantwoordelik was) te lug. Hulle het sekere eise geformuleer:

- Die onmiddellike opheffing van die gehate NAT en 'n behoorlike ondersoek na sy bedrywighede;
- 'n ondersoek na die gestagneerde gewapende stryd;
- 'n onmiddellike einde aan die oorlog teen Unita en die aanwending van dié militêre vermoë teen die apartheidsregering en
- die belê van 'n verteenwoordigende konferensie om 'n nuwe nasionale uitvoerende komitee te kies en die ANC se strategie te bespreek.

Maar nog voordat iets verder kon gebeur, het die Angolese elite- Presidensiële Regiment die kamp op 16 Februarie op versoek van die ANC-leiers omsingel en die MK's ontwapen. (Feit is dus dat die ANC nie op sy eie troepe kon staatmaak om dit te doen nie.) Later die middag het Chris Hani en Joe Modise daar opgedaag. Modise het die opstandiges in 'n toespraak kwaai uitgetrap en gesê hul optrede is "counter-revolutionary" en dat hulle deur Suid-Afrikaanse regeringsagente gemanipuleer word. Hani se reaksie was eweneens heftig: "You are pushing us down the cliff!" het hy woedend uitgeroep. "You are stabbing us in the back!"

Die volgende dag is 32 van die opstandiges gearresteer en die meeste, onder wie die Komitee van Tien, is na Quibaxe en Pango en van daar na Quatro geneem. Bewend van woede het Hani voor Mwezi Twala, lid van die Komitee van Tien, gestaan en hom toegesnou: "What in hell's name are you interested in a conference for when you bloody well know you have a tried and trusted leadership!" Die ANC sou nie so 'n konferensie hou nie, het hy gesê; dié soort denke is "seditious and showed the mind of a traitor to the cause".[92]

Ofskoon die ANC-leiers dus nie na die griewe van die vegters wou luister nie, is 'n kommissie van ondersoek na die gebeure wel aangestel – die Stuart-kommissie, waarna reeds hier bo verwys is. (Dit het die naam van James Stuart gedra, die *nôm de guerre* van Hermanus Loots, wat die voorsitter was.) Die kommissie se verslag het in bepaalde opsigte geen doekies omgedraai oor wat fout was nie:

> Events referred to in the terms of reference [die muitery te Viana] reflect the frightening situation into which our organisation, the ANC and MK has sunk in the People's Republic of Angola – one of the most serious crises we have ever had to face. The nearly total collapse of the political military and moral authority of our Organisation in Angola, the resultant confusion and fear and lawlessness, when aversion of authority became paramount, are symptoms of a crisis which, in the opinion of the Commission has deep-rooted causes and demand swift and decisive political action.[93]

Die kommissie het onder meer aanbeveel dat 'n raadplegende konferensie gehou word soos die Komitee van Tien geëis het, dat Andrew Masondo na 'n ander posisie herontplooi word (niks is egter oor die ewe gehate Joe Modise en Mzwai Piliso[94] gesê nie), dat die kommunikasie tussen die leiers en die vegters verbeter word, dat die wantoestande in die kampe reggestel word en dat strawwe nie vernederend mag wees nie. Wat NAT betref, is aanbeveel dat sy magte beter omskryf en hy verbied word om gevangenes te mishandel.[95]

Dit was egter nie die einde van die probleme nie. In Mei 1984 het 'n tweede opstand uitgebreek, dié keer by Pango.[96] Die onmiddellike aanleiding was die bevel dat diegene wat by die Viana-muitery betrokke was, "reoriënteringskursusse" moes bywoon. Sommige van dié wat geweier het, is aangerand, aan bome vasgebind of opgesluit. Op 13 Mei het 'n groep muiters gevolglik die arsenaal in die kamp bestorm, die wagte ontwapen en een gewond. Dwarsdeur die nag was daar skermutselinge met lojaliste. In Luanda is 'n mag haastig byeengebring om die muitery te onderdruk. Dié oormag het op die sesde dag by Pango aangekom, die hele dag geveg en die opstandelinge teen die aand onderdruk.

Diegene wat hulle oorgegee het, is volgens ooggetuies erg aangerand en gemartel, onder meer deur gesmelte plastiek op die lyf en geslagsdele te drup. 'n Militêre tribunaal het sewe muiters ter dood veroordeel en in die openbaar laat teregstel. 'n Paar muiters wat ontsnap het, het hulle aan 'n groep Russiese soldate oorgegee, waarna hulle aan die ANC oorhandig en onderweg terug na Pango eweneens wreed mishandel is. Dit was eers nadat Gertrude Shope, die hoof van die ANC-vroueliga, daar aangekom het, dat sy geskok beveel het dat die mishandelings en teregstellings gestop word. Nogtans is agt muiters na Quatro gestuur en die res is in Pango aangehou. Minstens sewe muiters is voor 'n vuurpeloton tereggestel (volgens wat Chris Hani later gesê het, was dit 18 of 19).

Die twee opstande is die Mkatashinga genoem. Luidens 'n ondersoek wat Amnestie Internasionaal ingestel het, het "the aftermath of the mutiny ... the worst abuses in the security department" teweeg gebring: "Some mutineers were summarily executed. Some were held in poor conditions in Angolan government prisons and many were detained for several years in the ANC's Quatro prison camp in northern Angola, where they routinely suffered ill-treatment."[97]

Quatro

Die eintlike naam van dié kamp was die Morris Seabelo Rehabilitation Centre en dit het die kodenaam Camp 32 gehad. Dit was egter algemeen bekend as Quatro (die Portugees vir "vier", wat verwys na die Johannesburgse Fort se naam onder gevangenes) waar talle ANC-gevangenes opgesluit en soms tereggestel is. Die kamp, wat nie ver van die opleidingskamp Quibaxe, noord van Luanda, geleë was nie, is aan die einde van 1979 op aanbeveling van Mzwai Piliso, hoof van NAT, gestig. Die aanvanklike doel, in die droë bewoording van die Motsuyenyane-kommissie, "was to create for the Organisation [ANC] a lock-up facility at which people who were regarded as in need of rehabilitation could be rehabilitated".[98]

Dié kommissie maak die punt dat Quatro reg van die begin af swak beplan is en nie genoeg plek gehad het om groot getalle gevangenes te huisves nie. Geen lopende water of elektrisiteit was beskikbaar nie. Toe die kamp in 1979 begin is, was daar slegs vier gevangenes, maar binne enkele weke was dit 70 tot 80 en op sy hoogtepunt 111 tot 115.[99] Volgens die ANC is sowat 308 mense deur die jare daar aangehou. Sowat tweederdes van alle individue wat in ANC-gevangenisse aangehou is, het volgens die beweging erken dat hulle spioene was.[100] Gegewe die marteling waaraan gevangenes onderwerp is, kan dié syfer bevraagteken word.

In Quatro, soos in ander detensiefasiliteite, was NAT die absolute heer en meester, en het sy lede feitlik sonder oorsig deur die ANC/SAKP se politieke leiers opgetree. Soos hierbo genoem, was Quatro se eerste kommandant, Gabriel Mthembu, slegs 19 jaar oud en is hy deur die Oos-Duitse geheime polisie, die Stasi, opgelei. Sy spanlede se ouderdomme het tussen 16 en 30 gewissel,[101] wat waarskynlik hul buitensporige wreedheid help verklaar. Sommige was tienermeisies wat in wreedheid nie vir die seuns van hul ouderdom teruggestaan het nie. 'n Groep MK-dissidente skryf: "Quadro [sic] became worse than any prison that even the apartheid regime ... had ever had."[102]

In Quatro was geregtigheid 'n vreemde begrip. Toe Gordon Masheu in 1983 in die kamp opgesluit is, het Andrew Masondo 'n "kangaroo court" daar gehou. "I was fortunate to be sentenced [to] four years' imprisonment and hard labour by this court. In the court an inmate could not speak. We were called one after the other to simply come and receive sentences."[103] Daarna het 'n gevangene slegs twee "regte" gehad – om hard te werk en om afgeransel te word, soos 'n getuie dit gestel het.[104]

In Quatro het dit nie saak gemaak wie die gevangenes was, wat hul waarde as soldaat of as ANC-lid was, wat hul politieke oortuigings was en of hulle lojaal aan die leiers was al dan nie.[105] Dit het nie saak gemaak of hulle verhoorafwagtend of reeds gevonnis was nie. Almal is dieselfde behandel. Wanneer hulle daar aangekom het, het hulle 'n vernederende naam soos "donkie", "bok", "aap", "vark", "dwaas", "slang", "testikels", ensovoorts, gekry en mag hulle nie meer hul eie name gebruik het nie, nie eens onderling nie. Mense is gereeld met oorgawe aangerand en mishandel, en dit het niks met dissiplinêre optrede weens oortredings te make gehad nie. Gevangenes het nie geweet hoe om op te tree om aan straf te ontkom nie. Dit was geweld ter wille van geweld en het ten doel gehad om die gevangenes van elke greintjie menslike waardigheid te stroop. Een gevangene was 'n seun van tien jaar oud.

Die kos was hopeloos onvoldoende. Daar was heelparty vrugtebome in en om die kamp, maar gevangenes mag dit nie gepluk of daarvan geëet het nie. Diarree en siekte was algemeen, maar daar was geen dokters nie.

Gevangenes is gedwing om onmenslik harde, dikwels sinlose werk te doen, soos om slote te grawe en klippe fyn te kap. Water moes in 'n tenk teen 'n heuwel op gerol word en soms het gevangenes slegs een beker water per dag gekry. Hulle mag ook nooit geloop het nie; hulle moes te alle tye hardloop. In die teenwoordigheid van 'n wag moes hulle kop onderstebo staan en hulle mag nie gepraat het nie, tensy hulle deur 'n wag aangespreek is.

Verskeie "strawwe", wat arbitrêr uitgedeel is, is gebruik:

- *Pompa* – die gevangene moes sy wange opblaas en is dan herhaaldelik hard in die gesig geklap om pynlike druk op die oordromme uit te oefen;
- *Gasmask* – die gevangene se gesig is in 'n uitgeholde papajahelfte gedruk totdat hy gestik het;
- *Slaughter* – gevangenes is tydelik lewend begrawe (soms met 'n gasmasker oor die gesig) en
- *Napalm* – die blare van 'n sekere plant in die omgewing is op 'n gevangene se vel gesmeer, wat dan ure se onuithoudbare gejeuk veroorsaak het. Ander gevangenes is gedwing om deur rooimierneste te kruip, soms nadat hulle met vet besmeer is.

Sommige wagte het daarvan gehou om die gevangenes tussen "koffie" en "koejawelsap" te laat kies, wat bloot 'n keuse tussen verskillende maniere van marteling was. Eensame opsluiting, tot 'n volle jaar, is dikwels toegepas.

Tydens ondervraging is gevangenes op verskeie maniere gemartel. Sommige moes (met 'n stok agter die knieë en nog een op die arms vooruit gestrek) hurk en as hulle nie meer kon uithou nie, is hulle gruwelik geslaan. 'n Ander manier was om die gevangene se voetsole te slaan terwyl hy op die grond sit en sy voete omhoog hou. Terwyl gevangenes aan 'n boom opgehang is, is hul voetsole gebrand en geslaan. Kookwater is op sommige se koppe uitgegooi en in minstens een geval het 'n ooggetuie (Mwezi Twala) gesien hoe die gaar vleis van die gemartelde se kop afpeul. "Beiroet" was die naam van 'n metode waar die gevangene naak met sy gesig na onder op die vloer lê en hy dan deur verskeie wagte met latte geslaan word. "Helikopter" het beteken dat jou hande aan jou voete gebind is en jy aan 'n paal of boomstam opgehang en afgeransel word.

NAT se leier, Mzwai Piliso, het later toegegee dat die slaan van voetsole 'n geliefkoosde martelmetode was aangesien ander dele van die liggaam "maklik skeur". Dit was geregverdig, het hy gesê, want hy wou teen elke prys inligting hê.[106] (Terloops, 'n groep rebelse MK-vegters het Piliso bestempel as "the most notorious, the most feared, soulless ideologue of the suppression of dissent and democracy in the ANC".[107])

'n Tipiese beskrywing van die marteling is deur George Dube voor die WVK gegee:

> [T]hey called me, it was 11 at night. So I went there. I knew that today is my last day because always there at that place, the way it was so bad, my brother, I was praying. I remember I prayed three times that I would wake up one morning being dead, please God, why don't you separate my soul, my spirit and my body. Really I had very serious wish I would wake up dead. And of course we would wish that, it was not only me. So I was taken to that room at 11 o'clock. I was beaten at night. Whooo, I was beaten, my brother!!!!
>
> They told me to strip my clothing off and remain in underwear, I did so. You lie on your stomach and pick your legs up like this, boots out, pick my legs up then they hit me with electric cord under the feet there. My feet were cut, like being cut by razors. I couldn't stand it so I wanted to stand up and sort of fighting myself. There were four officers, the commander, the commissar, I don't know the other two guys were helping the commander and the commissar of the camp. That was Sizwe Mkhonto [skuilnaam van Gabriel Mthembu, die kampbevelvoerder], Morris, the other two I forget. When I entered the house you could also when you went into that room there was blood as though somebody was just splashing blood on the walls. I saw one tooth down there. I just thought today here that's my last.
>
> So I was beaten there. Sizwe was kicking me. When I was taken with the two fists like this, dotted me down, kick my mouth, I'm sure that's their system they know you won't tolerate this beating under the feet, you will want to refuse and then they put you down and they kick you on your mouth and your teeth out. So I was torn, my mouth was torn, my eye here, even now if you hold me you can hear the bone is broken bone that very day. The boot, the boot had an iron in front there. So I was kicked around and

beaten on my body, fists, kicked [in] my abdomen, boots and then they told me I should sit around the corner there, by the corner there, they drank tea. They told me that you are lying you are going to tell us who sent you here, you don't want to tell us you are going to tell us. So I couldn't tell. What was I going to tell, because I knew nothing about being a spy. I never spied anybody in my life. To an extent that I even saw that Comrade Wandile, I told him that John Vorster Square is here now. You have been calling me a spy, John Vorster is just nearby, let's go and ask if George Dube was a spy, do they know George Dube. So he tried to be smiling around.

So okay, I was beaten there, they rested and then they started beating me again and so forth for almost one and a half hours, I don't know how many minutes they were busy beating me there. Then they took me out of that house. They told me to go and sleep. I had to go the next day with those swollen feet to go and work. Because even to go to the toilet in the morning you run, you don't just walk there. Always you are [indistinct] in this camp here, there is no walking.[108]

Vroue het nie die marteling vrygespring nie; in sommige opsigte was hul lot selfs erger. Hulle is op verskeie maniere met allerlei voorwerpe onsedelik aangerand en/of verkrag. Een getuie het vertel: "I recall an incident in Quatro when four women who were imprisoned there became insane as a result of their treatment. They were frequently beaten up and often sexually abused by the guards. Eventually they were all executed because it was impossible for them to be released as they were insane."[109] Een vrou, wat geweier het om seks met 'n wag te hê, het vertel dat hy toe bo-oor haar gemasturbeer het.[110]

Op die keper beskou, is dit toestande wat nie veel anders was as dié in die Goelag in die Sowjetunie of in Nazi-werkkampe in die 1930's en 1940's nie.

Soos hierbo gestel is, was NAT verantwoordelik vir die detensiefasiliteite. Die Stuart-kommissie het reeds in 1984 tot die gevolgtrekking gekom dat NAT se doeltreffendheid ernstig aan bande gelê is deur sy buitensporige wreedheid. "Force has become the rule rather than the exception."[111]

Lede van NAT het hulself nie beskou as verantwoordelik aan die leiers van die ANC nie, slegs aan dié van NAT. En NAT het niks gedoen om die mishandeling aan bande te lê nie. Gerugte van grootskaalse korrupsie in NAT het die ronde gedoen.[112] In watter mate NAT buite beheer was, het geblyk uit die ses weke lange aanhouding van Pallo Jordan in 1983, bloot omdat hy NAT in 'n private gesprek gekritiseer het. Hy het ironies na die organisasie verwys as *amapolisa*, waardeur hy NAT op dieselfde vlak as die apartheidspolisie gestel het. Toe besluit is om hom aan te hou, het 'n NAT-offisier glo gesê: *Eli intellectual lase Merika liijwayela kabi* ("Hierdie Amerikaans-opgeleide intellektueel is te groot vir sy skoene"). Dis duidelik dat sy aanhouding ideologiese ondertone gehad het. Hy is slegs danksy Oliver Tambo se tussentrede vrygelaat.[113]

Quatro is uiteindelik in Desember 1988 ontruim ná die New Yorkse akkoorde tussen Suid-Afrika, Angola en Kuba. Een van die bepalings was dat die ANC sy militêre kampe in Angola moes verlaat. Die meerderheid van die byna 90 gevangenes wat toe nog oor was, het uiteindelik in 'n tronk in Uganda beland, waar hul posisie eweneens ellendig was. Hulle is laat in 1990 ná 'n eetstaking vrygelaat.[114] Ander is na die ANC-kamp Dakawa in Tanzanië geneem, waar hulle politieke asiel gevra en na Suid-Afrika gerepatrieer is.[115]

Maar selfs ná die einde van dié gebeure was 't einde nog niet. In Tanzanië het die gewese ANC-gevangenes hul eie "Regional Political Committee" gekies. Toe die ANC se NUK daarvan hoor, is die verkiesing summier ongeldig verklaar. Chris Hani en Stanley Mabizela is uit Lusaka na Tanzanië gestuur met, in die woorde van Paul Trewhela, "instructions to forcibly dissolve the committee that had been democratically elected".[116]

'n Laaste gedagte wat ter wille van objektiwiteit vermeld moet word: Deur die jare van 1984 tot 1993 het die ANC/SAKP drie kommissies van ondersoek na die wantoestande in sy kampe aangestel wat al drie heel eerlik verslag gedoen en nie doekies omgedraai het nie: Die Stuart-, Skweyiya- en Motsuyenyane-kommissies. In die wêreld van guerrillabewegings in ballingskap is dit 'n absolute uitsondering.

12

Interne "demokrasie" (2)

Die vraag is nou wát die ANC-leiers van die wantoestande in hul geledere geweet het, wannéér hulle dit te wete gekom het en wat hulle aan die saak gedóén het.

In die loop van die 1980's het verskeie ANC-leiers Quatro en ander detensiefasiliteite besoek. Onder hulle was Hermanus Loots (skrywer van die Stuart-verslag), Joe Modise, Mzwai Piliso, Andrew Masondo, Moses Mabhida, Chris Hani, Thomas Nkobi, Alfred Nzo, Ronnie Kasrils en Gertrude Shope.[1] Voor die WVK het Masondo getuig dat hy Quatro gereeld besoek het, soms selfs tot twee keer per maand.[2] In Augustus 1987 het Oliver Tambo self Quatro besoek en was hy glo geskok oor wat hy daar gesien het, maar die enigste opmerking van hom wat opgeteken is, is dat hy gemeen het die selle is te donker en verstikkend. Kamp 32, het hy glo ook gesê, is een kamp waarsonder die ANC kan klaarkom.[3] Maar daar is geen getuienis dat hy iets daaraan gedoen het nie.

Ronnie Kasrils het later gesê in die vroeë 1980's het hy as streekskommissar niks van die bestaan van Quatro geweet nie. Hy is glo eers toe hy hoof van MK se afdeling militêre inligting geword het, daaroor ingelig. Volgens hom is die leiers van die ANC/SAKP ook nooit oor die Quatro-wantoestande ingelig nie: "Perhaps those of us who found time to visit Quatro were naïve to believe that all of the warders or security officers were going to behave correctly when news of apartheid atrocities reached them." Hy noem die vergrype ook "infinetisimal when compared to the crimes of apartheid",[4] waarmee hy die morele verantwoordelikheid netjies op die skouers van die apartheidsregering plaas.

Nog in Junie 1988 het Hani in 'n onderhoud enige kennis van 'n strafkamp met die naam Quatro ontken, maar toegegee dat daar kampe was "for convicted spies and criminals within ANC ranks". Veroordeeldes is gestuur na "re-education camps where they could 'regain their self-respect'".[5]

Dis moeilik om te aanvaar dat Kasrils, Hani en die ander leiers werklik nie geweet het nie. Die Stuart-verslag oor wantoestande in die kampe het immers al in 1984 verskyn. Meer nog: Volgens die Motsuyenyane-verslag het die ANC-leierskorps wel deeglik geweet wat in Quatro gebeur, al is die saak in die jare 1979-1985 nooit deur die nasionale uitvoerende komitee bespreek nie.[6] As hulle inderdaad nie geweet het nie, kón hulle wel geweet het as hulle 'n bietjie moeite gedoen het. Thenjiwe Mtintso, tot 1987 die ANC-verteenwoordiger in Uganda, het later laat blyk dat sy wel geweet het van die verkragtings van vroue in die kampe.[7] Trouens, volgens die Skweyiya-verslag het verskeie hooggeplaaste ANC-amptenare erken dat hulle reeds vroeg in die 1980's bewus was daarvan.[8]

Wat van Oliver Tambo as leier van die ANC? Reeds in April 1980, nog voordat die krisis kop uitgesteek het, was hy al op die hoogte van sommige van NAT se vergrype. Toe het hy in 'n brief aan Alfred Nzo, die ANC se sekretaris-generaal, geskryf oor die probleem van ANC-mense wat uit die Sowjetunie na Tanzanië gestuur is, waar hulle 'n sukkelbestaan in Dar es Salaam moes voer. "There's much bitterness in the movement, Alf. Some of the students in Kinondoni were brutally assaulted by the security and they are very bitter."[9]

Hugh Macmillan, wat die brief opgespoor het, teken daarby aan: "It does seem surprising that Tambo was so well aware of the shortcomings of the security department but felt unable to do anything about them."[10] Wat enersyds bevestig dat Tambo geen sterk leier was nie en andersyds dat NAT se posisie in die ANC/SAKP, altans in daardie stadium, baie na aan onaantasbaar was.

In November 1982 het die sekretariaat van die SAKP op 'n vergadering besluit: "The question of interrogation in our camps to be further looked into." Dit is toe na die party se politburo verwys, wat geboekstaaf het: "Luanda delegation to discuss this question further with selected comrades." Wat wys dat die SAKP-leiers ook al taamlik vroeg op die hoogte van allerlei wantoestande was en minstens ongemaklik daaroor gevoel het. Dit het egter tot Januarie 1987 geduur voordat hulle iets daadwerkliks daaraan gedoen het. Toe is eindelik 'n einde aan NAT gemaak.[11]

Hani het in 1993 vertel dat hy wantoestande aan Tambo gerapporteer het, maar sê nie presies wanneer nie. Hy was glo krities oor die ANC se trae reaksie. "Tambo himself knows that we have ... clashed on this issue. I thought he moved slowly ... I said that there was a need to move quickly, to put a stop to what we saw as abuses in the camps, to what we saw as incorrect method of interrogation and handling of suspects and agents."[12] (Let wel op Hani se woorde uit 1988, hierbo aangehaal, dat hy toe níks geweet het nie. Hier sê hy iets anders.)

Hani was wel die een leier wat, al was dit by die terugblik, die alliansie se oortredings erken het:

> [N]ot for one moment [am I] suggesting we have been ethically above reproach. There have been injustices and wrongful deeds committed in our name. The detention and torture camps are among them. I have been a vocal and persistent critic of such action ... We have repeatedly argued that we could not morally demand that the regime release our prisoners while we are continued [continuing] to detain people without trial.[13]

Die kernprobleem is dat Tambo geen sterk leier was nie. Uit Luli Callinicos se hagiografie oor hom[14] blyk dat hy 'n minsame, vriendelike mens was wat nie van konflik of vinnige besluite gehou het nie. Sy groot verdienste vir die ANC/SAKP is dat hy die alliansie deur die moeilike jare van ballingskap bymekaar kon hou. Daar kon egter nie van hom verwag word om sterk op te tree om NAT hok te slaan nie. Volgens Mwezi Twala het Tambo sy besoek van 1987 aan Quatro gebruik om aan die gevangenes duidelik te maak hoe verkeerd hulle was in hul ongehoorsaamheid aan die ANC-leiers. Al wat daarna verbeter het, is dat ventilasiegate in die selle aangebring is.[15]

Dat die ANC/SAKP-leiers van die wantoestande geweet het (of kón geweet het, as hulle wou), blyk ook uit die memorandum van 'n groep MK-lede aan die ANC se NUK vroeg in 1985.[16] Daarin word gewag gemaak van die ekstreme jeugdigheid van NAT-lede: "Some operatives are too young and socially inexperienced to handle this task. Comrades sugest [sic] inclusion of older comrades to guide and assist them."

Ook word gekla dat NAT te veel mag het, en dat die wyse waarop hulle optree "has resulted in the humiliation of comrades". Spesifiek in die kamp Viana (waar een van die opstande die vorige jaar uitgebreek het) is die personeel berug weens hul "harsh punishments and beatings with serious end-results". Nog 'n probleem was 'n gebrek aan verantwoordbaarheid ten opsigte van geld. Daar word reguit gepraat van "the problem of embezzlement of funds by front commanders".

Die opstand van 1984 het een positiewe gevolg gehad: Die ANC-leiers het besluit om 'n raadplegende konferensie, die eerste in 15 jaar, te hou. Dit het in Junie 1985 in Kabwe, Zambië, plaasgevind (sien hoofstuk 13), maar die rebelle was teleurgesteld met die uitkoms. In sy openingstoespraak het Tambo glad nie na die opstand en die eise om demokratiese verantwoordbaarheid verwys nie.[17]

Volgens Paul Trewhela, wat weens sy Trotskiïstiese oortuigings uit die alliansie geskors is, is geen verwysing op die konferensie na die muitery in Viana en Pango toegelaat nie,[18] wat beteken dat Quatro ook nie ter sprake sou wees nie. Hani het later in 'n onderhoud vertel die idee was om die Stuart-verslag ter tafel te lê en te bespreek, maar dat dit weens 'n gebrek aan tyd nie gebeur het nie. Dit klink na 'n flouerige verskoning. Die verslag is wel in die NUK ter tafel gelê, maar dit is nooit aan gewone lede openbaar gemaak nie.[19] Dit is seker moontlik dat daar inderdaad te min tyd was, maar dit het die leiers ongetwyfeld ook goed gepas.

Tog is daar heelparty verwysings in die konferensiedokumente wat, as 'n mens die agtergrond ken, wys dat die muitery en mishandelings wel deeglik op bedekte wyse ter sprake gekom het. Altesame 40% van die afgevaardigdes was immers uit die kampe in Angola afkomstig, mense wat geweet het wat aan die gang was.[20]

In die voorbereidende dokumente wat deur verskeie kommissies en deur streke opgestel is, word gewag gemaak van "issues of accountability, victimisation and favouratism in the army". In een dokument is gekla: "If you speak your mind, you will never leave Angola."[21] Daar was klagtes oor "favouratism, regionalism, and even tribalism", asook oor die "arbitrary powers which the security department [NAT] seems to have to arrest, detain and assault people".[22] Tydens die besprekings is ook gewag gemaak van "misunderstandings that had developed between the Department [NAT] and the membership during the course of its work".[23]

'n Militêre kode is aanvaar waarvolgens die Geneefse Konvensie se voorskrifte vir die menslike behandeling van gevangenes sou geld. "In imposing punishment," het die kode bepaal, "the competent authorities shall be guided by high political principles to the exclusion of personal animosity or any trace of vendetta. Punishments shall be administered humanely and without undue harshness or cruelty."[24] 'n Hersieningsraad ('n soort appèlhof) en 'n kantoor van geregtigheid is in die lewe geroep. NAT moes sy verslae oor vermeende spioene na laasgenoemde stuur, wat die saak dan verder sou neem. Albei organe sou aan Tambo rapporteer.[25]

Desondanks was dié "machinery unable to stop abuses of human rights, which continued", luidens die Motsuyenyane-verslag .[26]

Ter viering van die ANC se 75ste bestaansjaar het Tambo in 1987 aangekondig dat mense wat uit die beweging geskors is, en hul foute erken het, weer as lede toegelaat sou word saam met diegene wat deur die apartheidsregime geïntimideer is om op die ANC te spioeneer.[27] In Mei 1988 het 'n tribunaal die sake van 25 gevangenes in Luanda hersien. Sewe van hulle het gevange gebly, van twee is aanbeveel dat hulle tereggestel word, in sewe gevalle is uitspraak voorbehou, twee se sake is vir verdere ondersoek terugverwys en nog sewe is vrygelaat.[28] Die vrygelatenes moes dokumente onderteken waarvolgens hulle beloof om nooit iets oor hul aanhouding bekend te maak nie.[29] Quatro is met 'n "rehabilitasiekamp" vervang, wat egter nooit behoorlik aan die gang gekom het nie, deels weens die teenstand van NAT.[30]

Die praktyk

Op papier het die ANC probeer om die wandade hok te slaan, maar in die praktyk het min gebeur. Slegs twee van die verantwoordelike persone is van hul pligte onthef. Andrew Masondo het sy lidmaatskap van die NUK en pos as nasionale kommissaris verloor. Joe Nhlanhla het Mzwai Piliso as hoof van NAT vervang, maar dit het eers in 1987 gebeur.

Uiteindelik is Zola Skweyiya in 'n nuut geskepte pos aangestel om toe te sien dat die militêre kode teen dissidente lede van die ANC toegepas word. NAT was egter steeds magtig genoeg om hom te blokkeer en het Skweyiya sover moontlik gesaboteer. Die houding was dat Skweyiya sy neus in sake steek wat hom nie aangaan nie. Hy is selfs bedektelik met arrestasie gedreig en Piliso het reguit aan hom gesê hy sal nooit 'n voet in Angola sit nie. Ná 'n harde stryd kon hy eers in Augustus 1987 toegang tot die militêre sone in Angola kry, maar toe is hy slegs een besoek, aan Viana, toegelaat. Sy pogings om ander kampe te sien, met inbegrip van Quatro, is steeds geblokkeer. Sy strewe om toegang tot ANC-detensiefasiliteite in

Uganda te kry, is ook in die wiele gery.[31] Voorts het die ANC 'n poging van die internasionale komitee van die Rooi Kruis in 1986 om toegang tot die kampe te kry gefnuik.[32]

NAT het hardnekkig aan sy oppermag vasgeklou. Volgens die ANC self het verteenwoordigers van MK en NAT in 1986 in Lusaka onder voorsitterskap van Oliver Tambo byeengekom, waar 'n aanslag op NAT se spesiale status klaarblyklik afgeweer is. MK-strukture in die streek, is besluit, "should not make any unilateral decisions affecting NAT line functions".[33]

Tog het sake oënskynlik ná Nhlanhla se oorname in 1987 verbeter. Die wantoestande in die kampe het afgeneem en groter openheid is toegelaat. Uiteindelik is sekere van die skuldiges voor tribunale gedaag en gedissiplineer, maar dit is nie bekend wie gestraf is, wanneer dit gebeur het en wat hul straf was nie. Nietemin was daar in 1988 nog 'n geval van iemand wat in Zambië 'n klag van korrupsie teen 'n medekader gelê het en daarna deur NAT gearresteer is. Die persoon is vier tot vyf maande sonder verhoor aangehou en daarna sonder opgaaf van redes vrygelaat.[34]

So laat as 1989 is 'n groep oudgevangenes uit Quatro in Tanzanië toegelaat om aan 'n demokratiese verkiesing vir verteenwoordigers in ANC-strukture deel te neem, maar toe hulle een van Viana se Komitee van Tien kies, het die ANC-leierskap ingegryp. Volgens verskeie bronne is Hani en Stanley Mabizela na Tanzanië gestuur om die verkiesing ongeldig te verklaar en die verkose strukture te ontbind.[35] Een van dié wie se verkiesing verwerp is, was Mwezi Twala, 'n oudgevangene van Quatro. Hy skryf dit was tóé dat hy besef het dat "the communist monster had devoured the true idealism of the original Luthuli ANC version".[36]

Wat het van die belangrikste verantwoordelike individue geword? Die ondersoeke, sê een analis, "produced harsh words but virtually no punitive action".[37] Modise het enduit hoof van MK gebly en was ná 1994 minister van verdediging. Masondo is aanvanklik as hoof van die ANC se kollege na Tanzanië verskuif en het later die ANC se verteenwoordiger in Uganda geword. In 1993 is hy aangestel as politieke kommissaris van die hele MK, waarmee hy prakties 'n hoër pos gekry het as die een waaruit hy agt jaar tevore verwyder is.[38] Hy het uiteindelik afgetree as luitenant-generaal in die SA Nasionale Weermag. Voor die WVK het hy getuig:

People who it was found that they were enemy agents, we executed them, I wouldn't make an apology. We were at war. If it can be proved that they were executed wrongly, I would be stupid not to say I apologise. But once people were threatening, the people who killed some of our comrades, I can't be apologetic that they were executed, then I wouldn't be doing justice to those comrades who died.[39]

Hy het ook die gebruik van marteling "toelaatbaar" genoem. "There might be times that I will use third degree, in spite of the fact that it is not policy ... in some cases, it is a question of choosing between what is nice to have, and the life [lives] of the people you lead."[40]

Ofskoon Piliso in die ANC se voorleggings aan die WVK die sondebok gemaak is vir dinge wat verkeerd geloop het,[41] het hy ná 1990 'n prominente rol in die ANC bly speel as voorsitter van die beweging se nasionale veldtogkomitee. In 1992 het hy in 'n onderhoud volgehou: "If you are convinced in yourself that you carried out instructions as best you can, that is all that matters ... I have no guilty conscience."[42] Voor die Motsuyenyane-kommissie het hy getuig dat daar niks met die Quatro-strafkamp verkeerd was nie, behalwe dat die selle te min ventilasie gehad het. Van marteling was hy glo nie bewus nie.[43]

In 2004 het die minister van intelligensie, Ronnie Kasrils, in 'n brief aan die Demokratiese Alliansie se woordvoerder oor intelligensiesake, Paul Swart, geskryf Piliso se vervanging as hoof van NAT "was no reflection of a lack of confidence in him".[44] Piliso is in 1994 as ANC-parlementslid gekies en is later na die kantoor van die Oos-Kaapse premier, Raymond Mhlaba, verplaas. Hy is in 1996 oorlede.[45] Deesdae dra die Nasionale Intelligensieagentskap se opleidingskollege in Mahikeng sy naam. Dié stap is deur pres. Thabo Mbeki in 'n brief aan die destydse DA-leier, Tony Leon, verdedig deur daarop te wys dat Piliso "fought in a struggle for democracy on behalf of the people of South Africa".[46]

Die ANC het die gebrek aan optrede teen Masondo en Piliso geregverdig deur te sê dat hulle "severely censured" is: "To continue punishing these officials endlessly would be contrary to humane practice, and to the ANC's belief that after rehabilitation those members who had erred should be reintegrated fully into structures. In addition, these officials had not acted with personal vindictiveness; they had acted within the broader context of weaknesses and problems afflicting the ANC as a whole …"[47]

Gabriel Mthembu, die "panelbeater" wat as 19-jarige as kampkommandant van Quatro aangestel is, is later tot die ANC se adjunkhoof van inligting in Angola en hoof van die ANC se afdeling inligting in Tanzanië bevorder. Ná 1994 het hy 'n senior amptenaar by die Nasionale Intelligensieagentskap geword. Hy is in 1999 op aanklag van korrupsie geskors.[48]

Voor die WVK het hy die skuld op ander gepak:

> We also had people who committed acts of indiscipline, very very serious cases of indiscipline, we had comrades who abused their positions. To be a member of the security and intelligence department put you in a certain area, it afforded you with certain powers; so other people did take advantage of this, either in abusing power so that they can get hold of women, so that they can get certain favours from certain people. Others even beat up other comrades because they were members of security. We've had those cases. There were cases that were dealt with in terms of individuals involved but others ran away with murder, honestly, others escaped, they were not punished, so we did not have a watertight system of dealing with those people but there were those who were denied promotion, others were removed from security and were marginalised and went back to the ranks of comrades, but others managed in some ways that are not clearly discernable, but they managed to succeed to escape with that.[49]

Verdere kommentaar hierop lyk oorbodig.

Uiteenlopende vertolkings

Die vraag is hoe bogenoemde gebeure, wat nie baie gunstig vir die ANC se beeld kan wees nie, vertolk moet word.

Reg van die begin af was die paradigma wat die ANC se vertolking van die struggle oorheers het dié van 'n geregverdigde verdediging teen die aanslae van 'n gewetenlose apartheidsregime. In sy toespraak voor die eerste ANC-kongres ná sy wettiging het Tambo einde 1991 slegs in die

verbygaan na die kwessie van ANC-menseregtevergrype in die kampe
verwys, maar daarmee het hy die toon aangegee vir wat sou volg:

> Whilst aiming to destabilise the Frontline States, the regime
> increased efforts to weaken the ANC through the infiltration of its
> agents. Comrades were poisoned in the camps, others kidnapped
> and many more killed. And in 1984 enemy agents managed to
> start a mutiny in our camps. We could not allow the enemy to
> destabilise us with impunity. We strengthened our Department
> of Intelligence and Security [NAT] and sought to contain the
> dangers posed by infiltration. We have now released all agents we
> held but must continue to uphold our vigilance.[50]

Met verwysing na die ontdekking van 'n spioenasienetwerk in Angola
aan die einde van die 1970's het die ANC in sy eerste voorlegging aan die
WVK gesê "the sophisticated nature and the extent of the network was
beyond what anyone had imagined. It was clear that the leadership and
the movement as a whole had escaped by the skin of its teeth". Dis teen
dié agtergrond dat NAT 'n groter rol begin speel het; "it was literally a
matter of life and death". Die ANC het erken dat daar "wanpraktyke"
was, maar het terselfdertyd beklemtoon dat baie van die bewerings
daaroor vals was. "[W]hile certain cadres deployed as guards in detention
centres may be directly responsible for these excesses in their zeal to deal
with what they understood as the most critical threat in the history of
the ANC, the leadership of NAT did not sufficiently intervene to correct
the situation." Ofskoon die beweging dit diep betreur, "the real threat
we faced and the difficult conditions under which we had to operate led
to a drift in accountability and control away from established norms,
resulting in situations in which some individuals within the NAT began
to behave as a law unto themselves".[51]

Oor Quatro was daar slegs 'n enkele sin in die voorlegging: "The
conditions in this detention centre ... should be considered against the
'norm' which existed in general in the camps, given that conditions in any
guerrilla military establishment are very difficult and abnormal."[52]

In sy tweede voorlegging[53] het die ANC bostaande paradigma herhaal:

Agents infiltrated into our structures carried out acts such as the attempted mass poisoning of cadres, supplying intelligence which led to the bombardment of one of our camps, sabotage of equipment and deliberate attempts to encourage indiscipline and internal conflict of various kinds. There were a number of cases in which agents supplied their handlers with information which led directly to the assassinations of leaders and the ambushing or arrest, torture, and imprisonment of cadres.

NAT uprooted the regime's most prized network of infiltrators in 1981. Analysis of the activities of some of these agents in the political context in which they took place indicated that they were not merely involved in various attempts to disrupt or damage the ANC, but were actors in a far broader and more ambitious operation by the regime to eliminate and replace key leaders of the ANC, thereby setting the movement on a new route which would culminate in its destruction.

Die ANC het volgehou dat die persepsie dat die vergrype wat plaasgevind het sistematies en wydverspreid was, verkeerd is. "Those members of the security department of the Department of National Intelligence and Security (NAT) who abused prisoners did so in violation of ANC policy: there was nothing 'systematic' about such acts. NAT personnel were given comprehensive and professional training in security and intelligence work in socialist and other countries. The suggestion that any cadre of the ANC was trained specifically in torture is rejected with contempt."

In die operasionele verslag van NAT wat die ANC aan die WVK voorgelê het, het die beweging verder gewys op die "very limited resources accorded to this Department, the trying physical conditions under which it worked, the nature of missions with which enemy agents had been tasked by their masters, and the lack of training of cadres in certain duties (such as prison services)". Op grond hiervan was dit byna onafwendbaar dat betreurenswaardige voorvalle sou plaasvind, aldus die ANC.[54]

In 2004 het Ronnie Kasrils bowendien skielik 'n heel nuwe aanspraak gemaak: "[M]any of the abuses were in fact perpetrated by enemy agents". Die rol van "enemy agents as agents provocateurs in wreaking havoc on the liberation movement is well-documented," het hy volgehou.[55] Voor die Motsuyenyane-kommissie het Alfred Nzo, sekretaris-generaal van die ANC, ook getuig dat die meeste klagtes oor die kampe gekom het van *agents provocateurs* wat net moeilikheid wou maak. Die kampe, het hy gesê, was geen plekke van marteling nie, maar het bestaan "to educate these people politically".[56]

Later het Hani ook toegegee dat daar sekere wanpraktyke was, "carried out by a few young people who in their own way thought they were defending the ANC. And I think we should have intervened early to reduce instances of abuse."[57]

Daarteenoor het baie van diegene aan die ontvangkant van die menseregtevergrype die saak heel anders gesien. Hulle het hul klagtes oor die kampe ervaar as 'n poging om groter openheid, demokrasie en verantwoordbaarheid by die leiers af te dwing, maar het volgehou dat dit wreed onderdruk is. Vyf gewese gevangenes het later geskryf:[58] "The mainspring of the 1984 mutiny ... was the suppression of democracy by the ANC leadership. This suppression of democracy had taken different forms at different times in the development of the ANC, and it had given birth to resistance from the ANC membership at different times, taking different forms corresponding to the nature of the suppression mechanisms."

Hulle het vertel dat die toenemende ontevredenheid van die kaders in die kampe gestuit het op die onvermoë van die leiers om te verstaan waarom dit gegaan het: "[I]t had become very dangerous to raise even a voice against the leadership. The ANC had become divided into a force of the rank and file and that of the leadership clubbed together with the security apparatus, which had grown to such enormous levels that practically every administration of whatever ANC institution was run by the security personnel, and practically every problem was viewed as a security risk and an 'enemy machination'."

Die MK-offisier Teddy Williams, wat deel was van die muitery in Viana en by Quatro aangehou is, het ook bevestig dat "[m]en like Joe Modise, Mzwai Piliso, Andrew Masondo ... didn't want to listen to our grievances".[59]

Analise

Dit sou naïef wees om te dink die Suid-Afrikaanse regering het nie moeite gedoen om die ANC te infiltreer nie. Die twee partye was immers in 'n oorlog gewikkel. Trouens, 'n hooggeplaaste amptenaar van die destydse Nasionale Intelligensiediens (NID), Maritz Spaarwater, het later in 'n onderhoud vertel dat sy organisasie die ANC beduidend geïnfiltreer het: "We had a number of their bigger people on our books, not the very top people, but we got good information."

Spaarwater het uitdruklik verwys na 'n bron in Dar es Salaam wie se inligting, saam met dit wat die destydse veiligheidspolisie by hul eie bronne gekry het, aanleiding gegee het tot die aksie onder Jacob Zuma en ander in Angola teen "the so-called traitors, the Quatro Camp where they were confronted and interviewed, so-called, some of them killed, etc., because they'd cottoned on to the fact that we were getting information from inside sources".[60]

Dit sou dus foutief wees om te ontken dat die ANC-leiers rede gehad het om te skrik toe die spioenasienetwerk aan die einde van die 1970's per ongeluk oopgevlek is. Dit sou ook verkeerd wees om – uit die ANC-perspektief beskou – te aarsel oor die noodsaak van deurtastende optrede om die krisis te beswer.

Die vraag is of dit die enigste (of selfs die belangrikste) paradigma is waarbinne die geskiedenis wat in dié studie aandag kry, verstaan moet word. Alles dwing die historikus wat na objektiwiteit strewe om "nee" te antwoord.

Om mee te begin kom die Stuart-kommissie, wie se verslag net ná die eerste MK-opstand in Viana opgestel is, tot die gevolgtrekking dat ofskoon Suid-Afrikaanse agente die onrus uitgebuit het, "we have not uncovered any evidence that enemy agents organised the disturbances from the beginning". Trouens, die verslag maak eksplisiet melding dat die MK-leiers op kritiek gereageer het met verwyte soos "anti-authority", "lack of confidence in leadership" en "work of enemy agents".

Dit lui voorts: "There has been several cases of victimisation after criticism made in open meetings. This reached such a stage that even when some lower ranking staff units sensed growing discontent, they did not criticise the situation, because of fear of victimisation. Basically, channels of complaints and grievances have been closed down."[61] Soos Mzwai Piliso dit reguit gestel het: "If you as much point a finger at the ANC leadership, we will chop off your whole arm."[62]

Op grond hiervan noem Stephen Ellis Tambo se uitlating van 1991 dat vyandelike agente vir die opstande verantwoordelik was "a cynical lie".[63] Dit klink korrek. Uit talle ANC-bronne blyk dit dat verdraagsaamheid in die 1970's en 1980's geensins 'n sterk punt binne die alliansie was nie. Dit het gebeur teen die agtergrond van die al hoe sterker greep, ideologies én organisatories, van die SAKP op die ANC, met 'n gevolglike toename in Stalinistiese denke en praktyke in die alliansie.

Dié kultuur is versterk deur die politieke indoktrinasie van die MK-kaders (uitgesproke Marxisties-Leninisties) in die kampe. Dit word bevestig deur die titels van studiestukke wat die Londense ANC in samewerking met die Britse Anti-Apartheid Movement vir die politieke opleiding van MK-kaders opgestel het, waaruit die ideologiese oriëntasie duidelik blyk.[64]

"Political education in all our ranks is therefore of fundamental importance," aldus Nkos'nathi Shezi in die MK-lyfblad *Dawn*. Die ANC, het hy in ortodokse Marxisties-Leninistiese taal geskryf, "with a correct revolutionary theory, has a scientific approach to war ...".[65] Dié politieke opvoeding is gelei deur mense soos die historikus prof. Jack Simons, 'n ortodokse Marxis-Leninis wat later selfs die Gorbatsjof-hervormings in die USSR as afwykings gekritiseer het.[66] Isaac Makana het bygevoeg dat "the people need a vanguard, they must be led".[67]

Overgeset synde: Die ANC/SAKP/MK het gemeen hulle het nie die luukse van afwykende en onafhanklike denke nie. Die leiers het die wetenskaplike, absolute waarheid wat bepaal word deur die beweging en wat nie deur gewone lede bevraagteken mag word nie. Dié houding het reeds in die 1970's momentum gekry met die skorsing van die sogenaamde Gang of Eight, 'n groep Afrika-nasionaliste wat ongemaklik met die ANC se nierassige benadering was. Kritiek op die ANC-leierskorps, het die groep toe in 'n verklaring gekla, word beskou as "nothing less than treason". Demokratiese debat en konstitusionele prosesse is vervang deur "arbitrary punitive measures".[68] Bowendien is 'n groep Trotskiïste, onder wie die historikus prof. Martin Legassick, in dié tyd uit die ANC geskop omdat hul begrip van die Marxisme-Leninisme van dié van die ANC/SAKP afgewyk het. Enige vorm van die Marxisme buite die weergawe van die SAKP is nie geduld nie en die geskorstes het nie eens kans gekry hom hulself te verdedig nie.[69]

Ofskoon die ANC/SAKP in Londen – waarskynlik weens die geografiese afstand van die hoofkwartier in Lusaka en die relatief oop, liberale atmosfeer in eersgenoemde stad – meer vryheid van mening geduld het as in Afrika, het dit tog perke gehad. Oor een van die vele rusies wat op die skorsing van sekere kritiese lede uitgeloop het, het Denis Goldberg jare later aan die gewese Oos-Duitse diplomaat Hans-Georg Schleicher vertel: "If we would have had a Siberia, people would have been sent to Siberia."[70]

Paul Trewhela, 'n gewese lid van die ANC en SAKP, het later geskryf dat die alliansie hom in ballingskap soos 'n eenpartystaat gedra het: "Dissent of any kind was not tolerated."[71] En Joe Slovo het self in 1991 erken dat "[a] style of ideological polemic emerged which prohibited any questioning of the wisdom of the leading organ and was absolutely dismissive of all contrary views." Dit het volgens hom gelei tot "a degree of intolerance, exclusiveness and elitism."[72]

Dit het veral vir MK in Angola gegeld. Ronnie Kasrils vertel dat sekere intellektuele in SAKP-geledere die gevaar van die onderdrukking van onafhanklike denke ingesien het, "but virtually everybody else took what is generally referred to as a 'hard line'". Hy het ontken dat die party skuld gedra het: "It arose from the intolerable oppression that was the life experience of the black comrades, leaders and rank and file alike." Vir hulle was onafhanklike denke "a luxury of bourgeois society. It was for this reason that many black comrades, particularly workers, continued to sympathise with Stalin's tough practices".[73]

Hani het eweneens erken dat 'n kultuur van onverdraagsaamheid in die ANC/SAKP vaardig was, maar hy het onmiddellik daaraan toegevoeg dat leiers soos hyself, Kasrils en Slovo teenstanders daarvan was.[74]

Die goed ingeligte historikus Stephen Ellis bevestig een van die SAKP se bydraes tot die ANC was "the notion of a single correct ideological and strategic line, a direct input from the scientific Marxist-Leninist method". Dit het kritiese denke benadeel.[75] Die gewese Oos-Duitse diplomaat Hans-Georg Schleicher het dit ook oor "ondemokratiese, sentralistiese tendense" in die ANC, wat volgens hom "wesenlik beïnvloed is deur die sentralisme wat in die SAKP oorheers het, asook deur 'n outoritêre tradisie in die ANC … "[76]

Wat dit in die praktyk op voetsoolvlak beteken het, het Olefile Samuel Mngqibisa in sy getuienis voor die WVK bevestig: "As usual, there were guys amongst us, who were planted to listen or to take names of talkative elements. To be talkative or to question issues in the ANC, represented enemy agent."[77]

In 1980 het die ANC die Protokol van die Geneefse Konvensie (1977) onderteken,[78] wat basies die reëls van oorlogvoering tussen erkende state uitgebrei het na konflikte tussen regerings en rebellebewegings. Art. 11 van die Protokol het bepaal dat die fisieke en geestelike gesondheid van gevangenes nie benadeel mag word nie,[79] iets wat die ANC in Quatro en sommige ander kampe beslis nie nagekom het nie.

Bekyk 'n mens die saak egter van die ander kant af, het die ANC in sy eie verdediging heel waarskynlik gelyk as hy daarop wys dat sommige van die dissidente 'n lang geskiedenis van problematiese gedrag en 'n gebrek aan dissipline gehad het.[80] Bowendien het Tambo aan Thabo Mbeki en Andrew Masondo opdrag gegee om 'n dokument, bekend as 'n "Code of Conduct" met "a preliminary set of rules and regulations, procedures for proper trials and judicial systems", op te stel. Op grond daarvan is 'n "People's Tribunal" in die lewe geroep om oor spioene te oordeel. Appèl was moontlik teen dié liggaam se beslissings. Die dokument is op die Kabwe-konferensie behandel.[81] Geen getuienis kon egter gevind word dat die ANC/SAKP se kultuur van onverdraagsaamheid hierna beduidend verander het nie.

Dit alles neem intussen nie weg dat die dissidente ook legitieme griewe gehad het nie. Die ellendige toestande in die opleidingskampe, die willekeurige optrede van NAT en die vreespsigose wat daardeur ontstaan het, asook die groeiende kloof tussen die leiers en die gewone kaders, is baie eerlik deur die Stuart-kommissie toegelig. Die kommissie het ook die kwessie van spioene aangeraak, maar in teenstelling met die ANC se latere rasionalisering, was dit slegs 'n ondergeskikte aspek van sy ontleding.

Die drie eise wat die muiters in Februarie 1984 by Viana gestel het, is ook relevant. Twee van die drie eise – dat 'n ondersoek na NAT se magsmisbruik plaasvind en dat 'n konferensie belê word om die rigting waarin die ANC beweeg, te bespreek en 'n nuwe NUK verkies word – het regstreeks betrekking op die gebrek aan interne demokrasie in die alliansie gehad. Selfs die derde eis – 'n ondersoek na die stagnasie van die gewapende stryd – het implikasies daarvoor gehad, want dit het beteken dat die leierskorps in terme van sy strategie aan gewone lede verantwoordbaar sou wees.

Ten slotte het die Stuart-kommissie onomwonde tot die gevolgtrekking gekom dat hy "was unable to find that the Committee of Ten was an organised conspiracy to take over the leadership or was instrumental in organising the disturbances in the East".[82]

Gevolgtrekking

Die ANC/SAKP was nie die enigste bevrydingsbeweging wat midde-in sy stryd om vryheid, of ná die verkryging daarvan, daardie selfde vryheid verkrag het nie. Daar is heelparty ander voorbeelde.

In die laat 1970's en weer in die 1980's, het die gewone uitgeweke lede van Swapo byvoorbeeld op die demokratisering van die organisasie aangedring. Die leiers, onder aanvoering van Sam Nujoma, het dit as 'n bedreiging vir hul magsposisie beskou en het dus 'n veldtog van stapel gestuur waarin duisende dissidente sonder verhoor opgesluit, mishandel en gemartel is om te erken dat hulle Suid-Afrikaanse spioene is. 'n Kultuur van wantroue en vrees het in Swapo posgevat en kritiek is gesmoor en gelykgestel aan verraad.[83]

"The history of Swapo in exile," skryf pastoor Siegfried Groth, wat Swapo se menseregtevergrype later oopgevlek het, "was riddled with internal crises. Throughout the Sixties, Seventies and Eighties, the liberation movement lurched from one conflict to another, with a continually escalating trend towards violence among the leadership." Hy haal 'n anonieme Namibiese kerkleier aan wat vroeg in 1979 gesê het: "The same process has started in Swapo which has also happened in Russia under Stalin ... I am extremely concerned that there will be an era of Stalinism for Swapo in exile."[84] Soos Philip Steenkamp, ook 'n kerklike werker, dit stel: "[S]ubsequent evidence makes it clear that the overwhelming majority were not spies, but simply critics of the leadership, or just people believed liable to be such critics."[85]

Daar is getuienis dat dié feitlik totale gebrek aan interne demokrasie Swapo teen die einde van die 1980's byna gebreek het. 'n Anonieme Namibiese kabinetslid het later teenoor die Kanadese navorsers Colin Leys en John S Saul erken: "[T]here was fear everywhere. The Central Commitee could not act. We were saved by [the implementation of Security Council Resolution] 435."[86]

Ná sy magsoorname in 1990 het Swapo in die naam van versoening geweier om sy misdadige verlede te erken of om diegene aan die ontvangskant van sy vergrype om verskoning te vra.[87]

Andersyds is daar geen getuienis dat Zanu of Zapu, die belangrikste Zimbabwiese bevrydingsbewegings, soortgelyke vergrype tydens hul stryd teen die wit minderheidsbewind van Ian Smith gepleeg het nie. Die naaste wat 'n mens daaraan kom, is 'n beskrywing van Zapu se guerrillakampe in Mosambiek deur 'n afvallige lid van die beweging, James Chikerema, as "the depth and height of decay, corruption, nepotism, tribalism, selfishness and gross irresponsibility on the part of the military administration from top to bottom".[88] Moontlik is hierdie gebrek aan getuienis omdat daar, sover bekend, nog nooit ondersoek hierna gedoen is nie.

Wat wel bekend is, is dat Robert Mugabe van Zanu, nadat hy in 1980 aan bewind gekom het, 'n skrikbewind teen die aanhangers van die mededingende Zapu van Joshua Nkomo in Matabeleland gevoer het. In die sowat twee jaar wat Operasie Gukurahundi geduur het, is etlike honderdduisende mense ontheem en tienduisende mishandel, gemartel en verkrag. Minstens 20 000 mense, moontlik veel meer, is vermoor. Die doel was om die inwoners van Matabeleland te intimideer om hul steun aan Zapu te onttrek.[89]

Daar is ook talle ander voorbeelde, waarvan die bekendste waarskynlik dié van die kommunistiese diktatuur in die Sowjetunie is. Felix Dzjerzjinski, die hoof van die Tsjeka of Russiese geheime polisie (voorganger van die KGB), het reeds in die jaar ná die Revolusie van 1917 hierdie teoretiese uitgangspunt gestel:

> Ons bestaan op die grondslag van georganiseerde terreur, wat 'n absoluut essensiële element in revolusie is. Ons beveg die vyande van die Sowjetregering met terreur en elimineer die misdadigers ter plaatse ... Die Tsjeka is geen geregshof nie. Hy is 'n verdediger van die Revolusie ... die Tsjeka is verplig om die Revolusie te verdedig en die vyand te vernietig, selfs indien sy swaard soms op die hoofde van onskuldige mense neerkom.[90]

Teen die einde van 1920 was daar reeds 107 konsentrasiekampe wat teen die helfte van die daaropvolgende jaar al 110 000 gevangenes bevat het.[91]

Onder Lenin se opvolger, Josef Stalin, het die kampe 'n skrikwekkende klimaks bereik. In 1953, toe Stalin oorlede is, het die Goelag-argipel, soos die dissidentskrywer Alexander Solsjenitsin dit gedoop het, meer as 2,4 miljoen gevangenes gehuisves en is 'n geskatte 18 miljoen tussen 1929 en 1953 vir korter of langer periodes in die kampe opgesluit. Nog ses tot sewe miljoen is in spesiale dorpies in Siberië in ballingskap aangehou, waar hulle 'n bietjie meer vryheid as die kampbewoners geniet het. Bykans 2,75 miljoen mense het in die kampe gesterf, maar uiteindelik was die kommunistiese diktatuur verantwoordelik vir waarskynlik 20 miljoen voortydige sterftes.[92]

In China het Mao Zedong nog erger te kere gegaan. Tot diep in die 1980's is 'n geskatte totaal van 50 miljoen mense in konsentrasiekampe opgesluit, van wie sowat 20 miljoen daar gesterf het. 'n Verdere 30 tot 40 miljoen is in 'n kunsmatig veroorsaakte hongersnood dood, asook twee tot vyf miljoen mense in die Kulturele Revolusie.[93]

Hierdie soort getalle laat die syfers van Quatro en die ander ANC-kampe in Suider-Afrika amper na niks lyk. Op sy hoogtepunt het Quatro effens meer as 100 gevangenes gehuisves en veel minder as dit het gesterf. Tog, die mentaliteit wat tot Quatro en die gebeure daar aanleiding gegee het, was nie ver van dié wat miljoene in die USSR en China laat omkom het nie.

Die lede van NAT, synde 'n feitlik uitsluitlike domein van die SAKP, het ook gemeen dat hulle die belange van die revolusie met 'n harde hand moet verdedig en dat 'n mens, in die woorde van die Amerikaanse joernalis Walter Duranty in die 1930's oor die Stalin-diktatuur, nie 'n omelet kan maak sonder om eiers te breek nie.[94] Paul Trewhela het later in 'n onderhoud gesê: "The manner in which the ANC, with CP members very prominent in its leadership, set up this chain of prison camps across Africa and the status of the ANC Security Department within the organisation as a whole, as a power in itself, that is deeply Stalinist."[95]

Die hele geskiedenis van die ANC in Angola in die 1980's wys dat die interne demokrasie in die beweging uiters problematies was. Vir dissidente was daar nie veel plek nie. Selfs as 'n mens sou toegee dat sommige van die dissidente lastige mense kon wees en dat enige beweging wat – soos die ANC – in 'n oorlog gewikkel was, so iets nie maklik kon verduur nie, was sekere van die dissidente se eise op die oog af redelik. Daar is gevra vir groter demokrasie, deursigtigheid en verantwoordbaarheid deur die leiers teenoor lede.

So iets sou dalk moeilik haalbaar wees in MK, wat immers 'n militêre karakter gehad het (en dít is nou eenmaal moeilik met die demokrasie te versoen). Maar dit geld nie in dieselfde mate vir die ANC as sodanig nie, wat meer was as net MK. Die ANC het homself as 'n bevrydingsbeweging beskou en het sekere waardes verkondig, waaronder vryheid en demokrasie. Die probleem is dat die inhoud wat die leierskorps (wat deur die SAKP oorheers is) aan hierdie begrippe gegee het, nie met dié van die dissidente ooreengestem het nie. Die algemene politieke kultuur in die ANC/SAKP was dié van 'n Marxisties-Leninistiese diktatuur, met al die onverdraagsaamheid wat daarmee saamhang. 'n Swak leier soos Oliver Tambo was nie daarteen opgewasse nie.

Soos Paul Trewhela dit stel: "Two different cultures came into collision in the mutiny in Umkhonto weSizwe in 1984: top-down bureaucratic control by a Stalinistic leadership from the generation of the Forties and Fifties (Slovo, Modise, Piliso, Masondo, with leaders such as Mbeki and Hani from the Sixties), in conflict with a democratic culture from the young people of the Black Consciousness generation of the Seventies. The Seventies generation was ruthlessly crushed."[96]

Dít is uiteindelik die primêre paradigma waarbinne 'n mens die ANC/SAKP se geskiedenis in Angola in die 1980's moet verklaar.

13

Die Kabwe-konferensie, 1985

Die jaar 1985 het op 'n hoë noot vir die ANC/SAKP begin. Net enkele weke tevore het die Vaaldriehoek in woede ontplof en binne 'n kort tyd was 'n groot deel van Suid-Afrika by wyse van spreke in vlamme. "Maak die land onregeerbaar!" was Tambo se oproep aan swart Suid-Afrikaners op 8 Januarie 1985 – 'n oproep wat reg uit die handboek van die Viëtnamese stryd teen die Franse kolonialiste gekom het.[1] Dit was taamlik suksesvol: Teen Mei het meer as 260 lede van swart plaaslike owerhede bedank en die huise of ondernemings van byna 150 is afgebrand.[2]

In die buiteland het dissidente al 'n tyd lank daarop aangedring dat 'n omvattende raadplegende konferensie gehou word om dié van Morogoro op te volg. Die alliansieleiers het dit steeds as 'n mosie van wantroue beskou en sulke mense gestraf of verdag gemaak. Dit lyk of veral die SAKP nog nie gereed was daarvoor nie. Maar teen die helfte van die 1980's het dié party sy sake min of meer in orde gekry en daartoe ingestem. Met sy relatief goeie organisasievermoë en ysere dissipline sou hy in staat wees om die uitkoms van só 'n konferensie tot sy eie voordeel te manipuleer.[3]

Aan die kaders in die kampe is gesê die konferensie is geensins die gevolg van die twee opstande by Viana en Pango die vorige jaar nie. Streke is vooraf aangesê om eers streekkonferensies te hou, maar volgens Stanley Manong het dié in Angola dit verwerp en geëis om regstreeks op die hoofkonferensie verteenwoordig te word. Die debat daaroor het só heftig geword dat dit byna weer op 'n muitery uitgeloop het.[4]

Die konferensie het van 16 tot 23 Junie 1985 in die Zambiese myndorp Kabwe plaasgevind. Dit is deur sowat 250 afgevaardigdes bygewoon en is vooraf deur Alfred Nzo, sekretaris-generaal van die ANC, as 'n konferensie van eskalasie beskryf.[5] Mac Maharaj skryf by Kabwe het die atmosfeer bepaald militanter geword.[6] Die agtergrond was die feit dat die ANC/

SAKP in die vroeë 1980's gekenmerk is deur onder meer toenemende ontevredenheid onder die MK-kaders in Angola. Die beweging het duisende nuwe rekrute gekry, woedende en militante jong swart mense wat ná die gewelddadige onderdrukking van die 1976-jeugopstand na die buiteland uitgewyk het en deur die ANC opgevang is. Die ANC/SAKP-leiers het gevrees dat heelparty spioene en saboteurs van die Suid-Afrikaanse regering hulle onder die groep kon bevind. Dit het 'n klimaat van groeiende "paranoia and hysteria" teweeg gebring, soos Chris Hani self erken het.[7]

Die gevolge van dié paranoïese vrees – die strafkampe, die onderdrukking van vrye denke in die alliansie en die twee muiterye – is reeds in die vorige twee hoofstukke behandel. Die muiterye is albei met brute geweld en met behulp van die Angolese leër onderdruk, maar uiteindelik het die alliansieleiers besluit om die ontevredenheid te probeer ontlont deur 'n raadplegende konferensie – die eerste sedert dié van Morogoro in 1969 – te hou. Dit lyk nie of dit 'n vrywillige besluit was nie, maar of die ANC/SAKP-leiers deur die omstandighede daartoe gedwing is.

Dit is die moeite werd om daarop te let dat dit maar die derde omvattende konferensie was wat die ANC/SAKP in ballingskap gehou het. Die eerste, in Lobatse in 1962, was 'n haastige affêre sonder veel betekenis. Die tweede, dié van Morogoro in 1969, was net soos die Kabwe-konferensie in reaksie op grootskaalse ontevredenheid onder die lede op voetsoolvlak. Die alliansie se arms moes albei kere by wyse van spreke uit die potjie gedraai word om 'n toegewing aan interne demokrasie te maak.

Van openheid, deursigtigheid en demokrasie het die Kabwe-konferensie egter nie eintlik getuig nie. Die SAKP het dit vooraf uitstekend geregisseer en gemanipuleer. In sy presidentsrede het Oliver Tambo geen woord aan die MK-opstande in Angola gewy nie. Die Stuart-verslag oor die kampe is nie ter tafel gelê nie; die probleme in die kampe het slegs by implikasie aan die orde gekom. Tambo het volgens Stanley Manong wel 'n "redelik ewewigtige" verslag oor NAT gelewer.[8]

"He tabled information," het Manong geskryf, "that showed how the enemy was trying to destroy the ANC by infiltrating its ranks with spies and at the same time acknowleged the fact that the enemy had managed to infiltrate the ranks of the Security Department." Dié vyandelike agente het NAT beïnvloed om oordrewe dwang teen gewone lede te gebruik.

Manong voeg by: "After he presented his report, there was definite silence." Daar was geen debat nie.[9]

'n Kritiese afgevaardigde het later geskryf dat die Kabwe-konferensie slegs die veiligheidsafdeling van die ANC en sy korrupte leiers bevredig het. "The conference had no grain of democracy."[10] Ronnie Kasrils vertel dat hy die Marxistiese historikus Jack Simons gevra het wat hy reken die hoofoogmerk van die konferensie is. Die antwoord was sinies: "Ha! We're here as voting fodder. Conferences are all about who is to lead!"[11]

Mwezi Twala, 'n ANC-dissident, bevestig dit. Die meeste afgevaardigdes is nie deur die gewone ANC-lede gekies nie, maar is deur die kantoor van die sekretaris-generaal goedgekeur. "The Mbokodo [die ANC se gevreesde veiligheidsafdeling] attended the conference as journalists or catering staff. They ended up voting even though they had no mandate to do so. Later they would gloat that the purpose of the conference had been subverted," skryf hy.[12]

Die SAKP konsolideer sy greep op die ANC

Om die SAKP se rol by Kabwe behoorlik te verstaan, moet lesers daaraan herinner word dat die party reeds sedert die 1920's op bevel van die Kremlin 'n revolusie in twee fases in die vooruitsig gestel het. In die eerste een sou die party 'n strydvaardige *bourgeois*-organisasie (in dié geval die ANC) aan die bewind help bring. In dié fase moes die SAKP enersyds sy eie organisatoriese en ideologiese identiteit handhaaf, maar andersyds sorg dat sy lede sleutelposisies in die ANC verwerf. Wanneer die ANC dan die bewind oorneem, sou die SAKP goed geplaas wees vir die tweede fase, 'n naatlose oorname deur homself en die vestiging van 'n kommunistiese diktatuur.

Toe die Morogoro-konferensie in 1969 plaasvind, het die ANC reeds belangrike aspekte van die SAKP se ideologie oorgeneem, maar in die proses het die SAKP organisatories doelbewus steeds tweede viool gespeel. In 1970, soos in 'n vorige hoofstuk vertel is, het die party dus besluit dat hy sy voorhoederol moet herstel. Dit was volgens Ben Turok "to assert its ideology and the leadership of the working class." Partylede was immers in die eerste plek trou aan die SAKP verskuldig, nie aan die ANC nie.[13]

Luidens 'n vertroulike SAKP-besluit van 1981 het partylede in die alliansie die reg gehad "to discuss and decide collectively on their common approach to all matters which affect the basic direction and content of the revolutionary struggle, and to ensure that they advance and support such decision in any organ in which the matter rises". Maar elke partylid is "accountable to the Party collective". Dissiplinêre stappe kan gedoen word teen diegene wat dié beleid veronagsaam. Hulle moet egter nie só optree dat dit lyk of hulle besluite aan die ANC opdwing nie.[14] Met ander woorde, partylede moet apart en in die geheim op 'n kollektiewe standpunt besluit wat op ANC-byeenkomste ingeneem word en al die lede moet dit dan steun. Die nielede mag egter nie daarvan weet nie.

Die lede het die onrus in Suid-Afrika bespreek en tot die gevolgtrekking gekom dat die dae van wit heerskappy getel is. Dit was dus dubbel noodsaaklik dat die SAKP sy greep op die ANC konsolideer voordat apartheid verkrummel. Dít was een van die onuitgesproke redes waarom die Kabwe-konferensie gehou is.[15]

Op voorstel van die SAKP het die ANC by Kabwe die belangrike besluit geneem om die lidmaatskap van die NUK, die hoogste besluitnemende liggaam, vir die eerste keer vir wit mense oop te stel.[16] Ooreenkomstig die SAKP se ideologie is in die ANC-besluit gestel dat "our national democratic revolution has both national and class tasks which influence one another".[17]

Dit het die weg gebaan vir wit Kommuniste soos Joe Slovo en Ronnie Kasrils om lid van die NUK te word. Oor die samestelling van die NUK soos dit by Kabwe bepaal is, verskil die bronne effens. Ellis en Tsepo Sechaba meen van die 30 lede wat gekies is, was 22 ook lid van die SAKP. Volgens Janet Smith en Beauregard Tromp was 24 van die 29 SAKP-lede. Hoe ook al, feitlik die hele politburo van die SAKP, met die uitsondering van Josiah Jele, was nou pens en pootjies in die NUK (en Jele is later ook toegevoeg). Veral Slovo en Hani het hiermee hul uitgesproke sin gekry – die volledige ideologiese én organisatoriese oorheersing van die ANC deur die SAKP.[18] Dié feit het trouens ook tot regeringskringe in Washington en Londen deurgedring.[19]

Dit bring ons by 'n uiters belangrike besluit van die konferensie. In voorafbydraes van verskeie MK-eenhede is die punt tereg gemaak dat daar steeds geen georganiseerde ANC- of MK-teenwoordigheid in Suid-Afrika was nie. "Rather than remedy this situation, our MHQ go in for ill-advised plans instead of building up our forces inside the country."[20]

Teen hierdie agtergrond het die toestroming van duisende jong swart

mense ná die opstande van 1976 en 1984 'n ekstra militantheid in MK
meegebring wat 'n uitlaatklep moes kry. Dit was in die ANC/SAKP-
leiers se belang dat dit nie verder teen húlle gemik word nie. Die besluit
wat toe geneem is om die gewapende stryd te eskaleer behoort minstens
gedeeltelik teen dié agtergrond gesien te word.

Luidens die amptelike notule van die konferensie is die volgende besluit
geneem:

> We can no longer allow our armed activities to be determined solely
> by the risk of civilian casualties. The time has come when those who
> stand in solid support of the race tyranny and who are its direct or
> indirect instruments, must themselves begin feeling the agony of our
> counter-blows. It is becoming more necessary than ever for whites to
> make it clear on which side of the battle lines they stand.[21]

Die klaarblyklike algemene militante atmosfeer op die konferensie
is verder gekenmerk deur 'n besluit van 'n belangrike kommissie, dat
"[p]olitical and ideological education and training should include
patriotism and boundless hatred for the enemy". 'n Volksoorlog is
gedefinieer as een waar "a liberation army becomes rooted amongst the
people, who progressively participate actively in the armed struggle both
politically and militarily …" Uiteindelik moet dit dan uitloop op 'n
nasionale opstand.[22]

In sy verslag het Tambo gesê die vraagstuk van groot revolusionêre
basisse moet ernstig opgeneem word. Hy het erken: "What is missing is a
strong underground ANC presence as well as a large contingent of units
of Umkhonto we Sizwe." Dié swakheid moet reggestel word, "because it
is within these mass revolutionary bases that we will succeed to root our
army."[23]

Volgens die ANC se voorlegging aan die Waarheid-en-versoenings-
kommissie het die besluit daarop neergekom dat die organisasie "should
step up the all-round political and military offensive sharply, and prepare
for protracted people's war. A general insurrection was seen as the logical
culmination of this struggle."[24]

Ronnie Kasrils het later verklaar dat niemand aan die ANC/SAKP se
kant ooit enige gewetensbeswaar oor die aanwending van geweld gehad

het nie: "We fought a just war and took decisions on the basis of principle and morality." Hy het erken "war is about killing", maar wanneer dit deur die verdrukkers gevoer word, word dit "murder and massacre".[25]

In die dae en weke ná die konferensie is die resolusie uiteenlopend aan verskillende gehore verduidelik. Aan die een kant het Tambo in 'n onderhoud aan die Suid-Afrikaanse joernalis Anthony Heard gesê die kwessie van sagte teikens "was exaggerated out of all proportion". Burgerlikes sou slegs in kruisvuur getref word. "We will not go into cinemas and bars and places like that," het hy gesê.[26]

Toe hy die Britse Laerhuis se komitee vir buitelandse sake toespreek, het hy volgehou: "We recognised that if the struggle is intensified beyond the levels that we had maintained for 20 fruitless years of selected sabotage – if it was to be intensified – it was inevitable that life would then be lost. Even in the course of attacking military establishments, the army, the police ... that would involve bloodshed, and you would be reaching a level of conflict in which, as happens in all conflicts, not deliberately but unavoidably ..."[27]

Maar voor ander gehore was die boodskap ietwat anders. 'n Vlugskrif wat onder die opskrif *Take the Struggle to the White Areas!* versprei is, het verkondig: "THE BATTLE LINES ARE DRAWN: The time has come to take the war to the White areas. White South Africa cannot be at peace while the Black townships are in flames."[28]

Op 'n perskonferensie net ná die Kabwe-beraad was Tambo selfs nog meer reguit. "The question of 'hard' and 'soft' targets is going to disappear in an intensified confrontation, in an escalating conflict. The question of soft targets was quite out of place during World War II, to mention a big war. ... I think the distinction between hard and soft targets is being erased by the development of the conflict."[29]

In 1986 het hy in 'n toespraak bygevoeg: "Prospects of a bloodbath and the reduction of South Africa to a wasteland will not stop the struggle."[30] In 'n oproep wat deur die ANC-tydskrif *Mayibuye* versprei is, het Tambo gesê die ANC kan geen situasie van vrede en kalmte in die wit gebiede toelaat terwyl die swart townships in vlamme is nie.[31] In dieselfde uitgawe het die ANC-vroueliga swart vroue, opvallend sonder om besonderhede te gee, aangemoedig om die struggle te neem "into the houses where we are working as domestic servants."[32]

In 2002 het Aboobaker Ismail 'n soortgelyke vertolking as Tambo aan die Kabwe-besluit geheg:

> The approach that was basically taken was that if there were military targets in civilian areas and the statement of OR [Tambo] was that we will no longer be able to hold back in striking against military targets and we accept that there may be some civilian casualties in the process. What was made quite plain was these were not strikes or attacks against civilian targets.[33]

Die ANC/SAKP het dié besluit op verskillende maniere geregverdig. In die SAKP-blad *Umsebenzi* is dit só verduidelik:

> We must also not forget that the main support base for the racist tyranny comes from the white community as a whole. Up to now it has not sufficiently felt the sting of the conflict. This conflict has been mainly conducted in the black areas by a regime completely unconcerned for the lives of black civilians. The selection of more and more targets in the white areas is a necessity. Those areas are full of the cream of the enemy's police forces, and its key military and economic installations. And we cannot be expected to refuse to act in those areas merely because in such actions white civilians are put at risk. If, in the process of attacking legitimate targets civilians are hurt, it is the racist tyranny which must be blamed for this, not the combatants of MK.[34]

'n Groep MK-vegters het dit só teenoor hulself geregverdig: "In their discussions, the members of the unit agreed that the security forces were indiscriminate in their attacks in the townships, targeting black people as a group and making little distinction between activists and ordinary citizens. Conflict, the men believed, had reached a point where the lines were blurred where all that mattered was the extent of the damage inflicted."[35]

Die MK-leier Rocky Williams het die besluit geregverdig deur die begrip "legitimate military target" te herdefinieer. Volgens hom het dit nie gegaan oor aanvalle op die wit bevolking nie, maar op "strategic installations within the white areas". Dit het ook gegaan oor "those white communities who were involved in the SADF's area defence system (such as the rural farming community)" wat op 'n militêre vlak aangepak is.[36]

Die SAKP het ook in 'n interne skrywe die impak van die Kabwe-besluit probeer versag deur sy eie definisie van "terrorisme" só te formuleer dat dit nie op die gewapende stryd van toepassing was nie. Terrorisme, het die SAKP gesê, is geweld deur individue wat nie deur 'n beweging goedgekeur is nie, geweld om persoonlike redes pleks van die bevordering van menslike vryheid en geweld bloot om mense te intimideer. "But we are for the rights of oppressed people everywhere to answer violence and oppression by the armed forces of state with their own disciplined violence, carried out as an arm of their all-round social, political and ideological struggle."[37]

Daarteenoor het Mac Maharaj gevind dat die konferensie juis nie ver genoeg gegaan het nie. Enersyds was daar eindelik "a formal acknowledgement of the primacy of the political in the balance between the politico-military components of the struggle." Andersyds was die strategiedokument wat hul gesprekke moes rig volgens hom vaag oor die meeste kwessies: "It didn't deal with insurrection; it didn't deal with a people's war, except as a slogan."[38]

Wat die uitwerking van dit alles op voetsoolvlak was – daarby kom ons in 'n volgende hoofstuk uit. Voorlopig kan hier wel gestel word dat die wrede praktyk van "necklacing" ook 'n moontlike gevolg van die Kabwe-besluit oor sagte teikens was. Dié praktyk het behels dat 'n motorband, deurweek met petrol, om 'n slagoffer se nek geplaas en aan die brand gesteek word. Daardie Kabwe-besluit het weliswaar spesifiek oor die gewapende stryd gegaan, maar 'n mens moet jou afvra hoe dit op voetsoolvlak in die townships verstaan is – en daar is die getuienis dat mense dit as 'n vrybrief vir optrede teen andersdenkendes ervaar het. In Oktober 1985 het twee leidende ANC-leiers, Alosi Moloi en Tim Ngubane, reguit verklaar: "Among us we have people who have openly collaborated with the enemy. You have to eliminate one to save hundreds of others. We want to make the death of a collaborator so grotesque that people will never think of it."[39]

In aansluiting hierby: Op die konferensie moes die alliansie ook 'n nuwe strategiese benadering uitwerk om die rigtinggewende dokument "Strategy and Tactics of the ANC", wat in 1969 by Morogoro aanvaar is, op datum te bring. Weens verdeeldheid en verwarring kon nie daarin geslaag word nie.

Howard Barrell se gevolgtrekking verkry ekstra betekenis teen die agtergrond van MK se toenemende gebruik van terrorisme: "In these circumstances, various factions in the leadership could be expected to develop their own initiatives, with or without colleagues' knowledge ..."[40] Van 'n oorkoepelende benadering wat deur die alliansie se leierskorps bepaal word, was daar steeds minder sprake, ondanks die Kabwe-besluite. Dit is dus geen wonder dat daar al sterker na terrorisme beweeg is nie.

14

Eskalasie: Die laat 1980's

Teen die tweede helfte van die 1980's het die regering dit steeds moeiliker gevind om die ANC te stuit en daar was byna daagliks onluste. Mense wat met regeringsinstellings geassosieer is, is uit die gemeenskap verwerp, dikwels aangeval en wreed doodgemaak – gereeld met die berugte "necklace"-metode. Die ANC was duidelik dubbelslagtig oor "necklacing": Hy het dit op sigself afgekeur, maar begrip vir die "necklacers" getoon.[1] Tussen 1984 en 1989 het 406 mense op dié manier gesterf en nog 295 is lewend verbrand.[2]

Tipies van die ANC se ambivalensie oor dié saak was hierdie woorde van Chris Hani in 'n onderhoud wat in 1986 gepubliseer is:

> So the necklace was a weapon devised by the opressed themselves to remove this cancer from our society, the cancer of collaboration of the puppets. It is not a weapon of the ANC. It is a weapon of the masses themselves to cleanse the townships from the very disruptive and even lethal activities of the puppets and collaborators. We do understand our people when they use the necklace because it is an attempt to render our townships, to render our areas and country ungovernable … But we are saying here our people must be careful, in the sense that the enemy would employ provocateurs to use the necklace, even against activists. We have our own methods of dealing with collaborators, the methods of the ANC. But I refuse to condemn our people when they mete out their own traditional forms of justice to those who collaborate. I understand their anger.[3]

Wat hier ook van belang is, is dat die ANC se oproep om die townships onregeerbaar te maak "served as a legitimation for all sorts of violence, from

necklacing town councillors to hijacking the cars of the 'bourgeoisie'",
in die woorde van Ineke van Kessel, navorser van die Sentrum vir
Afrikastudies in Leiden, Nederland.[4]

Die berugste geval was ongetwyfeld die oproep van die flambojante
en gereeld onverantwoordelike Winnie Mandela, vrou van Nelson, in
1986 dat "with our boxes of matches and our necklaces we shall liberate
the country!"[5] Die prys het egter uit 'n publisiteitsoogpunt uiteindelik te
hoog vir die ANC/SAKP geword en in September 1987 het Oliver Tambo
gevra dat die halssnoermetode gestaak word.[6] In die praktyk het dit egter
voortgeduur.

Verder het die verbruikersboikotte plaaslike ekonomieë verlam. Teen 1984
het altesame 43 van die swart plaaslike owerhede tot stilstand geknars.
Daarmee was die strewe om die land onregeerbaar te maak binne
reikafstand.

Die uitwerking op voetsoolvlak

Of die ANC by Kabwe nou regtig besluit het om onskuldige wit
burgerlikes in groot getalle te teiken is moontlik 'n debatteerbare punt.
Waaroor daar minder twyfel is, is dat die Kabwe-boodskap dubbelsinnig
genoeg uitgestuur is dat militante MK-operateurs dit só kon verstaan
as hulle wou. In Julie 1985 het Tambo byvoorbeeld in 'n uitsending van
Radio Freedom gesê: "We must take the struggle into the white areas
of South Africa and there attack the apartheid regime and its forces of
repression in these areas which it considers its rear."[7]

Een van die voorste kenners van terrorisme, Jeff Goodman van
die Universiteit van New York, definieer revolusionêre terrorisme só:
"Terrorism is the strategic use of violence and threats of violence by a
revolutionary movement against civilians or noncombatants, and is usually
intended to influence several audiences."[8] Dié definisie is nommerpas vir
die ANC/SAKP en MK.

In sy voorlegging aan die WVK het die ANC na die probleme van
die lang en ondoeltreffende kommunikasielyne verwys wat operasionele
beheer vanuit die sentrum onmoontlik gemaak en die desentralisasie van
bevel en beheer geverg het. Volgens die ANC het die lang en moeilike
kommunikasielyne operasionele beheer oor die eenhede op voetsoolvlak
bemoeilik. Dit was juis waarom bevel en beheer gedesentraliseer is,

aldus die ANC.[9] Dit word bevestig deur 'n verslag van Ruth Mompati, 'n lid van die NUK, waarin sy geskryf het dat as daar na die funksies van MK-eenhede binne Suid-Afrika gekyk word, dit opvallend is dat "in virtually every instance, effective lines of communication do not exist".[10]

Die stelling oor 'n kommunikasieprobleem is waarskynlik feitelik korrek, al het die ANC destyds beweer "that we have in fact developed many cadres inside the country who understand our policy very well, who are in daily contact with the situation ..."[11] Die volgende vraag moet dan gestel word: As die ANC-leiers dit geweet het, kon hulle dan nie voorsien het dat baie militante MK-vegters op voetsoolvlak in Suid-Afrika hul taamlik dubbelsinnige boodskappe sou vertolk soos hulle wou nie?

By Kabwe was daar immers verwysings na die swak dissipline en anargistiese optrede van sommige MK-vegters in die operasionele gebiede. Die ANC het voorts erken dat kaders wat operasies onderneem het, "believed they were fulfilling the general direction to carry on the struggle to the white areas in accordance with the political will of the leadership of the ANC".[12]

Bowendien het 'n groep MK-leiers toenemend tot die gevolgtrekking gekom dat álle wit mense legitieme teikens was omdat dié glo aangemoedig is om hulself te bewapen. Mac Maharaj het erken: "We had to ask: 'Are they civilians or are they an adjunct of the regime?' A number of us argued – I certainly did – that the rules of this war was changing." Maar ook: "At times we sent out conflicting signals."[13]

Suid-Afrika het nie lank gewag om agter te kom wat die uitwerking van die Kabwe-besluite op voetsoolvlak sou wees nie. Selfs terwyl die konferensie nog aan die gang was, het vier bomaanvalle in Durban en Oos-Londen plaasgevind. Die teikens was 'n hotel, 'n teekamer, 'n vulstasie en 'n stadhuis. Nege burgerlikes is beseer.[14] In Desember van daardie jaar het 'n bom by 'n Wimpy Bar ontplof, waarin vyf burgerlikes gedood en meer as 60 beseer is.[15]

Radio Freedom, die ANC/SAKP se propagandasender, het die eter in dié tyd oorstroom met oproepe tot geweld. Op 22 Julie 1985 het luisteraars gehoor: "Let us intensify the elimination of all collaborators from our nation. The whole country must go up in flames." En in Augustus: "Let us hit at his puppets and agents. Let us attack relatively small police and

army units when possible. Let us spread this people's war to the white
suburbs ... While we continue eliminating enemy agents inside within
our community, let us also spread the campaign into the white, Indian
and Coloured residential areas. The whole country must go up in flames."[16]

In die jaar ná die Kabwe-konferensie tot Junie 1986 was daar volgens
genl. Herman Stadler 45 gewapende aanvalle met vuurwapens,
handgranate, kleefmyne en motorbomme. Die teikens het ingesluit
kragstasies, landdroskantore, poskantore, winkels (met inbegrip van OK
Bazaars, Checkers, Game, Spar, ensovoorts), 'n hospitaal, restaurante en
private huise. Altesame 20 mense het gesterf (van wie slegs een 'n lid van
die polisie was) en 186 beseer (onder wie vier polisiebeamptes).[17] Anthea
Jeffery meen die aanslae was selfs aansienlik meer – 44 in 1984, 136 in 1985,
230 in 1986, 234 in 1987, 270 in 1988.[18]

Die statistieke spreek 'n duidelike taal. Altesame 88% van die teikens
wat MK in 1981 aangeval het, kan as hard beskou word en 12% sag. Teen
1986, deels weens die besluite by Kabwe, het die klem verskuif na 10,3%
hard en 80,7% sag.[19]

Dit word deur ander syfers bevestig: Tussen 1978 en 1984 was MK
verantwoordelik vir altesame 212 aanvalle waarin 48 mense, meestal
burgerlikes, dood is.[20] Ondanks besware deur die ANC dat daar nie op
burgerlikes gefokus word nie, het een MK-lid, Hein Grosskopf, in 1989
in die openbaar erken: "I see the ANC's military operations as a vital and
effective means in the struggle to fight apartheid ... If I decide to kill you
because you are an obstacle to peace, a danger to the community, [then]
that is not murder ... I joined the ANC to help bring closer the day of
liberation – the day when shooting and killing will stop."[21]

Die ANC het weliswaar 'n hoë prys hiervoor betaal. In die tydperk Julie
1985 tot Junie 1986 het MK-operasies die lewe van 54 mense geëis, maar
MK het in die proses self 489 lede aan die dood afgestaan.[22] Volgens die
WVK het 247 MK-vegters tydens die struggle gesneuwel. Altesame 60%
hiervan was in die jare 1986-1989,[23] wat wys dat die staat se teenstrategie –
altans op taktiese vlak – vrugte afgewerp het.

Volgens 'n aantal SAW-generaals se voorlegging aan die WVK was
daar ná die Kabwe-besluite 'n duidelike verskuiwing van harde na sagte
teikens:[24]

Periode	% Harde teikens	% Sagte teikens
1983	80	20
1984	63	37
1985	33	63
1986	17	83
1987	?	?
1988	31	69
1989	17	83

'n Statistiese analise deur die SA Polisie wys die volgende patroon vir die jare 1976-1990:[25]

Teiken	Getal insidente
Polisie	485
Militêr	63
Juridies	36
Staat	242
Ekonomies	339
Burgerlik	369
Ander	15

In sy doktorale proefskrif het Howard Barrell ook die tipe teikens wat MK deur die jare aangeval het, volgens tydperk geklassifiseer. Dit val op dat die kategorie burgerlikes in die tydperk 1976-1979 slegs vyf en in 1980-1982 sewe voorvalle opgelewer het. In 1983-1984 het dit aangegroei tot 14. Maar in 1985-1986, ná die Kabwe-konferensie, het dit dramaties toegeneem tot 107.[26]

Die aanvalle op harde teikens het soms vir nogal skouspelagtige resultate gesorg. In Mei 1987 het 'n motorbom buite die Johannesburgse landdroshof ontplof, wat die dood van vier polisiebeamptes veroorsaak het. In 1989 het 'n groep lede van MK se "Special Operations" 'n mortieraanval op die Lugmag se geheime satellietradarstasie by Klippan in die destydse Wes-Transvaal gedoen. Geen personeel het gesneuwel nie, maar enkeles is gewond en die teiken is erg beskadig.[27]

Ondanks die destydse persepsie was dit ewenwel nie wit mense se bloed wat die meeste gevloei het nie, maar dié van swart mense in onderlinge geweld. Volgens syfers van Tom Lodge was die polisie in 1986 nog vir 31,7% van die 1 298 swart gewelddadige sterfgevalle in Suid-Afrika verantwoordelik en onderlinge swart konflik vir 38,1%. Teen 1988 het die polisie se aandeel van die 1 149 swart sterfgevalle afgeneem tot 3% en dié van onderlinge swart geweld het gegroei tot 81,1%, waarvan die oorgrote meerderheid die gevolg was van gevegte tussen die ANC en Inkatha in Natal.[28]

Ná die stryd het MK 'n volledige lys van alle bekende gewapende gevegte in dié tyd aan die WVK verskaf.[29] As 'n mens dit bestudeer, kry jy die indruk dat MK homself van byna alle foute vryspreek. Al die aksies waarvoor hy verantwoordelikheid geneem het, is geklassifiseer as "Economic", "SADF/SAP personnel", "State building", "Persons actively aiding SADF/SAP", ensovoorts. Die aanslae wat duidelik op sagte burgerlike teikens gemik was, is almal geklassifiseer as teikens waarvan dit onseker is wie daarvoor verantwoordelik was. In 'n voetnoot stel MK: "This list includes all incidents we have found in press reports and from SAIRR annual surveys which cannot be classified according to the target categories used in the appendix headed 'list of known MK operations'. In addition, we are uncertain as to whether these attacks were carried out by bona fide MK cadres. Some appear to be the result of operational difficulties; others very probably 'false flag' operations."[30]

Dit klink na 'n poging om die morele verantwoordelikheid vir baie van die bloedvergieting van die laat 1980's te ontduik. Trouens, op 'n perskonferensie wat Tambo in Desember 1985 gehou het ná 'n bomaanval op 'n winkelsentrum in Amanzimtoti waarin ses burgerlikes (onder wie 'n sesjarige seuntjie) dood en meer as 80 beseer is, het die tipies ambivalente houding van die ANC duidelik uit sy reaksie geblyk.

Tambo het ontken dat daar "orders from above certain levels of the ANC for the Amanzimtoti attack" was. Maar, het hy bygevoeg, hy kan verstaan hoe die frustrasie oor die situasie in Suid-Afrika ANC-vegters sover kon bring om sulke dinge te doen. Hy het ook gewaarsku dit is waarskynlik nie die laaste keer dat so iets sou gebeur nie.[31] In sy voorlegging vir die WVK het die ANC ook die skuld vir dié voorval op die apartheidsregering gepak. Dit was wraak vir 'n aanval op ANC-huise in Lesotho waarin nege mense dood is, het die ANC gesê.[32]

Statistiese analise van dodelike ongevalle weens ANC-optrede[33]

Jaar	Totale politieke dodelike gevalle	"Necklace"-sterftes
1984	175	3
1985	922	67
1986	1 352	306
1987	706	19
1988	1 149	10
1989	1 403	21
Totaal	5 707	± 700

Robert McBride se motorbomaanval op Magoo's Bar en die Why Not-kroeg in Durban is 'n voorbeeld van hoe sake werklik op voetsoolvlak verloop het. In 1986 het McBride na Botswana uitgewyk om met sy MK-hanteerder, Aboobaker Ismail, te beraadslaag. Hulle het op die motorbomaanval besluit. Aan sy biograaf het McBride vertel[34] dat hy Ismail daarop gewys het dat daar nie slegs polisiebeamptes en militêre personeel in die kroeg sou wees nie, maar ook burgerlikes. Ismail se antwoord was veelseggend:

Look, there is a war. These guys go after us whether we are armed or not armed; whether we are combatants or non-combatants. All white men are soldiers. If they can hit us in Botswana and say they have killed ANC collaborators then we can kill all the collaborators – who are real collaborators.

In any event, why should you be concerned [if] adult whites should get hurt? What are you saying now?

Ismail het bygevoeg: "Any car bomb in itself will always injure civilians. It's the nature of the weapon. If the civilians get injured, it's acceptable. By their very nature car bombs injure people other than the intended target."

McBride se eie kommentaar op dié gesprek was: "He got quite agitated. Basically, he said, from the Kabwe conference, anything goes – with the exception of not killing children." Hierna het hy besluit: "I never had a moral problem with it. My moral problems were sorted out when I joined the ANC."[35]

In 1992 het hy in 'n koerantonderhoud bygevoeg dat hy "gedetailleerde bevele" vir die aanslag ontvang het. "The bar was identified by ANC intelligence as a watering hole of the army and police. Unlike our previous policy [voor Kabwe], when we showed great restraint about bystanders, the new objective was to go after military personnel and not to show too much restraint about whether bystanders got injured or not."[36]

Die bom het op 14 Junie 1986 ontplof. Die 65 kg plofstof is in 'n 12 meter ysterpyp gepak wat in stukke van 3 cm gesaag is. Pakkies 7,62 mm-patrone daarby het die doel gehad om beserings en sterftes te vererger. Al het die ANC later beweer dat die kroeg uitgekies is omdat lede van die veiligheidsmagte graag daar gekuier het, is drie jong vroue dood en nog 89 burgerlikes is beseer, van wie sommige ernstig. Geen enkele soldaat of polisiebeampte het iets oorgekom nie.[37]

Oor die strategiese rasionaal agter sulke optrede het Hani in 1988 in 'n onderhoud gesê deel van wit mense se steun vir die PW Botha-regering is weens

> selfish self-interest in terms of a good life. There [sic] life is good, it is not destructed. They go to their cinemas, they go for their braaivleis, they go to their five-star hotel. That is why they are supporting the system. It guarantees a happy life for them, a sweet life. And part of our campaign is to prevent that sweet life. ... They have been cocooned. They don't see it. But our intention is to make them see it. So that when they are maimed and they are in hospital others will go there to visit them and will say: this is the price [of] apartheid. We must make apartheid expensive and costly in terms of financial resources and in terms of lives. It must be made painful. At the moment it is very sweet for them but it must be made painful and bitter, especially for the whites. It is bitter for the blacks. For the whites it must be made very painful and bitter.[38]

Duideliker as dit kon die terroristiese aard waartoe die ANC/SAKP se gewapende stryd in die loop van die 1980's gedegenereer het nie gestel word nie.

McBride het in elk geval geen gewetenswroegings gehad nie. Toe hy in 1992 gevra is of "his act and current heroic stature have contributed to a culture of romantic violence that now runs riot in black townships?", was sy antwoord kort: "Let's stop right there. The original sin is apartheid. If there were no apartheid there would be no Umkhonto we Sizwe. Let's go to the source, not the byproducts."[39]

Suid-Afrika onregeerbaar

Die morele probleem was nie beperk tot die militêre aspekte van die stryd nie. Dit het ook vir die ander pilare van die strategie wat die ANC/SAKP in Viëtnam geleer het, gegeld, veral dié oor massa-aksie en die poging om Suid-Afrika onregeerbaar te maak.

Dus het die ANC/SAKP in die laat 1980's 'n reeks straatkomitees in die lewe geroep. Hoe dit veronderstel was om te werk, is in die ANC se maandblad *Sechaba* uiteengesit. Dit was een van die duidelikste uiteensettings van dié benadering en gee uitstekend weer hoe die ANC/SAKP se strategie gewerk het om die beheer van die land stelselmatig oor te neem:

- "Organising the masses and transforming the no-go areas into strong mass revolutionary bases to provide the ground for the growth and development of our people's army and for the escalation of our people's war;
- "Transforming these areas into strong revolutionary bases to serve as organs of insurrection and self-government;
- "Ensuring through actions, that the expelled and rejected organs of apartheid power to not return to these areas;
- "Escalating and spreading to yet unaffected areas, the campaign of making apartheid unworkable and rendering the country ungovernable and other important issues."[40]

Soos reeds genoem, is die United Democratic Front (UDF) in 1983 deels in ooreenstemming met die ANC se vierpilarestrategie in Mitchell's Plain as wettige interne organisasie gestig. Die UDF was nooit 'n skepping van die ANC as sodanig nie, ofskoon hy baie mooi in die ANC se strategie ingepas het. Tambo het die stigting van die UDF uitgesonder "as a historic achievement" en "a product of our people's determination to be their own liberators".[41]

Nietemin was nie almal in die UDF ewe gelukkig met die gewelddadige benadering van die ANC nie. Daar was heftige argumente in die organisasie oor die beginsel van geweldloosheid teenoor die gebruik van geweld om 'n einde aan apartheid en die apartheidsregering te maak. Aan die een kant is leiers soos aartsbiskop Desmond Tutu wyd deur vriend en vyand bewonder vir sy prinsipiële Christelike houding teen sowel apartheids- as revolusionêre geweld en die vreeslose wyse waarop hy verskeie verdagte apartheidskollaborateurs gered het wat op die punt was om wreedaardig deur skares vermoor te word.[42] Andersyds het verskeie teoloë, priesters en pastore die sogenaamde Kairos-dokument geteken, waarin hulle geweld weliswaar nie openlik verdedig het nie, maar tog begrip uitgespreek het vir die redes waarom mense hul toevlug daartoe geneem het. Hulle het gekonstateer dat die "verdedigende" geweld van die bevrydingsbewegings nie moreel gelykgestel kon word met die "onderdrukkende" geweld van die apartheidsregering nie.[43]

In dié jare het Suid-Afrika op die randjie van die afgrond gesteier. Die townships is geruk deur gewelddadige betogings. Daar was verbruikersboikotte wat afgedwing is deur bendes jong "comrades" waarin mense aangerand en gedwing is om die kookolie te drink of seep te eet wat hulle gekoop het. Ander, van wie gemeen is dat hulle regeringskollaborateurs is, of selfs dié wat persoonlike rusies met "comrades" gehad het, is vermoor – dikwels met die wrede halssnoermetode. Jeremy Seekings wys daarop dat sommige UDF-leiers die verbruikersboikotte bedoel het as 'n geweldlose manier van protes. Maar, skryf hy, "[t]he boycotts also had a downside. Intended to build organisation through non-violent protest, they often undermined organisation through brutal enforcement".[44]

Voor die WVK het die ANC daarop aanspraak gemaak dat sy leiers "some of the methods chosen by people to kill informers and other collaborators, particularly the 'necklace'" sterk afgekeur het.[45] Die waarheid was ingewikkelder. Aanvanklik het die ANC die chaos verwelkom, want dit het ingepas by sy strategie om Suid-Afrika onregeerbaar te maak.

Volgens die voorlegging van genl. Magnus Malan, eertydse minister van verdediging, aan die WVK het Radio Freedom Suid-Afrikaners op 6 Mei

1985 aangemoedig "to identify collaborators and enemy agents and deal with them. The collaborators who are serving in the community councils must be dealt with. Informers, policemen, special branch police, and army personnel living and working among our people must be eliminated." Malan het voorts vir Tim Ngubane, die ANC se verteenwoordiger in die VSA, aangehaal, wat op 10 Oktober 1985 aan studente van die Staatsuniversiteit van Kalifornië sou gesê het: "We want to make the death of a collaborator so grotesque that people will never think of it [d.w.s. collaboration]."[46]

ANC-leiers soos die latere minister Steve Tshwete het openlik 'n gewapende opstand voorgestaan. Op die begrafnis van Victoria Mxenge in King William's Town ('n aktivis wat deur elemente van die staat vermoor is) het hy gesê: "If we have to liberate ourselves with the barrel of a gun, then this is the moment." Jeremy Seekings wys daarop dat bendes kort daarna verskeie staatsadministrasiegeboue afgebrand het, saam met agt van die nege skole in die township. Lede van die plaaslike munisipale regering het vir hul lewe gevlug.[47]

In 'n onderhoud in Junie 1988 het Tshwete en Hani reguit gesê die eliminasie van swart kollaborateurs is 'n prioriteit vir MK. Dit beteken dat ook swart kandidate wat aan swart plaaslike verkiesings deelneem, selektief "geëlimineer" moet word as hulle nie oortuig kan word om terug te staan nie. "We must declare war – political and physical – with all blacks who collaborate with the Government. No black must be able to collaborate in the open. They must be forced to do it only under the cover of darkness. 1988 is a crucial year for the ANC."

Hani het pertinent bygevoeg dat indien MK besluit "to go for [polisieminister Adriaan] Vlok, it would be hardlines if Helen Suzman [PFP-LP] got caught in the crossfire".[48]

Volgens polisiestatistieke het 406 mense tussen September 1984 en Desember 1989 deur die halssnoermetode gesterf en nog 28 is beseer. 'n Verdere 395 is op ander maniere lewend verbrand en 150 beseer.[49]

Die gevolg van dié massiewe intimidasie was dat staatstrukture vir swart mense ernstig gekortwiek is. Teen 1990 het 104 van die 262 swart plaaslike owerhede heeltemal tot stilstand gekom.[50] Teen die laat 1980's was dit lewensgevaarlik om 'n swart polisiebeampte te wees, of 'n swart plaaslike raadslid of 'n bruin of Indiërlid van die Driekamerparlement – of soms om bloot familie van so iemand te wees.[51] Maar, so het die ANC hom voor die WVK geregverdig, "we did not define councillors as targets – they themselves chose whether or not to define themselves as particular enemies of their communities ..."[52] Waarmee die morele verantwoordelikheid netjies omgekeer is.

Wat meer is, in sy studie van die UDF wys Jeremy Seekings daarop dat daar teen 1985 "a subtle shift [was] in the predominant discourses used by UDF leaders, from a focus on rights to a focus on power. Part of this was an explicit denial that the struggle was a civil rights struggle. According to [Valli] Moosa, there was no space for 'civil rights type of stuff' as more militant tactics became the norm."[53]

Deel van die verklaring hiervoor was waarskynlik ook die groeiende strewe na 'n Marxisties-Leninistiese diktatuur van die proletariaat as die begeerde eindresultaat van die groeiende opstand.

Terselfdertyd is die ANC-offensief, soos ons reeds gesien het, nie altyd ondersteun deur ferm leiding uit Lusaka nie en het dit dikwels op plaaslike inisiatiewe berus. Die amptelike ANC-strukture het in só 'n burokratiese moeras vasgevang geraak dat dit die beweging se doeltreffendheid ernstig aan bande gelê het. Volgens Mac Maharaj:

> We were drowning in structures. Before Kabwe, we had the NEC [National Executive Council]. Under the NEC was Central Operations (the military side) and the IPRD [Internal Political and Reconstruction Department] (the political side), both reporting to the RC [Revolutionary Council], which in turn reported to the NEC. After Kabwe, the RC was gone, replaced by the PMC [Politico-Military Council], and Central Operations was gone, replaced by the military HQ [Headquarters]. A new Political Committee (RC) replaced the IRPD ... New structures, but mostly the same names were juggled around.[54]

Die regering se teenoffensief

Dit was vanselfsprekend dat die regering nie oor hom sou laat loop nie. Die eerste stap van sy teenoffensief was om die basisse waarvandaan die insurgente oor die Mosambiekse grens geopereer het, uit te skakel. In 1983 is 'n geheime nieaanvalsverdrag met Swaziland gesluit en het die regering in Mbabane ANC-lede verbied om wapens te dra. 'n Paar maande later het Lesotho 3 000 Suid-Afrikaanse burgers – oorwegend ANC-lede – uitgeskop.[55]

In Augustus 1984 is die nieaanvalsverdrag by Nkomati tussen Suid-Afrika en Mosambiek onderteken en onmiddellik was MK in die moeilikheid. MK-kaders wat in Maputo was, is halsoorkop en sonder voldoende voorbereiding oor die grens geïnfiltreer. Sommige is in Swaziland gestop en in hegtenis geneem; ander is binne die Republiek ontmasker en gedood. In 1986 het Suid-Afrika 'n staatsgreep in Lesotho bewerkstellig, die land waarvandaan Hani die gewapende stryd in die Vrystaat en Natal beheer het, en MK-vegters moes ook dié land haastig verlaat. Kwaai druk is voorts op Botswana uitgeoefen om 'n soortgelyke verdrag met Suid-Afrika te sluit. Dit het gepaard gegaan met 'n gelyktydige aanval op ANC-huise in Gaborone, Harare en Lusaka.[56]

Teen die einde van die 1980's het Botswana weens sy geografiese posisie 'n steeds belangriker toevoerroete vir MK-kaders geword. "[I]n the last few years," staan in 'n ANC-intelligensieverslag van Desember 1987, "P [kode vir Botswana] has become a crucial area for the infiltration of comrades into the country. In fact, this has been the main focus of the P regional leadership for the last two and a half years."[57] (Dit ondanks gereelde optrede van die Botswana-regering teen MK-kaders binne sy grense.) Dit het duidelik bygedra tot die aanvalle op boere.

Die beperkings op die ANC in buurstate het op 'n Suid-Afrikaanse oorwinning neergekom. Ná Nkomati het 'n ANC-leier in 'n geheime memorandum gewaarsku dat MK in daardie stadium nie in staat was om die meeste van sy vegters aan te wend nie, selfs al is sommige reeds ses tot agt jaar tevore opgelei. Voor Nkomati, aldus die memo, was daar minstens 'n sekere mate van ontplooiing, al was dit stadig en periodiek. Dit het volledig tot stilstand geknars. Dit het 'n ernstige uitwerking op die moreel van die MK-lede gehad en gunstige voorwaardes geskep "for rumourmongers to spread their destructive propaganda". Dit is dus geen wonder nie dat die Lusaka-afdeling van die SAKP die Nkomativerdrag "treacherous" en "a setback to our revolution" genoem het.[58]

Op 'n vergadering van die SAKP se politburo is die kwessie 'n krisis genoem. Die party se hoofsekretaris, Moses Mabhida, het die vrees uitgespreek "that the frontline states are not going to hold out against the onslaught".[59] (Terloops, die amptelike ANC-standpunt na buite was versigtiger: In 'n interne kommunikasie is gesê dat Mosambiek steeds as 'n bondgenoot beskou word. Die regte vyand bly die "Pretoria racist regime".[60])

Die verdrae het dus ernstige beperkings op MK se vermoë geplaas om Suid-Afrika met kaders en wapens te infiltreer. MK het basies, sy dit tydelik, 'n onaktiewe mag in ballingskap geword.

Terselfdertyd het die Suid-Afrikaanse regering hard binne die land teruggeslaan, eers met 'n gedeeltelike en toe 'n volle noodtoestand. Dit het in die benadering van die regering van pres. PW Botha gepas dat daar 'n "totale aanslag" teen Suid-Afrika was, "totaal" in die sin dat dit op elke lewensterrein gevoer is. Dit moes deur 'n "totale strategie" beantwoord word.[61]

In die eerste ses maande ná die afkondiging van 'n noodtoestand is sowat 10 000 aktiviste aangehou en opgesluit en soms gruwelik aangerand en gemartel. In sommige gevalle is sluipmoorde op ANC- en MK-leiers uitgevoer, sommige binne die land, ander daarbuite. Selfs die UDF is beperk tot dié mate dat sy aktiwiteite byna onmoontlik geword het. Die ANC moes voorts in 'n geheime intelligensieverslag in 1987 erken dat die regering se teenoffensief die beweging se straatkomitees (wat hy "a major development" genoem het), feitlik volledig in duie laat stort het. Dit het hul rol ernstig beperk.[62]

Teen dié tyd het MK Suid-Afrika breedweg in verskillende sones ingedeel. Joe Modise het die westelike deel vanuit Lusaka beheer; Joe Slovo die oostelike deel vanuit Maputo, Chris Hani en Lambert Moloi die Vrystaat en die Kaapprovinsie vanuit Lesotho.[63] Daardie "beheer" was egter maar relatief. Aangesien bevel en beheer oor só 'n afstand uiters moeilik was, selfs onmoontlik, het baie kaders hul eie inisiatief gebruik en steeds meer aanvalle gedoen op Wimpy Bars, winkelsentrums, disko's, sportbyeenkomste, landdroskantore, ensovoorts. Soms is 'n klein bom laat ontplof en wanneer polisielede en/of nuuskieriges nader gekom het, is 'n tweede, kragtige bom ontsteek om die maksimum ongevalle te verseker.[64]

Die ANC het dit toegeskryf aan die optrede van die veiligheidsmagte: "Many activists, faced with the violence of an occupation force that shoots first and ask questions later, have been forced underground and now believe that without weapons their work is futile. This is obviously correct ..." Andersyds, lui die dokument verder, sluit steeds minder revolusionêre hulle by ANC-strukture aan. "This weakens our ability to involve the mass of our people in strategic challenge to the system, and restrict the educative aspects of such involvement in struggle ..."[65]

Die ANC/SAKP probeer terugkrabbel

Vir sommige ANC-leiers in ballingskap was dit kommerwekkend. Thabo Mbeki het in dié tyd aan Patti Waldmeir, 'n Amerikaanse joernalis, gesê: "We're concerned about the impact on white South Africans of attacks against whites. Our aim is to win them *away* from apartheid, even if they don't come to us. So, attacks hurt us."[66]

Tambo het laat in 1987 inderdaad só bekommerd oor die bloedvergieting geword dat hy 'n vergadering met verskeie MK-bevelvoerders belê het. Hy het hulle gevra om kontak met hul strukture te maak en hulle te beveel om nie burgerlikes te teiken nie. Die bevel het egter nie op voetsoolvlak uitgekom soos Tambo dit bedoel het nie.[67] Soos 'n lys MK-aanslae vir 1988[68] wys, het dit trouens geen merkbare uitwerking gehad nie; die klem op sagte teikens het in die praktyk voortgeduur. Die lys wys dat 53 burgerlike teikens in dié jaar deurgeloop het, saam met 18 staats-, 2 ekonomiese, 7 polisie- en 5 militêre doelwitte. Selfs 'n uitdruklike persverklaring van die ANC se nasionale uitvoerende komitee, waarin kommer uitgespreek is oor "the recent spate of attacks on civilian targets"[69] het nie veel gehelp nie. Klaarblyklik was MK min of meer buite beheer. Dit is selfs "skoorvoetend" deur Mandela toegegee waar hy – nog in gevangeskap – gereelde gesprekke met die NID-hoof Niël Barnard gevoer het.[70]

Rocky Williams, 'n gewese MK-vegter, praat tereg van 'n "nascent militarism" in MK.[71] Hy sê MK "developed a quasi-military identity that sometimes resulted in differences of opinion between the MK leadership and that of the NEC".[72]

Feit is dat die dubbelsinnige houding van die ANC-leierskorps woedende MK-vegters op voetsoolvlak voldoende ruimte gegee het om sagte teikens ongestraf aan te val. Tambo het immers self in 'n toespraak in 1986 verklaar: "Prospects of a bloodbath and the reduction of South Africa to a wasteland will not stop the struggle. We would much rather that no blood were lost, that the country was left intact. But not at the expense of our continued enslavement."[73] Joe Slovo het in 'n onderhoud in

1987 eksplisiet erken "there is little the ANC can do to control some of its agents in South Africa".[74]

Hoe ook al, 1988 het nog 'n terugslag vir MK meegebring. Nadat die gevegte tussen die Angolese leër en die Kubane enersyds en die SAW en Unita andersyds in die omgewing van die dorp Cuito Cuanavale op 'n dooiepunt uitgeloop het, het die twee kante besluit om halt te roep. Suid-Afrika het ingestem om hom aan Namibië te onttrek en die gebied se onafhanklikheid te erken, terwyl Kuba al sy magte uit Angola teruggeroep het. Ten slotte – en dit is belangrik – het die Angolese regering onderneem om MK uit te skop.[75]

Omdat Angola belangrik was as agtergebied vir MK, was dit 'n ernstige terugslag vir die ANC. Dit het beteken dat MK se naaste basisse nou in Tanzanië en Ethiopië sou wees, duisende kilometer van Suid-Afrika se grense. Dit het infiltrasie en die gewapende stryd geweldig bemoeilik. Hani het dié terugslag dapper as niksbeduidend afgemaak. Die ANC kan in elk geval nie vegters regstreeks uit Angola na Suid-Afrika infiltreer nie, het hy gesê en bowendien word MK nou vinnig 'n "people's army" wat in Suid-Afrika gebaseer is. "We could just as well run the operation from the German Democratic Republic or Cuba," het Hani gesê.[76]

Daarteenoor was Kasrils baie eerliker. In 'n ontleding van die gebrek aan vordering in die gewapende stryd het hy in Februarie 1988 openlik erken dat

> we were not able to take full advantage of the favourable conditions that materialised [with the upsurge of violence]. We were unable to deploy sufficient forces at home; our cadres still found big problems in basing themselves amongst our people; our underground failed to grow sufficiently ... the incredible mass resistance and strikes were consequently not sufficiently reinforced by armed struggle.[77]

Hy moes erken dat die organisasie hoofsaaklik in die buiteland gebaseer was en dat hy nie 'n ondergrondse politieke basis in Suid-Afrika gehad het nie.[78]

Dit was 'n erkenning van absolute militêre mislukking. Interessant genoeg, het Hani dit twee jaar later by implikasie self erken: "The problem of MK is also the problem of the slow development of the underground of the ANC, and the movement is painfully aware of these problems." In effek het hy dit aan die regering se geslaagde teenoffensief toegeskryf: Om teen 'n regering soos dié in Suid-Afrika te slaag moet jy jou toevlug tot "clandestine work" neem. "And I think that lesson was not absorbed by us. All the time people kept popping up and being chopped and exposing all the cadres, some of the best cadres in terms of overt work."[79]

Op grond van amptelike Suid-Afrikaanse syfers het Howard Barrell bereken dat 0,73 MK-infiltrante uitgeskakel (gedood of gevang) is vir elke voorval waarvoor hulle verantwoordelik was. Dit was 'n ongevallesyfer wat nie onbepaald volgehou kon word nie. Geen wonder nie dat 'n MK-intelligensieoffisier, Bill Anderson, in 1991 aan Barrell vertel het dat MK teen 1989 in 'n "absolute chaos" verkeer het. Kaders is na Suid-Afrika gestuur "without briefings, without proper preparation of documents, without proper clothing". Alles net "to make the graph of actions go up, irrespective of what actions, irrespective of basing cadres, and so on".[80]

Die ooreenkoms tussen Suid-Afrika en Angola ná die onbesliste groot gevegte by die dorp Cuito Cuanavale was dat die ANC-basisse almal gesluit en die vegters na Tanzanië en Uganda oorgeplaas sou word. Dit het beteken dat MK basies terug was waar hy in die 1960's begin het. Bowendien het sowat 'n derde van die 240 MK-kaders wat in 1989 in Zambië ontplooi is, gedros, 'n derde is deur die Suid-Afrikaners gevang of uitgeskakel en nog 'n derde was "somehow in place, whether active or drifting". Met laasgenoemdes was daar in elk geval geen kommunikasie nie.

Garth Strachan het in 1989 gesê van die MK-vegters wat Suid-Afrika die voorafgaande drie jaar uit Zimbabwe geïnfiltreer het, is 100% binne 24 uur nadat hulle die grens oorgesteek het, gedood of aangehou. Die MK-kaders in Zambië is na Tanzanië ontruim. Daardeur, meen Thula Simpson, was "the infiltration of large numbers of guerrillas [to South Africa] ... no longer a feasible option".[81]

Juis omdat die ANC se gewapende stryd nêrens heen gelei het nie, is 'n nuwe inisiatief, bekend as Operasie Vula, aangepak. Die bedoeling daarmee was om MK eindelik behoorlik onder die bevolking in Suid-Afrika te vestig.[82] Die gebeure van 1990, toe die verbod op die ANC/SAKP opgehef en die gewapende stryd beëindig is, het dit egter ingehaal en dit is nooit ten volle uitgevoer nie. Dit is in 1990 boonop per toeval deur die veiligheidsmagte oopgevlek. (Terloops, die identiteit van die groep wat Vula beplan het, is tekenend van die magsverhoudinge in die ANC/

SAKP: Met die uitsondering van Tambo self, was almal Kommuniste.)[83]

'n Dooiepunt het tussen die regering en MK geheers waarin geeneen werklik die oorhand kon kry nie.

Onderhandelinge

Opsommenderwys was 'n paar dinge teen die einde van die 1980's duidelik. Ten eerste het MK nêrens gekom in sy oorlog teen die regering nie. Suiwer militêr gesien, was MK aan die verloor.

Tweedens, die opstand van swart mense teen die regering binne Suid-Afrika was grotendeels buite beheer van sowel die regering as die ANC/SAKP. Die regering kon dit met behulp van drakoniese maatreëls enigsins onderdruk, maar dit het telkens weer opgevlam. In die derde plek, nóg die regering nóg die ANC het 'n vooruitsig op 'n spoedige oorwinning gehad. Dit was soos twee vegtende takbokbulle met hul horings inmekaar vervleg en wat hulle self nie kon loskry nie. Steeds meer groepe invloedryke wit mense, veral Afrikaners, het na Lusaka, Londen of Dakar gegaan om met die ANC/SAKP te praat en die besoekers het gesien dat dié aan die ander kant ook slegs mense was, Suid-Afrikaners wat huis toe wou gaan en in vrede wou leef. Dit het die regering se steunbasis geërodeer.

Andersyds merk 'n mens ook in interne ANC/SAKP-dokumente op dat 'n ander wind heel versigtig begin waai het. In April 1986 het die ANC se grondwetlike komitee 'n reeks idees geformuleer oor hoe Suid-Afrika ná apartheid moet lyk. Byvoorbeeld, hoe kan gewaarborg word dat 'n regering van 'n "bevryde" Suid-Afrika altyd die wil van die mense uitvoer? 'n Voorlopige antwoord, 'n geïnstitusionaliseerde "permanente revolusie", is, heel ironies, ontleen aan die titel van 'n boek, *Die Permanente Revolusie, Gevolge en Vooruitsigte* deur die Russiese revolusionêr Leon Trotski (wat deur ortodokse Kommuniste as 'n verwerplike verraaier beskou is).

In die betrokke besprekingsdokument volg dan 'n interessante sin: "We anticipate that when power passes to the people, competing parties with rival programmes will appeal to different sections of the electorate by stressing special interests at the expense of the general good and the welfare of the less privileged black majority." Dit kan selfs daatoe lei dat die ANC, die SAKP en die vakbondfederasie Sactu "might become rivals in a ruthless war of words". In sulke omstandighede "it is conceivable, even likely, that governments will cease to carry out the will of the people".

Daar is gevolglik voorgestel dat die progressiewe kragte saamgesnoer word in 'n nasionale front, bestaande uit die ANC, SAKP en Sactu.[84]

'n Paar maande later het die komitee sy voorstelle vir 'n nuwe grondwet aan die ANC se NUK voorgelê. Aan die een kant word gepraat van "the adoption of a multi-party system and an open press". Andersyds egter: "The prevention of the resurgence of racist policies, programmes and practices, whether in old form or new", asook "the advocacy of racism, fascism, nazism, tribalism or regionalism shall be outlawed."[85]

Wat 'n mens in al dié idees kan lees, is 'n duidelike gebrek aan geesdrif vir die liberale model van 'n veelpartydemokrasie. Maar dis asof die ANC hom tog op dié model begin voorberei.

Terselfdertyd is nagedink oor die ander heilige koei van die sosialisme – nasionalisering. In nog 'n memorandum is gestel dat die stryd om politieke bevryding nie geskei kan word van die stryd vir die beheer oor die "commanding heights of the economy" nie. Aangesien talle groot maatskappye reeds deur die staat besit word (Yskor, Eskom, Sasol, ensovoorts), sou nasionalisering geen nuwe verskynsel in Suid-Afrika wees nie, is geredeneer. Nietemin word (en dis ook 'n nuwe ontwikkeling) gewaarsku "that the creation of state monopolies would not necessarily be the best way and solution to the problem and as such should be guarded against". Daar moenie ingemeng word waar die nywerheid en handel geen monopolie vorm nie.[86]

Dit wys dat daar ook op die terrein van ekonomiese beleid barste in die keiharde ekonomiese benadering van tot dusver was.

'n Derde swaeltjie in die lug was die kwessie van onderhandeling. Nadat die reformistiese pres. Michail Gorbatsjof in 1985 die leiding in die Kremlin oorgeneem het, het hy besluit om uit te skei met sy aandeel in streekskonflikte. Die Kremlin het dus begin druk uitoefen op die ANC, aanvanklik baie ligweg, maar later steeds meer, om met die apartheidsregering te onderhandel.

Eers was die dominante Kommuniste in die ANC onwillig om die idee van 'n totale oorwinning te laat vaar. Dit sou immers hul tweede – sosialistiese – fase van die revolusie in die wiele ry. Selfs nog in 1989 het die SAKP by sy sewende kongres in Havana, Kuba, verklaar: "We should be on our guard against the clear objective of our ruling class and their imperialist allies who see negotiation as a way of preempting a revolutionary transformation which goes beyond the reform limits of the present regime but which will, at the same time, frustrate the basic objectives of the struggling masses. *And they hope to achieve this by pushing the liberation movement into negotiations before it is strong enough to back its basic demands with sufficient power on the ground* (my kursivering)."[87]

Uiteindelik het die "gematigdes" gewen. In Augustus 1989 het die Organisasie vir Eenheid in Afrika die sogenaamde Harare-verklaring aanvaar (wat in werklikheid deur die ANC opgestel is), waarin alle Suid-Afrikaners aangemoedig is "to get together to negotiate an end to the apartheid system".[88]

Toe die Berlynse Muur op 9 November 1989 val, was genoeg mense dus al besig om 'n vrugbare bedding vir die saad van onderhandeling voor te berei.

15

Die ANC/SAKP en die Sowjetunie (1)

Voordat ons by die klimaks van ons beskouing kom, moet ons eers die tema van die ANC/SAKP en die Sowjetunie onder die loep neem. Dit help 'n mens om die alliansie se tyd in ballingskap goed te verstaan.

Die geykte siening van die bondgenootskap tussen die ANC/SAKP en die Sowjetunie is dat dit 'n gerieflikheidshuwelik was, sonder ideologiese affiniteit. In haar hagiografie van Oliver Tambo skryf die Marxistiese historikus Luli Callinicos byvoorbeeld dat Tambo altyd sy onafhanklikheid teenoor die Sowjetunie behou het. Haar enigste bron is egter 'n uitspraak van pres. Julius Nyerere van Tanzanië.[1] Die skrywer Nadine Gordimer en Nelson Mandela se biograaf, Anthony Sampson, meen ook: "To compare the black South African Communists with the Moscow apparatchiks has always been misleading".[2]

Die Suid-Afrikaanse joernalis Max du Preez skryf dat die Suid-Afrikaanse Kommunistiese Party "nie sommer so gelyk gestel kan word aan die verfoeilikhede van Stalin of die vergrype van opeenvolgende Moskou-regimes nie".[3] Thomas Karis, 'n Amerikaanse politieke wetenskaplike wat wyd oor Suid-Afrika nagevors en geskryf het, meen eweneens die meeste mense wat iets van die Suid-Afrikaanse swart politiek weet, "do not believe that the ANC is dominated or controlled by the South African Communist Party". Inteendeel, "non-Communist African leaders work with Communists for their common end of opposing white domination".[4] En as 'n mens die Russiese akademikus Wladimir Sjoebin, wat destyds die Sowjetunie se betrekkinge met die ANC/SAKP bestuur het, kan glo, het die Sowjetunie die ANC/SAKP uit suiwer idealistiese en altruïstiese motiewe gesteun, bloot omdat Suid-Afrika sulke fantastiese mense gehad het.[5]

'n Mens kan uiteraard sinies verwys na die miljoene se steun wat die ANC/SAKP uit die Sowjetunie ontvang het[6] (90% van MK se – weliswaar dikwels verouderde – militêre toerusting was uit dié land afkomstig[7]), maar dit vertel slegs 'n baie beperkte deel van die verhaal. Opsommenderwys het die alliansie sy bewondering vir en bondgenootskap met die Sowjetunie op 'n intens gedeelde ideologie en waardes gebaseer.

Eintlik is die verhouding tussen die ANC/SAKP en die Sowjetunie, verbasend genoeg, nog nooit behoorlik nagevors nie. Hierdie bespreking is, sover bekend, die eerste poging om dit op grond van die ANC/SAKP se eie openbare uitsprake te analiseer. Dit is hoofsaaklik gebaseer op die alliansie se eie publikasies, te wete *Sechaba*, *Mayibuye* (ANC), *Dawn* (MK), *The African Communist* en *Umsebenzi* (SAKP).

Wat die SAKP betref, het Jeremy Cronin, 'n latere adjunk-sekretaris-generaal van die SAKP, heel eerlik daarop gewys dat dit nie die volle waarheid sou wees om te beweer dat sy party in die apartheidstyd "itself a victim of the gulag [was], and not the master of the gulag" nie. Hy het vervolg: "[T]here was also a solidarity and complicity between the 'communism of the south' and the 'communism of the east' – and that has to be unravelled, confronted honestly, responsibilities must be assumed, lessons learned."[8] En 'n gewese SAKP-lid, Paul Trewhela, het later reguit verklaar:

> Whatever the twist in the Soviet Union they twisted in SA. That for one is a deeply Stalinist approach. The SACP, following Khrushchev, uttered words about the bad things that had been done against loyal communists in the 1930s by Stalin. A very Brezhnevite party. ... The manner in which the ANC, with CP members very prominent in its leadership, set up this chain of prison camps across Africa and the status of the ANC Security Department within the organisation as a whole, as a power in itself, that is deeply Stalinist. So no leader of the ANC today who went through that experience, particularly in exile, escaped being formed by that Stalinist ethos ... [9]

Ronnie Kasrils het dit geëggo: "[B]ecause people in that period were really unquestioning of the Soviet Union, whether you were Communist Party or ANC and it was always regarded as something a little strange if a person was critical".[10] Nog 'n prominente Kommunis, Garth Strachan, was ewe reguit: "Although it has become popular not to admit this now, at the time – at least in the circles where I moved and up to the mid or late 1980s – the reality was that in [the] ANC … there was a kind of pro-Soviet hysteria."[11] Dit is heel waarskynlik ook aangehelp deur die feit dat die Sowjetunie (en ander kommunistiese moondhede agter die Ystergordyn) die ANC/SAKP deur dik en dun gesteun het.

Die sentrale vraagstuk wat hier behandel word, is dus tweërlei. Ten eerste: Watter ooreenkomste of verskille was daar tussen die wêreldbeskouing van die Sowjetunie enersyds en die SAKP en ANC andersyds? En tweedens, hoe ver van of na aan mekaar was die standpunte van die twee groepe deur die jare oor die belangrikste strydpunte in die internasionale politiek?

Die Sowjetwêreldbeskouing

Tydens die Koue Oorlog het geleerdes onder mekaar gestry oor die vraag wat die Kremlin nou eintlik ten diepste in die formulering van sy buitelandse beleid motiveer: Tradisionele magspolitiek met geopolitieke uitgangspunte (iets wat by Westerse lande immers ook swaar weeg) of die Marxisties-Leninistiese ideologie? Wel, dié vraag is intussen beantwoord deur twee Russiese historici wat nadat die Sowjetunie in 1991 uitmekaargeval het uitvoerige navorsing in die Sowjetargiewe gedoen het.

Hulle identifiseer twee faktore, naamlik die "traditional messianism and Marxist ideology". Dit het in die 1920's so uitgekristalliseer en so gebly tot die einde van die Sowjetunie in 1991. Wat die jare van die Koue Oorlog betref, meen hulle ook, is die Sowjetunie se uitbreidingsdrang bepaal deur "the imperial tradition of Russia, reinforced by Marxist globalism".[12]

Dit is alles begin deur Karl Marx en sy vriend Friedrich Engels. Die kern van hul wêreldbeskouing kan opgesom word in die woord "wêreldrevolusie". In die Kommunistiese Manifes het hulle geskryf: "Die arbeiders het geen vaderland nie. Jy kan nie van hulle wegneem wat hulle nie het nie … Die nasionale skeidings en teenstellings van die volke verdwyn steeds meer en meer … Die heerskappy van die proletariaat sal dit nog meer laat verdwyn … Namate die uitbuiting van die een individu deur die ander opgehef word, word die uitbuiting van die een nasie deur die ander opgehef. Met die teenstelling van die klasse binne die nasie, val die vyandige houding van die nasies teenoor mekaar weg."[13]

Die manifes is met die bekende leuse afgesluit: "Proletariërs van alle lande, verenig!"[14]

Die revolusionêre potensiaal hiervan is duidelik. Nie alleen het Marx, Engels en Wladimir Lenin 'n einde aan alle oorloë en permanente vriendskap tussen alle mense, nasies en volke beloof nie; die implikasie was dat ook koloniale uitbuiting beëindig sou word – iets wat op verdruktes in die Derde Wêreld, met inbegrip van Suid-Afrika, 'n diep indruk gemaak het. Dit was die fondament van 'n begrip wat 'n mens dikwels in die Marxistiese literatuur teëkom, ook in dié van die ANC/SAKP, te wete *proletariese internasionalisme*. Later sou die Kubaanse ingryping in Afrika byvoorbeeld op grond hiervan gemotiveer word.[15]

Lenin het die saak 'n stap verder gevoer met die publikasie van sy pamflet *Imperialisme, die hoogste stadium van kapitalisme* in 1917. Daarin het hy die uitbreek van die Eerste Wêreldoorlog verklaar met die stelling dat die kapitalisme daartoe lei dat die groot kapitalistiese moondhede die wêreld onder mekaar verdeel en dat hul wedywering om handelsroetes, grondstowwe en mag noodwendig op oorlog uitloop.[16] Dit het in die Leninistiese woordgebruik bekend gestaan as imperialisme en was die belangrikste bousteen in die Marxisties-Leninistiese ideologie om die internasionale politiek mee te verklaar, een wat later letterlik duisende kere in die ANC/SAKP-literatuur sou voorkom.

Lenin was aanvanklik van mening dat die geslaagde revolusie in Rusland spoedig na die res van die wêreld sou oorspoel, wat nie gebeur het nie. Ofskoon hy êrens in die toekoms 'n oorlog tussen sy eie revolusionêre staat en die res van die wêreld verwag het, moes hy hom voorlopig daarby neerlê dat sy eie land die enigste sosialistiese staat sou bly.[17] Hy het nietemin in 1920 verordineer dat kommunistiese partye elders in die wêreld 21 voorwaardes moes nakom, insluitende "ysere proletariese internasionalisme", wat deur Robert Gellately, 'n Kanadese historikus en kenner van die geskiedenis van die Koue Oorlog, vertolk word as "subordinating themselves completely to Moscow".[18] Lenin is egter dood voordat hy sy internasionale politieke teorie verder kon uitwerk.

Stalin, sy opvolger, moes 'n harde magstryd teen Leon Trotski voer, een van Lenin se prominentste luitenante. Trotski wou die revolusie dadelik na die res van die wêreld uitvoer, maar Stalin het wyslik ingesien dat dit beter sou wees om eers die wortels van die kommunistiese stelsel in die Sowjetunie goed te laat inslaan voordat daar verder gekyk word.[19] Sy kans sou in die laaste maande van die Tweede Wêreldoorlog kom, toe die

Rooi Leër die grootste deel van Sentraal- en Oos-Europa beset het. In die eerste jare daarna het die Sowjets hul wurggreep op die besette lande gekonsolideer en, in die woorde van Winston Churchill, 'n ystergordyn oor die Europese vasteland laat neerdaal.

Stalin het self geen besondere bydrae tot die Marxisties-Leninistiese teorie van internasionale betrekkinge gelewer nie, ofskoon hy sowel voor as ná die Tweede Wêreldoorlog die langtermynideaal gekoester het om die hele Europa tot aan die Atlantiese Oseaan onder Sowjet-heerskappy te bring. Maar sy praktiese buitelandse beleid van ná die oorlog was meer daarop gemik om die militêre heerskappy van die Rooi Leër in Sentraal- en Oos-Europa in politieke heerskappy te omskep.[20] Dit het aanleiding gegee tot die langdurige Koue Oorlog, 'n periode waarin die wêreld in twee magsblokke – die Westerse Navo en die kommunistiese lande van die Warschauverdrag – sou uiteenval.

Stalin is in 1953 dood en die taak om die Sowjetverowerings van 1945 te beveilig het op die skouers van Nikita Chroesjtsjof geval. Chroesjtsjof het twee verfynings aan Stalin se naoorlogse buitelandse beleid aangebring. Die eerste was die gevolg van sowel Amerika as die Sowjetunie se verkryging van kernwapens. Dit het die prys van oorlog – totale wedersydse uitwissing – eenvoudig onbetaalbaar hoog gemaak. Vreedsame naasbestaan tussen die kommunistiese en die kapitalistiese blok het daarom Chroesjtsjof se wagwoord geword.

Desondanks het die wêreld meer as een keer, veral met die Kubaanse missielkrisis van 1962, op die randjie van 'n kernafgrond gehuiwer. Ook die Berlynse krisis, toe die Oos-Duitse regime in 1961 met die bou van die berugte Muur begin het om die massale stroom vlugtelinge na Wes-Duitsland stop te sit, het geweldige spanning veroorsaak.[21]

Die tweede verfyning het in 1960-1961 gekom en is vir ons doeleindes van nog groter belang. Dit het saamgeval met die onafhanklikwording van die Westerse kolonies, wat sedert die 1950's soos 'n golf oor die wêreld gespoel en die aangesig van die internasionale politiek ingrypend verander het. Volgens vertroulike dokumente wat kort ná die val van die Sowjetunie na die Weste gesmokkel is, het Chroesjtsjof op aandrang van die KGB dus 'n nuwe geheime beleid aanvaar wat die Derde Wêreld van die periferie van die Sowjetunie se buitelandse beleid tot in die middelpunt daarvan getrek het.[22]

In 'n geheime toespraak in Moskou in Januarie 1961 het die Sowjetleier aangekondig dat die Sowjetunie die Weste deur sy ondersteuning van die "heilige" anti-imperialistiese stryd van die Derde Wêreld "op sy knieë" sou dwing. Die dinamiese leier van die KGB, Alexander Sjeljepin, was ekstaties en hy het Chroesjtsjof se steun gewen vir die nuwe strategie van steun aan nasionale bevrydingsbewegings (soos die ANC). Die eintlike teiken was uiteraard die belangrikste teenstander, Amerika. Nikolai Leonof, later 'n prominente KGB-amptenaar, het onthou: "Basies is ons natuurlik gelei deur die idee dat die lot van globale konfrontasie tussen die Verenigde State en die Sowjetunie, tussen kapitalisme en sosialisme, in die Derde Wêreld beslis sou word. Dit was die basiese uitgangspunt."[23]

Wassili Solodownikof, een van die argitekte van die beleid, het bevestig dat die motief nie soseer materieel was nie, maar ideologies. "Ons was seker dat ons die ryk Weste verswak, waarvan die ekonomieë op kolonialisme en goedkoop natuurlike hulpbronne gebaseer was." Die Koue Oorlog, het hy gesê, is geveg op die rug van Afrikane, Arabiere, Afgane, Viëtnamese en Kambodjane.[24]

Chroesjtsjof se opvolgers het hierop voortgebou. Volgens die Duitse geleerde Wolfgang Leonhard, self 'n gewese kommunis, is die Sowjetteorie strykdeur op die uitgangspunt gebou dat 'n globale revolusionêre proses aan die gang was wat deur die Sowjetunie gesteun, gerig en bestuur moes word. Volgens dié beskouing is die internasionale politiek gekenmerk deur die onstuitbare vervanging van die kapitalisme en die imperialisme deur die sosialisme. Die proses is volgens hom gedryf deur drie kragte, te wete die regerende kommunistiese partye van die Sowjetblok, die kommunistiese partye in die Westerse wêreld en die nasionale bevrydingsbewegings in die Derde Wêreld. Uiteindelik, so is (ooreenkomstig Lenin se denke) geglo, sal die onvermydelike krisis in die kapitalistiese wêreld tot die sosialistiese oorwinning lei.[25] Die Noorse historikus Odd Arne Westad bevestig dat die minerale rykdomme in Suider-Afrika ook 'n rol gespeel het, hoofsaaklik deur die strewe om die VSA toegang daartoe te ontsê, maar dit was 'n ondergeskikte rol.[26]

Daarom het Leonid Brezjnjef, Chroesjtsjof se opvolger, gemeen die beginsel van vreedsame naasbestaan tussen die twee magsblokke geld nie vir die Derde Wêreld nie.[27] Dus het die Sowjetunie hom die reg voorbehou om op talle plekke in die Derde Wêreld – Viëtnam, Angola,

Ethiopië, ensovoorts – in te gryp. Op 'n internasionale byeenkoms van kommunistiese partye in Moskou in Junie 1969 is verklaar dat vreedsame naasbestaan nie die reg van verdrukte klasse ontken om vir hul bevryding te veg nie. Dit beteken ook nie 'n verswakking van die ideologiese stryd nie; inteendeel, dit bevorder die klassestryd teen die imperialisme. Laasgenoemde het sy inisiatief verloor en kan nie sy magsposisie herwin nie: "Die hoofrigting van die mensdom se ontwikkeling word bepaal deur die wêreld- sosialistiese stelsel ..." Maar, het die kommuniste gemeen, 'n kapitalistiese wêreld wat aan die degenereer is, is op sy gevaarlikste.[28] Dis woorde en begrippe wat ons weer sal teëkom.

Nietemin het die Kubaanse leier, Fidel Castro, in 1977 in 'n vertroulike gesprek met die Oos-Duitse staatshoof, Erich Honecker, 'n streng ideologiese standpunt ingeneem. Volgens die notule van die gesprek het hy gesê die bevrydingstryd in Afrika het 'n goeie toekoms, want die "imperialiste" kan nie die verloop van sake terugdraai nie. "Die bevrydingstryd is die mees morele ding wat bestaan. As die sosialistiese state die regte standpunte inneem, kan hulle baie invloed verwerf. Hiér is waar ons die imperialiste swaar slae kan toedien ... In Afrika kan ons die hele reaksionêre imperialistiese beleid 'n swaar nederlaag besorg. Ons kan Afrika van die invloed van die VSA en die Chinese bevry."[29] Dit was 'n bevestiging van die Sowjetkamp se oortuiging dat die Derde Wêreld (en dit het uiteraard Suid-Afrika ingesluit) die sleutel was om die Weste op sy knieë te dwing.

In die voorwoord van 'n publikasie van die Duitse Demokratiese Republiek waarin alle openbare uitsprake van die Oos-Duitse regering oor apartheid en Suid-Afrika tot 1977 saamgevoeg is, word geskryf dat die koms van die sosialisme die koloniale stelsel 'n nekslag toegedien het deurdat die algemene krisis van die kapitalisme daardeur na die koloni-alisme uitgebrei is. Intussen is die voortbestaan van rassisme en fascisme 'n uitdrukking van die "imperialistiese verdrukkingsbeleid" wat die "samehang tussen imperialisme, rassisme, apartheid en kolonialisme" bewys. Volgens die boek kan die apartheidsregime op die steun van die kapitalistiese Weste reken omdat hulle die "grootste winste gemaak het wat veral die internasionale monopolieë uit die leidende Navo-state ten goede gekom het". Die voorwoord verwys veral na "strategies belangrike grondstowwe, gunstige kapitaalverwerwingsvoorwaardes, goedkoop

arbeidskragte en die strategies belangrike posisie van die apartheidsre-
gime aan die suidpunt van Afrika en aan die internasionaal belangrike
seeroete van Asië na Europa" as motiewe vir die steun.[30]

Dit was onder meer teen dié agtergrond dat die Sowjetunie die ANC
en die SAKP beskou het. In 1959 het 'n boek deur Joeri Joedin van die
Sowjetakademie vir Wetenskappe in Moskou se Afrika-Instituut verskyn
waarin die SAKP aangeprys is as die fondament van "progressiewe en
demokratiese kragte in Suid-Afrika in die stryd teen imperialisme".[31]
In 1995 het genl. Oleg Kaloegin, gewese hoof van die KGB se afdeling
buitelandse teeninligting, op 'n besoek aan Suid-Afrika gesê die Kremlin
het destyds die ANC geteiken "for penetration, subversion and final
takeover". Enigsins sinies het hy bygevoeg: "The ANC was just another
liberation movement exploited by the Soviets."[32]

Dít was dan kortliks die basiese denkraamwerk waarbinne die besluit-
nemers in die Kremlin na die wêreld gekyk het.

Die ANC/SAKP voor ballingskap

Die aanvaarding van die Sowjetunie se wêreldbeskouing wat die ANC/
SAKP in ballingskap so gekenmerk het, het inderwaarheid reeds lank
voor die aanvang van die alliansie se ballingskap in 1960-1961 begin.
Dat die destydse Kommunistiese Party van Suid-Afrika (KPSA) en sy
opvolger ná 1950, die Suid-Afrikaanse Kommunistiese Party (SAKP)
die Sowjetunie reeds sedert die laat 1920's onkrities gesteun het, is
welbekend en goed gedokumenteer.[33] In 1939 het die party byvoorbeeld
Josef Stalin se nieaanvalsverdrag met Nazi-Duitsland – wat op 'n
ideologiese bollemakiesie van dodelike vyandskap na bondgenootskap
neergekom het – ondersteun. Die oorlog tussen Duitsland aan die een
kant en Brittanje en Frankryk aan die ander kant is dus voorgestel as 'n
kapitalistiese stryd waarmee egte sosialiste niks te make wou hê nie. En
toe Rusland en Duitsland in 1941 deur die Duitse inval in 'n oorlog met
mekaar betrokke raak, het die KPSA net gemaak of die verdrag van 1939
nooit bestaan het nie.[34]

Feit is dat die Suid-Afrikaanse Kommuniste feitlik alle kritiese
vermoëns rakende die Sowjetunie laat vaar het, waarskynlik om verskeie
redes: Omdat die maatskaplike onreg in Suid-Afrika so groot was, omdat
die Afrikanernasionalisme sedert die 1930's uiters onverdraagsaam en

verstikkend geword het, omdat die posisie van die Kommuniste al hoe moeiliker geword het en omdat die Sowjetunie die enigste beduidende moondheid was wat, sy dit vanuit die kommunistiese filosofie, hoop op uitkoms gebied het.

Jare later sou Joe Slovo, toe leier van die SAKP wat die hele onstuimige geskiedenis self meegemaak het, dit met die voordeel van agternakennis, só verduidelik:

> You must remember the Soviet Union was the only worker-state in our eyes for many years, surrounded, vilified, isolated. The whole of the international media was engaged in a campaign of what we considered to be slander, vilification, trying to destroy socialism, both physically and in the West, ideologically. Therefore, there was a defensiveness which led to automatic reflexes not to believe any of the negative things that were said to defend the only sort of oasis of what we consider to be socialism.[35]

By 'n ander geleentheid het hy erken dat die Suid-Afrikaanse Kommuniste se houding oor die internasionale politiek bepaal is deur "blind adherence to the decisions of the Soviet Communist Party".[36] Binne die party was dit volgens Slovo "almost risky and counterproductive" om daaroor te verskil.[37]

Ander Suid-Afrikaanse Kommuniste het dieselfde soort blinde, emosionele lojaliteit teenoor die Sowjetunie getoon. Bram Fischer, die onwrikbare Afrikanerkommunis, verskaf goeie navorsingsmateriaal vir dié houding. Reeds in 1932, toe hy nog 'n student in Oxford was, het Fischer die Sowjetunie besoek en gloeiende briewe vol bewondering vir die land se "prestasies" huis toe geskryf. Volgens sy biograaf het hy wel duisende mense by stasies en langs die strate en paaie gesien, maar dit het nooit tot hom deurgedring dat die land presies toe in waarskynlik die ergste hongersnood in sy geskiedenis vasgevang was nie.[38] Dit was 'n hongersnood, kunsmatig afgedwing deur Stalin, om die landbou te kollektiviseer en wat in 1932-'33 die lewe van sowat ses miljoen mense gekos het – ironies, min of meer dieselfde as die getal Jode wat Adolf Hitler vermoor het.[39] 'n Paar jaar later het Fischer Stalin se suiwerings verdedig met die argument dat die aangeklaagdes elkeen 'n verdediging gehad het, dat hulle almal skuld erken het en dat die res bloot Westerse propaganda was.[40]

Ondanks groeiende getuienis in die vroeë 1950's oor Stalin se wandade wou Fischer niks daarvan hoor nie. Eers toe hy in 1956 van Nikita Chroesjtsjof se onthullings daaroor hoor, het hy dit aanvaar, maar volgens 'n ooggetuie was "egte skok" op sy gesig te sien. Sy lojaliteit aan die Sowjetunie was steeds rotsvas. Nou weet Kommuniste wat hulle vorentoe moet vermy, was sy houding. Ook toe die Sowjetunie Hongarye in dieselfde jaar binneval, het hy blindweg aan sy oortuigings vasgehou. Hy het geredeneer dat hy lojaal móés bly, want as een staat in die kommunistiese kamp val, sou al die ander mettertyd volg. By vriende wat die SAKP om dié rede wou verlaat, het hy gepleit: "You're misjudging what is going on. There must be a reason for it."[41] Selfs in die tronk wou hy in gesprekke met die Trotskiïs Baruch Hirson niks toegee nie. "Talking to Bram about events in the USSR was an excercise in frustration. He steadfastly closed his ears to any criticism of what happened, past and present, or even future," het Hirson later onthou.[42]

En Alan Lipman, 'n prominente lid van die SAKP wat later bedank en 'n anargis geword het, het vertel hoe hy deur sy eertydse kamerade sosiaal verwerp en vermy is nadat hy kritiek op die Sowjet-inval in Tsjeggo-Slowakye in 1968 uitgespreek het.[43] Veel later sou Joe Slovo erken: "We kept silent for too long after the 1956 Khrushchev revelations."[44]

Dié onkritiese steun blyk ook uit openbare geskrifte uit die tyd. Dan Tloome, wat later 'n leidende figuur in die ANC en SAKP sou word, het Stalin vlak voor sy dood beskryf as "a man of great intellectual capacity, a profound thinker" en as 'n mens met "the greatest love for human beings".[45] En met sy dood het Sam Kahn, wat tot 1950 namens swart kiesers in die Volksraad gesit het, gesê "the Russian earth shook with the sobbing of millions",[46] terwyl Moses Kotane, later leier van die SAKP, in 'n verklaring gepraat het van a "grievous loss". Kotane se motivering was in die Suid-Afrikaanse konteks wel begryplik, "because it was in his policy of racial equality that we found inspiration".[47]

Rusty Bernstein, een van die leidende ideoloë in die party wat effens later die outeur van die ANC se Vryheidsmanifes sou word, het in 1953 'n ontleding van die toe pas afgelope Koreaanse Oorlog geskryf waarin hy jou werklik waar beweer het dat die vreedsame Noord-Korea in 1950 sonder aanleiding deur Amerika en die kapitalistiese Suide aangeval is![48] In 'n ontleding van alle oorloë sedert 1945 het die sosialistiese blad

Liberation (onder die redakteurskap van Dan Tloome) in 'n hoofartikel daarop aanspraak gemaak dat die Sowjetunie hom aan geen enkele aggressie skuldig gemaak het nie. Daarteenoor het hy sterk klem gelê op die "aggressiewe oorlog van die imperialiste" teen die "koloniale mense" in Asië, Afrika en Suid-Amerika.[49]

Dit is in 1956 opgevolg met 'n analise van die Suez-oorlog tussen Brittanje, Frankryk en Israel enersyds en Egipte andersyds en van die Sowjetinval in Hongarye. Eersgenoemde was volgens die analise 'n tipiese kapitalistiese "blatante aggressie" van die "Engelse en Franse imperialiste" om te plunder – "[t]hey want to grab the Suez Canal: "The British and French ruling classes are serving notice that the territories and resources which they seized by force, they intend to hold by force." Daarteenoor is die Sowjettroepe in Hongarye in ooreenstemming met die volkereg. Die ingryping in dié land het slegs geskied toe die regering van premier Imre Nagy "unilaterally denounced the Warsaw Treaty and openly called for military aid from the West that Soviet troops again moved into action ... and safeguard the fruits of twelve years socialist reconstruction ... These acts cannot properly be described as 'aggression'. . ."[50]

Ná Chroesjtsjof se onhullings in 1956 oor Stalin se misdade het Michael Harmel geskryf oor laasgenoemde se "services of incalculable value to the cause to which he devoted his life". Maar dit was nodig om die valse beeld van "an infallible miracle-worker" te korrigeer, want dit het geleidelik gelei tot "a position where the democratic procedures laid down in the rules of the Party were neglected ..."[51]

Dit is waar dat die Chroesjtsjof-onthullings en die inval in Hongarye die onwrikbares van stryk gebring het. Maar, skryf Ben Turok, 'n hoogs eiesinnige en onafhanklik denkende kommunis, hulle het spoedig wéér ortodoks geword: "[T]he whole party followed suit in not wanting to see wrongdoing, and it took another 30 years and the total collapse of Eastern Europe before the same crisis of confidence was repeated."[52]

In sy eerste uitgawe het die SAKP se intellektuele kwartaalblad, *The African Communist*, eweneens ontken dat daar so iets soos Sowjet-imperialisme is. Die blad het dit gemotiveer met die hoogs ideologiese stelling dat daar geen kapitalistiese stand in die Sowjetunie is wat by die uitbuiting van kolonies kan baat vind nie. In woorde wat in die lig van die latere geskiedenis enigsins ironies oorkom, het die blad vervolg:

"Communists believe in self-determination that all people have the right to govern themselves, in the interest of their own people."[53]

Dit het verder gegaan as bloot die ondersteuning van die Sowjetunie se internasionale optrede; ook die land se ideologie en stelsel is aangeprys. So het *Liberation* verskeie artikels geplaas met die strekking dat die kolonialisme (ooreenkomstig Lenin se siening van 1914, wat hierbo behandel is) 'n manifestasie van die hoogste en gevaarlikste fase in die geskiedenis van die kapitalisme – imperialisme – is. Albei wêreldoorloë is aan die onderlinge wedywer tussen die kapitalistiese moondhede toegeskryf. Apartheid in Suid-Afrika is gesien as 'n verlengstuk van die Westerse kolonialisme, as een van die "last-ditch defenders of Anglo-American domination, running-dogs of imperialism".[54]

Michael Harmel, ook 'n voorste SAKP-ideoloog, het die verbod in die Sowjetunie op die Nobelpryswenner Boris Pasternak se roman *Dr. Zjiwago* geesdriftig verdedig,[55] terwyl 'n jeugdige Joe Matthews (wat later in sy lewe sy rug op die kommunisme sou keer) die Westerse vorm van demokrasie afgewys het omdat dit identies met "koloniale slawerny" sou wees. "The whole world is marching to socialism and the only argument is how to carry out the re-organisation of society on the basis of socialism," was sy mening.[56]

Dít was die kaliber onwrikbare oortuiging wat algemeen in die SAKP aanwesig was. Maar omdat die leiers van die SAKP in die loop van die 1950's 'n steeds belangriker rol in die ANC begin speel het, het die Kommuniste se voorkeur vir die kommunistiese wêreld en hul afkeer van die kapitalistiese Weste ook na die ANC begin deursyfer.

In 1939 het die ANC nog nie langs dieselfde vuur as die KPSA gesit nie en in teenstelling met die Kommuniste deelname aan die Tweede Wêreldoorlog voorgestaan.[57] Maar teen die 1950's het sake verander. In 1954 het die ANC se nasionale konferensie 'n resolusie aanvaar om die "ruling clique of America" te veroordeel omdat dié 'n derde wêreldoorlog wil laat uitbreek "through the creation of war pacts such as N.A.T.O. and S.E.A.T.O, and the whole plan to rearm German Nazis".[58] Op aandrang van Albert Luthuli het die ANC in 1956 wel die "ruthless intervention of Soviet Russia" in Hongarye veroordeel en gesê die beweging voel "a sense of disappointment and regret at the bloodshed in Hungary".[59]

Opsommenderwys is dit duidelik dat daar reeds in die 1950's geen verskille tussen die wêreldbeskouing van die Sowjetunie en die Suid-Afrikaanse Kommuniste was nie. En tussen die SAKP en die ANC was die verskille gering. Natuurlik is hul anti-Westerse houding onder meer bepaal deur die feit dat die Europese moondhede nou eenmaal groot dele van die Derde Wêreld beset en onderdruk het. Selfs die blad *Liberation* het met die onafhanklikwording van Ghana in 1957 'n ekstatiese kommentaarartikel geplaas wat deur enige Afrikanasionalis onderskryf kon word.[60] Maar die oorheersende Marxisties-Leninistiese invloed is te onmiskenbaar om te ïgnoreer.

Die SAKP se wêreldbeskouing in ballingskap

Ons het hierbo gelet op Lenin se leerstelling dat die kapitalistiese moondhede se onderlinge wedywer om hulpbronne en markte nood-wendig op die duur op 'n groot oorlog moet uitloop, dat die kolonialisme 'n noodwendige uitvloeisel van dié wedywer is en dat 'n uiteindelike sosialistiese oorwinning 'n ewe noodwendige vooruitsig is. In die literatuur van die ANC en SAKP kom soortgelyke oortuigings male sonder tal voor.

Reeds in 'n propagandapamflet van 1961 het die SAKP-leiers geskryf dat die kapitalisme gedoem is: "The United States of America and other Imperialist Countries stagger from one terrible crisis to another. The only future that Capitalism can offer is another terrible World War, fought with Atomic weapons that can wipe out millions of people ..."[61]

Die eerste kans wat die SAKP in ballingskap gekry het om hom omvattend oor sy wêreldbeskouing uit te spreek, was met die aanvaarding van sy program van 1962, *The Road to South African Freedom*, wat tot met die vervanging daarvan in 1989 die party se sentrale ideologiese rigsnoer was. Daarin is die kommunisme die dinamiese sosiale en politieke mag "of our times" genoem, waarvoor reeds meer as 'n derde van die mensdom gekies het. Die Marxistiese wêreldbeskouing, oftewel dialektiese materialisme, word verklaar, stel mense in staat om die wette van verandering te verstaan. Kragtens dié wette is die kommunisme die hoogste stadium van menslike ontwikkeling. In navolging van Lenin is die imperialisme as die hoogste en laaste fase van die kapitalisme beskou. Dit is terselfdertyd ook die oorsaak van kolonialisme, aangesien die koloniale moondhede Afrika, Asië en Latyns-Amerika ter wille van groter winste onderwerp het. Een van die uitvloeisels van die imperialisme was die uitbuiting van die kolonies en die ontwerp van rasseteorieë, "which culminated in Hitler's Germany and Verwoerd's South Africa".[62]

Nes Lenin (en Mandela!) het die program verklaar dat imperialisme tot oorlog lei "on a scale and of a frightfulness previously unknown in human history". Die oorlog van 1914-1918 was 'n regstreekse uitvloeisel hiervan.[63]

Die kapitalisme, is met stelligheid verklaar, is verouderd. Dit maak plek vir die "new and higher social order of socialism and communism", 'n stelsel wat alle probleme sal oplos. Die Russiese Revolusie van 1917 het 'n nuwe era in die menslike geskiedenis ingelui, iets wat miljoene mense regoor die wêreld geïnspireer het. Vrywel die hele Asië en die grootste deel van Afrika het die koloniale juk afgewerp. Maar die stryd is nog nie gewonne nie, want die grootste struikelblok lê in die aggressiewe planne van die internasionale imperialisme. Die imperialisme het nie sy aard verander nie, aldus die program. Die kapitaliste en imperialiste is voortdurend besig met nuwe dade van aggressie om die onstuitbare beweging na "national independence and socialism" te keer. "They threaten the world with nuclear destruction."[64]

Intussen is dit egter nie meer die imperialiste wat die inisiatief hou nie, maar die sosialistiese moondhede: "We live in an epoch of struggle between two opposing social systems, an epoch of socialist and national liberation revolutions, of the breakdown of imperialism and the abolition of the colonial system. It is an epoch of more and more peoples to the socialist path and the triumph of socialism and communism on a world-wide scale."

Maar dit sal nie vanself gebeur nie; dit kan slegs plaasvind "through struggles of the masses of the people, headed by the most advanced, resolute and revolutionary class, the working class". En dit moet alles gebeur onder die leiding van "the highest form of working class organisation", die Marxisties-Leninistiese party, "the most advanced, conscious and determined section of the class".[65]

Dit is duidelik dat die SAKP in sy wêreldbeskouing volledig ortodoks was. Trouens, die deel van die program wat ons pas behandel het, kon net so wel in Moskou opgestel gewees het.

Regdeur die tydperk in ballingskap het SAKP-woordvoerders nooit van dié lyn afgewyk nie. Net soos in die 1950's het die SAKP die Sowjetunie onkrities beskou as die hartland, vesting en inspirasie van die revolusie.[66]

"The struggle for the liberation of South Africa," het die partyleiers in 1970 in 'n vertroulike omsendbrief verklaar, "is an important and inseparable part of the world-wide fight against imperialism being waged by the socialist countries ..."[67] Die Sowjetunie is geskilder as 'n paradys waar daar geen agtergestelde groepe is nie, "no slums, no illiterates, no unemployed, no homeless, no soup kitchens".[68] Dit was die land waar menseregte nie neerkom op "dole queues, slum stricken housing, rising costs of basic necessities, cuts in education and the health services" nie, maar op "the right to work, rest and recreation, health protection, social maintenance and housing".[69] Dit was dié moondheid wat die magsewewig verander het ten gunste van vrede, die verdruktes en uitgebuitenes.[70]

Met ander woorde, 'n paradys op aarde.

In sy eerste nuusbrief, bekend as *Inkululeko*, het die SAKP in 1971 sy matelose bewondering vir die Sowjetunie nie onder 'n maatemmer weggesteek nie. Die Sowjetunie "has become the pivot around which is being built a world system of socialism which stands four-square behind the struggle against imperialism and for national liberation everywhere". Op sy vergadering kort tevore, aldus die nuusbrief, het die SAKP se sentrale komitee ondersoek hoe hy "could make a more effective contribution to the spreading of Marxism-Leninism and to a deeper understanding of Africa's problems".[71]

Daarom kon die party ook verklaar dat "[w]e have never hidden our admiration for the great October Socialist revolution" wat die Sowjetunie geskep het as "one of the vital factors in the massive decolonisation process".[72] Dus kon Moses Mabhida, leier van die SAKP in die 1980's, met volle oortuiging sê dat die Sowjetunie sedert sy totstandkoming kop en skouers uitstaan "above all capitalist countries as a champion of the liberation movement".[73] Gevolglik was die Sowjetunie in die woorde van Mzwai Piliso (wat berugtheid sou verwerf vir sy rol in die ANC-strafkampe in Angola) "a shining example for us in the era we live".[74] Trouens, Yusuf Dadoo, een van die bekendste SAKP-leiers, het reguit gesê "one's attitude to the Soviet Union is the principal criterion, the touchstone of the sincerity and honesty of every leader of the working-class movement and every democrat".[75] Dus moet kommunistiese partye geen oordrewe klem op onafhanklikheid en soewereiniteit plaas nie.[76]

In die beginjare van sy ballingskap is die SAKP se kommunikasie met die Sowjetunie deur die Britse Kommunistiese Party gekanaliseer, maar in Julie 1960 het Yusuf Dadoo as leier van die party regstreekse bande met Moskou aangeknoop. Van toe af was die kontak regstreeks.[77]

In 1970 het die SAKP in 'n vertroulike nuusbrief aan sy lede bely: "The struggle for the liberation of South Africa is an important and inseparable part of the world-wide fight against imperialism being waged by the socialist countries, the revolutionary working class and their movements for national freedom and independence. Each advance of these allied movements helps our cause and brings its victory closer; and so, too, our fight is of value and importance to all working people and anti-imperialists."[78]

Met ander woorde, die SAKP se strewe sluit naatloos aan by die globale kommunistiese stryd. Die prominente Kommunis, Garth Strachan, het (wel ná 1990) in 'n onderhoud verklaar: "Although it has become popular not to admit this now, at the time – at least in the circle I moved in up to the mid or late 1980s – the reality was that in [the] ANC ... there was a kind of pro-Soviet hysteria".[79] En volgens Ronnie Kasrils het die ANC/SAKP "unquestioning confidence in the integrity and capability of the Soviet Union ..." gehad.[80]

Teen dié agtergrond hoef dit niemand te verbaas nie dat die SAKP hom in die 1970's ook uitgespreek het teen die sogenaamde Eurokommunisme – 'n poging van sekere Wes-Europese kommunistiese partye om die kommunisme met die liberale veelpartydemokrasie te versoen.[81]

Dié soort houding het tewens geïmpliseer dat alle kritiek op die Sowjetunie op verraad neergekom het. So het die kommunistiese skrywer Alex la Guma (seun van James, wat die rigtinggewende gesprek in 1927 in Moskou bygewoon het), in 1978 skerp kritiek op die Sowjetdissident Alexander Solsjenitsin uitgespreek. Die toekenning van die Nobelprys vir Letterkunde aan Solsjenitsin was volgens La Guma deel van 'n antikommunistiese en anti-Sowjet-veldtog", wat die Nobelprys as instrument van die Koue Oorlog ingespan het. Solsjenitsin se beroemde beskrywing van die ekstreme wantoestande in die konsentrasiekampe was "a gross distortion".[82]

Met Leonid Brezjnjef se dood in 1982 het die SAKP se sentrale komitee hom beskryf as "a foremost protagonist for peace, a fighter for the best interests of humanity". Daar is eerbiedig verwys na "the fraternal interest and assistance he displayed towards our cause, the honour he showed to our leaders, the guidance we obtained from his speeches, writings and discussions".[83] Die party se intellektuele blad, *African Communist*, het selfs sy hele toespraak van 1977 ter herdenking van die Russiese Revolusie 60 jaar tevore volledig geplaas.[84]

Daarteenoor is die Weste, veral die VSA, Brittanje, Wes-Duitsland en Frankryk, as imperialistiese lande bestempel, beheer deur yslike kapitalistiese monopolieë wat slegs hul winste wil vergroot deur ander gebiede te oorheers.[85] Die hoogtepunt hiervan was in die 1980's: "No United States Administration has gone further in its attempts to transform the African continent into an exclusive enclave of American domination than that of Ronald Reagan."[86] Begrippe soos vryheid en demokrasie is vir die Weste bloot 'n voorwendsel: "It is the fact that the exploiters of man by man have been expropriated, that there is neither stock exchange, Wall Street nor Bond Street in Moscow, that fills them with alarm."[87] Wat dus "blindingly clear" is, is dat Washington se planne vir Suider-Afrika daarop neerkom "to make sure that the rule of Big Capital in South Africa is never endangered".[88]

In 1988 het die SAKP-leiers 'n besoek aan Moskou gebring, waar hulle die Gorbatsjof-hervormings kon aanskou. Intern het hulle hul steun daarvoor uitgespreek,[89] maar vermoedelik was dit eerder 'n outomatiese refleks van onderhorigheid aan die Kremlin as enigiets anders: Selfs nog in 1989, toe die stuiptrekkinge van die kommunisme algemeen sigbaar was, het die SAKP in 'n nuwe partyprogram, *The Path to Power*, verklaar: "The revolutionary struggle in South Africa is part of a world revolutionary process whose main tendency is the transition from capitalism to socialism, from societies based on exploitation to a new world free of exploitation and oppression." Al oplossing vir die wêreld se probleme is "the deepening and consolidation of the main historical tendency of our epoch – the transition from capitalism to socialism". 'n Effense toegewing was die erkenning dat die interne teenstrydighede van die kapitalisme nie outomaties tot die stelsel se val sal lei nie. Die kapitalisme bly 'n magtige en gevaarlike vyand wat kan staatmaak op sy yslike ekonomiese, politieke, kulturele en militêre hulpbronne.[90]

Oor die internasionale politieke houding van die Weste verklaar die program: "Militarism has always been an inherent feature of imperialism.

In attempting to reverse the gains of socialism and national liberation, imperialism has entangled the world in a web of aggressive blocks and military bases. It has created hotbeds of tension at the borders of the socialist countries, and in strategic regions of the world. It supports the most reactionary and terrorist regimes."[91]

Dit is ewenwel duidelik dat daar geen verskil hoegenaamd tussen die wêreldbeskouing van die Sowjetunie en die SAKP was nie. Trouens, uit eie ervaring en op grond van navorsing kon die gewese Oos-Duitse diplomaat Hans-Georg Schleicher bevestig dat die Kommunistiese Partye van die Sowjetunie en die Duitse Demokratiese Republiek (DDR) die organisasies was met die grootste invloed op die wêreldbeskouing van die SAKP.[92]

Die wêreldbeskouing van die ANC in ballingskap

Dat die SAKP die Sowjetunie naarstig nagevolg het, is begryplik. Maar in die jare van ballingskap het die ANC en sy woordvoerders hulle eweneens gereeld oor die internasionale politiek uitgelaat. Reeds in 1966 het 'n ANC-afvaardiging op besoek aan Kuba (bestaande uit Duma Nokwe, JB Marks en MA Makiwane), in 'n memorandum aan die sentrale komitee van die Kubaanse Kommunistiese Party blyke gegee van 'n wêreldbeskouing wat geen millimeter van dié van die Sowjetunie en die SAKP afgewyk het nie. Kuba se rol is opgehemel; dié van Amerika as 'n "imperialist conspiracy" verdoem. Die internasionale optrede van die gewese koloniale moondhede is bestempel as "desperate, criminal and brutal aggression" en "a global strategy of subversion and counter-offensive against the socialist states". Suid-Afrika is beskryf as "the bastion and frontier of colonialism and fascism which is constantly being fortified by the imperialist powers to perpetuate their sinister and criminal design to plunder the human and material resources of our country and indeed the whole of Africa. South Africa is to the imperialists an important strategic base in their anti-communist crusade."[93]

Een van die invloedrykste beskouings kom voor in die dokument *Strategy and Tactics of the ANC* wat op die raadplegende konferensie van 1969 by Morogoro, Tanzanië, aanvaar is en wat amper dieselfde kanonieke status as die Vryheidsmanifes in die ANC gekry het. Die dokument is opgestel deur Joe Slovo en Joe Matthews,[94] albei voorste lede van die SAKP, en weerspieël dié party se wêreldbeskouing dus noukeurig.

Dit blyk al onmiddellik uit die inleidende sin: "The struggle of the oppressed people of South Africa is taking place within an international context of transition to the Socialist system, of the breakdown of the colonial system as a result of national liberation and socialist revolutions, and the fight for social and economic progress by the people of the whole world." Die feit dat wit heerskappy steeds bestaan, aldus die dokument, druis in teen dié neiging en is moontlik gemaak deur "the tremendous economic and military power at the disposal of these regimes built with the help of imperialism"[95] – tipies ortdokse Marxisties-Leninistiese taal.

In die politieke verslag wat die ANC se nasionale uitvoerende komitee aan dié konferensie voorgelê het, word die "imperialiste" se internasionale houding beskryf as

[t]he creation of hotbeds all over the world including acts of provocation, direct and indirect military intervention as in Vietnam and South East Asia, the Middle East, Korea, Cuba, West Berlin and Czechoslovakia. The establishment of military bases at strategic points and the selection of springboards in all continents from which they launch their acts of aggression and subversion. In the Middle East, Israel acts as catspaw of imperialism ... In Africa fascist South Africa is the main bulwark and fortress of reaction and imperialism. It is of vital economic and strategic value in the whole global strategy of imperialism.[96]

Bowendien word die Weste daarvan beskuldig dat sy antikommunistiese houding 'n "bogey" is "through which the imperialists try to justify all their reckless and brutal interference". Dit is slegs "a veil to hide their fiendish plots of plunder, greed, exploitation, aggression and atrocities, which they perpetrate against the peoples of the world".[97]

Daarteenoor identifiseer die verslag die steunpilare van die anti-imperialistiese beweging as "the Soviet Union, the Socialist States in alliance with the progressive States of Africa, Asia and Latin America, the revolutionary liberation movements in countries which are still under colonial or white minority rule, and the democratic forces in the imperialist countries themselves". Dié front vorm 'n magtige en onoorwinlike krag vir die vernietiging van die imperialiste. Daarby is die ANC 'n "integral part of the anti-imperialist movement of the world. We share with all other anti-imperialist peoples of the world common aims and objectives and common enemies." Die vordering wat die anti-imperialistiese front tot in dié stadium gemaak het, word onder meer toegeskryf aan die groeiende krag van die kommunistiese lande "which are selflessly dedicated towards the struggle for the destruction of colonialism". Die imperialisme en fascisme gebruik Suid-Afrika "as their base and springboard for launching a counter-revolutionary offensive in Africa" en is dus "a direct threat to peace and independence not only in Africa but also in the rest of the world. In this situation, and as an internationalist duty, it is crucial that all progressive forces the world over should realise that they constitute one of the main motive forces in wiping out imperialism and fascism in South Africa."[98]

In 'n pamflet wat die ANC kort ná die Morogoro-konferensie klandestien in Suid-Afrika versprei het, is eweneens gesê "a new kind of world" het tot stand gekom "in which the existence of the powerful socialist system has altered the balance of forces".[99]

Dit is dus geen wonder nie dat die ANC heftig teenstand gebied het toe die Joego-Slawiese regering die Beweging vir Onverbonde Lande op sy spitsberaad in 1978 probeer wegstuur het van die idee dat die Sowjetunie die "natuurlike bondgenoot" van die Derde Wêreld is.[100] (Terloops, vir die ANC/SAKP was dit inderdaad die geval. Sowat 200 Sowjetinstrukteurs en tolke was in die jare 1979-1991 by MK-opleidingskampe in Angola gestasioneer. MK-vegters is ook in die Sowjetunie opgelei.[101])

Teen dié agtergrond is die ANC-literatuur in die ballingskapera deurspek met positiewe verwysings na die Sowjetunie en die Russiese Revolusie van 1917.[102] Die meerderwaardigheid van die sosialisme oor die kapitalisme is entoesiasties besing.[103] Ter geleentheid van die 26ste kongres van die Sowjetunie se Kommunistiese Party het die ANC-leiers 'n verklaring uitgereik waarin gesê is al rede waarom die verdruktes van die gewese kolonies hul juk kon afwerp, is die "achievements of the Great October Socialist Revolution and inspired Leninist leadership of the Bolshevik Party". Ná die revolusie van 1917, het die verklaring voortgegaan, "the infant socialist state demonstrated beyond any doubt the superiority of scientific socialism over the anarchy and corruption of monopoly capitalism " Na Lenin is verwys as "a brilliant theoretician and far-sighted strategist".[104]

Selfs in 1986 is Josef Stalin by geleentheid nog as "a great state and party leader" gesien.[105] Vir Alfred Nzo was die Sowjetunie "the leading revolutionary force of our time".[106] Die egte maatstaf waaraan iemand se strewe na vrede gemeet kon word, was die verdediging van die sosialistiese gemeenskap, "primarily the Soviet Union".[107] By sy dood in 1982 is pres. Leonid Brezjnjef van die Sowjetunie deur MK se lyfblad, *Dawn*, beskryf as "this Titan, a principled revolutionary and fighter for peace, a dedicated continuator of the lofty course of Lenin".[108]

Alfred Nzo, sekretaris-generaal van die ANC – hy was ook lid van die SAKP – het hom in eersgenoemde hoedanigheid herhaaldelik oor die internasionale politiek uitgelaat, elke keer besonder ortodoks Marxisties-Leninisties. 'n Toespraak wat hy in 1978 voor 'n Afrika-Arabiese konferensie gehou het,[109] gee 'n goeie idee van hoe die kommunistiese wêreldbeskouing in die ANC oorheers het.

Nzo het gepraat van die diepte van die globale imperialistiese stelsel se krisis wat deur die volgende verskynsels gekenmerk word:

- "Further reverses in the face of the continued onslaught of the forces of social and national emancipation in Africa, Asia and Latin America.
- "The failure to destroy the world socialist community using force; the failure to weaken it in open economic and ideological struggle; the collapse of the policy aimed at excluding it as a decisive force in world politics.
- "The increasing polarisation of forces within the imperialist countries themselves and open clashes between these forces, leading to the emergence of an internal political crisis for imperialism.
- "The emergence into the open of the economic and financial crisis within the imperialist countries and the traditional imperialist system.
- "The sharpening of the contradictions among the various centres of imperialism and hence division among them and reduction of or a challenge to the hegemonic position of U.S. imperialism, against its wishes."

In teenstelling hiermee, het Nzo voortgegaan, het die groeiende politieke krag van die sosialistiese gemeenskap die magsewewig fundamenteel verander. Maar juis in dié verswakte situasie is die imperialisme gevaarliker as ooit. Dit is die sentrale doel van die imperialistiese moondhede om die revolusionêre kragte in Afrika en die Midde-Ooste te vernietig: "Those who pursue the policy of anti-Sovietism ... are causing great harm to the anti-imperialist, anti-colonialist and anti-racist struggle in Africa and the Middle-East . The vicious and slanderous attacks upon the Soviet Union, Cuba, the German Democratic Republic and other socialist countries has to be actively combated by the united action of all revolutionary, democratic and peace-loving forces throughout the world."

Hy het die Weste gestriem omdat dié probeer om die ANC te isoleer "from its natural allies, the world socialist system, more in particular from the Soviet Union and Cuba".

Op 'n ander keer het hy die kommuniste in Suid-Afrika en internasionaal as die ANC se "true and genuine combat allies" beskryf.[110] En die Koue Oorlog, het hy gesê, is die gevolg van "an hysterical and maniacal anti-communism".[111]

In 'n volgende hoofstuk word aandag aan die interessante houding van Oliver Tambo gegee.

In sy politieke verslag in 1985 aan die Kabwe-konferensie het die ANC se nasionale uitvoerende komitee eweneens die breë beleid van die Weste beskryf as pogings "to reverse the results of the Second World War [met ander woorde, die Sowjet-oorwinning oor Nazi-Duitsland] and to stop the process of democratic transformation of our planet [die opmars van die kommunisme]".[112]

Sulke getrouheid aan die Kremlin is op sigself begryplik. Soos die SAKP in 1980 in 'n formele besluit verklaar het, moet lede van die alliansie nooit vergeet "that the aid and support which the socialist countries give so generously and at the expense of their own material gains, to freedom fighters everywhere, can only be reciprocated by unswerving identification with the socialist community in the common struggle against capitalism and imperialism".[113] Duideliker as dít kon dit nie gestel word nie.

Uit dit alles is dit duidelik dat daar hoogstens effense nuanseverskille was tussen die wêreldbeskouing van die ANC en dié van die SAKP – wie se beskouing op sy beurt identies was met dié van die Kremlin. Soos Farid Esack later erken het: "The East could do no wrong – from the crushing of Poland's Solidarity to the invasion of Afghanistan. When unpleasant truths surfaced, we turned the other way."[114]

Wat het dié noue bande presies beteken? Irina Filatova gee 'n waarskynlike antwoord: "For the older generation of the SACP and the ANC leadership and cadres the Soviet Union was a model for a future South Africa – the South Africa after the ANC's victory."[115]

In die volgende hoofstuk word na spesifieke brandpunte in die wêreldpolitiek gekyk.

16

Die ANC/SAKP en die Sowjetunie (2)

In die vorige hoofstuk is gekyk na die ooreenkomste in die wêreldbeskou-ings van die Sowjetunie enersyds en die ANC en SA Kommunistiese Party andersyds. Daar is verdere interessante boustowwe te vind as 'n mens ook die alliansie se houding ten opsigte van spesifieke gevalle ontleed.

Voor sy dood is die Sowjetdiktator Josef Stalin jare lank as 'n soort heilige in die SAKP opgehemel. Soos Pallo Jordan dit in 1991 gestel het: "Any regular reader of the SACP's publications can point to a consistent pattern of praise and support for every violation of freedom perpretated by the Soviet leadership, both before and after the death of Stalin."[1] Ná Stalin se dood het sy opvolger, Nikita Chroesjtsjof, in 1956 'n aantal van sy wandade onthul. Vir die kommunistiese wêreld was dit 'n enorme skok. Ook vir die SAKP. Dit was die lot van die SAKP-ideoloog Michael Harmel om sin te maak van dié skielike ommeswaai in Moskou.

In April 1956 het Harmel die verwarring in 'n artikel[2] verwoord: "What are the Soviet leaders saying about Stalin? Have they 'turned against him?' … Many people are asking these questions, following on reports of the recent Communist Party Congress held a month ago in Moscow."

In sy antwoord wou Harmel hom enersyds nie volledig teen Stalin keer nie – "Stalin rendered services of incalculable value to the cause … No one can detract from these and other great accomplishments and achievements of Stalin, whose place in history remain secure." Nietemin het 'n "false picture" mettertyd ontstaan van Stalin "as infallible miracle-worker". Dit het geleidelik aanleiding gegee tot "a position where the democratic procedures laid down in the rules of the Party were neglected, and where the principles of collective leadership were violated and replaced often by personal leadership".

Sagter kon Harmel dit nie gestel het nie. Maar die boodskap was duidelik: As die Kremlin praat, kan die SAKP nie agterbly nie.

Die breuk tussen die Sowjetunie en China

'n Interessante aspek van die náoorlogse internasionale geskiedenis is die verskynsel dat die lande waar die Duitse besettingsmagte in 1944-'45 deur die Sowjetweermag verdryf is in die jare daarna almal volledig ondergeskik aan die leiding van die Kremlin geword het. Die drie lande waar kommunistiese diktature sonder die hulp van Sowjettroepe gevestig is (China, Joego-Slawië en Albanië), kon daarenteen nie vanuit die Kremlin beheer word nie.

Die breuk tussen die Sowjetunie en China in die laat 1950's was dus eintlik 'n logiese gebeurtenis. Mao Zedong het niks gehou van wat hy as Josef Stalin en Nikita Chroesjtsjof se aanmatigende en neerbuigende houding teenoor sy land ervaar het nie. Dit was eintlik maar dieselfde houding as dié teenoor die ander kommunistiese state, maar Mao was nie van die Sowjetunie afhanklik nie en dit was vir hom nie nodig om hom daarby neer te lê nie. Bowendien het hy die rusie met Moskou gebruik om sy binnenslandse magsposisie te versterk.[3]

In die 1950's – dus voor die breuk tussen die Sowjetunie en China – het die ANC die Chinese model met goedkeuring aanskou. Ná 'n besoek aan China in 1953 het Walter Sisulu byvoorbeeld 'n lang lofrede oor die situasie in dié land geskryf[4] en Rusty Bernstein het nog so laat as 1960 van Mao Zedong se "briljante leierskap" gepraat.[5] Enkele MK-kaders het ook in dié tyd gespesialiseerde opleiding in China ontvang,[6] maar dit is vermoedelik ná die breuk met die Sowjetunie gestaak.

Die breuk tussen die twee moondhede sou die SAKP en die ANC dwing om tussen hulle te kies. Op besoek aan Beijing het Michael Harmel die Chinese in 1960 dus gewaarsku dat hulle te ver gaan in hul rusie met Moskou en dat die SAKP die verspreiding van Chinese propagandamateriaal in Suid-Afrika sal moet heroorweeg. In 1961 het die eerste kritiese geluid in 'n ANC-publikasie verskyn. Nog 'n besoek van 'n SAKP-afvaardiging aan Beijing het in Desember 1962 gevolg, maar ook toe het die Suid-Afrikaners nog buite die rusie probeer bly. Dit was eers in 1963, toe Oliver Tambo ook in Beijing was, dat die SAKP/ANC hulle beduidend teen die Chinese begin keer het.[7] Aanvanklik het mense soos Harry Gwala en Rowley Arenstein meer vir Beijing gevoel.[8] So laat as 1964 het die sentrale komitee van die SAKP in 'n verklaring nog 'n beroep op die twee partye gedoen om hulle te versoen,[9] maar teen 1965 het China

alle hulp aan die alliansie beëindig en het kritiek op dié land in SAKP-
publikasies meer gereeld begin verskyn. In 1964 het die ANC sy kantoor
in Beijing gesluit en sy verteenwoordiger daar, JB Marks, teruggeroep.[10]

In 'n resolusie in 1967 het die sentrale komitee van die SAKP China
daarvan beskuldig dat hy wegbeweeg van "the principles of scientific
communism". Bowendien ondermyn dié land die eenheid van die globale
kommunistiese beweging. Die ergste is egter die aanvalle op die regering
en die Kommunistiese Party van die Sowjetunie. 'n Beroep is dus op alle
SAKP-lede gedoen "to expose the anti-Marxist policies put forward in
the name of the Communist Party of China".[11] Toe 'n SAKP-afvaardiging
Moskou in 1969 besoek, het Harmel China openlik skerp gekrititiseer.[12]
Van toe af, in die woorde van Stephen Ellis en Tsepo Sechaba (oftewel
Oyama Mabandla), was die SAKP "Moscow's surest ally in Africa".[13]

Die ANC het die SAKP se voorbeeld gevolg. Met die herhaalde
rusies tussen Moskou en Beijing in die 1960's het die ANC deurgaans
eersgenoemde se kant gekies.[14] In sy politieke verslag aan die ANC se
konferensie by Morogoro, Tanzanië, het die nasionale uitvoerende
komitee in 1969 – sonder om die rusie tussen die Sowjetunie en China by
name te noem – die "discord in the Socialist camp" betreur, aangesien dit
"the main shield of the peoples against imperialism" verswak het.[15]

Dit is des te meer opmerklik, aangesien China, soos Suid-Afrika, 'n
Derdewêreldland was en 'n mens dus teen dié agtergrond 'n natuurlike
affiniteit tussen die twee kon verwag het. Die ANC/SAKP se slaafse
navolging van die Sowjetunie het dit egter verhinder. Hierna het China
sy steun na die PAC oorgeplaas.[16]

Namate die 1970's gevorder het, het sowel die SAKP as die ANC se
taal teen China steeds skerper geword. In 1977 het die SAKP se sentrale
komitee verwys na die "Maoist clique" wat die "interests of reaction and
imperialism"dien. Met hul "rabid anti-Sovietism" gaan die Chinese selfs
sover "to openly ally themselves with Vorster racism in South Africa".[17] Nog
'n voorbeeld was 'n artikel van Essop Pahad in die *African Communist*: "In
contrast to the principled class positions of the socialist community headed
by the Soviet Union, the Chinese leaders in Peking [Beijing] have betrayed
the most sacred principles of socialism and proletarian internationalism."[18]
In 'n verklaring het die sentrale komitee van die SAKP dit gehad oor
"China's brazen invasion of Vietnam" en China se "hatred of the Soviet

Union" wat eersgenoemde met die "imperialiste" verenig het.[19]

In *Dawn*, MK se lyfblad, het Steve Dliwayo van die ANC dié voorbeeld gevolg: "The treacherous Maoist ruling clique of China has joined hands with the imperialists to further aggravate the international situation."[20] China moes veral deurloop weens sy 1979-inval in Viëtnam, 'n land met wie die ANC/SAKP deurgaans besonder noue vriendskapsbande gehad het.[21] Daarom het die ANC ook "Pol-Potism" en "the Pol Pot reactionary regime in Kampuchea" veroordeel weens dié se noue bande met China.[22] (Interessant genoeg, die kritiek op die Pol Pot-regime het nie die volksmoord op nagenoeg twee miljoen Kambodjane ingesluit nie. Daardie aspek is deur alle SAKP- en ANC-publikasies verswyg; dit het suiwer en alleen om Kambodja se bande met Beijing en sy kwaaivriendskap met Viëtnam gegaan.) Ook is skerp kritiek uitgespreek op Albanië, 'n noue bondgenoot van China.[23]

Pogings is wel aangewend om die breuk te heel. In 1975 was 'n ANC-afvaardiging onder leiding van Oliver Tambo in Beijing en begin 1979 het die Chinese regering 'n boodskap aan die ANC gestuur met die begeerte dat die betrekkinge genormaliseer word. Maar toe kom die Chinese inval in Viëtnam, wat sake opnuut versuur het.[24] Eers teen 1982, toe die impak van die inval afgeneem het, kon die versoeningspogings hervat word. Toe het die Chinese Kommunistiese Party die SAKP genader met die voorstel dat die twee hul openbare aanvalle op mekaar staak, waarna die SAKP eers die Kremlin geraadpleeg en toe ingestem het. Die betrekkinge is eindelik in 1986 met 'n besoek van Joe Slovo en 'n SAKP-afvaardiging aan China herstel.[25] Maar selfs toe het die Suid-Afrikaanse besoekers gerapporteer dat dit duidelik is "that China does not want to be a part of the socialist world community". Die Chinese meen nie daar kan van gelykheid sprake wees in hul betrekkinge met die Sowjetunie nie. Ook is kritiek uitgespreek teen die Chinese se "continued failure to accept that the basic historic contradiction of our era lies between the capitalist and socialist worlds".[26]

Toe 'n ander SAKP-afvaardiging in 1991 in Slovo-hulle se voetspore volg, kon die Chinese Kommunistiese Party sy tevredenheid met sy betrekkinge met die SAKP uitspreek en selfs klem lê op "the need to deepen the relationship".[27] Dit het dus plaasgevind nadat die ergste skerpte van die rusie tussen die Sowjetunie en China agter die rug was.

Die Hongaarse opstand

In 1956 het die Hongaarse leier, Imre Nagy, met 'n proses begin om sy land uit die Sowjetunie se invloedsfeer te trek. Omdat die Kremlin gevrees het dat dit 'n yslike gaping in sy pantsergordel om Sentraal-Europa sou veroorsaak, het Sowjettroepe die land op 4 November binnegeval, Nagy afgesit en die kommunistiese diktatuur herstel. Dit is wêreldwyd veroordeel.

Maar in Suid-Afrika was dit anders. Die standpunt van die ANC (wat dus eintlik ook dié van die SAKP was) is 'n paar dae later in die ANC-blad *Liberation* gestel. Die anonieme kommentaarartikel het afgeskop met 'n skerp veroordeling van die mislukte Brits-Franse militêre ingryping in die Suezkanaal kort tevore as "a wanton, premeditated attack of aggression". Daarteenoor kan persberigte oor die Sowjetinval in Hongarye skaars geglo word: "We have not known such reckless and hysterical propaganda since the closing down of Goebbels' Zeesen radio." Die blad het ook geskryf: "Their object is not to awaken sympathy for the Hungarians, but hatred for Soviet Russia." Die doel is "to distract attention from the criminal onslaught on Egypt". Die blad het daarop gewys dat Sowjettroepe reeds sedert 1945 in Hongarye gestasioneer was: "Thus, the Soviet troops are in Hungary not as invaders, but in accordance with international law and recognised treaties – at present in terms of the Warsaw Treaty." Nagy se stappe wat tot die inval aanleiding gegee het, is bestempel as "a counter-revolutionary coup d'etat". Die inval kan dus nie as aggressie beskryf word nie. En "the figure of Nagy appears in a most suspicious and sinister light".[28]

Dit was maar die begin van die ANC/SAKP se onkritiese steun vir die Sowjetunie.

Die inval in Tsjeggo-Slowakye

In 1968 het 'n nuwe leier die bewind in Tsjeggo-Slowakye oorgeneem. Hy was Alexander Dubček, wat die sosialisme 'n nuwe rigting wou laat inslaan – "sosialisme met 'n menslike gesig", soos hy dit gestel het. In Tsjeggo-Slowakye en elders het die demokratiese hervormings van sy regering bekend geword as die Praagse Lente. Sy doel was nie om die sosialisme af te skaf of sy land se bondgenootskap met die Sowjetunie te verbreek nie, maar om die sosialisme met die demokrasie te versoen. Maar in die Kremlin het die Sowjetleiers geoordeel dat dit na 'n herhaling van die Hongaarse opstand 12 jaar tevore kon lei.[29]

Op 20 Augustus 1968 het troepe uit verskeie Oosblokstate dus die grens oorgesteek, die land sonder bloedvergieting beset, Dubček se regering tot 'n val gebring en met een van hul eie keuse vervang. Die Tsjegge en Slowake het geen weerstand gebied nie, maar die invalstroepe goed laat verstaan dat die inval nie, soos die propaganda hulle wysgemaak het, bedoel was om die land te bevry nie. Van die soldate was só ontgogel daardeur dat die offisiere by geleentheid amper beheer oor hul eie ondergeskiktes verloor het.[30] 'n Paar weke later het Leonid Brezjnjef die Sowjetunie se houding (wat bekend sou word as die Brezjnjef-doktrine), in Warschau só verwoord:

> Dit is welbekend dat die Sowjetunie baie gedoen het om die soewereiniteit en onafhanklikheid van die sosialistiese lande te versterk ... Dit is ook bekend, kamerade, dat daar algemene beginsels van sosialistiese opbou is en dat 'n afwyking daarvan tot die prysgawe van die sosialisme self kan lei ... En wanneer 'n bedreiging vir die sosialistiese saak in daardie land ontstaan, word dit nie slegs 'n probleem vir die betrokke mense nie, maar 'n algemene probleem en van belang vir al die sosialistiese lande.[31]

Overgeset synde: Die internasionale sosialistiese gemeenskap het onder leiding van die Sowjetunie die reg en die plig om gewapend in te meng in state wat na die mening van die Kremlin gevaar loop om hom aan Moskou se greep te ontworstel.

Die SAKP het nie op hom laat wag om hom oor die situasie in Tsjeggo-Slowakye uit te spreek nie. Nog voor die Sowjetinval het die sentrale komitee die Praagse Lente as 'n "ernstige en groeiende bedreiging" van "reaksionêre antisosialistiese kragte" bestempel. 'n Bedekte oproep is op Moskou gedoen om in te gryp.[32]

Vier dae ná die inval het die SAKP die stap beskryf as die reaksie op 'n versoek van die Tsjeggo-Slowaakse Kommunistiese Party en regering. Die doel was "to defeat the threat of counter-revolution, of the restoration of capitalism and the opening up of Czechoslovakia to penetration by international imperialism". As die stap nie gedoen is nie, luidens die verklaring, sou die internasionale sosialistiese gemeenskap "have failed in their duty to the Czechoslovak working people".[33] En in 'n kommentaarartikel het die *African Communist* daarop gewys dat die gebeure in Tsjeggo-Slowakye gesien moes word teen die agtergrond van die "central and overriding clash of our era – that between aggressive international imperialism on the one hand and the forces of socialism and human liberation on the other". Die blad het ook gewys op die geografiese en strategiese posisie van Tsjeggo-Slowakye "as a key-point for the security of the heartlands of socialism" en as "the front-line fortress of the socialist community of nations".[34]

Ronnie Kasrils skryf hy was aanvanklik 'n ondersteuner van Dubček, maar "I was finally persuaded, however, that the Soviet Union had no option but to check what most on our side saw as a slide into counter-revolution".[35] Soos dit 'n goeie Kommunis betaam het.

Blykbaar het nie almal in die SAKP hiermee saamgestem nie. Joe Slovo se vrou, Ruth First, bekend vir haar relatief onafhanklike denke, het die party se steun vir die inval afgekeur, maar dit het haar behoorlik in die gemeenskap van kommuniste benadeel. Slegs Slovo se invloed het voorkom dat sy geskors is.[36] Ook mense soos Hilda Bernstein, Paul Trewhela en Moeletsi Mbeki (Thabo se broer) het skerp kritiek gehad en laasgenoemde het selfs uit die SAKP bedank. First en Bernstein is gemarginaliseer.[37]

Jare later het Hilda Bernstein die SAKP se onkritiese houding in dié geval verklaar as voortspruitend uit die geloof dat die Kommunistiese Party van die Sowjetunie die senior party was. "[T]hese were the people who knew everything. When you look at the history of it of course they came knowing as little about democracy, in fact less, than any other country probably in the European diaspora did. But at that time this was the belief of the communists that these were the ones who held the truth."[38]

Moontlik het First en ander se kritiese houding daartoe bygedra dat die ANC traag gereageer het, in teenstelling met die SAKP se onmiddellike en entoesiastiese steun vir die inval. Ook was die proses waardeur die SAKP die ANC later oorheers het, nog nie voltooi nie. Geen enkele woord het dus aanvanklik oor die saak in die ANC se belangrikste blad, *Sechaba*, verskyn nie. Eers 'n maand later het *Mayibuye* 'n amptelike verklaring onder die naam van Duma Nokwe, Alfred Nzo se voorganger as sekretaris-generaal, gepubliseer. Maar toe het Nokwe geensins doekies omgedraai nie. Hy het verwys na die gevaarlike situasie in Tsjeggo-Slowakye "which was deliberately engineered by right-wing counter-revolutionaries with the support of imperialism". Die Sowjetingryping "will protect and consolidate the achievements" van die revolusie en sal die twee lande in staat stel "to march arm-in-arm to fulfill the objectives of international socialism".[39]

Blykbaar was selfs die teenstand van 'n sterk persoonlikheid soos Ruth First nie genoeg om die ANC se haas instinktiewe steun vir selfs hoogs omstrede Sowjetstappe te keer nie.

Die keuse tussen Wes- en Oos-Duitsland

Die Tweede Wêreldoorlog het in Europa geëindig met Duitsland wat in vier besettingsones verdeel en onderskeidelik deur Amerika, Brittanje, Frankryk en die Sowjetunie geadministreer is. Namate die Westerse Geallieerdes en die Sowjetunie in die jare onmiddellik hierna uitmekaar gedryf het, het die drie eersgenoemdes hul besettingsones gekonsolideer, wat in 1949 op die totstandkoming van die Federale Republiek van Duitsland (Wes-Duitsland) uitgeloop het. Die Sowjets het húl besettingsone terselfdertyd in die Duitse Demokratiese Republiek (DDR, oftewel Oos-Duitsland) omskep. Eersgenoemde het 'n liberaal-demokratiese, kapitalistiese staat geword; laasgenoemde 'n kommunistiese diktatuur.

Regdeur die periode van ballingskap het sowel die SAKP as die ANC konsekwent kant vír die Oos-Duitse diktatuur en téén die Wes-Duitse liberale demokrasie gekies. Die ANC het 'n kantoor in Oos-Berlyn geopen,[40] die stad waar sy propagandablad *Sechaba* en die intellektuele orgaan van die SAKP, *The African Communist*, gedruk is.[41] Ander ANC-propagandamateriaal is eweneens in die DDR gedruk.[42] Dié land het trouens 'n spesiale opleidingsbasis vir MK gehad waar altesame sowat 1 000 vegters militêre en ideologiese skoling ontvang het.[43] Die DDR het nie soseer wapens aan MK gegee nie – die Sowjetunie het al die nodige verskaf – maar wel voedsel en uniforms.[44]

Die DDR het ook ANC-joernaliste opgelei. Die doel van dié opleiding, is in die ANC-blad *Sechaba* geboekstaaf, was "a joint struggle against the plots of imperialism, neo-colonialism, racism and zionism, to expose their aggressive policy especially in the south of Africa, in the Middle East, in Asia and in Latin America".[45]

Dit is ook in Berlyn dat die SAKP-lid Mac Maharaj hom bevind het toe die Berlynse Muur in Augustus 1961 gebou is. Later het Maharaj getuig dat die muur teenoor hom geregverdig is "as the actions of the progressive forces in the world, and I bought into that. In East Germany it was portrayed as necessary because the West was trying to subvert the Communist order, and undoubtedly it was."[46]

Vir die SAKP het alle sosialistiese en nuutonafhanklike state, kommuniste, demokrate en vredeliewendes belang gehad by die beskerming van en steun aan die DDR "which, together with the Soviet Union and other socialist states, is the bastion against colonialism, neo-colonialism and imperialism". Die Duitse geskiedenis is gekenmerk deur "exploitation and oppression, inhumanity and aggression", eienskappe "which still characterises the present state in West Germany".[47] Dus was 'n besoekende ANC-afvaardiging in die DDR "deeply impressed by the successes of the GDR" en "appreciated the great achievements made by the working people of the GDR under the leadership of the SED [*Sozialistische Einheitspartei*, oftewel die Oos-Duitse kommuniste] in continuing their efforts to build in the GDR an advanced socialist society".[48] Daarby het die NUK van die ANC gevind dat die DDR "a symbol of international friendship and militant solidarity against imperialism and reaction" was.[49] En toe Oliver Tambo en die DDR-leier, Erich Honecker, in 1979 in Maputo beraadslaag, was hulle "pleased to note that the SED and ANC ... [have] identical views" oor die internasionale politiek. [50]

Die "close combat alliance" tussen die SED en die ANC is deur die samesprekings verdiep. "Oliver Tambo observed that the successful construction of communism in the Soviet Union and the building of socialism in the GDR ... was giving new impetus to the oppressed people of South Africa in their struggle for the abolition of apartheid and the seizure of power ..."[51] Toe hulle mekaar twee jaar later weer spreek, het Tambo en Honecker opnuut gevind dat hul idees "identies"was.[52] Die Oos-Duitse historikus Hans-Georg Schleicher skryf reguit oor die SAKP en die SED: "They shared a common ideology and a socialist vision."[53]

Daarteenoor is Wes-Duitsland strykdeur in SAKP- en ANC-publikasies in 'n slegte lig gestel. Die land is voortdurend daarvan beskuldig dat hy 'n alliansie met die apartheidsregering het en dat hy laasgenoemde selfs in die geheim help om kernwapens te ontwikkel[54] – 'n propagandaset wat trouens deur die KGB uitgedink en dankbaar deur die ANC versprei is.[55]

Tekenend van die krampagtige wyse waarop die ANC sy voorkeur vir die DDR benader het, was 'n geval in 1968 toe die ANC-blad *Mayibuye* 'n terloopse opmerking in 'n artikel geplaas het waarin die mislukte Amerikaanse inval in Kuba in 1961 met die Sowjetunie se blokkade van Berlyn in 1949 vergelyk is. In die daaropvolgende uitgawe is 'n regstelling geplaas onder die naam van Alfred Kgokong, ANC-direkteur van publisiteit, waarin dit 'n "grave theoretical error and misrepresentation of the historical situation in Germany after the Second World War" genoem is. Trouens, hy het Amerika, Brittanje en Frankryk, saam met "diehard Nazis in West-Germany", uitdruklik daarvan beskuldig dat hulle Wes-Berlyn vir spioenasie en sabotasie in die DDR gebruik.[56]

Van sy kant het die DDR die ANC/SAKP se stryd teen apartheid as 'n onderdeel van die globale stryd teen die kapitalistiese Weste beskou, iets wat "die wêreldwye revolusionêre proses" (met inbegrip van die land se mededinging met Wes-Duitsland) bevorder het.[57]

Dit sou so bly tot die einde van die Koue Oorlog. Selfs met die Duitse hereniging op hande het die *Mayibuye* nog 'n uiters onentoesiastiese en skeptiese artikel oor die proses geplaas. "The consolidation of a power which – like all other Western states – is not renowned for sympathy with the developing world is bound to be viewed with suspicion in these quarters," is in die beskouing geskryf.[58]

Afrika

Regdeur die Koue Oorlog het die Sowjetunie hulp verleen aan sekere bewegings en lande wat ideologies die naaste aan hom gestaan het. So het hy Zapu van Joshua Nkomo in Rhodesië gesteun en dié se mededinger, Zanu van Robert Mugabe, geïgnoreer. (Laasgenoemde was eerder op China gerig.) In Angola was dit die MPLA wat die Sowjetunie se kliënt geword het en die FNLA en Unita wat links gelaat is. Somalië is in 1977 laat val ten gunste van sy aartsvyand, Ethiopië.

Dié voorbeeld is nougeset deur die ANC/SAKP nagevolg. *Sechaba* het talle artikels aan die stryd in Rhodesië gewy, maar Zanu totaal geïgnoreer en Zapu die hemel in geprys.[59] In interne dokumente is Zanu soms skerp gekritiseer, soos dat hy kop in een mus is "with certain imperialist interests", terwyl Zapu saam met die ANC die "sole revolutionary organisations leading the struggle in Zimbabwe and South Africa respectively" was.[60] Uiteraard moes die ANC bontstaan toe Nkomo se beweging in die verkiesing van April 1980 'n swaar nederlaag teen Mugabe ly en binne enkele weke was 'n ANC-afvaardiging in Harare om die "revolutionary congratulations of the South African masses and their liberation movement" aan die nuwe regering oor te dra. Die doel was ook "to reiterate [sic!] the ANC's support for the Government of Comrade Prime Minister Mugabe".[61]

Dié voorgeskiedenis het meegebring dat die betrekkinge tussen die nuwe Mugabe-regime en die ANC in die vroeë 1980's nie goed was nie. Die ANC se aanwesigheid in Zimbabwe is tot 'n minimum beperk en die MK-lede wat wel daar was, is na Zambië verskuif.[62] Ironies genoeg het die Suid-Afrikaanse regering se aanslae teen die ANC in Zimbabwe die beweging en die Mugabe-bewind nader aan mekaar gedryf en teen 1987 het Mugabe sy Sowjeteweknie, pres. Michail Gorbatsjof, in Moskou ingelig dat hy MK nou toelaat om Suid-Afrika vanuit Zimbabwe te infiltreer.[63]

Oor Ethiopië, waar die meedoënlose sosialistiese diktatuur van pres. Mengistu Haile Mariam verantwoordelik was vir die dood van etlike honderdduisende mense,[64] was die ANC/SAKP net so geesdriftig. Interessant was die les wat die SAKP-blad *Umsebenzi* van die Ethiopiese revolusie geleer het, te wete (met verwysing na die SAKP-program van 'n tweefaserevolusie) "in the sphere of transition from the national democratic revolution to the socialist revolution" en "an uninterrupted transition from the national democratic revolution to socialism".[65] Die SAKP-voorbok Yusuf Dadoo het inderdaad uitdruklik kant gekies vir Ethiopië teen die "Somali aggressors".[66]

Maar ook die ANC was beïndruk met wat in Ethiopië gebeur het. 'n Afvaardiging wat die land in 1979 onder leiding van Mzwai Piliso besoek het, het die prestasies "impressive" genoem – "nationalisation of the land and a comprehensive agrarian reform ... the nationalisation of banks, social security in the main industries and the formation of democratic mass organisations ... A party of the workers – a Marxist-Leninist party is being formed ... Comrade Mzwai Piliso on his part expressed admiration for the successes achieved by the Ethiopian Revolution and described it as exemplary for the entire African continent".[67] En in 1984 het Oliver Tambo Mengistu in 'n toespraak voor die staats- en regeringshoofde van die Organisasie vir Afrika-Eenheid "this great son of Africa genoem".[68]

Wat Angola betref, het ander faktore naas die leiding van Moskou ook 'n rol gespeel. Die gebeure van 1975-'76, toe Suid-Afrika militêr ingegryp het, het die FNLA en veral Unita tot Suid-Afrikaanse bondgenote omgesmee en dus was dit vanselfsprekend dat die ANC/SAKP die kant van die MPLA sou kies. Ofskoon die MPLA in dié stadium slegs vaagweg sosialisties was, het die Sowjetunie in dié beweging sy beste Angolese bondgenoot gesien.[69] Dus het die SAKP die MPLA se stryd as "a giant step forward in the continuing struggle against imperialism, for peace and socialism" gesien, as 'n herbevestiging van "proletarian internationalism". Daarom is die MPLA beskou as "the instrument, the vanguard Marxist-Leninist Party".[70] Toe pres. Agostinho Neto sterf, is hy geloof vir sy "unflinching and principled leadership" onder wie "the high road to socialism and national advance [was] chartered".[71]

Die inval in Afganistan

Einde Desember 1979 is die wêreld geruk deur die skielike Sowjetinval in Afganistan. Die doel was om dié land vir die kommunisme te beveilig ná 'n ongewilde sosialistiese revolusie in 1978. Die destydse Afgaanse regering was na die oordeel van die KGB nie daadkragtig genoeg om die bedreiging van die opposisie die hoof te bied nie en dus moes selfs die leier van daardie bewind opgeoffer word.[72] Om die wêreldwye negatiewe publisiteit die hoof te bied het die KGB, die dryfkrag agter die inval, 'n disinformasieveldtog van stapel gestuur om sake so voor te stel dat die Sowjetunie teen sy sin gedwing was om troepe oor die grens te stuur weens die aggressiewe optrede van sy teenstanders in die Weste.[73]

Die SAKP het geen doekies omgedraai oor waar hy staan nie. Ná die Sowjetinval in Afganistan het hy die inval volmondig in 'n verklaring gesteun. Die noodsaak vir so 'n inval is toegeskryf aan die "frantic campaign by imperialism to shore up the remaining bastions of capitalism throughout the world and to hold back the forces of change". Die SAKP het dus sy "full understanding of and support for" die inval verklaar.[74]

Luidens MK se lyfblad, *Dawn*, was die "so-called Afghanistan crisis" slegs 'n rookskerm om die Sowjetunie by te kom. Die skuld moet toegeskryf word aan die imperialisme wat, "with its typical lack of concern for anything other than profit and its own survival, is creating a highly dangerous international climate which ... is more of a hot than a cold war".[75] Steve Dliwayo het in dieselfde blad ontken dat daar hoegenaamd 'n "Soviet intervention" in Afganistan was. "What occurred there is that the revolutionary forces ... have taken the responsibility of continuing the ... revolution sabotaged by US imperialism, to ensure the freedom of the Afghan people and to raise high the banner of peace ..."[76]

Die ANC as sodanig het nie onmiddellik gereageer nie. In 'n toespraak 'n paar dae ná die inval het Oliver Tambo wel na die internasionale toneel verwys, maar oor Afganistan geswyg.[77] Eers in sy Nuwejaarsboodskap van 1985 het hy, enigsins dubbelsinnig, solidariteit betuig met "all those struggling to defend their sovereignty", waarby hy spesifiek verwys het na "the peoples of southern Africa, Sahrawi Arab Democratic Republic, the Middle East, Afghanistan and Cyprus".[78]

Dié dubbelsinnigheid het egter later in die jaar plek gemaak vir absolute duidelikheid in die ANC-NUK se politieke verslag aan die Kabwe-konferensie. Daarin is gerapporteer: "In the same year [1979], the democratic anti-feudal and anti-imperialist revolution in Afghanistan had been saved, with the support of the Soviet Union."[79]

Die Poolse krisis

Die vroeë 1980's is gekenmerk deur 'n krisis wat die Sowjethouvas op Pole, en by implikasie die res van die gebied agter die Ystergordyn, in die gedrang gebring het. Dit was die stigting en eksplosiewe groei van die onafhanklike vakbond Solidariteit onder die leiding van Lech Walesa. Die vraag wat die wêreld besig gehou het, was of die Poolse kommunistiese diktatuur gaan standhou onder die aanslag van Solidariteit. En wat gaan die Sowjetunie doen – soos in 1956 in Hongarye en 1968 in Tsjeggo-Slowakye 'n militêre inval uitvoer?[80]

Die nuutste navorsing wys dat die Kremlin in die loop van 1980 inderdaad 'n militêre inval met 15 divisies beplan het, maar ten slotte daarteen besluit het. Die Poolse diktator, genl. Wojciech Jaruzelski, het gevolglik opdrag gekry om self Solidariteit vas te vat. Die gevolg was dat hy in Desember 1981 krygswet afgekondig en Solidariteit verbied het.[81]

Ook hier het die ANC/SAKP die leiding van die Sowjetunie klakkeloos gevolg. In 'n verklaring het die sentrale komitee van die SAKP die afkondiging van krygswet toegeskryf aan die "counter-revolutionary activities of those forces [Solidariteit] within the country which, aided by foreign imperialism, were attempting to turn back the clock of history and dismantle the main bastions of socialist advance". Bowenal het die teenrevolusionêre magte Pole probeer loswoel van die Warschauverdrag, "the main bastion of world peace". In dié dae van krisis, aldus die verklaring, "it is the duty of all communists of all countries to stand by their allies and rally to the defence of the healthy forces of social advance in Poland ...".[82] In 'n hoofartikel het die *African Communist* onomwonde verklaar dat "[w]e live in the era of transition from capitalism to socialism on a world scale, and all political issues must be interpreted in that context".[83]

Iets later in die jaar het Alfred Nzo ook in sy hoedanigheid as sekretaris-generaal van die ANC in 'n toespraak verwys na die "imperialist-backed counter-revolution in Poland" as illustrasie om die "imperialist activities in our own region" te verstaan.[84] En in sy politieke verslag by die Kabwe-konferensie in 1985 het Oliver Tambo in die konteks van 'n "determined effort ... to roll back socialism, to reverse the victories of the national liberation movement and to force the peoples of the world to succumb to the wishes of imperialism" verwys na "the complicated situation that arose in Poland".[85]

Suid-Afrika se internasionale rol

In die jare van ballingskap het die ANC/SAKP hulle male sonder tal oor Suid-Afrika se rol in die internasionale gemeenskap uitgelaat. Dit het sonder uitsondering binne die grense van die ortodokse Marxisties-Leninistiese wêreldbeskouing geval.

Suid-Afrika is gesien as 'n verlengstuk van die internasionale imperialisme. "International imperialism, led by the U.S.", het Duma Nokwe dit in 1968 uiteengesit, "also considers it its fundamental duty to protect the fascist white minority government in South Africa and to maintain the hegemony of imperialism over the whole of Southern Africa". Sterker nog: "Imperialism and fascism are using South Africa as their base and springboard for launching a counter-revolutionary offensive in Africa".[86] Die destydse alliansie tussen Suid-Afrika, Rhodesië en Portugal was "the frontline of imperialist strategy" ter wille van "the intensified exploitation of the peoples and resources of our continent".[87] Dié nuwe situasie beteken dat die Suid-Afrikaanse apartheidstelsel, "guided by internal and external imperialist forces, will become the socio-economic and political base around which reactionary forces throughout Africa will be mobilised. Dus is die Suid-Afrikaanse inval in Angola in 1975 toegeskryf aan "world imperialism, led by the U.S.A",[88] en die doel was "to exploit Angola's rich mineral resources". Daarom kon die Weste nie "African resistance with a socialist ideology – Marxism-Leninism" verdra nie.[89]

Teen dié agtergrond is Suid-Afrika gesien as "the bulwark of imperialism and neocolonialism in our continent. Consequently imperialism is desperately manoeuvring to impede the revolutionary advance in our country so as to retain South Africa within the orbit of the world capitalist system."[90] Die imperialisme, het Joe Slovo in 1983 verklaar, het Suider-Afrika uitverkies "as one of the zones of primary strategic importance in the world."[91] Dus is Suid-Afrika "the key citadel of imperialism in Africa" wat om dié rede gesteun word "as never before by the Reagan-led imperialist camp",[92] en is hy "a serious threat to world peace".[93]

Die bilaterale betrekkinge met die Sowjetunie

Reeds kort ná die verbod op die ANC in 1960 en die verskuiwing van die ANC/SAKP-leierskorps na die buiteland het die alliansie na die Sowjetunie begin kyk vir hulp. Dit was 'n logiese gedagte. Die SAKP was vanaf die 1920's een van die mees ortodokse kommunistiese partye ter wêreld en blykens sy geskrifte het hy reeds in die 1950's sowel die ideologiese as die prakties-politieke leiding uit Moskou kritiekloos gevolg. Ook die ANC se leiers was, luidens húl geskrifte en uitlatings, sterk onder Marxisties-Leninistiese invloed. Daarby was die Sowjetunie en ander kommunistiese state agter die Ystergordyn die enigste moondhede met die politieke wil en vermoë om die alliansie polities én militêr by te staan.

Dit was gevolglik takties wys van die alliansie om die eerste kontak met Moskou deur die SAKP, met sy noue bande met sy Sowjetmoederparty, te kanaliseer. In Oktober 1961 was 'n SAKP-afvaardiging, bestaande uit Moses Kotane en Yusuf Dadoo, in Moskou. Die lede van die afvaardiging het die Sowjets ingelig dat hulle met 'n gewapende stryd begin het en laasgenoemde gevra of hulle meen dit is die regte stap. Hulle het tegelykertyd militêre hulp in die vorm van opleiding gevra. Die Sowjets het met die SAKP se koers saamgestem.[94]

Dit is 'n paar maande later met 'n besoek van Arthur Goldreich opgevolg, dié keer namens die ANC, om militêre hulp te vra.[95] Dit was in die dae voordat die SAKP die ANC heeltemal oorheers het, maar dié kontak met die Sowjetunie was terselfdertyd 'n belangrike skakel in die proses waarvolgens die ANC hom stadig maar seker aan die SAKP onderwerp het.

In dieselfde jaar, in April, het Oliver Tambo sy eerste besoek aan Moskou gebring en wel op uitnodiging van die Kommunistiese Party van die Sowjetunie (KPSU). Later sou hy dit beskryf as "'n historiese dag vir Suid-Afrika". Daarmee het die ANC die eerste Afrika-rebellebeweging geword wat amptelik kontak met die Sowjetunie gemaak het. In 'n memorandum het Tambo "large-scale training facilities" gevra, saam met "assistance in organisation and propaganda work and the intensification of ANC activity internationally". Die Sowjetunie het tot alles ingestem.[96]

Later dié jaar het die geld begin invloei. In die eerste skenking is $300 000 aan die ANC gegee, saam met $56 000 vir die SAKP en $50 000 elk vir die Angolese MPLA en die Rhodesiese Zapu. Dit het beteken dat die ANC negende op die lys van ontvangers van buitelandse hulp was. Tot die einde is verskillende bedrae aan die ANC en SAKP oorbetaal. Sonder dié hulp sou die twee bewegings sonder enige twyfel vinnig in vergetelheid verval het. Volgens Sjoebin het die hulp nagenoeg 85% van die ANC se inkomste bedra. Trouens, in 1974 het 'n dankbare Tambo op nog 'n besoek aan Moskou laat val: "Looking back, I can't remember any request which the Soviet Solidarity Committee had not carried out."[97]

Teen die helfte van die 1980's, toe die anti-apartheidstryd op sy hoogtepunt was, het die ANC se begroting volgens Scott Thomas sowat $100 miljoen per jaar bedra. Die helfte daarvan is aan die gewapende stryd bestee en die ander helfte aan niemilitêre items. Byna die hele militêre begroting was uit die Sowjetunie afkomstig en tweederdes van die niemilitêre deel uit Skandinawië en van die VN. Kleiner bedrae is ontvang uit Nederland, Oostenryk, Indië, van die Wêreldraad van Kerke, Oxfam en verskeie Rooms-Katolieke hulporganisasies.[98]

Dié hulp is ook op diplomatieke en militêre gebied verleen. Toe die Tanzaniese regering aan die einde van die 1960's die ANC opeens opdrag gee om al die MK-kaders uit die land te verwyder (daar is – verkeerdelik – gemeen dat die ANC in die binnelandse politiek inmeng) het die Sowjetunie al die vegters binne twee weke ontruim en tydelik binne sy grense gehuisves.[99]

In sy memoires skryf Ronnie Kasrils uitvoerig oor die opleiding in sabotasie en guerrilla-oorlogvoering wat hy in Odessa ontvang het.[100] Volgens Sjoebin is altesame 1 501 vegters van Umkhonto we Sizwe (MK) in die Sowjetunie opgelei.[101] Ná 'n besoek van 'n ANC-afvaardiging aan Moskou in Oktober 1978 het die Sowjetunie ook instrukteurs na ANC-opleidingskampe in Angola begin stuur,[102] iets wat MK se gevegsvermoë ongetwyfeld bevoordeel het. Wapens is ook gelewer. In die jare van die gewapende stryd het MK etlike duisende AK-47's, meer as 3 000 SKS-karabyne, meer as 6 000 pistole, 275 granaatlanseerders, 90 Grad-P-missiellanseerders, meer as 40 Strela 2M-lugafweermissiellanseerders en meer as 60 mortiere en 20 Maljoetka-tenkafweermissiele van die Sowjetunie ontvang.[103]

Proff. Apollon Davidson en Irina Filatowa, twee Russiese historici wat hulle in hul navorsing op Suid-Afrika toegespits het, het die betekenis van die Sowjetunie se militêre hulp aan die ANC/SAKP só opgesom:

> Overall, the ANC ranked ninth among the 85 recipients of Soviet financial support – remarkably high, because even the Indian Communist Party, with its mass membership and strategic importance on the borders of the USSR, ranked 10th ... [T]he existence of the Soviet camp, with its vast networks and huge international presence, helped to create a situation conducive to the ANC's victory. Doubtless the anti-apartheid movement would have won in the end without Soviet support, but it would have been a very different victory. No wonder the ANC stalwarts speak of the Soviet Union with much warmth and gratitude.[104]

Die vraag is natuurlik wat die Sowjetunie beweeg het om die ANC so te help. In sy memoires ontken Ronnie Kasrils dat die Sowjetunie die ANC/SAKP beheer het. "The Soviet Party naturally had close ties with our Party, and would have been delighted to see socialism triumph. But it did not manipulate the SACP ..."[105] Daarby maak Sjoebin die punt dat die hulp wat die ANC van die Sowjetunie gekry het, slegs sowat 2% bedra het van die hulp wat die moondheid ná 1976 aan Angola verleen het.[106] Hierteenoor moet in aanmerking geneem word dat volkome altruïsme slegs by hoë uitsondering in die wêreldpolitiek bestaan. Die Sowjetunie sou nie die ANC/SAKP gesteun het as dit vir hom geen voordeel ingehou het nie. Ons het aan die begin reeds gewys op die strategiese Kremlin-besluit van 1960 dat die pad na oorwinning oor die kapitalistiese wêreld deur die Derde Wêreld loop. Ondanks die groot belegging wat Moskou in Angola gemaak het, kom Odd Arne Westad op grond van die Sowjetargiewe tot die gevolgtrekking dat die MPLA vir die Kremlin "second in importance only to the African National Congress of South Africa" was en dat die ANC "Moscow's favorite partner" was – selfs nog meer as die SAKP.[107] Die steun moet dus teen die agtergrond van die Koue Oorlog en die Sowjetunie se magstryd met Amerika en die Weste gesien word.

Dit is eenvoudig naïef en onlogies om te meen dat die Sowjetunie niks in ruil van die ANC/SAKP verwag het nie; dit is nie soos die politiek werk nie. Die lede van die Sowjetunie se Afro-Asiatiese Solidariteits-komitee – die organisasie wat die betrekkinge met die ANC/SAKP gehanteer het – het geweet die SAKP is een van die mees Moskou-getroue kommunistiese partye ter wêreld en dat die ANC se leierskorps toenemend deur lede van die SAKP oorheers word. Dit was nie vir hulle nodig om eksplisiete eise te stel nie; hulle het geweet hulle kan op die dankbaarheid en getrouheid van die alliansie reken. Dit het die alliansie se bewegingsvryheid in die praktyk beperk.

Dit word bevestig deur dokumente uit die Kremlin wat ná die val van die Sowjetunie na die Weste gesmokkel is en waaruit blyk dat die KGB veral in die vroeë 1980's bekommerd begin raak het dat die ANC meer pro-Westers kan word. Die KGB-kantore in Stockholm, Londen, New York, Parys, Rome en Afrikastate is gebombardeer met instruksies om die Weste se kontak met die ANC te monitor en bedreigings vir die SAKP se invloed in die ANC teen te gaan.[108] Blykbaar was die opdrag van die KGB-spioen Alexei Kozlof Loginof, wat in Januarie 1981 in Suid-Afrika aangekeer is, juis om onafhanklik vas te stel of die prentjie wat die ANC/SAKP van die situasie in Suid-Afrika teenoor Moskou geskilder het, akkuraat was. Daaruit blyk ook dat die Sowjetunie gemeen het die alliansie moet goed dopgehou word.[109]

Die einde van die Sowjetunie se steun

Die hoogtepunt van die betrekkinge tussen die ANC/SAKP en die Sowjetunie was in die helfte van die 1980's. In November 1986 het Oliver Tambo Moskou besoek, waar hy amptelik deur die nuwe leier van die Sowjetunie, pres. Michail Gorbatsjof, ontvang is. Gorbatsjof het meer militêre steun beloof. Anatoli Dobrinin, hoof van die Kommunistiese Party van die Sowjetunie (KPSU) se internasionale afdeling, het Tambo verseker dat die Sowjetunie 100% agter die ANC staan – en "as u dit wil hê, 120% steun".[110]

Maar internasionale gebeure buite Tambo (en Gorbatsjof!) se beheer het op die punt gestaan om dié noue verbintenis uitmekaar te skeur. In die Weste het nuwe leiers, veral pres. Ronald Reagan in Washington en mev. Margaret Thatcher in Londen, aan die bewind gekom en die tradisionele beleid van indamming, (Engels: *containment*) wat al sedert die laat jare veertig gegeld het, in 'n historiese teenoffensief omskep om die Sowjetunie plat te loop. Ons het hierbo gesien hoe woordvoerders van die SAKP en die ANC daarteen te kere gegaan het. Maar die bewindsaanvaarding van Gorbatsjof in 1985 het ook 'n laer premie op die kommunistiese ideologie gestel en groter realisme rakende die slegte ekonomiese fondamente van die Sowjetunie aan die dag gelê. Gorbatsjof het binne 'n jaar of twee ná sy bewindaanvaarding begin insien dat sy land binnenslands gedemokratiseer moet word en buitelands ontslae moet raak van die geweldige laste wat sy ideologiese solidariteit met revolusionêre lande en bewegings elders aan hom opgelê het. Die ANC/SAKP sou een van die slagoffers van dié hersiening van prioriteite word.

Volgens 'n ondersoek van Philip Nel na die geskrifte van Sowjetakademici en -amptenare in dié tyd het die algemene toon oor Suid-Afrika al in die loop van 1985 begin verander en tydens 'n besoek van pres. Samora Machel in 1986 het Gorbatsjof vir die eerste keer gesê hy is ten gunste van 'n skikking wat "al die mense wat daar [in Suid-Afrika] woon" in ag neem.[111] Die SAKP-voorbok Jeremy Cronin vertel eweneens dat toe hy in die jare 1987-'90 in ballingskap in Lusaka was, SAKP-kamerade "were being called into the Soviet embassy and told that we could no longer expect the same level of support". Die kamerade is aangemoedig om met die apartheidsregering te begin onderhandel, want "the ability of the Soviet Union to sustain that kind of Cold War position was diminishing quite rapidly".[112] Volgens

Sjoebin is die ANC/SAKP vanaf ongeveer 1988 toenemend uitgeskuif.[113]

Verontwaardigde ontkennings deur die Sowjet-Afro-Asiatiese Solidari-teitskomitee[114] en Alfred Nzo[115] in 1989 dat die Sowjetunie sy beleid gewysig het, kon niks aan dié politieke werklikheid verander nie. Tog kon diegene wat op voetsoolvlak met die ANC/SAKP gewerk het, sorg dat wapens nog tot diep in 1990 – ná die wettiging van die ANC en SAKP dus – gelewer is. Teen die tyd dat dit gestaak is, het MK genoeg wapens en ammunisie vir 'n jaar se opleiding en operasies gehad.[116]

Die ineenstorting van die kommunisme

Op Donderdagaand 9 November 1989 het gebeur wat, agterna gesien, onafwendbaar was, maar wat niemand só vinnig verwag het nie: Die Berlynse Muur het geval. Dit het 'n kettingreaksie aan die gang gesit wat die wêreldgeskiedenis ingrypend sou beïnvloed. In Pole en Hongarye was die kommunistiese greep toe reeds gedeeltelik gebreek, maar die kommunistiese diktature het die een ná die ander soos domino's geval in Oos-Duitsland, Tsjeggo-Slowakye (wat kort daarna in twee lande, Tsjeggië en Slowakye, verdeel is), Bulgarye, Roemenië en Albanië. En iets meer as twee jaar later is die proses hervat toe die Sowjetunie in vyftien state uiteengeval het. Die Sowjetunie, die Oosblok wat hy sedert die laat 1940's in 'n ystergreep gehou het en die kommunisme as internasionale magsfaktor het soos mis voor die son verdwyn. Enersyds het dit die laaste ekskuus wat die Suid-Afrikaanse regering gehad het om nié met die ANC/SAKP te onderhandel nie, weggeneem; maar andersyds is die kommunistiese mat onder die alliansie se voete weggepluk. Die vraag is hoe die ANC/SAKP op dit alles gereageer het.

Die alliansie se eerste, haas instinktiewe reaksie op Gorbatsjof se hervormings – wat die wêreld ingegaan het as *perestroika* (vry vertaal: hervorming) en *glasnost* (openheid) – was om dit te steun. Dit is immers wat hulle outomaties regdeur die jare van ballingskap gedoen het. Daarom het Tambo *perestroika* in 'n toespraak in Moskou geprys as "the further strengthening of the great bulwark of peace – the Union of Soviet Socialist Republics".[117]

Dit het – voorlopig altans – nie beteken dat die alliansie se steun aan die sosialistiese ideologie verminder het nie. Dus het die SAKP die KPSU se nuwe politieke program van 1986 uitvoerig geprys – maar sonder om

enige melding van die demokratiseringsmaatreëls te maak, wat nogal iets
sê.[118] Oor bepaalde gebeurtenisse, soos die ongeluk by die kernreaktor
van Tsjernobil in die Oekraïene, of die neerskiet van die Koreaanse
pasassiersvliegtuig KAL 007, is die Moskou-weergawe van die feite
oudergewoonte onkrities aanvaar en verdedig.[119]

Maar later in die dekade het 'n bekommerde noot in die openbare
uitsprake begin inkruip. Sonder om die erns van die probleme in die
sosialistiese state te ontken, het die *African Communist* geskryf, beteken
dit nie dat "we must abandon Marxism-Leninism" nie. Die kapitalisme is
steeds nie in staat om die probleme van produksie en verspreiding sonder
klasse- en nasionale konflik op te los nie. Asof teen sy beterwete in het
die skrywer volgehou: "Yes, we still live in the era of transition from
capitalism to communism ..."[120]

En in dieselfde jaar het Joe Slovo bedekte kritiek op die Gorbatsjof-
hervormings uitgespreek deur te sê "there are misgivings about the way
some of the correct objectives as articulated by Mikhail Gorbachev *are
theorised by others ...*" (my kursivering). Sommige van die bydraes tot die
debat, het hy afkeurend gesê, "come dangerously close to prescribing the
abandonment or the toning down of conflict in internal class struggles ..."[121]
En die Leninistiese historikus Jack Simons, wat in die 1980's gesorg het
dat MK-vegters in opleidingskampe in Angola geïndoktrineer word, het
afkeurend gepraat van die "unfortunate developments under the guise
of reform" in Oos-Europa.[122] Nietemin het Joe Slovo net ná die reeks
volksrevolusies in Oos-Europa 'n artikel geskryf waarin hy die probleme
van die kommunisme verbasend eerlik gediagnoseer het, egter sonder om
afstand van die kern van die ideologie te neem.[123] Pallo Jordan, weer, het
'n kwaai aanval op die Sowjetunie gedoen omdat laasgenoemde sy steun
aan die ANC/SAKP aansienlik ingekort het.[124]

Inderdaad het die belang van die ou Marxisties-Leninistiese benadering
wat tradisioneel die Sowjetunie se buitelandse beleid gekenmerk het,
begin afneem. Soos Mark Webber dit stel: "The 'new political thinking'
involved not only a recognition of the benefits of co-operation in East-
West relations, but also a jettisoning of the ideologically-driven concepts
which had formerly been used to rationalise Soviet solidarity with a
number of other regimes." Pragmatisme het toenemend die plek van
ideologie begin inneem.[125]

Die absolute verwarring in die geledere van die alliansie is geïllustreer deur die feit dat die historikus Brian Bunting, redakteur van die *African Communist*, in Junie 1990 geskryf het dat die val van die kommunistiese regerings in Oos-Europa "an undeniable setback to the liberation movement" was. Maar in 'n hoofartikel in sy blad het hy volgehou dat niks wat in Oos-Europa gebeur het, beteken dat die SAKP se perspektief – "to establish a socialist republic in South Africa based on the principles of Marxism-Leninism" – verander hoef te word nie.[126]

En toe, in Augustus 1991, kom die mislukte staatsgreep van ortodokse kommuniste in Moskou, wat Gorbatsjof se hervormings ongedaan probeer maak het. Die eerste reaksie van die SAKP, op Maandag 19 Augustus, die eerste dag van die krisis, was om te sê dat te min inligting beskikbaar is om kommentaar te lewer. Eers op 21 Augustus, 'n dag nadat die staatsgreep in duie gestort het, het die SAKP 'n formele verklaring uitgereik om die staatsgreep "clearly unconstitutional" te noem.[127] Moet 'n mens iets hierin lees? Die ANC het dié voorbeeld 'n dag later gevolg, maar die beskrywing wat die beweging van Gorbatsjof se hervormings gegee het – "The process of economic renewal and political reform instituted by the leadership associated with Gorbachev *aims at discarding the progressive and humane aspects of the socialist economic order*"[128] (my kursivering) – dui nie op 'n geesdriftige omhelsing daarvan nie.

Die ineenstorting van die Sowjetunie was nie die einde van die SAKP se geloof in die sosialisme nie. In 'n ontleding van die gebeure van 1991 in die Sowjetunie het die party geoordeel: "Whatever the distortions of socialism in the Soviet Union, millions of working people have had a taste of its potential."[129]

Nietemin was die kommentaar van Ben Turok, 'n onafhanklik denkende kommunis, waarskynlik tipies van wat baie mense in die alliansie gedink het: "It is a tremendous shock. So much has arisen on the basis of the existence of what was called the foundation of the world socialist movement, that it is hard to adjust to its passing. Yet we know the system was deeply and fatally flawed. We have to pull ourselves together and face the calamity ..."[130]

Die skok in die ANC was minstens ewe groot, maar onder leiding van veral die pas vrygelate Nelson Mandela en Thabo Mbeki, terug uit ballingskap, het die party hom, sy dit met moeite, aan die kommunistiese era ontworstel. Nietemin, welke enorme emosionele uitwerking dit op mense moet gehad het, het selfs nog in 1999 geblyk toe Baleka Mbete-Kgositsile, toe adjunkspeaker en geen SAKP-lid nie, op 'n konferensie in Nigerië in trane uitgebars het toe 'n Suid-Afrikaanse navorser in taamlike skerp en kritiese taal verduidelik het waarom die Sowjetunie uiteengeval het. "That country made huge sacrifices for us," het sy gesnik.[131]

Besluit

Uit voorgaande is dit duidelik dat daar geen verskil hoegenaamd was tussen die wêreldbeskouing van die Sowjetunie en dié van die SAKP nie en ook nie tussen die houding van die twee rakende spesifieke internasionale politieke brandpunte nie. Hulle het die wêreld deur 'n identiese ideologiese bril bekyk: Die wêreldpolitiek, het albei gemeen, word gekenmerk deur 'n onafwendbare opmars van die mensdom na die oorwinning van die kommunisme en die grootste krag in daardie rigting is die Sowjetunie en sy satellietstate. Rakende spesifieke brandpunte – die breuk met China, die inval in Tsjeggo-Slowakye, gebeure in Afrika, die betrekkinge tussen die twee Duitse state, die inval in Afganistan, die Poolse krisis – het hulle identiese standpunte ingeneem.

Met die voordeel van agternakennis het Hilda Bernstein, vrou van Rusty Bernstein en self 'n prominente lid van die SAKP, later ingesien: "It [die party] was very, very pro-Soviet, very much – anything that the Russians did in the party's eyes was correct". Sy het voortgegaan: "[I]t meant that you accepted the fact that the Communist Party of the Soviet Union, because of its primary position in the world as the only country that had set up a so-called communist society, that it occupied this premier position and that you had to follow its lead or its line in whatever they did."[132]

Eweneens was daar tussen die ANC en die SAKP haas geen verskille nie. Af en toe tref 'n mens 'n nuanse- of klemverskil aan, maar nooit 'n prinsipiële verskil nie. Dus was daar tussen die ANC en die Sowjetunie se standpunte ook haas geen onderskeid nie.

Hiervoor kan veral drie redes aangevoer word. Die eerste is dat die SAKP reeds sedert die 1920's pynlik noukeurig gesorg het dat hy absoluut ortodoks en suiwer Marxisties-Leninisties bly. Ten tweede het die ANC/SAKP in die loop van die 1960's en 1970's steeds meer afhanklik van die Sowjetunie geword wat betref hul finansies, wapentuig en militêre opleiding en internasionale politieke steun. Vandaar dat nie slegs die agtereenvolgende SAKP-leiers nie, maar ook Oliver Tambo as leier van die ANC soms liries geraak het oor die fantastiese stelsel wat hulle in die Sowjetunie waargeneem het.

Daar is ook 'n derde rede. Dit is dat die leierskorps van die ANC in die loop van die jare toenemend deur lede van die SAKP oorheers is. Die alliansie het immers dubbele lidmaatskap toegelaat en aangesien die SAKP sy eie lidmaatskap geheim gehou het, het die nie-Kommuniste in die ANC dikwels nie geweet in welke mate die SAKP-lede in vergaderings gesamentlik vooraf oor bepaalde standpunte ooreengekom het nie.[133] In later jare het 'n dissident wat uit die SAKP geskop is, Paul Trewhela, getuig: "The SACP and the ANC leadership were so closely identified with each other over this period and subsequently as to be virtually indistinguishable."[134] By 'n ander geleentheid het Trewhela met verwysing na die 1950's en 1960's gesê: "To all intents and purposes the SACP ran the ANC."[135] En Aboobaker Ismail, 'n hoë offisier in MK en prominente lid van die ANC en die SAKP, het in sy getuienis voor die amnestiekomitee van die Waarheid-en-versoeningskommissie saamgestem "that members of the leadership of the ANC and the SACP were often the same".[136] Geen wonder nie dat Oliver Tambo self in 'n toespraak voor 'n SAKP-konferensie in 1981 kon getuig dat hy die toespraak hou "not so much as a guest invited to address a foreign organisation. Rather we speak of and to our own."[137]

Dit word bevestig deur 'n studie van wie die belangrikste poste in die ANC beklee het. By die raadplegende konferensie by Morogoro in 1969 is 10 lede van die belangrike revolusionêre raad (wat die gewapende stryd moes koördineer) aangewys – tot 7 van hulle was lede van die SAKP. Eweneens was 6 of 7 van die 9 lede van die nasionale uitvoerende komitee (NUK) Kommuniste.[138] Die klimaks is 16 jaar later, in 1985, by die tweede raadplegende konferensie, by Kabwe, bereik, toe die NUK tot 30 lede vergroot is. Van hulle was 22 lid van die SAKP. Van die SAKP se politburo was slegs twee nié lid van die NUK nie.[139]

Die oorheersing van die ANC-leierskorps deur SAKP-lede kon ook duidelik aan die ideologiese front gesien word. Alles wat hierbo geskryf is, bevestig dit. Dit kom ook tot uiting in die dokument *Strategy and Tactics* wat die ANC by Morogoro aanvaar het, asook *The Nature of the South African Ruling Class* wat by Kabwe aanvaar is. Albei adem 'n besonder ortodokse Marxisties-Leninistiese gees.[140]

Die doel van die SAKP – en die Sowjetunie – was om allereers, met behoud van sy eie onafhanklikheid, die leiding van die ANC oor te neem om die mag in 'n eerste fase, bekend as die nasionaal-demokratiese revolusie, oor te neem. Met sy lede dan reeds in sleutelposisies verskans, sou dit maklik wees om Suid-Afrika in 'n tweede fase in 'n sosialistiese staat te omskep.[141]

Dit is waar dat baie ANC- en SAKP-lede ontnugter is deur die wantoestande wat hulle in sosialistiese Afrikalande waargeneem het. Maar dit het hulle des te meer na die Europese Marxisties-Leninistiese model laat kyk, veral in die Sowjetunie en Oos-Duitsland. Soos Raymond Suttner dit gestel het: "In addition, the former socialist countries and Cuba, Vietnam and Nicaragua also provided fruit for ideological and theoretical advances ... It was for many people in South Africa a source for inspiration, for debate, for vision of the new era, examples that showed that it was possible to defeat imperialist and oppressive forces."[142]

Dié onkritiese ideologiese en magspolitieke oorheersing deur die Sowjetunie plaas die SAKP en veral die ANC – wat sy stryd teen apartheid as deel van 'n regverdige oorlog teen 'n misdaad teen die mensdom sien[143] – uiteraard in 'n minder goeie lig. Dit is immers moeilik om die konsep van 'n regverdige oorlog van toepassing te maak op 'n beweging wat 'n totalitêre diktatuur soos die Sowjetunie konsekwent gesteun het.

Dit is natuurlik 'n goeie vraag of veral die ANC veel van 'n ander keuse gehad het. Die grootste deel van die Weste wou hom nie met meer as simpatieke woorde help nie; die Sowjetunie het – al was dit om sy eie, selfsugtige redes – wel praktiese hulp verleen en dus het die ANC dit dankbaar aanvaar. Die bestaan van die Koue Oorlog was wat dit betref 'n deurslaggewende faktor. Dit bly egter 'n onomstootlike feit dat die ANC in die proses 'n besonder hoë prys betaal het, naamlik die aanvaarding van die kommunisme en dus die prysgawe van sy moraliteit in die stryd teen apartheid.

Maar daar is meer. Ellis en Sechaba wys daarop dat die ANC se "dogmatic pursuit of the Soviet line for so long" hom blind gemaak het vir sekere werklikhede en dat hy daardeur van sekere voordele weerhou is.

"A good example of this is the strong dislike of the USA engendered by the Soviet connection, which caused the ANC to miss many opportunities to promote its cause in the world's most powerful country over three decades."[144] Toe die kommunistiese blok in duie stort, was die beweging sleg geposisioneer om sy nuutgevonde vryheid in 'n ander wêreld vinnig en ten volle te benut. Soos die Marxistiese blad *Work in Progress* dit stel, die prys wat die ANC/SAKP vir hulp uit die Sowjetunie moes betaal, was "an uncritical stance towards Soviet policies, and an unwillingness to examine and debate alternative Marxist perspectives and alternative socialist visions".[145]

Inderdaad het die Keniaans-gebore prof. James Karioki van die Afrika-Instituut in Pretoria daarop gewys dat die ANC se beskermende hand oor die Mugabe-regime in Zimbabwe in die 21ste eeu toegeskryf moet word aan die party se "anti-imperialistiese" houding. Volgens Karioki is dit nie dat die ANC menseregte irrelevant vind nie, maar bloot dat dit ondergeskik is aan sy strewe om die "hegemonie" van Amerika en dié se bondgenote in Europa hok te slaan.[146] Dit klink na 'n eggo van die ANC/SAKP se slaafse navolging van die Sowjetunie. Dit is ewenwel 'n fassinerende veld vir verdere navorsing om vas te stel of die wortels van die ANC-in-regering se buitelandse beleid ná 1994 op dié van die ANC-in-ballingskap voor 1994 steun.

Ten slotte wys Dale McKinley daarop dat die ANC se onkritiese steun aan die Sowjetunie bepaalde "bagasie" meegebring het – "methods of organisation and control. In the case of the ANC and SACP the influence of Stalinist methods and theory was to prove increasingly debilitating ..."[147] Maar dit is weer 'n ander verhaal.

17

Oliver Tambo en die kommunisme

Een van die temas wat in dié boek behandel word, is die verhouding tussen die ANC, die SAKP en die kommunisme, aangesien dit 'n fundamentele invloed op die aard van die konflik tussen hulle en die Suid-Afrikaanse regering gehad het. Dit het reeds in verskeie hoofstukke ter sprake gekom, waarvan een aan Nelson Mandela se houding gewy is. In dié hoofstuk kom die ANC se leier tydens die ballingskap, Oliver Tambo, aan die beurt.

Dit het die laaste jare bekend geword dat Mandela, ondanks sy stellige ontkennings, wel deeglik 'n ingeskrewe lid van die SAKP was, sy dit slegs tydelik rondom 1960.[1] Ook wys 'n ontleding van Mandela se openbare en geheime geskrifte van die 1950's tot die 1980's dat hy – in dié tyd altans – 'n ortodokse aanhanger van die Marxisme-Leninisme was, al het hy meer pragmaties geraak.[2] Tog is dit ná sy vrylating en met sy aktiewe najaag van versoening nooit teen Mandela gehou nie. Selfs wit mense, sy mees verbete teenstanders in die apartheidstyd, het hom dit klaarblyklik oorwegend vergewe.

Oliver Tambo het minder kans gehad om in die harte van die wit mense te kruip; hy is in 1993, kort ná sy terugkeer uit ballingskap, oorlede. Maar onder swart mense was hy wel deeglik 'n held. Toe die Johannesburgse Internasionale Lughawe in Oktober 2006 na Tambo hernoem is, het oudmin. Kader Asmal baie mense se gevoel verwoord toe hy geskryf het dat Tambo saam met Nelson Mandela "the principal architect of our freedom" was: "Like his friend and comrade Mandela, Tambo gave us many gifts: humility, belief in the capacity of people to be their own saviours and the kind of leadership which we can today contrast with the stridency and opportunism of those who desire to be our new heroic leaders."[3] In sy memoires het Asmal na Tambo verwys as "profoundly religious", as iemand wat gehoorsaam was aan die Christelike opdrag "not to surrender to the forces of evil and not to be deflected from the path of righteousness".[4]

Tambo het inderdaad in 'n gelowige Christelike ouerhuis grootgeword en 'n Christelike opvoeding in Metodiste- en Anglikaanse skole ontvang. Hy het lidmaat van die Anglikaanse Kerk geword, maar het ekumenies oor kerke gedink.[5]

Onder akademici is daar ook 'n konsensus dat Tambo, formeel gesproke, geen kommunis was nie. Mandela se biograaf, Anthony Sampson, het Tambo saam met die skrywer Nadine Gordimer "a devout Christian" genoem "who was never a Communist."[6] Luli Callinicos, skrywer van 'n onkritiese biografie van Tambo, gee toe dat Tambo in ballingskap 'n deeglike studie van die Marxisme-Leninisme gemaak het, maar meen dat "the materialist philosophy was at odds with Tambo's own Christianity". Tog, meen sy, "it was their [die kommuniste se] vision of an egalitarian society, which valued people above property, that he found both inspiring and powerful, conferring an added meaning to the ANC's rather more general version of African nationalism".[7] Dit herinner enigsins aan die houding van Christelike sosialiste in veral Latyns-Amerika wat 'n Marxistiese revolusie gesteun het.[8]

Dit staan soos 'n paal bo water dat Tambo – in teenstelling met Nelson Mandela – nooit 'n ingeskrewe lid van die SAKP was nie. Maar dit is verreweg nie al wat oor sy houding teenoor die kommunisme gesê kan word nie. 'n Ontleding van sy geskrifte en toesprake as leier van die ANC in die ballingskapjare bring 'n aansienlik genuanseerder beeld na vore.

Oliver Tambo

In sowel die ANC as die SAKP is altyd weggeskram van enigiets wat sou dui op die oorheersing van die ANC deur die SAKP.[9] Dit was nie geregverdig nie; die situasie was ingewikkelder as dit. Die verhouding tussen die ANC en die SAKP kan uiteraard nie los van die stryd teen apartheid gesien word nie. Apartheid was die bindende faktor wat die twee bewegings bymekaar gebring en gehou het.

Ofskoon Tambo geen ingeskrewe lid van die SAKP was nie, het dit die SAKP goed gepas om 'n niekommunis – formeel gesproke – as front aan die buitewêreld te toon. Tambo was geen sterk en dinamiese leier soos byvoorbeeld Nelson Mandela nie. Hy was 'n minsame, vriendelike mens wat nie van konfrontasie gehou het nie. Sy oorkoepelende doel tydens die era van ballingskap was om die middelpuntvliedende kragte in die ANC/SAKP in toom te hou en 'n skeuring te voorkom, iets waarin hy goed geslaag het.[10] Ben Turok getuig dat Tambo "exuded goodwill to all, was forgiving of misdeeds and excesses and was, above all, concerned with keeping the organisation together".[11] Sy dubbelpratery voor uiteenlopende gehore, wat hieronder behandel word, het ongetwyfeld hiermee gehelp. Hy het immers oor homself gesê dat "people must understand that you must be many things to many people".[12]

Stephen Ellis se enigsins onvleiende beskrywing van hom lui: "Tambo was the perfect frontman, since he was not a communist, his manner was disarmingly mild, and he could generally be relied upon to deliver whatever speech was put in front of him by his aides, of whom Thabo Mbeki was the most important."[13]

Tog het die ANC se houding met Tambo as leier deur die jare steeds meer in 'n ortodokse Marxisties-Leninistiese rigting ontwikkel, soos in hoofstukke 9, 15 en 16 aangedui is. Dit blyk ook uit die rigtinggewende beleidsdokument *Strategy and Tactics of the ANC*, wat in 1969 op die Morogoro-konferensie aanvaar is (kyk hoofstuk 6).

Wanneer Tambo met buitestanders oor die ANC se betrekkinge met die SAKP gepraat het, het hy die amptelike standpunt getrou weergegee. Om maar 'n voorbeeld te noem: Toe hy en ander ANC-leiers in 1985 met 'n groep invloedryke Suid-Afrikaanse sakemanne onder leiding van Gavin Relly, voorsitter van Anglo-American, beraadslaag het, het hy gesê: "In all frankness, I have great respect for those members of the SACP who are members of the ANC. I feel that they have absolute loyalty to the ANC, despite the fact that they are members of the SACP as well." Hy het bygevoeg: "It is not possible to say that the fight is for a capitalistic state or a communistic state – the fight is simply to be free." Bowendien, het hy voortgegaan, maak die SAKP geen aanspraak daarop dat hy die bevrydingsalliansie lei nie – die party erken die ANC se leiersrol in die bevrydingstryd. Tog het Tambo 'n tipe nasionalisering van "monopolieë" voorgestel waarvolgens die staat 51% van die aandele neem.[14]

'n Ontleding van Tambo se uitsprake gedurende die jare van ballingskap toon ewenwel dat sy denke skaars nuanseverskille met dié van die SAKP en die Sowjetunie vertoon.

In Desember 1977 het hy byvoorbeeld in Luanda vir die eerste kongres van die MPLA, die regerende party in Angola, die tipiese tweefasebenadering van die SAKP gebruik toe hy gepraat het oor die doel "of translating our liberation into a genuine people's liberation, leading to the radical social transformation of our country". Wat die situasie ná die bevryding betref, het hy gesê die doel is om seker te maak "that no elements of the enemy's fascist State machinery, including his armed forces, remain as organised units within the new society".[15]

Waarop die ANC volgens Tambo dus uit was, was 'n totale oorwinning, sonder enige sprake van 'n kompromis. Dit het ingepas by die SAKP se houding, soos geformuleer in dié se eie rigtinggewende program uit 1962, *The Road to South African Freedom*, dat "a vigorous dictatorship must be maintained by the people against those who would seek to organise counter-revolutionary plots, intrigues and sabotage, against all attempts to restore White colonialism and destroy democracy".[16]

In 1981 het hy by die viering van die SAKP se 60ste bestaansjaar daarop gewys dat die verhouding tussen die ANC en die SAKP "is not an accident of history, nor is it a natural and inevitable development ... Ours is not merely a paper alliance ... Our alliance is a living organism that has grown out of struggle."[17] Dié woorde het hy in 1985 by 'n ander geleentheid feitlik net so herhaal.[18]

Oliver Tambo se versamelde toesprake en boodskappe vanuit ballingskap aan die Suid-Afrikaanse bevolking bied fassinerende bronnemateriaal vir 'n ontleding van die ANC se ideologiese houding teenoor die kommunisme. Soos politici maar is, het hy verskillende boodskappe vir verskillende gehore gehad. Voor Westerse gehore was hy 'n gematigde sosiaal-demokraat, voor mederevolusionêre bewegings in die Derde Wêreld het hy vaagweg ten gunste van 'n algemene soort sosialisme gepraat en negatiewe dinge oor Amerika gesê. Maar wanneer hy voor Oosblokgehore opgetree het, was hy 'n ortodokse Leninis en by wyse van spreke Roomser as die Pous. Soos Dale McKinley, 'n ortodokse kommunistiese skrywer, dit stel: "[T]he ANC was content to adopt the tactic of talking to its different constituencies with different voices."[19]

Voor Westerse gehore

Toe hy in 1985 getuienis lewer voor die buitelandse-sake-komitee van die Britse laerhuis, is Tambo onder meer gevra of hy die kapitalistiese stelsel wil vernietig. Nee, was sy antwoord, die Vryheidsmanifes voorsien slegs "a mixed economy". Die motief daarvoor is "a more equitable distribution of the wealth of the country", iets wat hy "a pragmatic point of view" genoem het.[20] Dit was 'n taamlik onskuldige standpunt wat waarskynlik deur talle van sy toehoorders, veral dié in die gematig-linkse Arbeidersparty, gedeel is.

In 'n toespraak by die Georgetown-Universiteit in Amerika het hy vroeg in 1987 eweneens verwys na "burning questions as freedom from hunger, disease, ignorance, homelessness and poverty". Dit kon slegs bereik word deur die "equitable distribution of wealth", wat op sy beurt teweeg gebring kon word deur "a mixed economy". Tambo het ook gesê die ANC is verbind tot "a society in which all democratic freedoms would be guaranteed, including those of association, of speech and religion, the press, and so on. We wish to guarantee the rule of law and ensure the protection of the rights of the individual as a fundamental feature of any constitutional arrangement."[21] Met ander woorde, 'n normale demokrasie soos dit in die Weste bestaan.

'n Paar weke later het hy hom in soortgelyke trant by die La Trobe-Universiteit in Melbourne, Australië, uitgelaat. Daar het hy eksplisiet gesê die ANC "will allow various political parties to exist, to operate, and to put their case before the people". Hy het wel daaraan toegevoeg dat "racist political formations in terms of their constitutions or in terms of their objectives … will not be allowed".[22]

Dit is trouens bevestig deur die grondwetlike riglyne wat die ANC in Julie 1988 uitgereik het, ingevolge waarvan slegs "rassistiese" politieke partye nie toegelaat sou word nie.[23]

Voor Derdewêreld-gehore

Wanneer hy met die ANC of bondgenote in die Derde Wêreld gepraat het, was Tambo minder gematig. Dan het hy gepraat van "the confrontation between the liberating theory and practice of socialism and the oppressive, exploitative and anti-human system of capitalism".[24] Dan het hy pres. Ronald Reagan en Amerika daarvan beskuldig dat hulle, "[l]ike Hitler's Germany", hul voorberei "for world conquest and world domination"[25] en dat hulle gedryf word deur "the same suicidal urge for world domination as was Adolf Hitler".[26] Daarteenoor was Fidel Castro, diktator van Kuba, "[a]n outstanding leader", "this hero of the liberation struggle, this hero of the people" en "the tried and tested leader of the victorious Cuban Revolution".[27]

Wanneer hy met sy eie aanhangers gepraat het, het Tambo – byvoorbeeld in 1972 – gewys op die veelbewoë geskiedenis van die twintigste eeu: "Within this 60 years and before our very eyes, the Great October Socialist Revolution broke out to change the course of human history of all time."[28] In 'n ander boodskap het hy in herinnering gebring dat die wêreld se eerste kommunistiese staat vyf jaar ná die stigting van die ANC ontstaan het: "Today, a powerful world socialist system exists and the principles upon which it is founded win growing acceptance as man develops from his past to his future". Elders in die boodskap is hy nog meer eksplisiet wanneer hy vertel hoe die "forces of independence, democracy and peace" die oorhand in die wêreld kry: "The mainstay of this world revolutionary process are the socialist countries ... We too ... are part and parcel of this revolutionary stream ... "[29]

In 1975 het hy voor die NUK gesê: "Let me invoke the revolutionary genius, discipline, determination, vision and sheer hard work which went into the Great October Socialist Revolution" om die taak wat voorlê, uit te voer, naamlik "the conquest of power for the people from the high concentrate of racists, capitalists, colonialists and imperialists".[30]

Wanneer hy na die beoogde nuwe Suid-Afrika verwys het, het hy – soos in 1987 – nie bloot 'n gemengde ekonomie in die vooruitsig gestel nie; "the question of ownership, control and direction of the economy as a whole" moet aangepak word. "The transfer of power to the people must therefore be accompanied by the democratisation of the control and direction of the economy ... " Wat die demokrasie betref, het hy herhaal dat verskillende politieke partye mag bestaan, maar die beperkings het verder gegaan as wat hy voor Westerse gehore wou toegee: "But as a people and a government, we must state it clearly that democracy in our country cannot succeed if it permits the organised propagation of ideas of fascism, racism and ethnicity".[31]

Volgens dié definisie sou alle wit partye in die ou Suid-Afrika, met inbegrip van die NP, die KP en dalk selfs die PFP, onder 'n ANC-regering verbied gewees het.

Voor Oosblok-gehore

Tambo het egter sy openlikste ontboesemings gehou vir wanneer hy met gehore uit die Oosblok gepraat het. Toe hy die kongres van die Kommunistiese Party van die Sowjetunie (KPSU) in 1971 toegespreek het, het hy volgens die Russiese notule daarop aanspraak gemaak dat die ANC die massa na die revolusie lei vir die "omverwerping van die fascistiese regime", asook die gryp van die mag en die bou van 'n sosialistiese samelewing. Die Sowjetunie se hulp, het hy gesê, "is 'n deurslaggewende faktor in die vasberade opmars van die revolusionêre stryd van die verdrukte en uitgebuite mense van Suid-Afrika teen fascisme en aggressie in ons land, vir nasionale bevryding en sosiale emansipasie". (Vir enigiemand wat die Marxistiese jargon ken, is dit duidelik dat Tambo hiermee die SAKP se tweefaserevolusie bedoel het.) Hy het voortgegaan: "Lank lewe die groot party van Lenin. The magtige Sowjetunie is tans in die sentrum van die wêreld se sosialistiese gemeenskap van volke en marsjeer aan die voorpunt van die stryd vir internasionale bevryding en vrede regdeur die wêreld."[32]

'n Paar jaar later het hy dié woorde by die 60ste herdenking van die Russiese Revolusie geëggo deur te praat van die "onsterflike leiding en onvergelyklike genialiteit van Wladimir Iljitsj Lenin". Hy het sy toespraak só afgesluit: "Lank lewe die Kommunistiese Party van die Sowjetunie – die Party van Lenin! ... Lank lewe die Groot Oktober- Sosialistiese Revolusie!"[33]

Ter geleentheid van die 26ste kongres van die KPSU in 11981 het die ANC-leiers 'n verklaring uitgereik waarin gesê is al rede waarom die "oppressed peoples of the former colonial world" die juk van kolonialisme kon afwerp, is die "achievements of the Great October Socialist Revolution and inspired Leninist leadership of the Bolshevik Party". Ná die revolusie van 1917, het die verklaring voortgegaan, "the infant socialist state demonstrated beyond any doubt the *superiority of scientific socialism over the anarchy and corruption of monopoly capitalism* ... " (my kursivering). Lenin, lui die verklaring, was 'n "brilliant theoretician and far-sighted strategist".[34]

En tydens sy besoek aan Moskou in 1987 het Tambo die Sowjetunie in 'n toespraak uitvoerig geprys vir sy steun aan die ANC en ander bevrydingsorganisasies, vir sy globale strewe na vrede en vir die feit dat "the Soviet Union is acting neither out of considerations of selfish interest nor with a desire to establish a so-called sphere of influence".[35] As Tambo dit so bedoel het, wat twyfelagtig is, getuig dit van 'n uiters naïewe wêreldbeeld.

Naas gereelde lowende verwysings na die Russiese Revolusie van 1917[36] het Tambo in toesprake verwys na die "revolutionary world process" en die "final victory over all forces of imperialism, colonialism, racism, Zionism and exploitation of man by man".[37] Die "sphere of imperialist domination" is aan die taan, mede deur die sosialistiese lande, wat die "mainstay of this world revolutionary process" is. Die "revolutionary transformations" wat in Afrika aanskou kan word, is deel van die stryd teen "the dark forces of imperialist domination over the world and of the exploitation of man by man" (kommunistiese jargon vir die kapitalisme).[38] Tambo het die vordering van die ANC se revolusionêre stryd uitdruklik gekoppel aan die "successes and the consistent foreign policy of the socialist community of countries and above all, of the USSR – the stronghold of peace in the world, the selfless friend of all fighting peoples".[39]

Met die dood van die Sowjet-leier Leonid Brezjnjef in 1982 het Tambo hom geloof as 'n "outstanding son of the Soviet people" wat 'n verlies nie net vir die Sowjetunie is nie, maar ook vir die ANC. Sy naam sal vir ewig geskryf staan in die annale van die geskiedenis "as a selfless and indomitable fighter for the emancipation from the shackles of imperialism and fascism". Hy het byna uitasem geraak: "At this hour of grief for the Soviet people, we lower our banners in respectful memory of the late comrade president Brezhnev ... we extend our deeply felt condolences ... his memory and the example he set will live for ever and the cause for which he lived and sacrificed will triumph."[40]

Die hoogtepunt was egter waarskynlik toe hy in 1987 in Moskou voor die KPSU by die 70ste herdenking van die Russiese Revolusie gepraat het:

The unfading significance of the days of Red October seventy years ago rests precisely on the fact that the victory the working class scored in this country in 1917 resulted in the emergence on the world scene of a reliable base and spearhead in the struggle against imperialist, colonial and racist domination, against imperialist reaction and war.

True to the behest of the great Lenin, the first socialist state in the world has never deviated from the foreign policy course of a consistent struggle for world peace, for social progress and happiness of mankind.

The 70-year revolutionary course blazed by the Great October Socialist Revolution has not only changed the geopolitical face of our planet but has also irreversibly altered the world balance of forces in the interests of mankind's social progress. The socialist system now embraces one-third of the world's population; the colonial system has all but collapsed. The spirit engendered by the 70th anniversary of the Great October Socialist Revolution must reinforce this historic task. The lead given by the Soviet Union provides humanity with a noble example to emulate.[41]

Vir enigiemand wat objektief daarna probeer kyk, kan dit nie klink soos die woorde van iemand wat nie werklik in die kommunisme glo nie.

Tog sou billikheidshalwe aangevoer kon word dat die ANC militêr en polities van die Sowjetunie en die Oosblok se steun afhanklik was en dat Tambo dus uit die oogpunt van realpolitik kommunistiese geluide móés maak. Daar is egter getuienis wat dit in twyfel trek.

In Oktober 1978 het 'n afvaardiging van ANC- en SAKP-leiers Viëtnam besoek om te sien hoe dié kommunistiese staat die magtige Amerika verslaan het. Volgens Thabo Mbeki se biograaf, Mark Gevisser, het Tambo sterk onder die indruk gekom van die rol wat die Marxisties-Leninistiese ideologie in die proses gespeel het. Veral die feit dat Viëtnam (anders as die Sowjetunie en China) nie godsdiens bestry het nie, het hom as gelowige Christen beïndruk. Joe Slovo, 'n leidende figuur in die SAKP en doktrinêre kommunis, het die gaping gevat en Tambo oortuig van die noodsaak dat die ANC uiteindelik openlik uit die kas as Marxisties-Leninistiese beweging moet klim. Mbeki het egter heftig beswaar gemaak en die idee is laat vaar.[42] (Terloops, die Viëtnamese het vertel van hul eie strategie om 'n stelselmatige reeks sluipmoorde op prominente politieke ondersteuners van hul kapitalistiese teenstanders te pleeg. Volgens Thula Simpson, wat dit op 'n dagboek van Tambo baseer, was die doel "to spread the influence of the revolutionary forces in the locality, since such actions would demonstrate that the revolutionaries were strong enough to deal with the enemy". Onder leiding van Tambo is besluit om die Viëtnamese voorbeeld in Suid-Afrika te volg.[43])

Teen dié agtergrond is 'n omvattende beleidsdokument na aanleiding van die Viëtnam-besoek opgestel, die sogenaamde "Green Book". Uit die dokument blyk dat daar 'n debat was oor die "extent to which the ANC, as a national movement, should tie itself to the ideology of Marxism-Leninism and publicly commit itself to the socialist option." Die uiteindelike besluit, luidens die verslag, het daarop neergekom dat só iets die maatskaplike grondslag van die revolusie kon vernou en dat daar juis 'n noodsaak was "to attract the broadest range of social forces amongst the oppressed to the national democratic liberation". Die ANC se openlike verbintenis tot die sosialisme "may undermine its basic character as a broad national movement". Dan volg 'n veelseggende sin: "It should be emphasised that no member of the Commission had any doubts about the ultimate need to continue our revolution towards a socialist order; the issue was posed only in relation to the tactical considerations of the present stage of our struggle." In 'n bylae word dan ook erken dat "real national liberation and social emancipation" ('n eufemisme vir die twee fases van die revolusie) slegs bereik kan word indien "the dominant part is played by the oppressed working people" ('n eufemisme vir die SAKP).[44]

Overgeset synde: Almal is ten gunste van die kommunisme, maar om pragmatiese redes – die noodsaak om die maksimum steun vir die revolusie te kry – kan dit nie openlik gesê word nie. Onder die name van die groep wat die dokument opgestel het, is ook dié van Oliver Tambo.

Dit word verder bevestig deur wat Slovo in 1984 aan Wladimir Sjoebin vertel het nadat eersgenoemde voorsitter van die SAKP geword het: "Tambo welcomed Slovo's words that perhaps in the future the ANC and SACP would merge in one organisation of a socialist character." En met sy laaste besoek aan die Kremlin in 1989 het Tambo opnuut na die "national democratic revolution" – die eerste fase in die SAKP se tweefaserevolusie – verwys. "There are long-term goals as well," het hy betekenisvol bygevoeg. "We are not pushing them."[45]

Siedaar. 'n Meesterlike opsomming van die SAKP se houding uit die mond van iemand van wie graag voorgehou word dat hy geen ingeskrewe lid van die party was nie. Maar, soos Stephen Ellis en Tsepo Sechaba opmerk, "it suited the [Communist] Party to have a relatively weak non-communist president of the ANC serving as the symbolic leader of the triple alliance of the ANC, the Party and SACTU [die vakbondfederasie wat saam met die ANC en SAKP in ballingskap was]."[46]

Gevolgtrekking

Dit staan vas dat Oliver Tambo geen ingeskrewe lid van die SAKP was nie. Tog, as sy uitsprake en oortuigings deur die jare goed ontleed word, verskil dit (meestal) in feitlik geen opsig van dié van sy makkers in die Kommunistiese Party nie. 'n Mens soek dan ook vergeefs in sy toesprake en ander uitlatings op kritiek – selfs by implikasie – op die Sowjetunie en die kommunisme. Dis natuurlik waar dat Tambo se groot taak was om die ANC/SAKP-alliansie deur beproewende tye in ballingskap bymekaar te hou, wat sy beweegruimte beperk het. Daarmee was hy in uiters moeilike omstandighede suksesvol. Hy moes ook daarmee rekening hou dat verreweg die leeueaandeel van die alliansie se praktiese hulp van agter die Ystergordyn, veral van die Sowjetunie, gekom het. Hy kon gevolglik moeilik – sê maar – in Moskou of Havana skerp kritiek op die kommunisme gaan uitspreek.

Sy dubbelpratery voor uiteenlopende gehore kan ook verklaar word. Politici is oor die algemeen geneig tot dubbelpratery en praat alte dikwels hul gehoor na die mond. Tambo het goed geweet hy sal die ANC se saak bederf as hy byvoorbeeld voor 'n gehoor by die Georgetown-Universiteit in Amerika skerp kritiek op die liberale veelpartydemokrasie uitspreek.

Daar is egter ook 'n alternatiewe vertolking. Dit is dat Tambo bloot 'n swakkerige opportunis was wat sy seile na die wind gespan het. Wat die vraag laat ontstaan hoe diep sy oortuigings rakende die kommunisme was. Dit is 'n vraag wat moeilik beantwoord kan word.

Tambo was uiteraard instrumenteel in die bevordering van die eerste fase van die Leninistiese tweefaserevolusie, die sogenaamde nasionaal-demokratiese revolusie (die begrip leef vandag by die ANC voort, maar blykbaar sonder sy destydse ideologiese lading). Tambo het egter slegs soms by implikasie daarna verwys. Nietemin het dit – altans na buite – deel van sy lewens- en wêreldbeskouing gevorm.

In September 1985 het ANC-afgevaardigdes op 'n ontmoeting in Zambië aan verteenwoordigers van die Suid-Afrikaanse private sektor verduidelik': "In all our dealings with the Socialist countries we have not once experienced a situation where they have tried to influence our views or tell us what to do."[47] Ronnie Kasrils, 'n leidende figuur in die ANC/SAKP en latere minister, bevestig dit in sy memoires: "I never came across or heard of a situation where strings were attached to assistance we received, as Party or the ANC, nor influence directed away from the primary goals of an independent, non-racial and democratic South Africa."[48]

Dit is uitsprake wat uiteraard, soos elke uitspraak van elke politikus, met 'n knippie sout geneem moet word. Tog klink die hoofelement – dat die Sowjetunie nie aktief gedetailleerde voorskrifte aan die ANC/SAKP gegee het nie – korrek. Met 'n manipuleerbare leier soos Oliver Tambo, wat hom in byna elke relevante opsig besonder na aan die Sowjetweergawe van die kommunisme geposisioneer het en met die SAKP stewig in beheer van die ANC, was dit in elk geval nie nodig nie. Soos Irina Filatova en Apollon Davidson dit stel: "There was no need for the Soviet government to attach any strings to Soviet assistance to the ANC and SACP ... the ANC itself was ideologically very close to the Soviet leadership."[49]

Tambo het duidelik nie 'n groot rol gespeel om gebeure te bepaal nie; hy het eerder die gebeure om hom heen weerspieël. Ook Mandela het soms taktiese onwaarhede gebesig, maar hy het veel sterker as Tambo vóór geloop. Tambo was die formele leier van die ANC/SAKP-alliansie, maar hy is in groot mate deur die ontwikkelinge en die mense om hom heen gelei. Juis daardie eienskap, saam met sy minsame en sagmoedige karakter, het gehelp om die middelpuntvliedende kragte in die alliansie genoeg vryheid te gee om 'n breekspul te vermy.

Nelson Mandela is in 1990 vrygelaat, drie maande ná die val van die Berlynse Muur met die gepaardgaande snelle verkrummeling van die kommunisme as internasionale magsfaktor, waardeur die belangrikste ideologiese en magspolitieke rigsnoer van die ANC/SAKP-alliansie daarmee heen was. As vrye politikus, sowel voor as ná sy bewindsaanvaarding in 1994, moes Mandela dus in 'n praktiese wêreld opereer, binne die grense van die sogenaamde Washington-konsensus, die liberaal-demokratiese vrye mark. Dit was die politieke werklikheid waarmee hy moes werk en hy het hom uitstekend daarby aangepas.

Tambo het nooit daardie kans gekry nie en gevolglik is sy erflating veel meer deur die kommunisme bepaal as dié van Mandela. Wie weet wat sou gebeur het as Tambo, soos Mandela, nog 'n rol van betekenis in die

Suid-Afrika van ná 1990 kon gespeel het? Moontlik sou hy, soos Mandela, afstand van 'n belangrike deel van sy vroeëre ideologiese oortuigings moes gedoen het.

Tambo is in 1993 aan die nagevolge van 'n beroerte oorlede. Ons sal nooit weet of hy Mandela se voorbeeld sou gevolg het nie.

18

Die oorgang

Gedurende die tweede helfte van die 1980's het dit steeds duideliker geword dat die ANC/SAKP nie in staat was om die gewapende stryd te wen nie. In Maart 1989 het Alexander Jakowlef, internasionale sekretaris van die Sowjetunie se politburo, luidens 'n persberig snydend gevra: "Watter gewapende stryd? Hoe kan 'n mens iets steun wat nie bestaan nie?"[1] En vanaf Augustus 1989 het die supermoondheid die vloei van wapens na MK begin beperk.[2] Inderdaad, soos Padraig O'Malley se verwoestende oordeel lui: "The ANC in exile developed a self-perpetuating inability to deliver on any aspect of its internal struggle against the apartheid government … "[3]

Terselfdertyd was dit ewe duidelik dat ook die regering geen oorwinning kon behaal nie.

In Februarie 1989 het pres. PW Botha, wat – ondanks sy verslapping van apartheid – lank niks van gesprekke of onderhandelinge met die ANC/SAKP wou weet nie, 'n beroerte gehad en is hy as leier van die regerende Nasionale Party deur die veel pragmatieser FW de Klerk vervang. Botha het in Augustus om gesondheidsredes as president bedank en is toe ook as staatshoof deur De Klerk vervang. (Nieteenstaande sy onwilligheid om met die ANC te praat, het Botha Mandela wel op 5 Julie 1989 in Tuynhuys, Kaapstad, ontvang.[4])

Maar los van dié magswisseling het steeds meer groepe invloedryke wit mense, veral Afrikaners, in die loop van die 1980's na Lusaka, Londen of Dakar gereis om met die ANC/SAKP te praat. Die voorsitter van die Broederbond, dr. Pieter de Lange, het in 'n besprekingsdokument oor moontlike onderhandelinge met die ANC geskryf: "Die grootste risiko is om géén risiko te neem nie." En De Klerk, toe nog minister in die Botha-kabinet, het reeds in September 1987 aan die Britse ambassadeur in Suid-Afrika gesê hy wil nie die fout wat die Rhodesiërs gemaak het – om te lank met onderhandelinge met die "ware swart leiers" te wag – herhaal nie. Niël Barnard, hoof van die Nasionale Intelligensiediens (NID), het gekla dat Botha "outyds en uit voeling" is.[5] Sy ervaring as NID-hoof het meegebring dat hy oortuig geraak het "dat die geldigheid en weerbaarheid van ons politieke beleid ... verstryk het". Ook "dat ons politieke en militêre benadering geen blywende oplossing bied nie; dat die land se brandendste vraagstuk 'n politieke en staatkundige antwoord benodig en nie 'n militêr-strategiese een nie".[6] Op sy versoek het die Stellenbosse filosoof prof. Willie Esterhuyse as tussenganger tussen hom (Barnard) en Thabo Mbeki opgetree om 'n gesprek aan die gang te kry.[7]

Aan die ander kant was dit ook vir die ANC/SAKP 'n probleem hoe om te reageer op die toenemende druk om met die regering te onderhandel. Al in November 1985 het 'n onderkomitee van die ANC in Lusaka, onder wie Thabo Mbeki en Pallo Jordan, 'n standpunt daaroor geformuleer. Gesprekke met "die vyand" is op sigself nie skadelik nie. Dan volg 'n onthullende sin: "If negotiations are viewed as yet one more terrain of struggle, rather than as a means of drawing the struggle to a close, we have no reason to shun them." Die demokratiese beweging, gelei deur die ANC, moet "visibly emerge as the chief determinant of the pace of events". Daarby moet 'n situasie geskep word waardeur die "seizure of power by the democratic forces becomes possible without the need to enter into armed combat".[8] Met ander woorde, in 1985 was die ANC/SAKP nog uit op 'n totale oorwinning.

En toe die ANC/SAKP in 1987 met 'n groep besoekende wit mense uit Suid-Afrika in Dakar vergader, was die begrip van "liberatory intolerance" volgens een van die Afrikanerdeelnemers, dr. Theuns Eloff, steeds gangbaar onder die ANC-verteenwoordigers.[9]

In daardie jaar het die ANC se NUK weer standpunt ingeneem – dié keer nie in 'n vertroulike memorandum nie, maar in 'n persverklaring. Nou was die doel van onderhandelinge nie 'n totale oorwinning nie, maar die relatief onskuldige "transformation of our country into a united and non-racial democracy". Die volgende sin is in sy geheel in kursief gedruk: "*This, and only this, should be the objective of any negotiating process.*" In die verklaring het die ANC wel 'n nuwe grondwet met 'n handves van regte aanvaar om individuele regte te waarborg,[10] waarmee hy verder gegaan het as ooit tevore. En in Augustus 1988 het hy selfs nóg verder gegaan deur in sy grondwetlike riglyne "the entrenching of equal cultural, linguistic and religious rights for all" op te neem – iets wat hy, toe hy eenmaal aan die bewind was, in die praktyk nie ernstig bejeën het nie. Daar is wel gepraat van "a rapid and irreversible redistribution of wealth".[11]

Maar toe, op Donderdagaand 9 November 1989, is die gewapende stryd finaal 'n nekslag toegedien toe die Berlynse Muur val en binne enkele weke ook al die kommunistiese regimes van Oos-Europa. Dit het twee nou verwante gevolge gehad. Eerstens het die ANC/SAKP se praktiese en ideologiese internasionale steun verdamp. Ten tweede, waar apartheid teen dié tyd intellektueel en moreel bankrot was, het die regering se laaste verskoning om die opstandelingbewegings verbode te hou, die vrees vir die kommunisme, verkrummel. Daar was inderwaarheid aan albei kante geen rede hoegenaamd om die gewapende stryd voort te sit nie.

In sy boek oor sy tyd as Britse ambassadeur in Suid-Afrika skryf Robin Renwick dat FW de Klerk, wat intussen vir PW Botha as president opgevolg het, in persoonlike gesprekke gewys het dat hy "had grasped the full significance of the impending collapse of the Soviet Union, discrediting the securocrat doctrine of the 'total onslaught' and weakening Soviet support for the ANC".[12] Dit sou die begin van onderhandelinge aansienlik makliker maak.

Ook aan die ander kant van die heining was die eerste swaeltjies van onderhandelinge en vrede al 'n tyd lank in die lug. Nadat die reformistiese pres. Michail Gorbatsjof in 1985 die leiding in die Kremlin oorgeneem het, het hy besluit om uit te skei met sy aandeel in streekskonflikte. Dus het die Kremlin druk op die ANC begin uitoefen, aanvanklik baie ligweg maar later steeds meer, om met die apartheidsregering te onderhandel.

Die SAKP se reaksie

Aanvanklik was die dominante Kommuniste in die ANC onwillig om die idee van totale oorwinning te laat vaar. Immers, dit sou hul tweede – sosialistiese – fase van die revolusie voorkom. In sy memoires deel die uitstekend ingeligte NID-hoof, dr. Niël Barnard, sy waarneming oor die SAKP in die 1980's: "Van billikheid, redelikheid en 'n poging om 'n vreedsame skikking te bewerkstellig, was daar by die meeste van hulle voorlopers nie 'n snars waarneembaar nie."[13]

Dit is deel van die verklaring waarom die ANC/SAKP aanvanklik onwillig was om die gewapende stryd te staak. Dit het eers in Augustus 1990 gebeur, nadat die veiligheidspolisie Operasie Vula oopgevlek en die alliansie daardeur in groot verleentheid gebring het.[14]

Die eerste reaksies van die Kommuniste in die ANC/SAKP op die ineenstorting van die Sowjetunie en dié se oorheersing van die lande agter die Ystergordyn was soortgelyk aan wat 'n mens van konserwatiewe Christene sou verwag indien die Bybel by wyse van spreke as 'n Middeleeuse vervalsing ontbloot sou word. Die kommunistiese historikus prof. Jack Simons – wat geslagte MK-vegters tydens hul opleiding in die kampe met die Marxisme-Leninisme gebreinspoel het – het gesê: "The collapse of the Soviet Union – no matter what caused it – is a catastrophic event, comparable in reverse to the Russian Revolution of October 1917."[15]

Joe Slovo, die groot kommunistiese ideoloog in die alliansie, het reguit in 'n artikel geskryf die sosialisme is "undoubtedly in the throes of a crisis greater than at any time since 1917". Hy het verwys na "[t]he mounting chronicles of crimes and distortions" wat 'n "unsparing critique" noodsaak. Deel van die verklaring is "commandist and bureaucratic approaches which took root in Stalin's time", saam met 'n "personality cult". Tog lê die fout nie by die sosialisme nie: "The way forward for the whole of humanity lies within a socialist framework guided by genuine socialist humanitarianism and not within a capitalist system which entrenches economic and social inequalities as a way of life. Socialism can undoubtedly be made to work without the negative practices which have distorted many of its key objectives."[16]

Dié analise het baie reaksie uitgelok. Jack Simons, steeds ortodokser as ortodoks, het aan Slovo geskryf hy ontwyk die eintlike probleem as hy Stalin vir alles blameer. Die eintlike probleem "is the Soviet abandonment of the concept of the 'proletariat' as the main instrument of social change". Met ander woorde, die probleem is dat die Sowjetunie die kommunisme verwater, nie die kommunistiese ideologie self nie. En Simons se vrou, Ray Alexander Simons, het volgehou: "I am a great believer that socialism will triumph in the Soviet Union and in the other countries. I think that they will reorganise."[17]

Dié skok oor die ineenstorting van die Sowjetunie is op ander vlakke deur talle Kommuniste gedeel, ofskoon nie almal op dieselfde manier nie. In die SAKP se vertroulike nuusbrief van Februarie 1990 – met ander woorde net ná die aankondiging van FW de Klerk dat Mandela vrygelaat en die verbod op die ANC/SAKP opgehef word – staan byvoorbeeld dat die strategiese perspektief onveranderd bly, te wete "the seizure of power by the people". Dus moet daar voortgegaan word met sowel "mass and armed struggle" as "the development of underground formations of the liberation movement". Gevolglik moet "a strategic beach-head in the context of political power" verower word. Dit sal 'n "new balance of forces" verg, "a situation of dual power from which we can quickly move to the seizure of power." Onderhandelinge kan hier 'n rol speel, aldus die SAKP.[18] Die heel eerste, haas instinktiewe reaksie van die SAKP was dus dat die De Klerk-aankondiging 'n opening vir 'n revolusionêre magsgreep gee.

Selfs nog so laat as April 1993 het Jeff Radebe, voorsitter van die ANC se streek Suid-Natal, in die openbaar verklaar: "Consultative Conference stated in clear terms with regard to MK, that 'We remain committed to the strengthening and growth of our People's Army MK, and the underground'. Conference resolved 'to continue with the process of the recruitment and training of our forces for the purpose of defending our people against enemy-orchestrated violence ...; to build the 'underground' to guarantee that our movement does not suffer serious setbacks ... that it is a necessity for our movement to maintain and develop a network to carry out appropriate underground work."[19]

Die ANC se reaksie

Hoe ook al, uit wat in die loop van die 1990's gebeur het, is dit ook duidelik dat Mandela mettertyd die gebreke in sy kommunistiese filosofie ingesien het. Soos hy vroeër die Marxisties-Leninistiese geskrifte bestudeer het, het hy nou die Afrikaners, hul mentaliteit en hul vrese onder die loep geneem. In die proses het hy ingesien dat om aan die ortodokse Marxisme-Leninisme vas te hou nie die einde van apartheid sou verhaas nie, maar juis sou vertraag.

Toe hy uit die tronk kom, het hy wel steeds aan nasionalisering as politiek-ekonomiese instrument vasgehou, maar in die maande ná sy vrylating het hy, veral in die konteks van die verkrummeling van die kommunisme, tot die gevolgtrekking gekom dat hy die Marxisties-Leninistiese ideologie van sy vroeëre revolusionêre loopbaan moet laat vaar. Dit was eers in Februarie 1992, toe verskeie wêreldleiers – onder

wie enkeles uit China en Viëtnam – by die internasionale ekonomiese
forum in Davos, Switserland, intense gesprekke met hom gevoer het, dat
hy besef het dat nasionalisering 'n fout sou wees.[20] Dit kon nie maklik
gewees het nie, maar die hele globale politieke kultuur het ná die val
van die Berlynse Muur in 1989 van die kommunisme en sosialisme na
die vryemarkbenadering beweeg. Selfs Mandela was nie teen dié druk
bestand nie. In dié soepelheid, wat ook sy versoeningsbeleid teenoor wit
mense as die vroeëre verdrukkers gekenmerk het, is sy ware historiese
grootheid te vinde.

Ook Oliver Tambo het die noodsaak van kompromis ingesien. Toe die
uiters militante regsgeleerde Kader Asmal op 'n konferensie in 1987 in
Harare wou pleit vir die instelling van 'n soort Neurenberg-verhoor van
die apartheidsleiers, het Tambo hom gekeer. Neurenberg, was Tambo
se boodskap, was "oorwinnaarsreg". Bowendien kon dit die komende
onderhandelings met die regering onnodig in die wiele ry.[21]

'n Oomblik lank het dit nog gelyk of die onderhandelings kon afspring
toe die regering Operasie Vula in die loop van 1990 ontmasker. Maar
albei kante het te veel in die gesprekke belê en die saak is onder die mat
in gevee.

Dit is wel opvallend dat die SAKP blykbaar nie opeens van sy strategie
van 'n tweefaserevolusie afgestap het nie. In sy jaarverslag vir 1990 word
uitdruklik gestel dat die alliansie met die ANC nie as vanselfsprekend
aanvaar moet word nie. Die strategiese nadenke oor dié vraag moet
geskied in die besef dat "the Alliance will operate in a completely new
context". Daarby: "The crucial issue of the relationship between national
liberation and social emancipation [eufemisme vir die twee fases] will no
longer remain predominantly a theoretical disputation".[22]

In die loop van die dekade sou die SAKP hiervan moes afsien. Die
gesprekke en onderhandelinge het tot die aanvaarding van 'n liberaal-
demokratiese oorgangsgrondwet en die eerste nierassige verkiesing in die
Suid-Afrikaanse geskiedenis gelei. Op 27 April 1994 het die ANC die
dominante krag in 'n nuwe regering geword. Die oorlog was verby.

19

Besluit

Die oorlog was verby, het ons in die laaste sin van die vorige hoofstuk geskryf. Maar die sentrale vraag wat vervolgens by die gemiddelde leser opkom, is waarskynlik: Nadat alles gesê is, wie het gewen? Die ANC/SAKP regeer immers. Dit is dié alliansie wat die eerste nierassige algemene verkiesing van 27 April 1994 – en al die ander sedertdien – gewen het. Dit is dié alliansie wat nou al vyf agtereenvolgende presidente (Nelson Mandela, Thabo Mbeki, Kgalema Motlanthe, Jacob Zuma en Cyril Ramaphosa) gelewer het. Die Nasionale Party was vir 'n kort tyd die junior vennoot in 'n regering van nasionale eenheid voordat hy die opposisiebanke verkies en ten slotte heengegaan het. Beteken dit dat die ANC/SAKP die *struggle* gewen en dat die NP die *stryd* verloor het?

Dis nie so eenvoudig om dié vraag te beantwoord nie.

As 'n mens byvoorbeeld na die Tweede Wêreldoorlog kyk, is die uitslag absoluut onomwonde en vir geen ander vertolking vatbaar nie: Nazi-Duitsland het die oorlog verloor. Immers, sy leier, Adolf Hitler, moes in die doodsnikke van die stryd selfmoord pleeg; Duitsland is prakties in 'n smeulende puin-hoop omskep en die Geallieerde leërs het die hele land beset.

In die geval van Suid-Afrika is sake anders. Omdat 'n wenner en 'n verloorder nie so maklik geïdentifiseer kan word nie, is baie mense geneig om hul eie politieke beginsels as rigsnoer te gebruik. Dit kan egter maklik 'n vals beeld skep. Dit lyk beter om 'n objektiewe maatstaf, onafhanklik van jou politieke oortuigings, in te span. Daardie maatstaf is baie eenvoudig: Wat wou die twee kante met die oorlog bereik? En in welke mate het hulle daarin geslaag?

Die oogmerke

Aangesien dié boek hoofsaaklik oor die alliansie tussen die ANC en die SAKP handel, sal ons daarmee begin. Om die alliansie se strategiese doelstellings in enkele woorde saam te vat is nie so maklik nie. Die alliansie het immers uit twee partye (die ANC en die SAKP) bestaan en in die loop van die drie dekades van die struggle het die verhouding tussen die twee nogal verander. Hulle het die periode van ballingskap in 1961 betree met 'n betreklik gelyke magsverhouding tussen twee groepe wat mekaar aangevul en nie oorheers het nie. Maar dit het nie so gebly nie.

Die SAKP se oorkoepelende doel was 'n tweefaserevolusie: In die eerste (die "nasionaal-demokratiese revolusie") wou hy, ooreenkomstig die opdrag van die Kremlin in 1928, die ANC as stormram gebruik om die wit regering uit die pad te stoot. Terselfdertyd sou hy sy eie ideologiese en magspolitieke onafhanklikheid behou en daarvoor sorg dat sý ondersteuners stadig maar seker meer strategiese leiersposisies in die ANC verkry. Ten slotte sou hy dan die leiding van die ANC – en daarmee ook die ANC as sodanig – volledig oorheers. Dan kon die tweede fase (die "sosialistiese revolusie") naatloos daarop volg. Uiteindelik was die doel dan om Suid-Afrika in 'n Marxisties-Leninistiese diktatuur van die proletariaat na die voorbeeld van die Sowjetunie te omskep.

Nog in 1990 het *The African Communist*, die SAKP se intellektuele tydskrif, die alliansie se strategiese doel sonder omhaal van woorde verkondig, "to establish a socialist republic in South Africa based on the principles of Marxism-Leninism, to promote the ideas of proletarian internationalism and the unity of the workers of South Africa." En: "Nothing that has happened in Eastern Europe or elsewhere makes us believe that this perspective (Marxism-Leninism) needs to be altered."[1]

Aanvanklik het die ANC glad nie só ver gegaan nie. Sy sosiaal-ekonomiese houding was wel links en deur die Marxisme beïnvloed, maar die beweging kon destyds nie in die verste verte as kommunisties beskryf word nie. Sy hoofoogmerk was die beëindiging van apartheid, wit bevoorregting en rassisme en die verowering van die staatsmag deur die swart meerderheid. Uiteindelik wou die ANC dan 'n nierassige liberale demokrasie met 'n taamlik linkse ekonomiese beleid bewerkstellig, soortgelyk aan wat heelparty sosiaal-demokratiese partye in Europa (byvoorbeeld die Britse Arbeidersparty, die Nederlandse Party van die Arbeid of die Duitse Sosiaal-Demokratiese Party nagestreef het. Dit was 'n betreklik onskuldige doel wat deur die SAKP geduld is om nie potensiële niekommunistiese kragte af te skrik nie.

Maar dit sou nie so bly nie. Reeds in die loop van die 1960's het die

SAKP al hoe meer die ideologiese rigting van die alliansie begin bepaal. Teen die tyd dat die ANC se raadplegende konferensie in 1969 by Morogoro plaasgevind het, so wys die dokumente, het die beweging die SAKP-ideologie feitlik in sy geheel oorgeneem.

Nietemin het die SAKP op magspolitieke terrein beskeie gebly en moeite gedoen om die alliansie nie alte openlik te oorheers nie. Tog, teen 1985, toe die tweede raadplegende konferensie by Kabwe gehou is, het die SAKP taamlik openlik die leiding oorgeneem. Maklik 80-90% van die ANC se topleiers wat daar aangewys is, was lede van die SAKP. En daarmee, kan 'n mens sonder vrees vir teenspraak stel, het die ANC sy vroeëre betreklik onskuldige sosiaal-demokratiese benadering verruil vir die SAKP se klipharde Marxisties-Leninistiese diktatuur van die proletariaat en verwerping van die liberale veelpartydemokrasie.

Andersyds het die NP se strategiese doelstellings ook oor die jare ontwikkel. In die 1960's was dit apartheid en Afrikanerheerskappy, met 'n teoretiese vyeblaar van uiteindelike (niksseggende) politieke regte vir swart mense in die vorm van onlewensvatbare tuislandjies wat bowendien soos verfspatsels op 'n kaart gelyk het. In die loop van die 1970's en 1980's is stadigaan ingesien dat dit nie sou werk nie en verskeie modelle is gedebatteer. Geeneen daarvan het egter die essensie – rassediskriminasie, wit rassisme en swart onvryheid – wesenlik aangetas nie. In die 1980's het die regering se soeke na 'n oplossing intellektueel opgedroog. Daar was geen werklike innovering of nuwe idees nie.

Wat wél verder gegaan het, was die oorlog self, waar die regering suiwer militêr gesproke duidelik die oorhand gehad het. Ondanks die feit dat MK bomme kon plant, is sy militêre beweegruimte progressief beperk totdat dit teen die einde van die 1980's tot prakties nul teruggedring is. Niemand minder nie as Joe Slovo moes in 1992 erken: "We were clearly not dealing with a defeated enemy and an early revolutionary seizure of power by the liberation movement could not be realistically posed."[2]

Terselfdertyd kon die regering MK ook nie volstrek oorwin nie. Ofskoon dit onwaarskynlik is dat MK se laaste operasie – Vula – die gewenste sukses sou hê, het dit gewys dat die alliansie nie naby boedel oorgee was nie. In 1984 was daar sowat 500 MK-infiltreerders in Suid-Afrika, wat in 1987 tot sowat 156 gedaal het. Begin 1989 het die ANC se interne politieke komitee dit op 222 vegters geskat, vergeleke met 386 twee jaar vroeër, waarskynlik as gevolg van die regering se teenoffensief. Die meeste was bowendien besig met propagandawerk eerder as gewapende aktiwiteite.[3] Wat wys dat MK se militêre sukses maar baie effens was.

Selfs Mandela het dit voor sy vrylating ingesien. "We are not doing so well with violence," was sy woorde in 'n persoonlike gesprek met die NID-hoof, dr. Niël Barnard.[4]

Feit is dat sowel die regering as die ANC/SAKP hulle teen 1989 in 'n doodloopstraat bevind het. Realiste in albei kampe het dit ingesien, maar het nie mooi geweet hoe om daaruit te kom nie. En toe neem internasionale ontwikkelings oor. Aan die einde van die doodloopstraat het opeens, wonderbaarlik, 'n poort oopgegaan.

Die val van die Berlynse Muur en die ineenstorting van die Sowjetunie het MK nie slegs van 'n essensiële bondgenoot beroof nie; dit het ook die groot voorbeeld wat die ANC/SAKP nagestreef het, dramaties in die lug laat verdamp. Nou was dit nie net die regering wat sonder nuwe politieke idees was nie; dit was ook die geval met die alliansie.

Daar was 'n volstrekte dooiepunt. Dit was hiérop dat FW de Klerk gereageer het toe hy die verbod op die ANC/SAKP op 2 Februarie 1990 opgehef en Nelson Mandela onvoorwaardelik vrygelaat het. Dit het aanleiding gegee tot 'n reeks uitgerekte en moeilike onderhandelings, maar op 27 April 1994 het alle Suid-Afrikaanse burgers hul kruisies in die eerste algemene parlementêre verkiesing met algemene stemreg gaan trek.

Wat het die partye bereik?

Dié boek handel nie soseer oor die periode ná 1990 nie. Dié tyd is egter wel relevant om die tweede vraag wat hierbo gestel is, te beantwoord: Wie het gewen?

Inderwaarheid is die antwoord taamlik eenvoudig: Niemand het gewen nie. Die uitkoms van die onderhandelinge, te wete die Oorgangsgrondwet en die finale Grondwet van 1996, was 'n kompromis waarin geeneen van die twee kante volledig hul sin gekry het nie.

Enersyds het die ANC/SAKP nie daarin geslaag om Suid-Afrika in 'n kloon van die Sowjetunie te omskep nie. Sonder om die leemtes in die huidige Grondwet te ontken: Suid-Afrika is 'n regstaat met 'n liberaal-demokratiese veelpartystelsel waar opposisiepartye vryelik kan meedoen, waar die onafhanklike howe oor menseregte waak, waar burgers na willekeur kritiek op die regering, opposisie of wie ook al mag uitspreek. Dit is alles vryhede wat verreweg nie in die Sowjetunie of die satellietstate agter die Ystergordyn bestaan het nie.

Terselfdertyd kon die NP nie sy "groepsregte", die laaste oorblyfsel van sy vroeëre ideologie waarvan hy die ANC/SAKP wou oortuig, verwerklik nie. Die "tuislande", die vyeblare waaragter hy vroeër probeer skuil het, het verdamp.

Die waarheid is: Omdat sowel die ANC/SAKP as die NP vanuit 'n fundamenteel ondemokratiese, maar onhaalbare vertrekpunt onderhandel het, was die logiese kompromis, ironies genoeg, hul toevlug tot die huidige liberaal-demokratiese stelsel, soortgelyk aan wat in die Weste al anderhalwe eeu bedryf word.

Raymond Suttner, 'n taamlik liberale ANC-lid wat later namens die alliansie in die parlement sou sit, se oordeel lyk korrek:

> [W]e adopted a Constitution that would reign supreme, a Constitution that enshrined these democratic and emancipatory values in order that no individual no matter what his or her status, nor any organ of state, would stand above the Constitution that enshrined our liberties. This was a departure from the notion of 'seizure of power' inaugurating a state of popular power or a 'dictatorship of the proletariat' supplanting a 'dictatorship of the bourgeoisie' or a range of other notions that held some sway amongst those who grew up in the revolutionary traditions of the ANC and SACP.[5]

Dit wil nie sê dat alles dus in orde is nie. Geen grondwet, geen liberale demokrasie, hoe voorbeeldig ook al, kan 'n regering dwing om goed, eerlik en in almal se belang te regeer nie. Inderdaad word die ANC/SAKP-regering steeds meer beskuldig van magsmisbruik, oneerlikheid, onbekwaamheid en korrupsie. As 'n mens die alliansie se optrede in ballingskap bekyk, is dit logies. Wat tans in Suid-Afrika op al drie regeringsvlakke gebeur – sentraal, provinsiaal en munisipaal – is die voortsetting van 'n kultuur wat tydens die alliansie se struggle in ballingskap gangbaar was. Sy militêre strategie, beïnvloed deur die raad wat hy in 1978 van Viëtnam gekry het, was wel uiters gesofistikeerd, maar die uitvoering was halfhartig, sonder veel visie en intellektueel lui.

Daarby het die alliansie intern die demokratiese waardes waarmee hy te koop geloop het, langdurig en met oorgawe verkrag. Sy "interne demokrasie" is gekenmerk deur manipulasie, rookskerms, onverdraagsaamheid en uiterste wreedheid teenoor andersdenkendes. Binne die alliansie was daar bitter min sprake van 'n demokratiese houding. Korrupsie, magsmisbruik (ook teenoor vroue), smokkelary en diefstal was dikwels aan die orde van die dag. En 'n swak leier soos Oliver Tambo het sy oë daarvoor gesluit.

Waarmee die alliansie baie goed was, was woorde. Waarmee hy minder goed was, was dade. Eintlik kan Suid-Afrikaners relatief gelukkig voel oor die kompromis van 1994. As die ANC/SAKP reeds in die 1980's gewen het, sou die land in 'n korrupte, ondoeltreffende diktatuur ontaard het. Nou ly die land ook onder korrupsie en ondoeltreffendheid, maar dit is darem 'n demokrasie – wat aan burgers die geleentheid gee om met die reg aan hul kant in 'n mate terug te veg.

Só gesien, is die historiese verdienste wat die NP, ironies genoeg, met sy moreel bedenklike apartheidsbeleid behaal het, die wen van tyd sodat dit uiteindelik op 'n liberaal-demokratiese kompromis kon uitloop.

Moraliteit

Die ANC se visie op sy eie gewapende stryd kan kortliks in die volgende punte saamgevat word:

- Etlike dekades lank het hy 'n geweldlose stryd gestry en sy toevlug tot geweld slegs in die laaste instansie en ná wrede regeringsverdrukking geneem;
- reg van die begin af was die militêre guerrillaveldtog slegs een aspek van die stryd, bowendien 'n ondergeskikte een;
- die gewapende stryd is met groot sorg gevoer om burgerlike ongevalle te minimiseer en die ANC het nooit terreur gebruik nie en
- die ANC dra dus geen historiese skuld in sy gewapende stryd teen apartheid nie.

Met die feite nou tot ons beskikking kan ons die korrektheid al dan nie hiervan ontleed.

Die ANC/SAKP se aansprake dat hy in die vroeë jare 'n hoë moraliteit gehandhaaf het, is feitelik korrek. Tot 1961 het die beweging inderdaad geweld verwerp. Ook die aansprake dat hy noukeurig álle lewensverlies – nie slegs dié van burgerlikes nie – in die sabotasieveldtog van 1961-1963 vermy het, is op feite gebaseer. Geen enkele Suid-Afrikaner het sy of haar lewe in dié tydperk as gevolg van gewapende optrede deur die ANC/SAKP of MK verloor nie. Dieselfde is waar van die jare tot 1977 – nie soseer weens 'n beleidsbesluit van die ANC of MK nie, maar eenvoudig omdat die beweging nie daarin kon slaag om 'n enkele skoot op Suid-Afrikaanse gebied af te vuur nie. Selfs gedurende die fase van "gewapende propaganda" tot 1983 het die alliansie min bloed vergiet. Die groot uitsondering was die Silvertonse bankbeleg van 1979 en dit, volgens die ANC, was die gevolg van 'n operasie wat verkeerd geloop het.[6] Gesien die algemene patroon van dié tyd moet die ANC hier moontlik die voordeel van die twyfel kry.

Maar vanaf vroeg in die 1980's het sake verkeerd begin loop. Aanvanklik het burgerlikes slegs met aanvalle op "wettige" teikens in die "kruisvuur" gekom. Maar gou daarna het MK-operateurs doelbewus burgerlike teikens soos kitskosrestaurante, winkelsentrums, disko's, sportbyeenkomste, ensovoorts, onder skoot geneem. Streng gesproke het die ANC/SAKP reg as hy sê hy het nooit bevele vir sulke operasies gegee nie. Dit is ook waar dat sekere leiers bekommerd geword en selfs MK-veggroepe in Suid-Afrika in toom probeer hou het. Maar die militante, dubbelsinnige boodskappe van dieselfde leiers wanneer hulle met die wêreld en hul vegters in Suid-Afrika gekommunikeer het, het die militante die ekskuus gegee om met hul terreurveldtog voort te gaan. Ten slotte het MK handuit geruk en kon selfs Oliver Tambo hom nie meer beheer nie.

In dié proses het die Kabwe-konferensie in 1985 'n belangrike rol gespeel. Die besluite wat daar geneem is, was – saam met die uitleg wat ANC-leiers in die openbaar daaraan gegee het – dubbelsinnig genoeg om op verskillende maniere vertolk te word. Die militante, woedende jong swart mense in die townships in Suid-Afrika het gehoor wat hulle wóú hoor – die onderskeid tussen "harde" en "sagte" teikens verdwyn, die stryd moet na die wit gebiede, selfs na wit huishoudings, geneem word. Dus is bomme in restaurante, by sportskares, winkelsentrums en dergelike teikens geplant.

Terselfdertyd het MK se gewapende stryd militêr niks bereik nie. *Mayibuye* het in 1989 reguit geskryf "MK was unable to effectively root itself among the masses".[7] Die ANC se sekretaris-generaal, Alfred Nzo, moes – net enkele dae voor pres. FW de Klerk se gerugmakende toespraak van 2 Februarie 1990 – toegee dat MK nie die vermoë had "to intensify the armed struggle in any meaningful way".[8] En in 1991 moes Chris Hani erken: "Now, the military achievements of MK cannot remotely be compared to those of the liberation armies in Cuba, Vietnam and Zimbabwe. We never liberated and administered territory, arms in hand. The best achievements of MK were as inspirer."[9]

Laasgenoemde sin is relevant. Die gewapende stryd was slegs een van die vier pilare van die ANC se breë strategie. Dit het nooit verby die aanvanklike fase van gewapende propaganda gevorder nie, maar dit het soos suurdeeg gewerk om die ander pilare te bevoordeel. Uiteindelik het die feit dat swart mense massaal hul medewerking aan die instandhouding van die apartheidstaat begin weerhou het, die deurslag gegee. In dié opsig het die gewapende propaganda 'n bykomende rol gespeel, ofskoon verreweg geen hoofrol nie.

Soms word gesê dat die een se terroris die ander se vryheidsvegter is. Dit bevat beslis 'n element van waarheid, maar dit is nie die hele waarheid nie. Die meeste definisies van die begrip terrorisme maak nie voorsiening vir die terroriste se motiewe nie. Die element wat die deurslag gee of 'n daad as *terrorisme* geklassifiseer kan word, hang saam met die *metodes* wat gebruik word. Dit kan wees dat iemand wat 'n bom in 'n restaurant plant, na sy eie mening edele motiewe het – vryheid, geregtigheid, gehoorsaamheid aan God, ensovoorts. Maar die *metode* wat hy aanwend, maak sy daad terrorisme en van homself 'n terroris.

'n Goeie saak kan daarvoor uitgemaak word dat die metodes wat die ANC/SAKP aangewend het, 'n verbreking was van Protokol 1 (1977) van die Geneefse Konvensie[10] (wat die ANC self onderteken het) en wel in die volgende opsigte:

- Art. 44(3) bepaal dat vegters hulself tydens gevegte of tydens die voorbereiding daarvan duidelik van die burgerlike bevolking moet onderskei, al is dit maar net deurdat hulle hul wapen(s) openlik moet dra.
- Art. 48 is baie eksplisiet: "In order to ensure respect for and protection of the civilian population and civilian objects, the

Parties to the conflict shall at all times distinguish between the civilian population and combatants and between civilian objects and military objectives and accordingly shall direct their operations only against military objectives."

- Art. 51 verbied "[i]ndiscriminate attacks" en definieer dit as:
  1. "those which are not directed at a specific military objective;
  2. "those which employ a method or means of combat which cannot be directed at a military objective; or
  3. "those which employ a method or means of combat the effects of which cannot limited as required by this Protocol
  4. "and consequently, in each such case, are of a nature to strike military objectives or civilian objects without distinction."

Volgens die WVK was die ANC die enigste party in die geweld in Suid-Afrika wat homself tot die Geneefse Konvensie verbind en wat in die breë die "armed conflict in accordance with international humanitarian law" gevoer het, al het hy in die proses "gross human rights violations" begaan.[11]

MK het egter dikwels nie aan die Konvensie voldoen nie. MK-vegters het hulself, ook by die uitvoering van aksies, klandestien gedra. Heelparty bomaanslae is teen restaurante, disko's, sportbyeenkomste en winkelsentrums gerig. By sommige van hulle was soms lede van die veiligheidsmagte in burgerdrag aanwesig, maar daar is geargumenteer dat hulle 'n klein minderheid sou wees – en bowendien was hulle lank nie altyd daar nie. Motorbomme, soos dié in Kerkstraat in Pretoria of Magoo's Bar in Durban, kon onmoontlik slegs polisiebeamptes of weermagpersoneel tref; hulle het álles wat voorkom, gedood of vermink.

Uit die aard van die saak het die ANC/SAKP-lede hulself nie as terroriste gesien nie. Soos Joe Slovo dit op 'n keer gestel het: "If we can be described as a terrorist organisation then, truly, words have lost all meaning." Die regering is die egte terroriste: "We are the victims."[12]

Aboobaker Ismail se getuienis oor die Kerkstraatbom voor die WVK was 'n duidelike voorbeeld van hoe MK die saak in terugblik geregverdig het:

This was never a target, an attack against whites. We never fought a racist war. We fought to undo racism ... We never set out deliberately to attack civilian targets. We followed the political objectives of the African National Congress in the course of a just struggle. However, in the course of a war, life is lost, and the injury to and the loss of life of innocent civilians sometimes becomes inevitable. The challenge before us was to avoid indiscriminate killing and to focus on enemy security forces ... Whilst Umkhonto we Sizwe had the means to attack civilians, it would have been very easy to come to various houses and shoot people, Umkhonto never did that sort of a thing. It did not take the easy route. Instead it concentrated on military targets, on state infrastructure, often at the cost of the lives of its own cadres.[13]

Die WVK self wys onmiddellik daarop dat, ondanks "these noble intentions, the majority of casualties of MK operations were civilians". Baie van hulle was "deliberately targeted". In die jare 1976-'84, aldus die verslag, het 71 mense weens MK-aksies gesterf, van wie 52 burgerlikes was.[14] In die omgewing van 1 000 burgerlikes, meestal swart, het in die 1980's deur MK-operasies gesterf, aldus die WVK.[15]

Daarteenoor meen Janet Cherry dat die dood van hoogstens 250 mense aan MK toegeskryf kan word. Sy voeg by: "If the South African liberation struggle is compared with other twenty-century wars, the death toll, whether measured in absolute terms or as a percentage of the population, is remarkably low."[16]

Cherry se siening kan nie summier van die tafel gevee word nie. 'n Relevante vraag wat sy egter nie behandel nie, is: Presies waaraan moet die relatief lae sterftesyfer toegeskryf word? Aan, soos sy en ander MK-apologete aanvoer, die ANC se morele bewussyn, of aan objektiewe faktore wat die ANC in sy operasies gekortwiek het?

Ten eerste: Die ANC kon regdeur sy ballingskap nie daarin slaag om Suid-Afrika se buurstate op beduidende skaal as afspringplek vir infiltrasie te gebruik nie. Suidwes-Afrika (die latere Namibië) was tot 1990 stewig onder Suid-Afrikaanse beheer en operasies van dié gebied se guerrillabeweging, Swapo, was feitlik uitsluitend tot die uiterste noorde beperk. Angola se Marxistiese MPLA-regering het ná dié Portugese kolonie se onafhanklikwording in 1975 sy terrein vir MK-kampe beskikbaar gestel, maar die pad daarvandaan na Suid-Afrika was lank en buitengewoon moeilik begaanbaar. Onderweg moes die guerrillas deur

Botswana beweeg, maar die regering van dié land het dinge onder druk van Suid-Afrika baie moeilik vir hulle gemaak. Dieselfde geld vir Mosambiek, wat eweneens in 1975 onafhanklik geword het en vir Zimbabwe, wat in 1980 onder die Marxistiese pres. Robert Mugabe se heerskappy beland het. Ook die regerings van Swaziland en Lesotho het swaar beperkings op die ANC geplaas. Die owerhede in al dié state was polities weliswaar simpatiek teenoor die ANC, maar die druk uit Pretoria en Kaapstad was te swaar vir hulle om te weerstaan.

'n Tweede faktor wat hierby aansluit: Die enkele guerrillas wat ná kwaai ontberings daarin geslaag het om die Suid-Afrikaanse grens oor te steek, is dikwels deur mobiele patrollies van die weermag en polisie ingewag, wat sonder ophou jag op hulle gemaak het. Die talle spioene wat Suid-Afrika in die ANC gehad het, het die veiligheidsmagte meermale ingelig oor 'n voorgenome infiltrasie. Al in 1984 het NAT in 'n interne dokument toegegee dat "the enemy has voluminous information about the ANC in all our operational areas".[17] Die plaaslike bevolking was versigtig en het nie noodwendig altyd agter die guerrillas gestaan nie.

Ten slotte: Volgens Jane Cherry self het MK op sy hoogtepunt in die laat 1980's oor sowat 10 000 vegters beskik.[18] Sommige was reeds opgelei; ander was nog met opleiding besig. Van hulle was etlike honderde permanent besig met militêre operasies – nie teen Suid-Afrika nie, maar teen Unita. Die res het verveeld en gefrustreerd in die kampe rondgelê en … ja, níks gedoen nie. Maar los daarvan, MK was geen leër met oorweldigende getalle nie; dit was maar 'n beskeie mag.

Natuurlik kan baie negatiefs oor die regering se hantering van die konflik gesê word. Maar dit is weer 'n ander verhaal en bowendien maak dit nie 'n ondersoek van die ANC/SAKP se gewapende stryd en die moraliteit daarvan ongeldig nie.

Daar is basies twee revolusiemodelle – die gewelddadige Leninistiese en die geweldlose Gandhiaanse model. Ofskoon laasgenoemde slegs in uitsonderlike gevalle teen totalitêre regimes soos dié van Josef Stalin of Adolf Hitler sal werk, werp dit in ander gevalle op die duur meestal vrugte af en staan moreel gesproke veel hoër as die Leninistiese benadering.[19] Die ANC/SAKP het die geweldlose model ná 1961 nooit ernstig oorweeg nie en bowendien het sy geweldpleging ook, luidens sy eie leiers se erkenning, nie gewerk nie. In pres. FW de Klerk se toespraak van 2 Februarie

1990 het MK se gewapende stryd nie veel van 'n rol gespeel nie. Die gewapende stryd was 'n mislukking. Ander faktore, soos die feit dat die staatsmasjinerie weens swart mense se grootskaalse boikotte tot stilstand geknars het, het die deurslag gegee.

Teen bogenoemde agtergrond moet enigiemand wat die ANC/SAKP se gewapende stryd van 'n afstand bekyk, tot die gevolgtrekking kom dat dit tot en met die Kerkstraatbom van Mei 1983 géén terroristiese stryd was nie. Daarna het dit steeds meer tot ordinêre terrorisme gedegenereer.

Ten slotte

Die SAKP se tweefaserevolusiemodel is iets waaroor sowel dié party as die ANC ná 1990 om begryplike redes grotendeels swyg. Die val van die Berlynse Muur en die gepaardgaande verkrummeling van die kommunisme as internasionale magsfaktor het die omwenteling van die jare 1990-1994 in Suid-Afrika ingrypend beïnvloed deurdat daardie paradigma nie alleen ongeldig geword het nie, maar inderwaarheid 'n geurtjie verkry het. Dit was nie meer takties verstandig om die aandag te vestig op 'n revolusie in twee fases en die gebruik van die eerste fase om die tweede, sosialistiese fase nader te bring nie. Veral nie in die geledere van 'n party wat nou in die regering die vrye mark aktief bevorder en talle nuwe miljoenêrs opgelewer het nie. Om die waarheid te sê, in die praktyk rus daar klaarblyklik 'n taboe op die bespreking van die onderwerp.

Dit sou natuurlik uit wetenskaplik-historiese oogpunt verkeerd wees om die ANC en SAKP se verlede te gaan opdiep om in die hede teen hulle te gebruik. Die geskiedeniswetenskap moet nie aan teenswoordige politieke doeleindes ondergeskik gestel word nie. Tog vorm die ANC/SAKP se struggle teen die vorige regering 'n belangrike onderdeel van die 20ste-eeuse Suid-Afrikaanse geskiedenis. En as sodanig kan 'n historiese ontleding soos dié verhelderend werk om die hede te help verstaan.

Ten slotte kan dié boek dalk wel dien om 'n meer genuanseerde beeld van die apartheidsverlede te skep. Dat apartheid onwerkbaar en immoreel was, kan as 'n gegewe beskou word. Maar die feit dat die ANC/SAKP dit met 'n moontlik nóg immoreler kommunistiese diktatuur wou vervang, beklemtoon dat die geskiedenis bitter selde skerp swart-wit-teenstellings ken; eerder verskillende skakerings van grys.

Die Duitse historikus Hubertus Knabe skryf in sy studie oor hoe die

Duitsers sedert 1945 met hul eie Nazi-verlede omgegaan het iets wat vir alle kante in die antiapartheidstryd relevant is: "Misdade en dodetalle moet ook nie teenoor mekaar opgetel word om Duitsland van sy historiese verantwoording te ontlas nie – want die een misdaad word nie deur die ander gekanselleer nie, maar die twee moet bymekaar getel word."[20] Een misdaad plus nog 'n misdaad is nie nul misdade nie, maar twéé misdade.

Dit geld ook vir die konflik van die apartheidsjare in Suid-Afrika.

Bronnelys

PRIMÊRE BRONNE
Gepubliseerde dokumente

Amnesty International: "South Africa: Torture, ill-treatment and executions in African National camps", gepubliseer op 2 Desember 1992.

ANC: "Further submissions and responses by the ANC to questions raised by the Commission for Truth and Reconciliation", by www.justice.gov.za/trc/hrvtrans/submit/anc2.htm.

ANC: *Interviews in Depth. Alfred Nzo*. Richmond, Kanada, LSM Information Center, 1974.

ANC: "Operation Mayibuye", by law2.umkc.edu/faculty/projects/ftrials/mandela/mandelaoperationm.html).

ANC: "Statement to the Truth and Reconciliation Commission", by www.justice.gov.za/trc/hrvtrans/submit/anctruth.htm.

Asmal, Kader, David Chidester en Cassius Lubisi (reds.): *Legacy of Freedom. The ANC's human rights tradition*. Johannesburg, Jonathan Ball, 2005.

Biko, Steve: *I Write what I Like. A selection of his writings*. Randburg, Ravan Press, 1996.

Denton, Jeremiah: "Soviet, East German and Cuban Involvement in fomenting Terrorism in Southern Africa. Report of the Chairman of the subcommittee on security and terrorism", November 1982.

Drew, Allison (red.): *South Africa's Radical Tradition. A documentary history*, II, 1843-1964. Kaapstad, Mayebuye, 1997.

Gerhart, M en Clive L Glaser: *From Protest to Challenge. Volume 6: Challenge and Victory, 1980-1990*. Bloomington, Indiana University Press, 2010.

Giap, Vo Nguyen: *Banner of People's War, the Party's Military Line*. Londen, Pall Mall, 1970.

Johns, Sheridan en R Hunt Davis (reds.): *Mandela, Tambo and the African National Congress. The Struggle against Apartheid 1948-1990. A Documentary Survey*. Oxford, Oxford University Press, 1991.

Houston, Gregory: "Military bases and camps of the liberation movement, 1961-1990", Report Human Sciences Research Council, 1 Augustus 2013.

Karis, Thomas G en Gail M Gerhardt (reds.): *From Protest to Challenge*, I: *A Documentary History of African Politics in South Africa, 1882-1964. Protest and Hope, 1882-1934*.

Hoover Institution Press, Stanford, 1972.

Karis, Thomas G en Gail M Gerhardt (reds.): *From Protest to Challenge*, II. *Hope and Challenge, 1935-1952*. Johannesburg, Jacana, 2016.

Karis, Thomas G en Gail M Gerhardt (reds.): *From Protest to Challenge,* III. Challenge and Violence, *1953-1964*. Stanford, Hoover Institution Press, 1977.

Karis, Thomas G en Gail M Gerhardt (reds.): *From Protest to Challenge,* IV. *Political Profiles, 1882-1964*. Stanford, Hoover Institution Press, 1977.

Karis, Thomas G en Gail M Gerhardt (reds.): *From Protest to Challenge,* V. *Nadir and Resurgence, 1974-1979*. Pretoria, Unisa Press, 1997.

Kissinger, Henry: *The Kissinger Study on Southern Africa*. Nottingham, Spokesman Books, 1975.

Macmillan, Hugh (ed.): "The Hani memorandum – introduced and annotated" (*Transformation,* 69, Januarie 2009).

Malindi, Zollie: *From Gqogqora to Liberation. The struggle was my life*. Bellville, Diana Ferrus Publishers, 2006.

Mandela, Nelson: *The Struggle is my Life. His Speeches and Writings 1944-1990*. Kaapstad, David Philip, 1994.

Myers, Bob (red.): *Revolutionary Times, Revolutionary Lives. Personal Accounts of the Liberation Struggles*. Londen, Index Books, 1997.

O'Malley onderhoude (by omalley.nelsonmandela.org/omalley/index.php/site/q/03lv00017.htm).

Pinnock, Don (ed.): *Voices of Liberation, Volume 2: Ruth First*. Pretoria, HSRC, 1997.

Slovo, Joe: "It was just the beginning – the MK sabotage campaign" (*Submit or Fight! 30 Years of Umkhonto we Sizwe*. Johannesburg, South African Communist Party Political Education Section, 1991.

South African Communist Party: *South African Communists Speak. Documents from the History of the South African Communist Party 1915-1980*. Londen, Inkululeko, 1981.

Sparg, Marion, Jenny Schreiner en Gwen Ansell (reds.): *Comrade Jack. The political lecures of Jack Simons, Novo Catengue*. Johannesburg, STE, 2001.

Tambo, Adelaide (red.): *Oliver Tambo Speaks*. Kaapstad, Kwela, 2012.

Trewhela, Paul (red.): *Inside Quatro. Uncovering the exile history of the ANC and SWAPO*. Auckland Park, Jacana, 2009.

WVK: Verklarings van verskeie persone voor die Waarheid-en-Versoeningskommissie, by www.justice.gov.za/trc/amntrans/index.htm en www.justice.gov.za/trc/special/index.htm.

Periodieke publikasies

Dawn, 1977-1990

Inkululeko – Freedom, Mei 1977

Inner-Party Bulletin, 1979-1994

Mayibuye, 1966-1994

Searchlight South Africa, 1989-1994

The African Communist, 1961-1994

Umsebenzi, 1985-1993

Work in Progress, 1990-1993

ANC- aanlyn dokumente

"January 8th statements", 1972-1994, by www.sahistory.org.za/article/anc-january-8th-statements.

Toesprake van Oliver Tambo, 1971-1993 by ancarchive.org/search/?keyword=OR+Tambo+speeches&pagenum=1&ordering=original_name&per_page=250&searchtype=keyword.

Boeke

Adamishin, Anatoly: *The White Sun of Angola*. Moskou, 2014, 2de uitgawe, vertaal deur Gary Goldberg en Sue Onslow, by www.wilsoncenter.org/publication/the-white-sun-angola.

Asmal, Kader: *Politics in My Blood. A Memoir*. Auckland Park, Jacana, 2011.

Barnard, Niël: *Geheime revolusie. Memoires van 'n spioenbaas*. Kaapstad, Tafelberg, 2015.

Bopela, Thula en Daluxolo Luthuli: *Umkhonto we Sizwe. Fighting for a Divided People*. Alberton, Galago, 2005.

Cajee, Amin, soos vertel aan Terry Bell: *Fordsburg Fighter. The Journey of an MK Volunteer*. Geen plek, Face2Face, 2016.

Dlamini, Jacob: *Askari. A Story of Collaboration and Betrayal in the Anti-Apartheid Struggle*. Londen, Hurst, 2014.

Flower, Ken: *Serving Secretly. An Intelligence Chief on Record, Rhodesia into Zimbabwe, 1964-81*. Londen, John Murray, 1987.

Frankel, Glenn: *Rivonia's Children. Three families and the Price of Freedom in South Africa*. Londen, Weidenfeld & Nicolson, 1999.

Gilder, Barry: *Songs and Secrets. South Africa from Liberation to Governance*. Londen, Hurst, 2012.

Gunn, Shirley en Shanil Hanicharan (reds.): *Voices from the Underground. Eighteen Life Stories from Umkhonto we Sizwe's Ashley Kriel Detachment*. Kaapstad, Penguin, 2019.

Hepple, Bob: *Young Man with a Red Tie. A Memoir of Mandela and the Failed Revolution*. Auckland Park, Jacana, 2013.

Kasrils, Ronnie: *Armed & Dangerous. From Undercover Struggle to Freedom*. Johannesburg, Jonathan Ball, 1998.

Keable, Ken (ed.): *London Recruits. The Secret War Against Apartheid*. Pontypool, Merlin Press, 2012.

Kobo, Joseph: *Waiting in the Wing*. Milton Keynes, Nelson Word, 1994.

Jürgens, Richard: *The Many Houses of Exile*. Weltevredenpark, Covos-Day, 2001.

Lelyveld, Joseph: *Move Your Shadow. South Africa, black and white*. New York, Random House, 1985.

Luthuli, Albert: *Let my People Go*. Londen, Collins, 1962.

Mandela, Nelson: *Conversations with Myself*. Pan, Londen, 2011.

Mandela, Nelson: *Long Walk to Freedom. The Autobiography of Nelson Mandela*. Londen, Abacus, 1994.

Manong, Stanley: *If We Must Die. An Autobiography of a Former Commander of uMkontho we Sizwe*. Geen plek, Nkululeko, 2015.

Mbeki, Govan: *The Struggle for Liberation in South Africa. A Short History*. Kaapstad, David Philip, 1992.

Morton, Barry en Jeff Ramsay: *Comrade Fish. Memories of a Motswana in the ANC Underground*. Revised internet edition, 2018.

Ngculu, James: *The Honour to Serve. Recollections of an Umkhonto Soldier*. Claremont, David Philip, 2009.

Pahad, Aziz: *Insurgent Diplomat. Civil Talks or Civil War?* Johannesburg, Penguin, 2014.

Pinnock, D. (red.): *Voices of Liberation, Volume 2. Ruth First*. Pretoria, HSRC Publishers, 1997.

Renwick, Robin: *The End of Apartheid. Diary of a Revolution*. Londen, Biteback, 2015.

Simons, Ray Alexander: *All my Life and All my Strength*. Johannesburg, STE, 2004.

Sisulu: Walter en Albertina: *In Our Lifetime*. Londen, Abacus, 2002.

Trewhela, Paul (red.): *Inside Quatro. Uncovering the Exile History of the ANC and SWAPO*. Auckland Park, Jacana, 2010.

Turok, Ben: *Nothing but the Truth. Behind the ANC's Struggle Politics* Johannesburg, Jonathan Ball, 2003.

Turok, Ben: *The ANC and the Turn to Armed Struggle, 1950-1970*. Johannesburg, Jacana, 2015 (oorspronklik gepubliseer in 1968).

SEKONDÊRE BRONNE
Boeke

Adams, Simon: *Comrade Minister: The South African Communist Party and the Transition from Apartheid to Democracy*. Huntington, Nova Science, 2001.

Asmal, Kader (red.): *Legacy of Freedom. The ANC's Human Rights Tradition*. Johannesburg, Jonthan Ball, 2005.

Barber, James: *Mandela's World*. Kaapstad, Divid Philip, 2004.

Barnard, Rita (red.): *The Cambridge Companion to Nelson Mandela*. Cambridge, Cambridge University Press, 2014.

Barrell, Howard: "Conscripts to their age. African National Congress Operational Strategy, 1976-1986" (ongepubliseerde Ph.D.-proefskrif, Oxford, 1993).

Bullock, Allan: *Hitler and Stalin. Parallel Lives*. Londen, Fontana, 1993.

Bunting, Brian: *Moses Kotane. South African Revolutionary*. Bellville, Mayibuye, 1998.

Callinicos, Luli: *Oliver Tambo. Beyond the Engeli Mountains* (Claremont, David Philip, 2004).

Cherry, Janet: *Spear of the Nation (Umkhonto weSizwe). South Africa's Liberation Army, 1960s-1990s*. Athens, Ohio University Press, 2011.

Cruywagen, Dennis: *The Spiritual Mandela. Faith and Religion in the Life of South Africa's Great Statesman*. Kaapstad, Zebra, 2016.

Curry, Cecil B.: *Victory at Any Cost. The Genius of Vietnam's Gen. Vo Nguyen Giap.* Dulles, Brassey, 1999.

Davis, Stephen R.: *The ANC's War against Apartheid. Umkhonto we Sizwe and the Liberation of South Africa.* Bloomington, Indiana University Press, 2018.

Deng, Francis M and J William Zartman (reds.): *Conflict Resolution in Africa.* Washington DC, The Brookings Institution, 1991.

Dlamini, Jacob: *Askari. A Story of Collaboration and Betrayal in the Anti-apartheid Struggle.* Londen, Hurst, 2014.

Dubow, Saul: *The African National Congress.* Johannesburg, Jonthan Ball, 2000.

Ellis, Stephen: *External Mission. The ANC in Exile 1960-1990.* London, Hurst, 2012.

Ellis, Stephen and Tsepo Sechaba (pseud. vir Oyama Mabandla): *Comrades Against Apartheid. The ANC & the South African Communist Party in Exile.* London, James Currey, 1992.

Filatova, Irina en Apollon Davidson: *The Hidden Thread. Russia and South Africa in the Soviet Era.* Johannesburg, Jonathan Ball, 2013.

Gevisser, Mark: *Thabo Mbeki.* Johannesburg, Jonathan Ball, 2007.

Gieseke, Jens: *The History of the Stasi. East Germany's Secret Police, 1945-1990.* Vertaal uit die Duits. New York, Berghahn, 2014.

Gutierrez, Gustavo en Gerhard Ludwig Müller: *On the Side of the Poor. The Theology of Liberation.* New York, Orbis, 2015.

Hadland, Adrian en Jovial Rantao: *The Life and Times of Thabo Mbeki.* Rivonia, Zebra, 1999.

Hamann, Hilton: *Days of the Generals. The Untold Story of South Africa's Apartheid-era Military Generals.* Kaapstad, Zebra, 2001.

Harris, Peter: *In a Different Time. The Inside Story of the Delmas Four.* Roggebaai, Umuzi, 2008.

Holland, Heidi: *The Struggle. A History of the African National Congress.* Londen, Grafton, 1989.

Houston, Gregory F.: *The National Liberation Struggle in South Africa. A Case Study of the United Democratic Front, 1983-1987.* Aldershot, Ashgate, 1999.

Jacobs, Mzamo Wilson: "Zambia, the ANC and the struggle against apartheid, 1964-1990" (ongepubliseerde MA-verhandeling, RAU, 1992).

Jaster, Robert Scott: *The Defence of White Power. South African Foreign Policy under Pressure.* Londen, Macmillan, 1988.

Jeffery, Anthea: *People's War. New Light on the Struggle for South Africa.* Johannesburg, Jonathan Ball, 2009. Johannesburg, Wits University Press, 2012.

Johns, Sheridan: *Raising the Red Flag. The International Socialist League & the Communist Party of South Africa 1914 – 1932.* Bellville, Mayibuye Books, 1995.

Kolakowski, Leszek: *Main Currents of Marxism,* II. Oxford, Oxford University Press, 1978.

Legassick, Martin: *Armed Struggle and Democracy. The case of South Africa.* Nordiska Afrikainstitutet, Uppsala, 2002.

Lerumo, A [pseud. vir Michael Harmel]: *Fifty Fighting Years. The Communist Party of*

South Africa 1921 – 1971. Londen, Inkululeko Publications, 1971.

Lissoni, Arianna en Jon Soske, Natasha Erlank, Noor Nieftagodien and Omar Badsha (reds.): *One Hundred Years of the ANC. Debating Liberation Histories Today.* Johannesburg, Wits University Press, 2012.

Lodge, Tom: *Black Politics in South Africa since 1945.* Johannesburg, Ravan, 1983.

Lodge, Tom: *Mandela. A critical life.* Oxford, Oxford University Press, 2006.

Macmillan, Hugh: *The Lusaka Years 1963 to 1994. The ANC in Exile in Zambia.* Auckland Park, Jacana, 2013.

Magubane, Ben (red.): *The Road to Democracy in South Africa, I (1960-1970).* Cape Town, Zebra, 2004.

Mali, Thami: *Chris Hani. The Sun that set Before Dawn.* Johannesburg, SACHED Trust, 2000.

Mbatha, Khulu: *Unmasked. Why the ANC Failed to Govern.* Sandton, KMM, 2017.

Mokae, Gomolemo: *Robert McBride. A Coloured Life.* Pretoria, SAHO, 2004.

Mothabi, Mokgethi: *The Theory and Practice of Black Resistance to Apartheid.* Braamfontein, Skotaville, 1984.

Nel, Philip: *A Soviet Embassy in Pretoria?* Kaapstad, Tafelberg, 1990.

O'Malley, Padraig: *Shades of Difference. Mac Maharaj and the Struggle for South Africa.* New York, Viking, 2007.

Onslow, Sue (red.): *Cold War in Southern Africa. White power, black liberation.* Cold War history series. Londen, Routledge, 2009.

Onslow, Sue en Anna-Mart van Wyk (reds.): *Southern Africa in the Cold War, Post-1974.* Wilson Center, Washington, 2013.

Pipes, Richard: *Communism. A brief History.* Londen, Weidenfeld & Nicolson, 2001.

Pipes, Richard: *Russia under the Bolshevik Regime 1919-1924.* Londen, Harvill, 1997.

Roux, Eddie: *Time Longer than Rope.* Madison, University of Wisconsin Press, 1964.

Sampson, Anthony: *Mandela. The Authorised Biography.* Johannesburg, Jonathan Ball, 1999.

Saunders, Chris (red.): *Documenting Liberation Struggles in Southern Africa. Select papers from the Nordic Africa Documentation Project workshop 26-27 November 2009, Pretoria, South Africa.* Uppsala, Nordic Afrika Institute, 2010.

Scholtz, Leopold: *Kruispaaie. Afrikanerkeuses in die 19de en 20ste eeu* (Pretoria, Kraal, 2016).

Seekings, Jeremy: *The UDF. A History of the United Democratic Front in South Africa 1983-1991.* (Athens, Ohio University Press, 2000).

Service, Robert: *Comrades. Communism: A World History.* Londen, Macmillan, 2007.

Shubin, Vladimir: *ANC. A View from Moscow.* Bellville, Mayibuye, 1999.

Sisulu, Elinor: *Walter & Albertina Sisulu in our Lifetime.* Londen, Abacus, 2003.

Smith, Janet en Beauregard Tromp: *Hani. A Life too Short.* Johannesburg, Jonathan Ball, 2006.

Somerville, Keith: *Southern Africa and the Soviet Union. From Communist International to Commonwealth of Independent States.* Londen, Macmillan, 1993.

Sparks, Allister: *Tomorrow is Another Country. The Inside Story of South Africa's Negotiated Revolution.* Sandton, Struik, 1994.

Stadler, Herman: *The Other Side of the Story. A True Perspective.* Johannesburg, Contract, 1997.

Stemmet, Jan-Adriaan: "Apartheid under siege, 1984-1988. Actions and reactions" (ongepubliseerde doktorale proefskrif, UFS, 2003).

Stiff, Peter: *The Silent War. South African Recce Operations 1969-1994.* Alberton, Galago, 1999.

Suttner, Raymond: *The ANC Underground in South Africa to 1976. A Social and Historical Study.* Auckland Park, Jacana, 2008.

Thomas, Scott: *The Diplomacy of Liberation* (ongepubliseerde D.Phil.-proefskrif, London School of Economics and Political Science, Oktober 1999).

Turok, Ben, *Nothing but the Truth. Behind the ANC's Struggle Politics* (Johannesburg, Jonathan Ball, 2003).

Turok, Ben: *The ANC and the Turn to Armed Struggle.* Auckland Park, Jacana, 2010.

Van Driel, Nicky: "The Wankie Campaign. The ANC's first armed military operation: July-September 1967" (ongepubliseerde MA-verhandeling, UWK, 2003).

Van Kessel, Ineke: *"Beyond our Wildest Dreams". The United Democratic Front and the Transformation of South Africa* (Carlottesville, University Press of Virginia, 2000).

Waldmeir, Patti: *Anatomy of a Miracle. The End of Apartheid and the Birth of a New South Africa.* Londen, Penguin, 1997.

Artikels

Benneyworth, Garth: "Armed and trained: Nelson Mandela's 1962 military mission as commander in chief of Umkhonto we Sizwe and provenance for his buried Makarov pistol" (*South Africa Historical Journal*, 63/1, Maart 2011).

Benneyworth, Garth: "Operation Mayibuye. Plans within plans, spies and lies" (*Journal for Contemporary History*, 42/1, Junie 2017).

Bennyworth, Garth: "Trojan horses: Lillieleaf, Rivonia (August 1962 – 11 July 1963" (*Historia* 62/2, Nov 2017).

Bundy, Colin: "Around which corner? Revolutionary theory and contemporary South Africa" (*Transformation*, 8, 1989).

Callinicos, Luli: "Oliver Tambo and the dilemma of the camp mutinies in Angola in the eighties" (*South African Historical Journal*, 64/3, September 2012).

Cleveland, Todd: " 'We still want the truth': The ANC's Angolan detention camps and postapartheid memory" (*Comparative Studies of South Asia, Africa and the Middle East*, 25/1, 2005).

Collison, Carl: "Women freedom fighters tell of sexual abuse in camps" (*Mail & Guardian*, 27.10.2017).

Couper, Scott Everett: "An embarrassment to the Congresses? The silencing of Chief Albert Luthuli and the production of ANC history" (*Journal of Southern African Studies*, 35/2. June 2009).

Davidson, Apollon en Irina Filatova: "South African society: Soviet perspectives – 1917 to mid 1950s" (*Alternation* 4/1, 1997).

Davis, Stephen R.: "The African National Congress, its radio, its allies and exile" (*Journal of Southern African Studies*, 35/2, Junie 2009).

Davism Stephen R.: "Training and deployment at Novo Catengue and the diaries of Jack Simons, 1977-1979" (*Journal of Southern African Studies*, 40/6, 2014).

Ellis, Stephen: "Mbokodo: Security in ANC Camps, 1961-1990"(*African Affairs* 93/1994).

Ellis, Stephen: "Nelson Mandela, the South African Communist Party and the origins of Umkhonto we Sizwe" (*Cold War History*, 16/1, 2016).

Ellis, Stephen: "The genesis of the ANC's armed struggle in South Africa 1948-1961" (*Journal of Southern African Studies*, 2011).

Ellis, Stephen: "The South African Communist Party and the collapse of the Soviet Union" (*Journal of Communist Studies*, volume 8, 1992).

Pfister, Roger: "Gateway to international victory: the diplomacy of the African National Congress in Africa, 1960-1994" (*Journal of Modern African Studies*, 41/1, 2003).

Filatova, Irina: "The ANC's armed struggle and the Soviets" (by libyadiary.wordpress.com/2011/08/10/the-ancs-armed-struggle-and-the-soviets/).

Filatova, Irina: "The lasting legacy: The Soviet theory of the National-Democratic Revolution and South Africa" (*South African Historical Journal*, 2012).

Filatova, Irina, en Apollon Davidson: " 'We, the South African Bolsheviks': The Russian Revolution and South Africa" (*Journal of Contemporary History*, 52/4, 2017).

Garrett, R Kelly en Paul N Edwards: "Revolutionary secrets: Technology's role in the South African anti-apartheid movement" (*Social Science Computer Review*, 25/1, lente 2007).

Grossheim, Martin: "The East German 'Stasi' and the modernization of the Vietnamese security apparatus, 1965-1989", at www.wilsoncenter.org/publication/stasi-aid-and-the-modernization-of-the-vietnamese-secret-police.

Henderson, Robert D'A: "Operation Vula against apartheid" (*International Journal of Intelligence and Counterintelligence*, 10/4, 1997).

Houston, Gregory: "Military bases and camps of the liberation movement, 1961-1990" (Human Sciences Research Council, 2013).

Howell, Jude: "The end of an era: The rise and fall of G.D.R. aid" (*Journal of Modern African Studies*, 32/2, 1994).

Johns, Sheridan: "Invisible resurrection: The recreation of a Communist Party in South Africa in the 1950s" (*African Studies Quarterly*, 9/4, Herfs 2007).

Johns, Sheridan: "Obstacles to guerrilla warfare – a South African case study" (*The Journal of Modern African Studies*, 11/2, June 1973).

Jordan, Pallo: "The crisis of conscience in the SACP" (*Transformation* 11, 1990).

Jordan, Z Pallo en Mac Maharaj: "South Africa and the turn to armed resistance" (*South African Historical Journal*, 70/1, 2018).

Karis, Thomas: "South African liberation: The Communist factor" (*Foreign Affairs*, 65/2, Winter 1986).

Kasrils, Ronnie: "How the armed struggle succeeded", 16.2.2017 (by www.politicsweb. co.za/opinion/how-the-armed-struggle-succeeded).

Knabe, Hubertus: *Tag der Befreiung? Das Kriegsende in Ostdeutschland* (Berlyn, Propyläen Verlag, 2005).

Landau, Paul S.: "The ANC, MK and 'The Turn to Violence' (1960-1962)" (*South African Historical Journal*, 64/3, September 2012).

Lekgoathi, Sekibakiba Peter: "The African National Congress's Radio Freedom and its audiences in apartheid South Africa, 1963-1991" (*Journal of African Media Studies*, 2/2, 2010).

Lissoni, Arianna: "Transformations in the ANC external mission and Unkhonto we Sizwe, c. 1960-1969" (*Journal of Southern African Studies*, 35/2, Junie 2009).

Lodge, Tom: "State of exile: The African National Congress of South Africa, 1976-1986" (*Third World Quarterly*, 9/1, Jan. 1987).

Macmillan, Hugh: "After Morogoro: The Continuing Crisis in the African National Congress (of South Africa) in Zambia, 1980-1981" (*Social Dynamics*, 35/2, 2009).

Macmillan, Hugh: "The African National Congress of South Africa in Zambia: The culture of exile and the changing relationship with home, 1964-1990" (*Journal of Southern African Studies*, 35/2, Junie 2009).

Marais, Hein: "Hani opens up" (*Work in Progress*, Junie 1992).

Mkhize, Jabulani: "Alex la Guma's politics and aesthetics" (*Alternation*, 5/1, 1998).

Moosage, Riedwaan: "A prose of ambivalence: Liberation discourse on necklacing" (*Kronos* 36, November 2010).

Mosala, SJ, JCM Venter en EG Bain: "The National Democratic Revolution in South Africa. An Ideological Journey" (*Koers – Bulletin for Christian Scholarship*, 84(1), Des. 2019.)

Motumi, Tsepe: "Umkhonto we Sizwe – structure, training and force levels (1984 to 1994) (*African Defence Review*, 18/1994).

Mufson, Stephen: "Uncle Joe: The white guru of the ANC" (*The New Republic*, 28.9.1987).

Myburgh, James: "How the necklace was hung around Winnie's neck", by www. politicsweb.co.za/opinion/how-the-necklace-was-hung-around-winnies-neck.

Myburgh, James: "The ANC and the Boers", by www.politicsweb.co.za/politicsweb/view/ politicsweb/en/page71619?oid=256988&sn=Detail&pid=71616.

Myburgh, James: "The SACP's secret Moscow papers, by http://www.politicsweb.co.za/ opinion/the-anc-mk-and-the-communists.

Myburgh, James: "Who is the real ANC?", by www.politicsweb.co.za/opinion/ who-is-the-real-anc.

O'Brien, Kevin: "A blunted spear: The failure of the African National Congress/South African Communist Party revolutionary war strategy 1961-1990" (*Small Wars & Insurgencies* 14/2, 2003).

Naidoo, Nandha: "The 'Indian chap': Recollections of a South African underground trainee in Mao's China" (*South African Historical Journal*, 64/3, September 2012).

Pfister, Roger: "Gateway to international victory: the diplomacy of the African National Congress in Africa, 1960-1994" (*Journal of Modern African Studies*, 41/1, 2003).

Plaut, Martin: "Brief Report: The ANC's difficult allies", (*Review of African Political economy*, 37/124, Junie 2010).

Pretorius, Deirdre, Grietjie Verhoef en Marian Sauthoff: "The printed propaganda of the Communist Party of South Africa during World War II" (*Image & Text*, 20/1, Januarie 2012).

Radu, Michael: "The African National Congress: Cadres and Credo" (*Problems of Communism*, vol. XXXVI, Julie-Aug. 1987).

Roth, Mia: "The wide-ranging influence of the 1928 decree of the Communist International" (*Acta Academica*, 34/1, 2002).

Roberts, David jr.: "The ANC in its own words" (*Commentary*, Julie 1988).

Roth, Mia: "The wide-ranging influence of the 1928 decree of the Communist International" (*Acta Academica*, 34/1, 2002).

Sandwell, Rachel: " 'Love I cannot begin to explain': The politics of reproduction in the ANC in exile, 1976-1990" (*Journal of Southern African Studies*, 41/1, 2015).

Sapire, Hilary: "Township histories, insurrection and liberation in late Apartheid South Africa" (*South African Historical Journal*, 65/2, 2013).

Scarnecchia, Timothy: "Rationalizing *Gukurahundi*: Cold War and South African foreign relations with Zimbabwe, 1981-1983" (*Kronos*, 37, 2011).

Schleicher, Hans-Georg: *Südafrikas neue Elite. Die Prägung der ANC-Führung durch das Exil* (Hamburg, Institut für Afrika-Kunde, 2004).

Schleicher, Ilona: "Zur 'materieller solidarität' der DDR mit dem ANC in den 60er Jahren" (*Afrika Spectrum*, 27, 1992).

Shubin, Vladimir: "Comrade Mzwai" (www.sahistory.org.za/sites/default/files/Shubin_ Paper.pdf).

Shubin, Vladimir: "Unsung heroes: The Soviet military and the liberation of Southern Africa" (*Cold War History*, 7/2, Mei 2007).

Simpson, Thula: "Toyi-toyi-ing to freedom: The endgame in the ANC's armed struggle, 1989-1990" (*Journal of Southern African Studies*, 35/2, Junie 2009).

Sivograkov, Maxim: "The earliest visits of ANC leaders to the USSR" (*New Contree*, 45, September 1999).

Stemmet, J.-A.: "Apartheid and the anticipation of apocalypse: The supreme strategies of the National Party government and the African National Congress, 1980-1989: An historical perspective (*Journal of Contemporary History*, 36/1, Junie 2011).

Stevens, Simon: "The turn to sabotage by the Congress movement in South Africa" (*Past and Present*, 245, November 2019).

Suttner, Raymond: "The African National Congress (ANC) underground: From the M-plan to Rivonia" (*South African Historical Journal*, 49, 2003).

Tsampiras, Carla: "Sex in a time of exile: An examination of sexual health, AIDS, Gender, and the ANC, 1980-1990" (*South African Historical Journal*, 64/3, September 2012).

Webber, Mark: "Soviet policy in sub-Saharan Africa: The final phase (*Journal of Modern African Studies*, 30/1, 1992).

Williams, Rocky: "Before we forget: Writing the history of Umkhonto we Sizwe between 1961-2000" (*Journal of Peace, Conflict and Military Studies*, 1/1, Maart 2000).

Williams, Rocky: "The impact of Umkhonto we Sizwe on the creation of the South African National Defence Force (SANDF)" (*Journal of Security Sector Management*, 2.1, Maart 2004).

Williams, Rocky: "The other armies – a brief historical overview of Umkhonto we Sizwe (MK), 1961-1994" (*Military History Journal*, 11/5).

Zantsi, Luvuyo: "Mkatashinga: Narratives of the mutiny in ANC camps in Angola (1983/84)" (*Journal of Global Faultlines*, 6/1, 2019).

Eindnotas

Inleiding

1 Craig Soudien: "Robben Island University revisited", in Arianna Lissoni, Jon Soske, Natasha Erlank, Noor Nieftagodien en Omar Badsha (reds.): *One Hundred Years of the ANC. Debating liberation histories today*, p. 211.

2 *Truth and Reconciliation Commission of South Africa Report*, V, p. 442.

Hoofstuk 1

1 Keith Somerville: *Southern Africa and the Soviet Union. From Communist International to Commonwealth of Independent States*, p. 181.

2 Francis Meli: *South Africa belongs to us. A History of the ANC* (Harare, Zimbabwe Publishing House, 1988), p. 59.

3 Bunting: *Moses Kotane*, p. 26.

4 A Lerumo [pseud. vir Michael Harmel]: *Fifty Fighting Years. The Communist Party of South Africa 1921–1971*, p. 55.

5 Jabulani Mkhize: "Alex la Guma's politics and aesthetics" (*Alternation*, 5/1, p. 130 en 133).

6 Meli: *South Africa belongs to us*, pp. 75-76; Jack & Ray Simons: *Class & Colour in South Africa 1850-1950* (s.p., International Defence and Aid Fund, 1983), p. 389.

7 Edward Roux: *S.P. Bunting. A Political Biography* (Kaapstad, privaat gepubliseer, 1944), pp. 88-89. Vgl. ook Mkhize: "Alex la Guma's politics and aesthetics" (*Alternation*, 5/1, pp. 133-134.

8 Bunting: *Moses Kotane*, p. 37.

9 Leszek Kolakowski: *Main Currents of Marxism*, II, p. 412.

10 Ibid., p. 199. Kyk ook Kolakowski: *Main Currents of Marxism*, III, p. 107.

11 Sheridan Johns: *Raising the Red Flag. The International Socialist League & the Communist Party of South Africa 1914 – 1932*, pp. 201 en 214; Lerumo: *Fifty Fighting Years*, p. 57.

12 Apollon Davidson en Irina Filatova: "South Africa Society: Soviet perspectives – 1917 to 1950" (*Alternation* 4/1, 1997, p. 85.)

13 South African Communist Party: *South African Communists Speak. Documents from the History of the South African Communist Party 1915-1980* (Resolution on 'The South African Question' adopted by the Executive Committee of the Communist International held in Moscow in August and September 1928, pp. 90-96).

14 Simon Adams: *Comrade Minister: The South African Communist Party and the Transition from Apartheid to Democracy*, pp. 25-26; Mia Roth: "The wide-ranging influence of the 1928 decree of the Communist International" (*Acta Academica*, 34/1, 2002), p. 123.

15 Bunting: *Moses Kotane*, p. 44.

16 Eddie Roux: *Time Longer than Rope*, p. XI.

17 SAKP: *South African Communists Speak* ("Programme of the Communist Party of South Africa adopted at the seventh annual conference of the Party on January 1, 1929, p. 102).

Hoofstuk 2

1 Mandela: Geheime outobiografie, pp. 117 en 142.

2 Ibid., p. 140.

3 Raymond Suttner: *The ANC Underground in South Africa*, p. 21; Vladimir Shubin: *ANC: A view from Moscow*, p. 11.

4 Tom Lodge: *Black Politics in South Africa since 1945*, p. 75.

5 Suttner: *The ANC Underground in South Africa*, p. 33.

6 Vgl. Mandela: *A Long Walk to Freedom*, p. 328.

7 Jonathan Hyslop: "Mandela on war" in Rita Barnard (red.): *The Cambridge Companion to Nelson Mandela*, p. 162.

8 Nelson Mandela: Geheime outobiografie, p. 426.

9 Hyslop: "Mandela on war" in Barnard (red.): *The Cambridge Companion to Nelson Mandela*, p. 162.

10 Brian Bunting: *Moses Kotane, South African Revolutionary*, p. 201.

11 Luthuli: *Let my People go*, p. 154.

12 Sheridan Johns en R Hunt Davis jr. (reds.): *Mandela, Tambo and the African National Congress. The Struggle against apartheid, 1948-1990. A documentary survey* (Speech delivered at Georgetown University, January 27, 1987, p. 262). Vgl. verder Andrew Masondo: "The struggle will intensify" (*Dawn*, Junie 1982, p. 13).

13 Mandela: *The Struggle is my Life*, p. 204 (Mandela – PW Botha, 5.7.1989).

14 "Landmarks of the ANC: Moses Kotane" (*Sechaba*, Aug. 1968, p. 11).

15 Toespraak 19.7.1991 (www.sacp.org.za/docs/history/stereotypejs.html).

16 Digital Information South Africa, memorandums (www.disa.ukzn.ac.za), SAKP: Stuk sonder titel, pp. 10-11.

17 Mandela: *Long Walk to Freedom*, p. 138.

18 SACP: *South African Communists Speak* ('Nationalism and the Class Struggle', extract from Central Committee report to the National Conference of the Communist Party in Johannesburg on January 6, 7 and 8, 1950, p 211.)

19 Anthony Sampson: *Mandela. The Authorised Biography*, p. 92.

20 Michael Radu: "The African National Congress: Cadres and Credo" (*Problems of Communism*, vol. XXXVI, Julie-Aug. 1987, p. 64).

21 Sheridan Johns: "Invisible resurrection: The recreation of a Communist Party in South Africa in the 1950s" (*African Studies Quarterly*, 9/4, Herfs 2007, p. 11).

22 Mandela: *The Struggle is my Life*, pp. 50-54 ("The Freedom Charter", 26.6.1955).

23 Kyk Yusuf Dadoo: "Introduction" in *SACP: South African Communists Speak*, p. xviii.

24 Stephen Ellis: "Nelson Mandela, the South African Communist Party and the origins of Umkhonto we Sizwe", *Cold War History*, 16/1, 2016, p. 5). Vgl. ook Frankel: *Rivonia's Children*, pp. 59-61.

25 SACP: *South African Communists Speak* ('The Road to South African Freedom', programme of the South African Communist Party adopted at the fifth national conference of the Party held inside the country in 1962", pp. 284-319).

26 Vgl. Irina Filatova: "The lasting legacy: The Soviet theory of the National-Democratic Revolution and South Africa" (*South African Historical Journal*, 64/3, Junie 2017, p. 529).

27 SACP: *South African Communists Speak* ('The Road to South African Freedom', programme of the South African Communist Party adopted at the fifth national conference of the Party held inside the country in 1962", pp. 307-308 and 311.

28 Ibid., pp. 313-314.

29 Ibid., p. 314 and 317.

30 Ibid., p. 286.

31 Ibid.

32 Ibid., p. 316.

33 Aangehaal in Karis en Gerhart: *From Protest to Challenge*, V, p. 38.

34 Yusuf Dadoo: "South Africa: Revolution on an Upgrade" (*World Marxist Review*, Julie 1978, www.sacp.org.za/docs/history/dadoo-24.html).

35 Bunting: *Moses Kotane*, p. 237. Vgl. Ook Karis en Gerhart: *From Protest to Challenge*, V, p. 37.

36 Paul Trewhela: "Unreliable friend" (*London Review of Books*, 11.11.1999).

37 Raymond Suttner: "The African National Congress (ANC) underground: From the M-plan to Rivonia" (*South African Historical Journal*, 49, 2003, pp. 132, 136, 142 en 143).

38 Vgl. tweede voorlegging van ANC voor die WVK.

39 Aangehaal in CJB le Roux: "Umkhonto we Sizwe and the ANC-SACP Alliance: A Critical Assessment of the Dominant Role that the South African Communist Party played in the Development of the 'Armed Struggle' in South Africa since 1961" (*Joernaal vir Eietydse Geskiedenis*, 18/1, Junie 1993, pp. 81-82).

40 Ian Greig: "The extent of Soviet support for African 'liberation movements' revealed", by https://liberty.contentdm.oclc.org/digital/collection/p17184coll12/id/53461, p. 7.

41 Vgl. Ellis: "Nelson Mandela, the South African Communist Party and the origins of Umkhonto we Sizwe" (*Cold War History*, 16/1, 2016, p. 8).

42 Greig: "The extent of Soviet support for African 'liberation movements' revealed", by https://liberty.contentdm.oclc.org/digital/collection/p17184coll12/id/53461, p. 50.

43 Ellis: "The Genesis of the ANC's Armed Struggle" (*Journal of Southern African Studies*, 2011, p. 11); Paul S Landau: "The ANC, MK and 'The Turn to Violence' (1960-1962)" (*South African Historical Journal*, 64/3, September 2012, p. 543).

44 Ellis: "The Genesis of the ANC's Armed Struggle" (*Journal of Southern African Studies*, 2011, p. 15).

45 Onderhoud van Paul Trewhela met Padraig O'Malley, 13.6.2004, by https://omalley.nelsonmandela.org/omalley/index.php/site/q/03lv00017/04lv00344/05lv01461/06lv01472.htm.

46 Ronnie Kasrils: *Armed and Dangerous. My undercover struggle against apartheid*, p. 37.

Hoofstuk 3

1 Vgl. bv. Hermann Giliomee: "Die mite het die mens vervang", *Rapport*, 7.12.2013; Leopold Scholtz: "Grootheid in sy foute as mens", *Die Burger*, 13.12.2013.

2 Nelson Mandela: *The Struggle is my Life. His Speeches and Writings 1944-1990* (Mayibuye, Bellville 1994), pp. 91-92).

3 Ibid., p. 176.

4 Martin Meredith: *Nelson Mandela. A Biography*, pp. 182-183.

5 Mandela: *The Struggle is my Life*, p. 93.

6 Ibid., pp. 137-138.

7 Sampson: *Mandela*, p. 137.

8 Mandela: *The Struggle is my Life*, p. 175

9 Ibid., p. 204.

10 Stephen Ellis: "The genesis of the ANC's armed struggle in South Africa 1948-1961" (*Journal of Southern African Studies*, 2011), p. 11.

11 Mandela: *Long Walk to Freedom*, pp. 138-139.

12 Sheridan Johns en R Hunt Davis, jr. (reds.): *Mandela, Tambo and the African National Congress. The Struggle against Apartheid 1948-1990. A Documentary Survey* (Oxford University Press, Oxford, 1991), pp. 35-40.

13 Anthony Sampson: *Mandela. The Authorised Biography* (HarperCollins, Londen, 1999), p. 95.

14 Nelson Mandela: "In our Lifetime", *Liberation*, Junie 1956, pp. 4-8.

15 Nelson Mandela: "Presidential Address at the Annual Conference of the African National Congress Youth League" (www.anc.org.za/ancdocs/history/mandela/1950s/sp5112.html).

16 Nelson Mandela: "No easy walk to freedom. Presidential address by Nelson R. Mandela to the ANC (Transvaal) Congress" (www.anc.org.za/ancdocs/speeches/1950s/sp530921.html).

17 Mandela: "Africa and World Peace" (*Liberation*, Sept. 1953), pp. 7-9.

18 Ibid., p. 8.

19 Nelson Mandela: "American imperialism, a new menace in Africa", *Liberation*, Maart 1958, pp. 22-26.

20 Mandela: "A New Menace in Africa", (*Liberation*, Maart 1958, p.26.)

21 Tom Lodge: *Mandela. A Critical Life* (Oxford University Press, Oxford, 2006), pp. 44-46; Meredith: *Nelson Mandela*, pp. 131-132 en 203; Sampson: *Mandela*, p. 580; Ben Magubane (red.): *The Road to Democracy in South Africa*, Volume I (1960-1970) (Zebra, Kaapstad, 2004), hoofstukke 1-2.

22 Meredith: *Nelson Mandela*, pp. 182-183.

23 Paul Trewhela: "Unreliable friend", London Review of Books, 11.11.1999, by www.ever-fasternews.com/index.php?php_action=read_article&article_id=291.

24 Padraig O'Malley: *Shades of Difference. Mac Maharaj and the Struggle for South Africa*, p. 63.

25 Stephen Ellis: *External Mission. The ANC in Exile 1960-1990*, pp. 17-26; Irina Filatova en Apollon Davidson: *The Hidden Thread. Russia and South Africa in the Soviet Era*, pp. 300-301.

26 Gareth van Onselen: "Yes, he was a communist, say ANC, SACP", *Sunday Times*, 8.12.2013.

27 s.com/index.php?php_action=read_article&article_id=291.

28 Mandela: *Long Walk to Freedom*, pp. 361-362.

29 Ellis: *External Mission*, pp. 33-34.

30 Ellis: "New light on Nelson Mandela's autobiography", *PoliticsWeb*, 13.1.2014, by www. politicsweb.co.za/politicsweb/view/politicsweb/en/page71619?oid=509092&sn=Detail&p id=71619, opgeroep 13.1.2014.

31 James Myburgh: "The meaning of Mandela's prison manuscript", *PoliticsWeb*, 15.1.2014, by www.politicsweb.co.za/politicsweb/view/politicsweb/en/page71619?oid=510821&sn=Detail &pid=71619, opgeroep 15.1.2014.

32 Nelson Mandela: *Conversations with Myself*.

33 Myburgh: "The meaning of Mandela's prison manuscript", *PoliticsWeb*, 15.1.2014, by www. politicsweb.co.za/politicsweb/view/politicsweb/en/page71619?oid=510821&sn=Detail&p id=71619, opgeroep 15.1.2014.

34 Nelson Mandela: Geheime herinneringsgeskrif, by www.nelsonmandela.org/images/up-loads/LWOM.pdf.

35 Ibid., pp. 82 en 99-100.

36 Ibid., p. 101.

37 Ibid., pp. 6 en 509.

38 Ibid., p. 510.

39 Ibid., p. 194.

40 Ibid.

41 Ibid., p. 101.

42 Crain Soudien: "Robben Island university revisited" (Lissoni *et al* (reds.): *One Hundred Years of the ANC*, p. 222.)

43 Ibid., p. 103.

44 Ibid.

45 Sampson: *Mandela*, p. 333.

46 Ibid., pp. 623-627.

47 Ibid., p. 102.

48 Ibid., p. 362.

49 Ibid.

50 Mandela: Herinneringsgeskrif sonder titel, by www.nelsonmandela.org/images/uploads/
LWOM.pdf, p. 180.

51 Ibid., p. 180.

52 Vgl. bv. Steven Lukes: *Marxism and Morality* (Oxford University Press, Oxford, 1985), *passim*.

53 Nelson Mandela: "Whither the Black Consciousness Movement? in Mac Maharaj (red.):
Reflections in Prison (Zebra, Johannesburg, 2010), pp. 21-64. Sy behandeling van die Marxisme kom voor op pp. 43-45.

54 Vladimir Shubin: *ANC: A View from Moscow* (Mayibuye, Bellville, 1999), p. 278.

55 Niël Barnard: *Geheime Revolusie. Memoires van 'n spioenbaas*, p. 182.

Hoofstuk 4

1 Ben Turok: *The ANC and the Turn to Armed Struggle*, pp. 89-90; Janet Cherry: *Umkhonto
we Sizwe*, p. 18.

2 Kyk die statistiese analise in Leopold Scholtz: *Kruispaaie. Afrikanerkeuses in die 19de en
20ste eeu*, pp. 106-130.

3 Walter en Albertina Sisulu: *In Our Lifetime*, p. 19.

4 Nelson Mandela: Geheime outobiografie, p. 119.

5 Nelson Mandela: *Long Walk to Freedom. The Autobiography of Nelson Mandela*, pp. 127-
128.

6 Stephen Ellis: *External Mission. The ANC in Exile 1960-1990*, p. 1.

7 Janet Smith en Beauregard Tromp: *Hani. A life too short*, pp. 62-63.

8 Zollie Malindi: *From Gqogqora to Liberation. The struggle was my life*, p. 3.

9 Joseph Kobo: *Waiting in the Wing*, p. 14.

10 Steve Biko: *I Write what I Like. A selection of his writings*, p. 75.

11 Allison Drew (red.): *South Africa's Radical Tradition. A documentary history*, II, 1843-1964
("We must learn new methods of work", 2.5.1960, pp. 354-357).

12 Robert Trent Vinson en Benedict Carton: "Albert Luthuli's private struggle: How an icon
of peace came to accept sabotage in South Africa" (*Journal of African History*, 59/1, 2018,
pp. 69-96); Simon Couper: "Emasculating agency: An unambiguous assessment of Albert
Luthuli's stance on violence" (*South African Historical Journal*, 64/3, 2012, pp. 567-569;
Ellis: "The South African Communist Party and the origins of Umkhonto we Sizwe" (*Cold
War History*, 16/1, 2016, pp. 10-11).

13 Simon Stevens: "The turn to sabotage by the Congress movement in South Africa" (*Past
and Present*, 245, November 2019, p. 228).

14 ANC: *Interviews in Depth. Alfred Nzo*, p. 11; Howard Barrell: "Conscripts to their age.
African National Congress operational strategy, 1976-1986" (ongepubliseerde Ph.D.-proefskrif, Oxford, 1993), p. 39; Ellis: "The South African Communist Party and the origins of
Umkhonto we Sizwe" (*Cold War History*, 16/1, 2016, p. 13).

15 Turok: *The ANC and the Turn to Armed Struggle*, p. 74. Vgl. ook Cherry: *Umkhonto we-
Sizwe*, pp. 15-16.

16 Paul S. Landau: "The ANC, MK and the 'Turn to violence' (1960-1962) (*South African
Historical Journal*, 64/3, September 2012, p. 550).

17 Allister Sparks: *Tomorrow is Another Country. The inside story of South Africa's negotiated revolution*, pp. 26-27.

18 ANC: *Interviews in Depth. Alfred Nzo*, p. 12.

19 Cherry: *Umkhonto weSizwe*, p. 17.

20 Paul S. Landau: "The ANC, MK and the 'Turn to violence' (1960-1962) (*South African Historical Journal*, 64/3, September 2012, p. 553). Vgl. ook Ellis: *External Mission*, p. 30.

21 James Myburgh: "The SACP' secret Moscow papers", by http://www.politicsweb.co.za/opinion/the-anc-mk-and-the-communists.

22 E Sisulu: *Walter and Albertina Sisulu. In Our Lifetime*, p. 146; Stephen Ellis: "The Genesis of the ANC's armed struggle in South Africa 1948-1961" (*Journal of Southern African Studies*, 2011, p. 3); Stephen Ellis: *External Mission. The ANC in Exile 1960-1990*, pp. 28-29; Nandha Naidoo: "The 'Indian Chap': Recollections of a South African underground trainee in Mao's China" (*South African Historical Journal*, 64/3, September 2012, pp. 707-736).

23 Thomas Karis en Gwendolen Carter (reds.): *From Protest to Challenge. Documents of African Politics in South Africa, 1992-1964*, III, pp. 716-717, pamflet van MK, 16.12.1961.

24 Mandela: *Long Walk to Freedom*, p. 300. Vgl. ook Frankel: *Rivonia's Children*, p. 77.

25 Gwendolyn Carter, Gail Gerhart en Thomas Karis (reds.): *From Protest to Challenge*, III, p. 772 (Mandela se verklaring).

26 Joe Slovo: *No Middle Road*, hoofstuk 4. Vgl. ook Chris Hani: "ANC and armed struggle", ongepubliseerde referaat voor seminaar van die ANC en Idasa oor "The Future of Security and Defence in South Africa, Lusaka, 24-27.5.1990.

27 Simon Stevens: "The turn to sabotage by the Congress movement in South Africa" (*Past and Present*, nr. 245, Nov. 2019, p. 238).

28 Landau: "The ANC, MK and the 'Turn to violence' (1960-1962) (*South African Historical Journal*, 64/3, September 2012, p. 556).

29 Barrell: "Conscripts to their age" (ongepubliseerde D.Phil.-proefskrif, Oxford, 1993), pp. 54-55.

30 "How strong is Verwoerd?" (*The African Communist*, Okt./Des. 1962, pp. 3-6).

31 ANC: "Further submissions and responses by the ANC to questions raised by the Commission for Truth and Reconciliation", by www.justice.gov.za/trc/hrvtrans/submit/anc2.htm.

32 Cherry: *Umkhonto weSizwe*, p. 10.

33 Rocky Williams: *South African Guerrilla Armies. The Impact of Guerrilla Armies on the Creation of South Africa's Armed Forces* (Pretoria, Institute for Security Studies Monograph no. 127, 2006), p. 19; Turok: *The ANC and the Turn to Armed Struggle*, p. 89.

34 Barrell: "Conscripts to their age" (ongepubliseerde D.Phil.-proefskrif, Oxford, 1993, p. 58). Genl. Herman Stadler raam dit op sowat 400 voorvalle. Vgl. sy *The Other Side of the Story*, p. 23.

35 Turok: *The ANC and the Turn to Armed Struggle*, p. 92.

36 Stephen R Davis: "The African National Congress, its radio, its allies and exile" (*Journal of Southern African Studies*, 35/2, Junie 2009, p. 351).

37 Tom Lodge: *Black Politics in South Africa since 1945*, p. 236.

Hoofstuk 5

1 Stevens: "The turn to sabotage by the Congress movement in South Africa" (*Past and Present*, nr. 245, Nov. 2019, pp. 252-253).

2 "Operation Mayebuye", (by law2.umkc.edu/faculty/projects/ftrials/mandela/mandelaoperationm.html).

3 Frankel: *Rivonia's Children*, p. 102.

4 HD Stadler: *The Other Side of the Story. A true perspective*, pp. 26-27.

5 Frankel: *Rivonia's Children*, p. 101.

6 "Operation Mayibuye" (by law2.umkc.edu/faculty/projects/ftrials/mandela/mandelaopera-tionm.html).

7 Mandela: Geheime outobiografie, pp. 438-439. Vgl. Che Guevara: *Guerrilla Warfare*, p. 111.

8 Barrell: "Conscripts to their age" (ongepubliseerde D.Phil.-proefskrif, Oxford, 1993, p. 58).

9 Williams: *South African Guerrilla Armies. The Impact of Guerrilla Armies on the Creation of South Africa's Armed Forces* (Pretoria, Institute for Security Studies Monograph no. 127, 2006), p. 23.

10 Vgl. Turok: *The ANC and the Turn to Armed Struggle*, pp. 101-102.

11 Garth Conan Bennyworth: "Trojan horses: Lillieleaf, Rivonia (August 1962 – 11 July 1963)" (*Historia* 62/2, Nov. 2017, p. 70).

12 Bennyworth: "Operation Mayebuye: Plans within plans, spies and lies, 1963" (*Joernaal vir Eietydse Geskiedenis*, 42/1, 2017, pp. 25-26).

13 SAHA AL 3041, "Interview with Joe Slovo by Julie Fredericks", p. 19.

14 Joseph Kobo: *Waiting in the Wing*, pp. 19-50.

15 Joe Slovo: "The sabotage campaign" (*Dawn*, Souvenir Issue, 1986, p. 4).

16 "1961-1971: 10 years of armed struggle" (*Sechaba*, Desember 1971-Januarie 1972, p. 14).

17 Rendani Moses Ranilala, Jabulani Sithole, Gegory Houston en Bernard Magubane: "The Wankie and Sipolilo campaigns" (*The Road to Democracy in South Africa*, I, pp. 481-482); Ellis: *External Mission*, p. 46.

18 Kyk bv. Thula Bopela en Daluxolo Luthuli: *Unkhonto we Sizwe. Fighting for a Divided People* (Alberton, Galago, 2005), hoofstuk 7.

19 Ranilala, Sithole, Houston en Magubane: "The Wankie and Sipolilo campaigns" (*The Road to Democracy in South Africa*, I, pp. 482-483).

20 Janet Smith en Beauregard Tromp: *Hani. A Life too Short*, p. 73.

21 Thomas Karis en Gail Gerhart (reds.): *From Protest to Challenge*, V, (Pretoria, Unisa, 1997), p. 28. Vgl. ook Rendani Moses Ranilala e.a.: "The Wankie and Sipolilo campaigns", in Bernard Magubane (red.): *The Road to Democracy in South Africa, volume I (1960-1970)*, pp. 482-483.

22 Thami Mali: *Chris Hani. The Sun that set Before Dawn*, pp. 40-41.

23 Ben Turok: *Nothing but the Truth. Behind the ANC's Struggle Politics*, p. 231.

24 Ronnie Kasrils: *Armed & Dangerous. From undercover struggle to freedom*, pp. 112-114.

25 Mzamo Wilson Jacobs: "Zambia, the ANC and the struggle against apartheid, 1964-1990" (ongepubliseerde MA-verhandeling, RAU, 1992, pp. 74 en 77).

26 Disa- aanlyn argief, ANC: "Problems of the Congress Movement", p. 1.

27 Smith en Tromp: *Hani*, pp. 91-92.

28 Ranilala, Sithole, Houston en Magubane: "The Wankie and Sipolilo campaigns" (*The Road to Democracy in South Africa*, I, p. 492).

29 Aangehaal in Hugh Macmillan: "The African National Congress of South Africa in Zambia: The culture of exile and the changing relationship with home, 1964-1990" (*Journal of Southern African Studies*, 35/2, Junie 2009, p. 309).

30 Chris Hani: "The Wankie Campaign", 1986, in Thomas G Karis and Gail M Gerhardt (reds.): *From Protest to Challenge, volume 5: Nadir and Resurgence, 1964-1979* (Pretoria, Unisa Press, 1997), pp. 374-375. Die stuk het ook verskyn in *Dawn Souvenir Issue*, 1986, pp. 34-37.

31 Nicky van Driel: "The Wankie Campaign. The ANC's first armed military operation: July-September 1967" (ongepubliseerde MA-verhandeling, UWK, 2003, p. 1).

32 Tom Lodge: *Black Politics in South Africa since 1945*, p. 300.

33 Stephen R Davis: *The ANC's War against Apartheid*, pp. 62-63.

34 Ranilala, Sithole, Houston en Magubane: "The Wankie and Sipolilo campaigns" (*The Road to Democracy in South Africa*, I, pp. 493-509); Davis: *The ANC's War against Apartheid*, hoofstuk 3; Smith en Tromp: *Hani*, pp. 94-105.

35 Stadler: *The Other Side of the Story*, p. 29; Rendani Moses Ranilala et.al: "The Wankie and Sipolilo Campaigns", in Magubane (red): *The Road to Democracy in South Africa*, I, p. 532.

36 Ranilala, Sithole, Houston en Magubane: "The Wankie and Sipolilo Campaigns" (*The Road to Democracy in South Africa*, pp. 500 en 512). Vgl. ook Stephen R. Davis: *The ANC's War against Apartheid. Umkhonto we Sizwe and the Liberation of South Africa*, hoofstuk 3.

37 Ranilala, Sithole, Houston en Magubane: "The Wankie and Sipolilo Campaigns" (*The Road to Democracy in South Africa*, pp. 514-524).

38 Ellis: *External Mission*, p. 65.

39 Ranilala, Sithole, Houston en Magubane: "The Wankie and Sipolilo campaigns" (*The Road to Democracy in South Africa*, I, pp. 539-540).

40 Disa- aanlyn argief, "Confidential briefing for the information and publicity sectors of the ZAPU-ANC alliance", 1968.

41 Ranilala, Sithole, Houston en Magubane: "The Wankie and Sipolilo campaigns" (*The Road to Democracy in South Africa*, I, pp. 485 en 490).

42 UCT Libraries, BC 1081 (O18.11), "Inner-Party Bulletin Number 1", pp. 16-17.

43 Digital Imaging South Africa, correspondence, Sizakele Sigxashe – Ray Alexander Simons, 5.2.1972.

44 Turok: *Nothing but the Truth*, p. 211.

Hoofstuk 6

1 Ellis: *External Mission*, p. 70.

2 Scott Thomas: *The Diplomacy of Liberation. The Foreign Relations of the ANC since 1960*, p. 52; Tom Lodge: *Black Politics in South Africa since 1945*, p. 300.

3 Die volledige dokument verskyn in Hugh Macmillan: "The 'Hani Memorandum' – introduced and annotated" (*Transformation* 69, 2009, pp. 114-129).

4 Vladimir Shubin: "Comrade Mzwai", in Lissoni et al (reds.): *One Hundred Years of the ANC*, p. 260; Stanley Manong: *If We Must Die. An autobiography of a former commander of Umkhonto we Sizwe*, p. 60.

5 Joe Slovo: "The Armed struggle spreads" (*Sechaba*, Mei 1968, pp. 2-6).

6 Padraig O'Malley: *Shades of Difference. Mac Maharaj and the struggle for South Africa*, p. 204.

7 Arianna Lissoni: "Transformations in the ANC external mission and Umkhonto we Sizwe, c. 1960-1969" (*Journal of Southern African Studies*, 35/2, Junie 2009, p. 298).

8 SACP: "The developing armed liberation struggle in Southern Africa" (*The African Communist*, nr. 34, 3de kwartaal, 1968, pp. 4-10).

9 Turok: *The ANC and the Turn to Armed Struggle*, p. 109.

10 "Strategy and Tactics of the African National Congress" (*Sechaba*, Julie 1969, pp. 16-23).

11 Barrell: "Conscripts to their age" (ongepubliseerde D.Phil.-proefskrif, Oxford, 1993, p. 66).

12 Karis en Gerhart (reds.): *From Protest to Challenge*, V, p. 51.

13 Barrell: "Conscripts to their age" (ongepubliseerde D.Phil.-proefskrif, Oxford, 1993, p. 81).

14 UK-biblioteek, BC 1081, "Special resolution: Party work in fraternal organisations", November 1981.

15 Arianna Lissoni: "Transformations in the ANC external mission and Unkhonto we Sizwe, c. 1960-1969" (*Journal of Southern African Studies*, 35/2, Junie 2009, p. 297).

16 "Strategy and Tactics of the African National Congress" (*Sechaba*, Julie 1969, p. 22).

17 Ellis: *External Mission*, p. 99.

18 ANC: *Interviews in Depth. Alfred Nzo*, p. 15.

19 SACP: *South African Communists Speak*, pp. 400-417 ("The enemy hidden under the same colour, 1976); Ellis: *External Mission*, pp. 100-102.

Hoofstuk 7

1 "10 Years of armed struggle" (*Sechaba*, 5/12; 6/1, Desember 1971-Januarie 1972, p. 21).

2 "Sol Dubula" [pseud. vir Joe Slovo]: "Ten Years of Umkhonto we Sizwe" (*The African Communist*, 47, vierde kwartaal 1971, p. 30.

3 Shubin: *The View from Moscow*, p. 125.

4 Ellis: *External Mission*, p. 86.

5 Irina Filatova: "The ANC's armed struggle and the Soviets" (by libyadiary.wordpress.com/2011/08/10/the-ancs-armed-struggle-and-the-soviets/).

6 Barrell: "Conscripts to their age" (ongepubliseerde D.Phil.-proefskrif, Oxford, 1993, pp. 109-111).

7 Miller: *An African Volk*, p. 125. Vgl. ook p. 155.

8 "Interviews in Depth. South Africa ANC: Alfred Nzo", 1974, by https://www.aluka.org/stable/10.5555/AL.SFF.DOCUMENT.lsmp1014.

9 Vgl. Hugh Macmillan: *The Lusaka Years*, p. 117.

10 "Mzala" (pseud.): "Umkhonto we Sizwe. Building people's forces for combat, war & insurrection" (*Sechaba*, Jan. 1987, p. 21).

11 Scott Thomas: *The Diplomacy of Liberation*, p. 65.

12 Mark Gevisser: *Thabo Mbeki. The Dream Deferred*, p. 320.

13 Anthea Jeffery: *People's War. New Light on the Struggle for South Africa*, p. 20.

14 Barrell: "Conscripts to their age" (ongepubliseerde D.Phil.-proefskrif, Oxford, pp. 82-83); Ellis: *External Mission*, p. 114.

15 James Ngculu: *The Honour to Serve. Recollections of an Umkhonto Soldier*, p. 25.

16 Ian Greig: "The extent of Soviet support for African 'liberation movements' revealed", p. 3 (*Foreign Research Institute*, by https://liberty.contentdm.oclc.org/digital/collection/p17184coll12/id/53461).

17 Barrell: "Conscripts to their age" (ongepubliseerde D.Phil.-proefskrif, Oxford, 1993, p. 145).

18 H.D. Stadler: *The Other Side of the Story. A true perspective*, p. 39.

19 Joe Slovo: "No middle road", hoofstuk 4, p. 19.

20 Padraig O'Malley: *Shades of Difference. Mac Maharaj and the Struggle for South Africa*, p. 218.

21 Barrell: "Conscripts to their age" (ongepubliseerde D.Phil.-proefskrif, Oxford, pp. 92-96 en 129.

22 Mzala (pseud.): "Umkhonto we Sizwe. Building people's forces for combat, war & insurrection" (*Sechaba*, Jan. 1987, p. 23.

Hoofstuk 8

1 Gevisser: *Thabo Mbeki*, p. 407.

2 Aziz Pahad: *Insurgent Diplomat. Civil talks or civil war?*, p. 64.

3 Anthea Jeffery: *People's War. New Light on the struggle for South Africa*, p. 25.

4 Shubin: *ANC. The View from Moscow*, pp. 194-195.

5 Gevisser: *Thabo Mbeki*, pp. 407, 462-463 en 466.

6 Ibid.

7 Vo Nguyen Giap: *Banner of People's War, the Party's Military Line*, p. 28.

8   Disa- aanlyn argief, "Statement of a joint meeting of the NEC and the RC of the ANC (SA) held in Luanda", 27.12.1978-1.1.1979.

9   Karis en Gerhart (reds.): *From Protest to Challenge*, V, pp. 720-734.

10   Ibid., pp. 720-734.

11   Vir 'n breedvoerige uiteensetting, vgl. Cecil B. Curry: *Victory at Any Cost. The Genius of Vietnam's Gen. Vo Nguyen Giap* (Dulles, Brassey, 1999), veral pp. 79-84.

12   Karis en Gerhart (reds.): *From Protest to Challenge*, V, pp. 720-734.

13   Ibid.

14   Barrell: "Conscripts to their age" (ongepubliseerde D.Phil.-proefskrif, Oxford, 1993, pp. 192-193.

15   Vgl. "The dream of total liberation of Africa is in sight" (*Sechaba*, Maart 1984, p. 4).

16   Ngculu: *The Honour to Serve*, p. 180.

17   Hilton Hamann: *Days of the Generals. The Untold Story of South Africa's Apartheid-era Military Generals*, p. 123.

18   Ngculu: *The Honour to Serve*, p. 180.

19   "Mzala" (pseud.): "Umkhonto we Sizwe. Building people's forces for combat, war & insurrection" (*Sechaba*, Jan. 1987, p. 23.

20   Ellis en Sechaba (pseud.): *Comrades against Apartheid*, p. 144; Callinicos: *Oliver Tambo*, p. 558; Adrian Hadland en Jovial Rantao: *The Life and Times of Thabo Mbeki*, p. 50.

21   Joe Nhlanhla: "Has the time come for arming the masses?", p. 6, by disa.nu.ac.za/index.php?option=com_displaydc&recordID=spe19831021.026.021.000

22   "Forward to people's power – the challenge ahead" (*African Communist*, 80/1, p. 37).

23   Disa- aanlyn argief, ANC: "OAU strategy for liberation of Africa", 24.3.1980, p. 23.

24   Howard Barrell: "Conscripts to their age. African National Congress operational strategy, 1976-1986" (ongepubliseerde D.Phil.-proefskrif, Oxford, 1993), p. 461.

Hoofstuk 9

1   Sifiso Mxolisi Ndlovu: "The ANC in Exile, 1960-1970", in Bernard Magubane (red.): *The Road to Democracy in South Africa, volume I, 1960-1970* (Kaapstad, South African Democracy Education Trust, 2004, p. 436.

2   Maloka: *The South African Communist Party*, pp. 22-23.

3   Turok: *Nothing but the Truth*, p. 228.

4   Stephen Ellis en Tsepo Sechaba [pseud.]: *Comrades Against Apartheid. The ANC & the South African Communist Party in Exile* (Londen, James Currey, 1992), pp. 52-53 en 55; Tom Lodge: *Black Politics in South Africa since 1945* (Johannesburg, Ravan, 1983), p. 300; Turok: *Nothing but the Truth*, p. 228.

5   Ellis en Sechaba: *Comrades against Apartheid*, pp. 46, 57 en 62; Dale McKinley: *The ANC and the Liberation Struggle. A Critical Political Biography* (Londen, Pluto, 1997), p. 37; Le Roux: "Umkhonto we Sizwe and the ANC-SACP Alliance" (*Joernaal vir Eietydse Geskiedenis*, 18/1, Junie 1993, p. 72). Nhlanhla Ndebele en Noor Nieftagodien beweer selfs verkeerdelik dat Tambo die enigste niekommunistiese lid van die raad was. Modise was ook nie een nie. Vgl. Nhlanhla Ndebele en Noor Nieftagodien: "The Morogoro conference: A moment of self-reflection", in Magubane (red.): *The Road to Democracy in South Africa*, I, I, p. 597.

6   Ndebele en Nieftagodien: "The Morogoro Conference", in Magubane (red.): *The Road to Democracy in South Africa*, I, p. 597.

7   Gevisser: *Thabo Mbeki*, p. 461.

8   Le Roux: "Umkhonto we Sizwe and the ANC-SACP Alliance" (*Joernaal vir Eietydse Geskiedenis*, 18/1, Junie 1993, pp. 82-83).

9 Ndlovu: "The ANC in Exile, 1960-1970", in Magubane (red.): *The Road to Democracy in South Africa*, I, p. 452.

10 Ellis en Sechaba [pseud.]: *Comrades against Apartheid*, pp. 52 en 59.

11 Te vinde by disa.ukzn.ac.za/sites/default/files/pdf_files/boo19690000.026.021.000.pdf. 'n Verkorte weergawe verskyn ook in Thomas Karis en Gail Gerhart: From Protest to Challenge, V, pp. 387-393.

12 Ellis en Sechaba [pseud.]: *Comrades against Apartheid*, p. 58; Ndebele en Nieftagodien: "The Morogoro conference: A moment of self-reflection", in Magubane (red.): *The Road to Democracy in South Africa*, I, p. 591.

13 Disa- aanlyn argief, "Memorandum submitted by the delegation of the African National Congress of South Africa to the Central Committee of the Communist Party of Cuba", 6.10.1966.

14 Nhlanhla Ndebele en Noor Nieftagodien: "The Morogoro conference: A moment of self-reflection", in Magubane (red.): *The Road to Democracy in South Africa*, I, pp. 592 en 594. Ook ander historici stem saam. Vgl. Eddy Maloka: *The South African Communist Party*, p. 25; Nhanhla Ndebele en Noor Nieftagodien: "The Morogoro conference: A moment of self-reflection" (Bernard Magubane (red.), V, p. 592; McKinley: *The ANC and the Liberation Struggle*, p. 38; Ellis en Sechaba [pseud.]: *Comrades against Apartheid*, pp. 58-59; Irina Filatova en Apollon Davidson: " 'We, the South African Bolsheviks': The Russian Revolution and South Africa" (*Journal of Contemporary History*, 52/4, 2017, p. 956).

15 Aluka- aanlyn argief, "Speech delivered by Joe Slovo on the occasion of the celebration of the 60th anniversary of the South African Communist Party", 30.7.1981.

16 Philip Bonner: "Fragmentation and cohesion in the ANC: The first 70 years" (Arianna Lissoni *et al* (reds.): *One Hundred Years of the ANC. Debating liberation histories today*, p. 10).

17 Aangehaal in Turok: *Nothing but the Truth*, p. 241.

18 "Mandela and our revolution" (*Sechaba*, derde kwartaal, 1978). Vgl. ook Ben Magubane: "The character of our struggle" (*Sechaba*, Mei 1988, pp.4-13).

19 Vgl. Turok: *Nothing but the Truth*, p 223.

20 Vgl. bv. A Madala: "The role of the SACP in the struggle for national liberation" (*Dawn*, Aug. 1979, pp. 18-24); Mkhonto Bomvu [pseud.]: "The role of the South African Communist Party in the National Liberation Struggle" (*Dawn*, 7/1980, pp. 11-15); Andrew Seleke: "The Cuban experience" (Dawn, 7/1980, pp. 30-34 3n 43); Herman Buti: "The working class – the horse and carriage" (*Dawn*, 9/1980, pp. 3-7); Andile Maqoma: "The workers' weapon of victory" (*Dawn*, Junie 1981, pp.18-23); Phakamisa Lee: "Heroes of our revolution: James A .La Guma (1894-1961), (*Dawn*, 3/1982, pp. 34-39); Jems Makhaya: "We shall mount the offensive" (*Dawn*, 6/1982, pp. 30-34, veral p. 34. Kyk ook Joyce Mekong: "History is on our side" (*Dawn*, 6/1982, pp. 3-10), met haar ortodoks-kommunistiese ontleding van apartheid as identies met die kapitalisme en die onafwendbaarheid van sy ondergang deur sy interne teenstellings en opbouende reeks krisisse.

21 Vgl. bv. "The Year in Perspective" (*Mayibuye*, 22.12.1967, p. 4); "Capitalism and colour bars" (*Mayibuye*, 30.4.1975, pp. 6-8); "Obituary of Moses Kotane" (*Mayibuye*, 15.6.1978, pp. 1-5); "The National Question and South Africa" (*Mayibuye*, Mei 1980, pp. 7-8).

22 Editorial: "Enough is enough" (*Dawn*, 7/1980, p. 9).

23 Joe Matlala: "A century after Karl Marx's death (*Dawn*, 3/1983, p. 21).

24 Ngculu: *The Honour to Serve*, pp. 64-66; Vladimir Shubin: "Unsung heroes: The Soviet military and the liberation of Southern Africa" (*Cold War History*, 7/2, Mei 2007, pp. 253 en 255)).

25 Ngculu: *The Honour to Serve*, pp. 64-66.

26 Disa- aanlyn argief, circulars, SAKP: "Discussion document. The role of the Party and its place in the national liberation movement", pp. 3, 5, 9.

27 Ibid.

28 Smith en Tromp: *Hani*, p. 61.

29 Aangehaal in Adams: *Comrade Minister*, p. 59.

30 Jeremy Cronin: "Rediscovering our socialist history" (*South African Labour Bulletin*, Sept. 1990, p. 100.

31 Shubin: *ANC: A View from Moscow*, pp. 114-115.

32 Ibid.

33 Ibid., pp. 116-117. Vgl. ook Ndlovu: "The ANC in Exile, 1960-1970", in Magubane (red.): *The Road to Democracy in South Africa*, pp. 452-453.

34 Verdere voorbeelde van hoe die ANC die SAKP se ideologiese visie op die samelewing oorgeneem het, is byvoorbeeld te vinde in *Sechaba*, Aug. 1979, "National liberation and the working class", pp. 8-10; *Sechaba*, Aug. 1981, "Editorial: Anti-Communism in South Africa", pp. 1-2; *Sechaba*, September 1986, "65 years of the South African Communist Party: Speech by Alfred Nzo", pp. 15-21.

35 Ben Turok: *Nothing but the Truth*, pp. 228-229.

36 Sifiso Ndlovu: "The ANC in Exile, 1960-1970", in Magubane (red.): *The Road to Democracy in South Africa*, I, p. 438.

37 Vladimir Shubin: *ANC: the View from Moscow*, p. 113.

38 Ibid., p. 119.

39 Ibid.

40 Ben Turok: *Nothing but the Truth*, p. 312.

41 UCT Libraries BC 1081 (O18.11), "Inner-Party Bulletin – Number 1", Julie 1970, pp. 14-15.

42 Ibid.

43 Stephen Ellis: "Mbokodo: Security in ANC camps, 1961-1990" (*African Affairs*, 93, 1994, p. 295).

44 Gevisser: *Thabo Mbeki*, p. 465.

45 SACP: *South African Communists Speak* ("Freedom can be won", p. 377).

46 Ellis en Sechaba [pseud.]: *Comrades against Apartheid*, p. 146.

47 Karis en Gerhart: *From Protest to Challenge*, V, pp. 724-725 ("Report of the Politico-Military Strategy Commission to the ANC National Executive Committee", Aug. 1979) en 726 ("Annexure 'B' – Summarized Themes on Our Strategic Line".

48 Mark Gevisser: "The Bag-Carrier" (*Sunday Times*, 6.6.1999).

49 Ibid.

50 Barrell, Howard: "The Turn to the Masses: the African National Congress' Strategic Review of 1978-79" (*Journal of African Studies*, 18/1, Maart 1991, pp. 83-84).

51 Le Roux, CJB: "The ANC-SACP's Political Military Council: a Brief Profile of its Origin and Leadership" (*Joernaal vir Eietydse Geskiedenis*, 19/1, Junie 1994, p. 84).

52 UCT Libraries, BC 1081, SAKP Kaapstad – Moses Kotane, 31.8.1980.

53 UCT Libraries, BC 1081, SAKP: "Discussion document: The Role of the Party and its place in the national liberation movement", 1980.

54 Ibid., "Statement of the Political Bureau of the SACP for the enlargened Central Committee meeting", 1984. Vgl. ook Aluka- aanlyn argief, toespraak van Joe Slovo ter geleentheid van die SAKP se 60ste bestaansjaar, 31.7.1981.

55 Turok: *Nothing but the Truth*, pp. 226 en 234.

56 Ellis en Sechaba (pseud.): *Comrades against Apartheid*, pp. 146-148.

57 Vgl. notule van die Kabwe-beraad (omalley.nelsonmandela.org/omalley/index.php/site/q/03lv03445/04lv04015/05lv04016/06lv04025/07lv04027.htm); Ellis en Sechaba (pseud.): *Comrades against Apartheid*, pp. 148-150.

58 UCT Libraries, BC 1081, memorandum van Londense SAKP ("Composition of ANC Leadership"), 19.9.1982.

59 Notule van die Kabwe-beraad (omalley.nelsonmandela.org/omalley/index.php/site/q/03 lv03445/04lv04015/05lv04016/06lv04025/07lv04027.htm); Ellis en Sechaba (pseud.): *Comrades against Apartheid*, pp. 148-150.

60 Ellis en Sechaba (pseud.): *Comrades against Apartheid*, pp. 150-151.

61 Le Roux.: "The ANC-SACP's Political Military Council" (*Joernaal vir Eietydse Geskiedenis*, 19/1, Junie 1994, p. 85-86); Gevisser: *Thabo Mbeki*, p. 465.

62 Shubin: *The ANC: A View from Moscow*, p. 280.

63 SAKP: *Inner-Party Bulletin*, Februarie 1986.

64 Gevisser: *Thabo Mbeki*, pp. 465-466.

65 Maloka: *The South African Communist Party*, pp. 54-55 en 57.

66 Aluka- aanlyn argief, SAKP: "The role of the SACP in the transition to democracy and socialism", Mei 1993, p. 1.

67 Paul Trewhela: *Inside Quatro. Uncovering the exile history of the ANC and SWAPO*, p. 4.

68 By www.anc.org.za/ancdocs/history/conf/ruling.html.

69 Ellis en "Sechaba": *Comrades against Apartheid*, p. 181.

70 Ibid., p. 87-88; Ronnie Kasrils: *Armed & Dangerous. From undercover struggle to freedom*, pp. 176-178; Karis en Gerhart: *From Protest to Challenge*, V, pp. 707-715 (dagboek van Simons, Jan.-Maart 1979).

71 Maloka: *The South African Communist Party*, p. 72.

72 "The Freedom Charter and socialism" (*Umsebenzi*, 1/3, 1985).

73 "Stages of revolution" (*Umsebenzi*, 2/1, 1986).

74 Gerhart en Glaser (reds.): *From Protest to Challenge*, VI, p. 601-602 ("The South African Communist Party and the current political situation in the Western Cape", laat 1986).

75 "Our view of a vanguard" (*Umsebenzi*, 5/3, 1989).

76 "A vanguard party or a mass party?" (*Umsebenzi*, 6/3, 1990).

77 Joe Slovo: "The South African Working Class and the National Democatic Revolution", (www.sacp.org.za/docs/history/ndr.html).

78 Ibid.

79 Dit is relevant om hier daarop te wys dat die Program van die Kubaanse Kommunistiese Party feitlik 'n identiese bewoording oor die twee fases bevat. Vgl. Ben Magubane: "The character of our struggle" (*Sechaba*, Mei 1988, p. 13).

80 Disa- aanlyn argief, "Inner-Party Bulletin", Junie 1987, p. 3.

81 Thomas G Karis: "South African liberation: The Communist factor" (*Foreign Affairs*, 65/2, Winter 1986, p. 268).

82 Hugh Macmillan: "The African National Congress of South Africa in Zambia: The culture of exile and the changing relationship with home, 1964-1990" (*Journal of Southern African Studies*, 35/2, Junie 2009, p. 321).

83 Gerhart en Glaser (reds.): *From Protest to Challenge*, VI, p. 612 ("Evaluation of Dakar Conference by ANC participant", Julie 1987).

84 Andrew en Mitrokhin: *The World was Going Our Way*, p. 469.

85 SACP: *The Path to Power. Programme of the South African Communist Party as Adopted at the Seventh Congress*, 1989, in my besit.

86 Pallo Jordan: "The crisis of conscience in the SACP" (*Transformation* 11, 1990, p. 88).

87 Gerhart en Glaser (reds.): *From Protest to Challenge*, VI, pp. 674-675 ("Memorandum from Nelson Mandela to PW Botha", Maart 1989).

88 Barnard: *Geheime Revolusie*, p. 139.

Hoofstuk 10

1 Callinicos: *Oliver Tambo*, p. 530; Barrell: "Conscripts to their age" (ongepubliseerde D.Phil.-proefskrif, Oxford, 1993, pp. 42, 165-166, 249 en 263.

2 Verklaring van die ANC en MK, 28.11.1980 (Kader Asmal, David Chidester en Cassius Lubisi (reds.): *Legacy of Freedom. The ANC's human rights tradition*, pp. 64-67).

3 "Protocol additional to the Geneva Conventions of 12 August 1949, and relating to the protection of victims of international armed conflicts (Protocol I), of 8 Junie 1977, by www.un.org/en/genocideprevention/documents/atrocity-crimes/Doc.34_AP-I-EN.pdf.

4 Barrell: "Conscripts to their age" (ongepubliseerde D.Phil.-proefskrif, Oxford, 1993, p. 271).

5 Thula Simpson: *Umkhonto we Sizwe. The ANC's armed struggle*, pp. 275-277.

6 "Matola attack: 'Let us reply!'" (*Mayibuye*, Maart 1981, pp. 4-5).

7 "Speech by Oliver Tambo at the funeral of Joe Gqabi", Harare, 9.8.1981, by www.sahistory.org.za/archive/speech-oliver-tambo-funeral-joe-gqabi-harare-9-august-1981.

8 "Perspectives of our struggle, part 2", onderhoud deur Radio Freedom met Thabo Mbeki (*Dawn*, 7/81, p. 14).

9 Jeffery: *People's War*, p. 54.

10 O'Malley: *Shades of Difference*, pp. 228-230.

11 OR Tambo: "We must organise ourselves into a conquering force" (*Sechaba*, Maart 1983, p. 5.)

12 Ibid.

13 Gail M Gerhart en Clive L Glaser (reds.): *From protest to Challenge*, V (Joe Slovo: "Planning for People's War Discussion Document", November 1983, p. 531).

14 Ibid, pp. 530-536.

15 Harris: *In a Different Time*, p. 80.

16 Vgl. Disa- aanlyn argief, ANC: "Regional mini-conference report – Lusaka (RCPC)", April 1984, p. 2; Tsepe Motumi: "Umkhonto we Sizwe – structure, training and force levels (1984 to 1994) (*African Defence Review*, 18/1994, p. 4).

17 African National Congress: "Statement to the Truth and Reconciliation Commission", p. 58.

18 Rocky Williams: *South African Guerrilla Armies. The impact of guerrilla armies on the creation of South Africa's armed forces* (ISS monograph series, nr. 127, September 2006), p. 50.

19 Ibid., p. 59.

20 Stadler: *The other Side of the Story*, p. 177; Jeffery: *People's War*, p. 45.

21 "Belgische bekent dat ze mee verantwoordelijk was voor dodelijke aanslag" (*De Morgen*, 30.6.2013).

22 Getuienis van Aboobaker Ismail, 6.5.1998, by www.justice.gov.za/trc/amntrans/pta/ismail1.htm.

23 "Sipho Jama" (pseud.): "Questions of Justice and War" (*Sechaba*, Januarie 1985, p. 20).

24 Onderhoud met Oliver Tambo in *Le Monde*, 11.6.1983, by www.sahistory.org.za/archive/interview-oliver-tambo-le-monde-addis-ababa-08-june-1983.

25 Toespraak by die La Trobe-Universiteit, Australië, 3.4.1987. Dié verwysing was, toe dit op 18.4.2016 opgeroep is, by www.anc.org.za/4524. Sedertdien is dit verwyder.

26 ANC: "Statement to the Truth and Reconciliation Commission", p. 59.

27 Barrell: "Conscripts to their age" (ongepubliseerde D.Phil.-proefskrif, Oxford, 1993, pp. 323-324).

28 Barrell: "Conscripts to their age" (ongepubliseerde D.Phil.-proefskrif, Oxford, 1993, p. 360).

29 J-A Stemmet: "Apartheid and the anticipation of apocalypse" (*Journal of Contemporary History*, 36/1, Junie 2011, p. 108.

30 Pahad: *Insurgent Diplomat*, pp. 85-86 en 88-89.

31 Ineke van Kessel: *Beyond our Wildest Dreams*, p. 17.

32 John Saul: "Debate. Letter from Rusty Bernstein to John S Saul" (*Transformation 74*, 2004, p. 144).

33 Disa- aanlyn argief, "Meeting between COSATU/UDF and ANC held in Harare on Dec 1-3 1988", pp. 3-4.

34 Jeffery: *People's War*, p. 48.

35 Vgl. hieroor Peter Walshe: "The evolution of liberation theology in South Africa" (*Journal of Law and Religion*, 5/2, 1987, pp. 299-311.

36 "The dream of total liberation of Africa is in sight" (*Sechaba*, Maart 1984, p. 4).

37 Stemmet: "Apartheid and the anticipation of apocalypse" (*Journal of Contemporary History*, 36/1, Junie 2011, p. 106).

38 Barrell: "Conscripts to their age" (ongepubliseerde D.Phil.-proefskrif, Oxford, 1993, p. 328).

39 Barrell: "Conscripts to their age" (ongepubliseerde D.Phil.-proefskrif, Oxford, 1993, pp. 328-330.

40 Ngculu: *The Honour to Serve*, p. 184.

41 Stadler: *The Other Side of the Story*, p. 72; James Myburgh: "The ANC and the Boers" (*Politicsweb*, 20.9.2011, by www.politicsweb.co.za/opinion/the-anc-and-the-boers).

42 Ngculu: *The Honour to Serve*, p. 184.

43 ANC-voorlegging aan die WVK, para 6.2.4, p. 59.

44 "Why we're targeting white farmers – ANC" (Radio Freedom, 24.10.1986, by http://www.politicsweb.co.za/politicsweb/view/politicsweb/en/page71656?oid=232412&sn=Detail&pid=71616).

45 SADF: "Analysis of TRC Report", p. 29, in my besit. Vgl. ook James Myburgh: "The ANC and the boers", by www.politicsweb.co.za/politicsweb/view/politicsweb/en/page71619?oid=256988&sn=Detail&pid=71616.

46 Ellis en Sechaba (pseud.): *Comrades against Apartheid*, p. 173.

47 Barrell: "Conscripts to their age" (ongepubliseerde D.Phil.-proefskrif, Oxford, 1993, p. 440).

Hoofstuk 11

1 Disa- aanlyn argief, "Guidelines to action arising from the NEC enlargened meeting", 18.5.1974.

2 Disa- aanlyn argief, Tennsyson Makiwane: "The bogus letter of expulsion", Oktober 1975.

3 Hugh Macmillan: "The 'Hani Memorandum' – introduced and annotated" (*Transformation* 69, 2009, para. 11, p. 119).

4 Bopela en Luthuli: *Umkhonto we Sizwe*, p. 49.

5 Christian A. Williams: "Living in exile: Daily life and international relations at SWAPO's Kongwa camp" (*Kronos*, 37, p. 64).

6 Bopela en Luthuli: *Umkhonto we Sizwe*, p. 49. Vgl. ook Kasrils: *Armed & Dangerous*, pp. 94-95.

7 Ellis: *External Mission*, pp. 83-84.

8 Turok: *Nothing but the Truth*, p. 212.

9 "ANC structures and Personnel, 1960-1994), bylae 1 by die ANC se voorlegging aan die WVK.

10 "Report of the Commission of Enquiry into complaints of former African National Congress prisoners and detainees", 1992, para. J. Hierna aangedui as die Skweyiya-verslag, in my besit.

11 "Report of the commission of enquiry into certain allegations of cruelty and human rights abuse against ANC prisoners and detainees by ANC members", 20.8.1993, p. 24 (in my besit). Hierna aangedui as die Motsuyenyane-verslag.

12 Ellis en Sechaba (pseud.): *Comrades Against Apartheid*, p. 202.

13 James Stuart (pseud.): "Commission of Inquiry into recent developments in the People's Republic of Angola", Lusaka, 14.4.1984, deel 2 (in my besit). Hierna aangedui as die Stuart-verslag.

14 "African National Congress Statement to the Truth and Reconciliation Commission", Augustus 1996.

15 Pahad: *Insurgent Diplomat*, p. 69.

16 Marion Sparg, Jenny Schreiner en Gwen Ansell Ireds.): *Comrade Jack. The political lectures and diary of Jack Simons, Novo Catengue*, p. 105 (dagboekinskrywing, 14.2.1979).

17 David Beresford: *Truth is a Strange Fruit. A personal journey through the apartheid war*, p. 48.

18 "African National Congress Statement to the Truth and Reconciliation Commission", Augustus 1996. Vgl. Ook Ngculu: *The Honour to Serve*, pp. 61-62.

19 "African National Congress Statement to the Truth and Reconciliation Commission", Augustus 1996. Een van dié "outobiografieë", dié van Tony Yengeni, is gepubliseer. Kyk "Extracts from the SACP's secret papers" (*Molotov Cocktail*, Maart 2007, pp.26-27). Vgl. Ook Ngculu: *The Honour to Serve*, p. 34; Padraig O'Malley: *Shades of Difference*, p. 219.

20 Vladimir Shubin: *ANC: The View from Moscow*, p. 312.

21 Motsuyenyane-verslag, p. 41.

22 Howard Barrell: "Suspended NIA official was Quatro boss" (*Mail & Guardian*, 3.12.1999). Vgl. ook Charlene Smith: "The execution of a camp commander" (*Mail & Guardian*, 30.10.1998).

23 Shubin: "Comrade Mzwai", in Lissoni et al (reds.): *One Hundred Years of the ANC*, p. 265.

24 Pahad: *Insurgent Diplomat*, p. 67.

25 Gevisser: *Thabo Mbeki*, p. 393.

26 Stuart-verslag, pp. 3, 5 en 6. Vgl. ook Kasrils: *Armed and Dangerous*, p. 248.

27 Stuart-verslag, pp. 3, 5 en 6. Vgl. ook Kasrils: *Armed and Dangerous*, p. 248.

28 Ngculu: *The Honour to Serve, p. 50.*

29 Motsuyenyane-verslag, pp. 33 en 41. Vgl. ook Amnesty International: "South Africa: Torture, ill-treatment and executions in African National camps", p. 2; Ngculu: *The Honour to Serve*, p. 39.

30 Harris: *In a Different Time*, p. 46.

31 Ngculu: *The Honour to Serve*, pp. 128-129.

32 Davis: "Training and deployment at Novo Catengue and the diaries of Jack Simons, 1977-1979" (*Journal of Southern African Studies*, 40/6, 2014, p. 1135); Ngculu: *The Honour to Serve*, p. 30; Ellis: *External Mission*, pp. 161-186; Macmillan: *The Lusaka Years*, p. 232; Pahad: *Insurgent Diplomat*, p. 70.

33 Ngculu: *The Honour to Serve*, p. 103.

34 "African National Congress Statement to the Truth and Reconciliation Commission, para. 6.3.3.2", Augustus 1996 (www.justice.gov.za/trc/hrvtrans/submit/anctruth.htm).

35 Waarheid-en-versoeningskommissie: *Truth and Reconciliation Commission of South Africa Report*, 2/4, p. 347, para. 99.

36 Hein Marais: "Hani opens up" (*Work in Progress*, Junie 1992, p. 19).

37 Ibid.

38 Ngculu: *The Honour to Serve*, pp. 157-158.

39 Ketelo et al: "A miscarriage of democracy", in Trewhela (red.): *Inside Quatro*, p. 12.

40 Ngculu: *The Honour to Serve*, p. 158; Hugh Macmillan: "*Shishita*: A crisis in the ANC in

exile in Zambia, 1980-1981" (Lissoni et al (reds.): *One Hundred Years of the ANC*, pp.233-250); Luli Callinicos: "Oliver Tambo and the dilemma of the camp mutinies in Angola in the eighties" (*South African Historical Journal*, 64/3, September 2012, p. 591).

41 Gevisser: *Thabo Mbeki*, p. 402.

42 Amnesty International: "South Africa: Torture, ill-treatment and executions in African National camps", pp. 2 en 10.

43 Onderhoud van Padraig O'Malley met Pat Hlongwane, 21.7.1992, by omalley.nelson-mandela.org/omalley/index.php/site/q/03lv00017/04lv00344/05lv00607/06lv00644.htm.

44 Onderhoud van Padraig O'Malley met Sipho Ngema, 21.7.1992, by ibid.

45 Manong: *If We Must Die*, pp. 163 en 234-235.

46 Skweyiya-verslag, para. N.

47 Maloka: *The South African Communist Party*, p. 47.

48 Joseph Lelyveld: *Move Your Shadow. South Africa, black and white*, pp. 331-332.

49 Vgl. Paul Trewhela (red.): *Inside Quatro. Uncovering the exile history of the ANC and SWAPO*, hoofstuk 7.

50 Onderhoude van Padraig O'Malley met Niël Barnard en Maritz Spaarwater, 17.9.1998 en 19.1.2003, by omalley.nelsonmandela.org/omalley/index.php/site/q/03lv00017/04lv00344/05lv01183/06lv01252.htm en omalley.nelsonmandela.org/omalley/index.php/site/q/03lv00 017/04lv00344/05lv01435/06lv01441.htm.

51 Niël Barnard: *Geheime Revolusie. Memoires van 'n spioenbaas*, p. 49.

52 Stuart-verslag, p. 4.

53 Beth Goldblatt en Sheila Meintjes: "Gender and the Truth and Reconciliation Commission. A submission to the Truth and Reconciliation Commission", Mei 1996 (www.doj.gov.za/trc/submit/gender.htm).

54 Raymond Suttner: "Access to women's bodies and the warrior tradition" (*Sunday Times*, 12.8.2007). Vgl. Ook Ngculu: *The Honour to Serve*, p. 160.

55 Carl Colisson: "Women freedom fighters tell of sexual abuse in camps" (*Mail & Guardian*, 21.10.2017).

56 *Inner Party Bulletin*, Augustus 1989 ("Problems faced by women").

57 Carl Collison: "Women freedom fighters tell of sexual abuse in camps" (*Mail & Guardian*, 27.10.2017).

58 Olefile Samuel Mngqibisa: "Women in the ANC and SWAPO: Sexual abuse of young women in the ANC camps" (*Searchlight South Africa*, 11, Oktober 1993, p. 12).

59 Rachel Sandwell: " 'Love I cannot begin to explain': The politics of reproduction in the ANC in exile, 1976-1990" (*Journal of Southern African Studies*, 41/1, 2015, pp. 75-76).

60 Ellis en Sechaba (pseud.): *Comrades against Apartheid*, p. 192.

61 Getuienis van Teddy Williams, 18.6.1996 (www.doj.gov.za/trc/hrvtrans/umtata/williams.htm).

62 Ketelo et al: "A miscarriage of democracy", in Trewhela (red.): *Inside Quatro*, p. 13.

63 Paul Trewhela: "Criminal networks in exile" (*Politicsweb*, 2.7.2008).

64 Twala en Benard: *Mbokodo*, p. 55.

65 Ibid., p. 105.

66 Disa- aanlyn argief, "Minutes of the National Executive Committee meeting", 27-30.8.1988, p. 4; Disa- aanlyn argief, ANC: "Problems of social behaviour in our movement", p. 1; Ellis: *External Mission*, pp. 163 en 261.

67 Paul Trewhela: "Alan Brooks (1940-2008): An obituary (by https://www.politicsweb.co.za/politics/alan-brooks-19402008-an-obituary).

68 Twala en Benard: *Mbokodo*, p. 56.

69 Ellis: *External Mission*, p. 184.

70 Ngculu: *The Honour to Serve*, p, 163.

71 Motsuyenyane-verslag, p. 38.

72 Ketelo et al: "A miscarriage of democracy", in Trewhela (red.): *Inside Quatro*, p. 15. Vgl. ook Ngculu: *The Honour to Serve*, pp. 48-49.

73 Mwezi Twala en Ed Benard: *Mbokodo. Inside MK: Mwezi Twala – A Soldier's Story* (Johannesburg, Jonathan Ball, 1994), p. 52. Die verhaal word in hoofsaak bevestig in Amnestie Internasionaal se verslag ("South Africa: Torture, ill-treatment and executions in African National camps", p. 2).

74 Ketelo et al: "A miscarriage of democracy", in Trewhela (red.): *Inside Quatro*, p. 14.

75 Dié eenmankommissie onder die leiding van adv. RS Douglas, SC, is deur die Washingtonse International Freedom Foundation, 'n konserwatiewe organisasie, gevra om die ANC/SAKP se menseregtevergrype in Angola te ondersoek. In sy tweede voorlegging voor die WVK (para. 3.5.5) beweer die ANC dat dit deel was van "state-sponsored campaigns to discredit the ANC", maar het dit nie gestaaf nie. Die belangrikste punte in die verslag wyk nie opmerklik af van ander ondersoeke nie.

76 "The report of the Douglas Commission", 1993, p. 25, in my besit. Hierna aangedui as die Douglas-verslag.

77 Ketelo et al: "A miscarriage of democracy", in Trewhela (red.): *Inside Quatro*, p. 14.

78 Ibid., pp. 31-32.

79 Ngculu: *The Honour to Serve*, pp. 158-159.

80 Ellis: *External Mission*, pp. 184-185.

81 Ketelo et al: "A miscarriage of democracy", in Trewhela (red.): *Inside Quatro*, p. 16.

82 Stuart-verslag, deel 2 (http://www.anc.org.za/ancdocs/misc/stuartreport.html); Twala: *Mbokodo*, pp. 54-57. Vgl. ook getuienis van Olefile Samuel Mngqibisa, 25.7.1996 (www.doj.gov.za/trc/trc_frameset.htm); Ellis en Sechaba (pseud.): *Comrades against Apartheid*, pp. 129-130.

83 Joe Slovo: "JB Marks, Communist man of the people, fighter for freedom" (*African Communist*, nr. 95, 1983), pp. 84 en 89.

84 Ngculu: *The Honour to Serve*, pp. 164-166; Manong: *If we Must Die*, p. 200. Vgl. ook Ketelo et al: "A miscarriage of democracy", in Trewhela (red.): *Inside Quatro*, p. 9

85 Vgl. hieroor Peter Harris: *In a Different Time. The Inside Story of the Delmas Four*, pp. 45-46.

86 Stuart-verslag, deel 2 (http://www.anc.org.za/ancdocs/misc/stuartreport.html).

87 Harris: *In a Different Time*, p. 46.

88 Getuienis van Diliza Mthembu voor WVK, 22.7.1997 (www.doj.gov.za/trc/special/prison/mthembu.htm).

89 Ibid.; Ketelo et al: "A miscarriage of democracy", in Trewhela (red.): *Inside Quatro*, p. 26; Amnesty International: "South Africa: Torture, ill-treatment and executions in African National camps", p. 6.

90 Getuienis van Diliza Mthembu voor WVK, 22.7.1997 (www.doj.gov.za/trc/special/prison/mthembu.htm); Ketelo et al: "A miscarriage of democracy", in Trewhela (red.): *Inside Quatro*, p. 26; Amnesty International: "South Africa: Torture, ill-treatment and executions in African National camps", p. 6.

91 Die beskrywing van die gebeure te Viana berus op die volgende bronne: Motsuyenyane-verslag, pp. 38-40; Stuart-verslag, deel 2; Douglas-verslag, pp. 18-23; Myers (red): *Revolutionary Times, Revolutionary Lives*, pp. 67-70; Twala: *Mbokodo*, pp. 59-66; Bandile Ketelo, Amos Maxongo, Zamxolo Tshona, Ronnie Masango en Luvo Mbengo: "A miscarriage of Democracy: The ANC security department in the 1984 mutiny in Umkhonto we Sizwe", in Paul Trewhela (red.): *Inside Quatro. Uncovering the exile history of the ANC and SWAPO*,

pp. 17-23; Ellis en Sechaba (pseud.): *Comrades against Apartheid*, pp. 132-134; getuienis van Luthando Dyasop voor die WVK, 25.7.1996; (www.doj.gov.za/trc/trc_frameset.htm); Ngculu: *The Honour to Serve*, pp. 169-172; Kasrils: *Armed and Dangerous*, pp. 250-253; Manong: *If We Must Die*, hoofstuk 17.

92 Twala: *Mbokodo*, p. 67.

93 Stuart-verslag, deel 2. Vgl. ook Aziz Pahad: *Insurgent Diplomat*, pp. 68-72.

94 James Ngculu (*The Honour to Serve*, p. 174) beweer dat daar wel teen Piliso opgetree is, maar dit word nie deur die gesaghebbende Stuart-verslag gestaaf nie.

95 Ibid., pp. 26-29.

96 Die beskrywing van die gebeure by Pango berus op die Motsuyenyane-verslag, p. 40; Amnesty International: "South Africa: Torture, ill-treatment and executions in African National camps", ...; Ketelo et al: "A miscarriage of democracy", in Trewhela (red.): *Inside Quatro*, pp. 26-29; Ellis en Sechaba (pseud.): *Comrades against Apartheid*, p.135.

97 Amnesty International: "South Africa: Torture, ill-treatment and executions in African National camps", p. 2.

98 Motsuyenyane-verslag, p. 41.

99 Ibid., p. 42.

100 Tweede voorlegging van die ANC aan die WVK, 3.2 (www.justice.gov.za/trc/hrvtrans/submit/anc2.htm).

101 Motsuyenyane-verslag, p. 43.

102 Ketelo et al: "A miscarriage of democracy", in Trewhela (red.): *Inside Quatro*, p. 30.

103 *Electronic Mail & Guardian*, 25.7.1997, beëdigde verklaring van Goitseone Gordon Mashoeu.

104 Getuienis van Luthando Dyasop voor die WVK, 25.7.1996 (www.doj.gov.za/trc/trc_frameset.htm).

105 Die beskrywing van die toestande in Quatro berus op die volgende bronne: Skweyiya-verslag, para. H, I, J, K en L; Motsuyenyane-verslag, pp. 43-46; Amnesty International: "South Africa: Torture, ill-treatment and executions in African National camps", pp. 7-9; Ketelo et al: "A miscarriage of Democracy", in Trewhela (red.): *Insi de Quatro*, pp. 29-35.

106 Skweyiya-verslag, para. N.

107 Ketelo et al: "A miscarriage of democracy", in Trewhela (red.): *Inside Quatro*, p. 9.

108 Getuienis van George Dube, 19.4.1996 (www.doj.gov.za/trc/trc_frameset.htm).

109 Douglas-verslag, p. 30.

110 Amnesty International: "South Africa: Torture, ill-treatment and executions in African National camps", p. 9.

111 Stuart-verslag, deel 2.

112 Motsuyenyane-verslag, pp. 27 en 29.

113 Ibid., pp. 27-28; Stephen Ellis: "Mbokodo: Security in ANC Camps, 1961-1990"(*African Affairs* 93/1994, p. 294); Hein Marais: "Hani opens up" (*Work in Progress*, Junie 1992, p. 19).

114 Skweyiya-verslag para. J; Douglas-verslag, pp. 36-37.

115 Twala: *Mbokodo*, pp. 102-114.

116 Onderhoud van Padraig O'Malley met Paul Trewhela, 13.6.2004, by omalley.nelson-mandela.org/omalley/index.php/site/q/03lv00017/04lv00344/05lv01461/06lv01472.htm.

Hoofstuk 12

1 Motsuyenyane-verslag, p. 46. Vgl. ook Douglas-verslag, pp. 16-17 en 33.

2 Getuienis van Masondo, p. 46, by http://cryptome.org/za-masondo.txt.

3 Motsuyenyane-verslag, pp. 45 en 46; Skweyiya-verslag, para. J.

4   Ronnie Kasrils: *Armed and Dangerous*, pp. 252 en 254.

5   SAHA AL 3041, "Notes of the interview with Chris Hani and Steve Tshwete", 3.6.1988.

6   Motsuyenyane-verslag, pp. 28 en 46. Vgl. ook Douglas-verslag, pp. 16-17 en 33.

7   Beth Goldblatt en Sheila Meintjes: "Gender and the Truth and Reconciliation Commission. A submission to the Truth and Reconciliation Commission", Mei 1996 (www.doj.gov. za/trc/submit/gender.htm).

8   Skweyiya-verslag, paragraaf J.

9   Hugh Macmillan: *"Shishita: A crisis in the ANC in exile in Zambia, 1980-1981"*, in Lissoni et al (reds.): *One hundred years of the ANC. Debating liberation histories today*, p. 236.

10 Ibid.

11 Shubin: "Comrade Mzwai", in Lissoni et al (reds.): *One Hundred Years of the ANC*, pp. 267-268.

12 Luli Callinicos: "Oliver Tambo and the dilemma of the camp mutinies in Angola in the eighties" (*South African Historical Journal*, 64/3, September 2012, p. 611).

13 Smith en Tromp: *Hani*, p. 182.

14 Luli Callinocos: *Oliver Tambo. Beyond the Engeli Mountains*.

15 Twala: *Mbokodo*, pp. 78 en 100-101.

16 Gerhart en Glaser (reds.): *From Protest to Challenge*, VI, pp. 559-661 ("Memo from Moscow Camp detachment of Umkhonto we Sizwe, Angola, early 1985").

17 Vgl. Adelaide Tambo (red.): *Oliver Tambo Speaks*, pp. 232-245 (toespraak van Tambo, 16.6.1985).

18 Paul Trewhela: "Obituary: Professor Jack Simons" (*The Independent*, 19.9.1995). Vgl. ook Ketelo et al: "A miscarriage of justice", in Trewhela (red.): *Inside Quatro*, p. 35.

19 Hein Marais: "Hani opens up" (*Work in Progress*, Junie 1992, p. 19).

20 "Further submissions and Responses by the ANC to questions raised by the Commission for Truth and Reconciliation", bylae 6, para. 3.3 (omalley.nelsonmandela.org/omalley/ index.php/site/q/03lv02167/04lv02264/05lv02303/06lv02304/07lv02315.htm).

21 "Commission on cadre policy, political and ideological work" (toe die dokument op 17.3.2015 opgeroep is, was dit te vinde by www.anc.org.za.ancdocs/history/conf/kabcadre.html, maar is sedertdien verwyder).

22 "National preparatory committee composite and organisational report" (toe die dokument op 17.3.2015 opgeroep is, was dit te vinde by www.anc.org.za/ancdocs/history/ conf/kabcomp.html, maar is sedertdien verwyder).

23 "Report, main decisions and recommendations of the second national consultative conference of the African National Congress", (omalley.nelsonmandela.org/omalley/index. php/site/q/03lv03445/04lv04015/05lv04016/06lv04025/07lv04027.htm).

24 "Report of commission on national structures, constitutional guidelines and codes of conduct", (omalley.nelsonmandela.org/omalley/index.php/site/q/03lv02424/04lv02730/0 5lv02918/06lv02984.htm).

25 "Operations Report: The Department of Intelligence and Security of the African National Congress", (omalley.nelsonmandela.org/omalley/index.php/site/q/03lv02424/04lv 02730/05lv02918/06lv02985.htm).

26 Motsuyenyane-verslag, p. 46.

27 Toespraak, Lusaka, 8.1.1987 (www.sahistory.org.za/archive/january-8th-statements-statement-national-executive-committee-occasion-75th-anniversary-anc).

28 "Further submissions and Responses by the ANC to questions raised by the Commission for Truth and Reconciliation", bylae 6, para. 3.3, (omalley.nelsonmandela.org/omalley/ index.php/site/q/03lv02167/04lv02264/05lv02303/06lv02304/07lv02315.htm).

29 Ketelo et al: "A miscarriage of justice", in Trewhela (red.): *Inside Quatro*, p. 36.

30 Luli Callinicos: "Oliver Tambo and the dilemma of the camp mutinies in Angola in the eighties" (*South African Historical Journal*, 64/3, September 2012, p. 618).

31 Motsuyenyane-verslag, pp. 26 en 50-51; Skweyiya-verslag, para. N.

32 Sapa-Reuter: "ANC still stands accused" (*Sowetan*, 9.9.1991).

33 "Further submissions and Responses by the ANC to questions raised by the Commission for Truth and Reconciliation", bylae 6, para. 3.3, (omalley.nelsonmandela.org/omalley/index.php/site/q/03lv02167/04lv02264/05lv02303/06lv02304/07lv02315.htm).

34 Motsuyenyane-verslag, pp. 29 en 57; Skweyiya-verslag, para. N; "Further submissions and Responses by the ANC to questions raised by the Commission for Truth and Reconciliation", bylae 6, para. 3.3, (omalley.nelsonmandela.org/omalley/index.php/site/q/03lv02167/04lv02264/05lv02303/06lv02304/07lv02315.htm).

35 Onderhoud met Paul Trewhela, 14.6.2004 (www.omalley.co.za); Ellis: *External Mission*, p. 243; Twala en Benard: *Mbokodo*, pp. 108-109.

36 Twala en Benard: *Mbokodo*, p. 109.

37 Todd Cleveland: " 'We still want the truth': The ANC's Angolan detention camps and postapartheid memory" (*Comparative Studies of South Asia, Africa and the Middle East*, 25/1, 2005), p. 68.

38 "Accused ANC camps abuser made MK commissar" (*Weekly Mail & Guardian*, 13.8.1993).

39 *Report of the Truth and Reconciliation Commission*, II, hoofstuk 4, para. 144. Die hele ondervraging, wat met geslote deure gebeur het, het uitgelek en is gepubliseer by http://cryptome.org/za-masondo.txt.

40 Ibid.

41 "Further submissions and Responses by the ANC to questions raised by the Commission for Truth and Reconciliation", bylae 6, para. 3.3, (omalley.nelsonmandela.org/omalley/index.php/site/q/03lv02167/04lv02264/05lv02303/06lv02304/07lv02315.htm).

42 Tom Lodge: "Spectres from the camps – the ANC's commission of enquiry" (*Southern Africa Report*, 8/3-4, Jan.-Feb. 1993, p. 19). Soortgelyke woorde kom voor in Anton Harber: "Senior ANC officer will bear the blame" (*Weekly Mail*, 14.8-20.8.1992).

43 Mokone Molete: "Quatro primitive, says ANC official" (*The Star*, 19.5.1993). Die opskrif slaan op Joe Nhlanhla, wat van Piliso oorgeneem het. Kyk ook Dirk van Eeden: "Former ANC official tells of camp torture" (*Business Day*, 18.5.1993).

44 Brief van Ronnie Kasrils aan Paul Swart, 22.10.2004 (www.insidepolitics.org.za/blog_details.aspx?EntryId=52&page=search).

45 Wladimir Shubin: "Comrade Mzwai", p. 16 (www.sahistory.org.za/sites/default/files/Shubin_Paper.pdf).

46 Aangehaal in Gareth van Onselen: "Who was the butcher?" (www.ever-fasternews.com/index.php?php_action=read_article&article_id=121).

47 "Further submissions and Responses by the ANC to questions raised by the Commission for Truth and Reconciliation", bylae 6, para. 3.5.1 (www.anc.org.za/ancdocs/misc/trac2.html).

48 Howard Barrell: "Suspended NIA official was Quatro boss" (*Weekly Mail & Guardian*, 3.12.1999).

49 Getuienis van Gabriel Mtunzi Mthembu, 3.4.1998, p. 21 (cryptome.org/za-mthembu.txt).

50 Toespraak, 2.7.1991, by www.sahistory.org.za/archive/opening-address-ancs-48th-national-conference-o-r-tambo-durban-2-july-1991.

51 "African National Congress Statement to the Truth and Reconciliation Commission", para. 6.3.3.2 en 6.3.3.3 (www.anc.org.za/andcdocs/misc/trcall.html).

52 Ibid., para. 5.4.

53 "Further submissions and Responses by the ANC to questions raised by the Commission for Truth and Reconciliation", bylae 6, para. 3 (www.anc.org.za/ancdocs/misc/trac2. html).

54 "Operations Report: The Department of Intelligence and Security of the African National Congress", (omalley.nelsonmandela.org/omalley/index.php/site/q/03lv02424/04l v02730/05lv02918/06lv02954/07lv02955.htm; en omalley.nelsonmandela.org/omalley/ index.php/site/q/03lv02424/04lv02730/05lv02918/06lv02954/07lv02956.htm).

55 Brief van Ronnie Kasrils aan Paul Swart, 22.10.2004 (www.insidepolitics.org.za/blog_ details.aspx?EntryId=52&page=search).

56 Mokone Molete: "ANC's day of judgement on nagging torture claims" (*The Star*, 23.6.1993).

57 Luli Callinicos: "Oliver Tambo and the dilemma of the camp mutinies in Angola in the eighties" (*South African Historical Journal*, 64/3, September 2012, p. 602).

58 Myers (red.): *Revolutionary Times, Revolutionary Lives*, pp. 58 en 60-61.

59 Getuienis van Teddy Williams, 18.6.1996 (www.doj.gov.za/trc/hrvtrans/umtata/williams.htm).

60 Onderhoud met Maritz Spaarwater, 19.1.2003 (www.omalley.co.za).
 Vgl. ook die getuienis van lt. Anton Pretorius van Militêre Inligting (SAW), dat die ANC, MK en MK se inligtingsafdeling "up to the highest level" geïnfiltreer was. Getuienis, 4.10.2000 (www.doj.gov.za/trc/amntrans/2000/201004jb.htm).

61 Stuart-verslag, deel 3 en 2.

62 Twala: *Mbokodo*, pp. 52-53.

63 Stephen Ellis: "Mbokodo: Security in ANC camps, 1961-1990" (*African Affairs* 93/1994, p. 283).

64 Die titels sluit in: *The White Class Alliance in South Africa and its Relation to International Capitalism, The Changing Class Structure of South Africa: The African Petit-Bourgeoisie, The Nature of the South African Ruling Class, How Capitalism in South Africa Works, Class Concepts, Class Struggle and Racism, People's Power in Townships,* ensovoorts. Kyk Hans-Georg Schleicher: *Südafrikas neue Elite. Die Prägung der ANC-Führung durch das Exil* (Hamburg, Institut für Afrika-Kunde, 2004), p. 65.

65 Nkos'nathi Shezi: "The role of political education in MK" (*Dawn*, 2/1980, p. 3).

66 Vgl. Martin Legassick: *Towards Socialist Democracy* (Scottsville, University of KwaZulu-Natal Press, 2007), p. 334.

67 Isaac Makana: "Our army needs a dynamic political programme" (*Dawn*, 8/1983, p. 8).

68 Karis en Gerhart (reds.): *From Protest to Challenge*, V, p. 404 (verklaring van die agt geskorste ANC-lede, Londen, 27.12.1975).

69 Vgl. Legassick se weergawe in sy *Towards Socialist Democracy* (Scottsville, University of KwaZulu-Natal University Press, 2007), pp. 25-28.

70 Schleicher: *Südafrikas neue Elite*, pp. 265-271. Die aanhaling kom voor op p. 268.

71 Paul Trewhela: "Mbeki and AIDS in Africa: A comment" (*New York Review of Books*, 19.10.2000).

72 Joe Slovo: "Beyond the stereotype: The SACP in the past, present and future" (*African Communist*, tweede kwartaal, 1991, pp. 7-8).

73 Kasrils: *Armed and Dangerous*, p. 177.

74 Hein Marais: "Hani opens up" (*Work in Progress*, Junie 1992), p. 19.

75 Ellis: "Mbokodo: Security in ANC camps, 1961-1990" (*African Affairs* 93/1994, p. 295).

76 Schleicher: *Südafrikas neue Elite*, p. 67.

77 Getuienis van Olefile Samuel Mngqibisa, 25.7.1996 (www.doj.gov.za/trc/trc_frameset.htm).

78 "Statement on signing declaration, on behalf of the ANC and Umkhonto we Sizwe, adhering to the Geneva Conventions of 1949 and Protocol 1 of 1977, at the headquarters of the International Committee of the Red Cross, Geneva", 28.11.1980 (Kader Asmal (red.): *Legacy of Freedom*, pp. 64-67).

79 Teks van die Protokol by www.unhchr.ch/html/menu3/b/93.htm.

80 "Further submissions and Responses by the ANC to questions raised by the Commission for Truth and Reconciliation", para. 3.2, (omalley.nelsonmandela.org/omalley/index.php/site/q/03lv02167/04lv02264/05lv02303/06lv02304/07lv02315.htm).

81 Luli Callinicos: "Oliver Tambo and the dilemma of the camp mutinies in Angola in the eighties" (*South African Historical Journal*, 64/3, September 2012, p. 616).

82 Stuart-verslag, deel 3 (www.anc.org.za/ancdocs/misc/stuartreport.html).

83 Vgl. Andreas Shipanga: *In Search of Freedom* (Gibraltar, Ashanti, 1989), hoofstukke 23-31; Lauren Dobell: *Swapo's Struggle for Nambia, 1960-1991: War by other Means* (Basel, Schlettwein, 1998), pp. 47-51; Siegfried Groth: *Namibia – the Wall of Silence. The Dark Days of the Liberation Struggle* (Wuppertal, Hammer, 1995), pp. 55-66; John S. Saul and Colin Leys: "SWAPO. The Politics of Exile", in Leys & Saul: *Namibia's Liberation Struggle. The Two-Edged Sword* (Londen, James Currey, 1995), pp. 48-53; Colin Leys & John S Saul: "Liberation without democracy? The Swapo crisis of 1976" (*Journal of Southern African Studies*, 20/1, Maart 1994, pp. 123-147); Myers (red.): *Revolutionary Times, Revolutionary Lives*, pp. 32-48. Vir 'n Swapo-blik op die krisis, kyk Peter H. Katjavivi: *A History of Resistance in Namibia* (London, James Curry, 1988), pp. 105-108.

84 Groth: *Namibia: The Wall of Silence*, pp. 100 and 101-102.

85 Philip Steenkamp: "The Churches", in Leys & Saul: *Namibia's Liberation Struggle*, p. 106. Vir ooggetuieverslae oor die mishandeling van gevangenes, kyk Groth: *Namibia: The Wall of Silence*, pp. 114-129.

86 Leys & Saul: "Liberation without democracy?" (*Journal of Southern African Studies*, 20/1, March 1994, p. 145).

87 Ibid.

88 Paul L Moorcraft: *A Short Thousand Years. The End of Rhodesia's Rebellion*, p. 162.

89 Vgl. The Catholic Commission for Justice and Peace: *Gukurahundi in Zimbabwe. A Report on the Disturbances in Matabeleland and the Midlands 1980-1988*; Peter Stiff: *Cry Zimbabwe. Independence – Twenty Years On*, hoofstukke 13-15.

90 Ronald W Clark: *Lenin. The Man behind the Mask*, p. 370.

91 Johnson: *Modern Times. A History of the World from the 1920s to the 1990s*, p. 113; Anne Applebaum: *Gulag. A History of the Soviet Camps*, p. 32.

92 Applebaum: *Gulag*, pp. 515-520.

93 Pierre Regoulot: "Het Communisme in Azië: China, Vietnam, Laos en Cambodja" in Stéphane Courtois (red.): *Zwartboek van het Communisme. Misdaden, Terreur, Onderdrukking* (uit die Frans vertaal), pp. 638 en 663; Jasper Becker: *Hungry Ghosts. China's Secret Famine*, pp. 270-271.

94 Jonathan Glover: *Humanity. A Moral History of the Twentieth Century* (Londen, Jonathan Cape, 1999), p. 255.

95 Onderhoud met Paul Trewhela, 13.6.2004, (omalley.nelsonmandela.org/omalley/index.php/site/q/03lv00017/04lv00344/05lv01461/06lv01472.htm).

96 Trewhela: "A failure of democracy", 8.11.2007, (http://moneymini.cambrient.com:8080/politicsweb/view/politicsweb/en/page71619?oid=84150&sn=Marketingweb+detail&cs_clear_cache=1).

Hoofstuk 13

1 African National Congress: "Statement of the National Executive Committee on the occasion of the 73th Anniversary of the ANC", 8.1.1985, by www.anc.org.za/show. php?id=2631. Vgl. ook O'Malley: *Shades of Difference*, p. 232.

2 Jeffery: *People's War*, p. 94.

3 Ellis: *External Mission*, pp. 216-217.

4 Manong: *If We Must Die*, pp. 216 en 220-224.

5 Oliver Tambo: "Communique of the Second National Consultative Conference of the African National Congress (*Mayibuye*, Junie 1985, p. 5); Alfred Nzo: "A Conference of escalation" (*Dawn*, 2/1985, p. 2).

6 O'Malley: *Shades of Difference*, p. 207.

7 Hein Marais: "Hani opens up" (*Work in Progress*, Junie 1992, p. 19).

8 Vgl. Manong: *If We Must Die*, pp. 228-230.

9 Ibid., p. 236.

10 "The ANC conference: From Kabwe to Johannesburg" (*Searchlight South Africa*, nr. 6, Jan. 1991, p. 91).

11 Kasrils: *Armed and Dangerous*, p. 231.

12 Twala en Benard: *Mbokodo*, p. 104. Vgl. ook "The ANC conference: From Kabwe to Johannesburg" (*Searchlight South Africa*, nr. 6, Jan. 1991, p. 91).

13 Ben Turok: *Nothing but the Truth*, p. 312.

14 "Special resolution: Party work in the fraternal organisations", November 1981, by www. aluka.org/action/showPDF?doi=10.5555/AL.SFF.DOCUMENT.LET19811100.026.021.000 &type=img.

15 Digital Information South Africa: Correspondence, SAKP: "Special resolution. Party work in fraternal organisations", November 1981. Vgl. ook Jeffery: *People's War*, pp. 94-95.

16 Gerhart en Glaser (reds.): *From Protest to Challenge*, VI, pp. 565-567 (" 'Open Membership: recommendations'. ANC memorandum prepared for National Consultative Conference in Kabwe, Zambia, June 16-23, 1985").

17 Ibid., p. 568 ("ANC National Executive Committee report", 16.6.1985).

18 Vgl. Smith en Tromp: *Hani*, p. 160.

19 Jeremiah Denton: "Soviet, East German and Cuban Involvement in fomenting Terrorism in Southern Africa. Report of the Chairman of the subcommittee on security and terrorism", November 1982, *passim*; Robin Renwick: *The End of Apartheid. Diary of a Revolution*, p. 49.

20 ANC: "National Preparatory Committee Composite and Organisational Report". (Toe die dokument op 12.1.2007 opgeroep is, was dit, by www.anc.org.za/ancdocs/history/conf/kab-comp.html te vinde, maar is sedertdien verwyder.)

21 "Second national consultative conference: Report, main decisions and recommendations", by omalley.nelsonmandela.org/omalley/index.php/site/q/03lv03445/04lv04015/05lv04016/06lv 04025/07lv04027.htm.

22 "Commission on cadre policy, political and ideological work". (Toe die dokument op 12.1.2007 opgeroep is, was dit by www.anc.co.za/134, maar dit is sedertdien verwyder.)

23 Gerhart en Glaser (reds.): *From Protest to Challenge*, VI, p. 573 ("ANC National Executive Report", 16.6.1985).

24 ANC: "Statement to the Truth and Reconciliation Commission", Aug. 1996, by https:// www.justice.gov.za/trc/hrvtrans/submit/anctruth.htm#6.

25 Kasrils: *Armed and Dangerous*, p. 240.

26 Onderhoud met Anthony Heard, *Cape Times*, 4.11.1985.

27 Gerhart en Glaser (reds.): *From Protest to Challenge*, VI, p. 582 ("The situation in South Africa: Minutes of Evidence", 29.10.1985).

28 ANC: "Take the struggle to the White Areas!".

29 "Press conference in Lusaka: Oliver Tambo", 25.6.1985 (*Mayibuye*, nr. 5/6 1985, pp. 8-11).

30 Tambo: "Address of the President of the African National Congress" (*Survival* xxviii(6), Nov.-Des. 1986, p. 547). Vgl. ook "We are revolutionaries, internationalists and Africans" (*Sechaba*, Aug. 1985, p. 1).

31 "President Tambo addresses the nation on the state of emergency" (*Mayibuye*, nr. 7, 1985, p. 7).

32 "Women's day" (ibid., p. 2).

33 Onderhoud van Padraig O'Malley met Aboobaker Ismail, 21.2.2003 (by www.nelsonmandela.org/omalley/index.php/site/q/03lv03445/04lv03833/05lv03891/06lv03900.htm).

34 *Umsebenzi*, derde kwartaal, 1988, p. 3.

35 Harris: *In a Different Time*, pp. 102-103.

36 Williams: "Before we forget: Writing the history of Umkhonto we Sizwe between 1961-2000" (*Journal of Peace, Conflict and Military Studies*, 1/1, Maart 2000), pp. 27-28.

37 SAHA AL3041, SAKP: "Notes on 'terrorism' and political policy", s.d.

38 O'Malley: *Shades of Difference*, p. 234.

39 Riedwaan Moosage: "A prose of ambivalence: Liberation discourse on necklacing" (*Kronos* 36, November 2010, pp. 141-144).

40 Barrell: "Conscripts to their age" (ongepubliseerde D.Phil.-proefskrif, Oxford, 1993, p. 386.

Hoofstuk 14

1 Vgl. hieroor Riedwaan Moosage: "A prose of ambivalence: Liberation discourse on necklacing" (*Kronos* 36, November 2010, p. 138).

2 Ellis: *External Mission*, p. 213. Vgl. ook Moosage: "A prose of ambivalence: Liberation struggle discourse on necklacing" (*Kronos*, 36/1, November 2010), p. 139.

3 "25 Years of armed struggle: Army commissar Chris Hani speaks" (*Sechaba*, Desember 1986, pp. 16 en 18).

4 Van Kessel: *Beyond our Wildest Dreams*, p. 35.

5 Vgl. hieroor Riedwaan Moosage: "A prose of ambivalence: Liberation struggle discourse on necklacing" (*Kronos*, 36/1, November 2010), p. 139.

6 James Myburgh: "How the necklace was hung around Winnie's neck", by www.politicsweb.co.za/opinion/how-the-necklace-was-hung-around-winnies-neck.

7 Barrell: "Conscripts to their age" (ongepubliseerde D.Phil.-proefskrif, Oxford, 1993, p. 402.).

8 Jeff Goodwin: "A theory of categorical terrorism" (*Social Forces*, 84/4, Junie 2006, p. 2028).

9 "Further submissions and responses by the ANC to questions raised by the Commission for Truth and Reconciliation", paragrawe 5.2 en 5.3.

10 Ellis: *External Mission*, p. 233.

11 "Political report of the NEC", V (*Sechaba*, Februarie 1986, p. 5).

12 "Umkhonto we Sizwe Operational Report to the Truth and Reconciliation Commission".

13 O'Malley: *Shades of Difference*, pp. 233 en 237.

14 Stadler: *The Other Side of the Story*, p. 68.

15 O'Malley: *Shades of Difference*, p. 207.

16 Aangehaal deur James Myburgh: "How the necklace was hung around Winnie's neck", by www.politicsweb.co.za/opinion/how-the-necklace-was-hung-around-winnies-neck.

17 Stadler: *The Other Side of the Story*, pp. 68-69.

18 Jeffery: *People's War*, pp. 196-197.

19 Stadler: *The Other Side of the Story*, p. 67.

20 Stemmet: "Apartheid and the anticipation of apocalypse" (*Journal of Contemporary History*,

36/1, Junie 2011, p. 111.

21 Jeffery: *People's War*, p. 197.

22 Stemmet: "Apartheid and the anticipation of apocalypse" (*Journal of Contemporary History*, 36/1, Junie 2011, p. 111.

23 WVK-verslag, II, p. 441.

24 In my besit.

25 Stadler: *The Other Side of the Story*, p. 175.

26 Barrell: "Conscripts to their age" (ongepubliseerde D.Phil.-proefskrif, Oxford, 1993), p. 455.

27 Rocky Williams: *South African Guerrilla Armies. The Impact of Guerrilla Armies on the Creation of South Africa's Armed Forces*, p. 28.

28 Tom Lodge: "Perspectives on conflict resolution", in Francis M Deng en J William Zartman (reds.): *Conflict Resolution in Africa* (Washington DC, The Brookings Institution, 1991), p. 91.

29 "List of MK Operations" by www.justice.gov.za/trc/hrvtrans/submit/anc2.htm#Appendix%204.

30 Ibid.

31 Stemmet: "Apartheid under siege" (ongepubliseerde doktorale proefskrif, UV, 2003),, pp. 287-288.

32 ANC-voorlegging aan die WVK, para. 6.2.6, p. 59 by www.justice.gov.za/trc/hrvtrans/submit/anctruth.htm.

33 WVK-verslag, II, p. 389.

34 Gomolemo Mokae: *Robert McBride. A Coloured Life* (Pretoria, SAHO, 2004), p. 98.

35 Ibid.

36 Bill Keller: "Robert McBride: a bomber lives with his guilt in a land of scant innocence" (*The New York Times*, 18.10.1992).

37 Stadler: *The Other Side of the Story*, pp. 70-71.

38 "Notes of the interview with Chris Hani and Steve Tshwete", 3.6.1988, by www.aluka.org/action/showMetadata?doi=10.5555/AL.SFF.DOCUMENT.INT19880603.043.049.

39 Bill Keller: "Robert McBride: A bomber lives with his guilt in a land of scant innocence" (*New York Times*, 18.10.1992).

40 A Mashinini: "Dual Power and the creation of People's Committees" (*Sechaba*, April 1986, p. 28).

41 Statement of the National Executive Committee on the occasion of the 72nd anniversary of the ANC, 8.1.1984, by www.sahistory.org.za/archive/january-8th-statements-statement-national-executive-committee-occasion-72th-anniversary-anc.

42 Seekings: *The UDF*, p. 113.

43 "The Kairos document", by www.connectionsonline.org/Kairos%20Document.doc.

44 Seekings: *The UDF*, p. 151.

45 "Further submissions and responses by the ANC to questions raised by the Commission for Truth and Reconciliation", by www.anc.org.za/ 2645.

46 Genl. Malan se voorlegging aan die WVK, paragrawe 11.4 en 11.8, by www.justice.gov.za/trc/hrvtrans/submit/malan.htm.

47 Seekings: *The UDF*, p. 153.

48 SAHA 3041, "Notes of meeting with Chris Hani, Chief-of-Staff and Deputy Commander of Umkhonto we Sizwe, and Steve Tshwete, Political Commissar", 3.6.1988.

49 Stadler: *The Other Side of the Story*, p. 179.

50 Voorlegging van genls. Constand Viljoen, Jannie Geldenhuys en Georg Meiring aan die WVK, par. 46, in my besit.

51 Stemmet: "Apartheid under siege" (ongepubliseerde D.Phil.-proefskrif, UV, 2003), p. 213.

52 "Further submissions and responses by the ANC to questions raised by the Commission for Truth and Reconciliation", para. 2.1, by www.anc.org.za/2645

53 Seekings: *The UDF*, p. 160.

54 O'Malley: *Shades of Difference*, p. 235.

55 Robert Scott Jaster: *The Defence of White Power. South African foreign policy under pressure*, p. 121.

56 Ibid, p. 122.

57 Gerhart en Glaser: *From Protest to Challenge*, VI, p. 618 ("Briefing on Situation in P", Des, 1987).

58 UCT libraries, BC 1081, verslag van "Lusaka Regional Committee" van die SAKP, 7.11.1984.

59 Disa- aanlyn argief, "P.B. Meeting", 27.1.1984.

60 Disa- aanlyn argief, ANC: "Introduction to dossier on diplomatic offensive", s.d. [1984].

61 Vgl. Robert B Shephard en Christopher H Goldman: "PW Botha's foreign policy" (*The National Interest*, lente 1989, pp. 68-78).

62 Gerhart en Glaser (reds.): *From Protest to Challenge*, VI, pp. 606-607 ("A few points on the current state of struggle in SA", half 1987).

63 Onderhoud van Padraig O'Malley met Rashid Ismail, 21.2.2003, by https://omalley.nelson-mandela.org/omalley/index.php/site/q/03lv00017/04lv00344/05lv01435/06lv01443.htm.

64 Stemmet: "Apartheid under siege" (ongepubliseerde D.Phil.-proefskrif, UV, 2003), pp. 295-297.

65 Gerhart en Glaser (reds.): *From Protest to Challenge*, VI, pp. 608 ("A few points on the current state of struggle in S.A.", half 1987).

66 Patti Waldmeir: *Anatomy of a Miracle. The End of Apartheid and the Birth of a New South Africa* (London, Penguin, 1997), p. 65.

67 "Further submissions and responses by the ANC to questions raised by the Commission for Truth and Reconciliation", para. 5.3, by www.anc.org.za/2645; O'Malley: *Shades of Difference*, p. 237.

68 Vgl. volledige lys in Stemmet: "Apartheid under siege" (ongepubliseerde D.Phil.-proefskrif, UV, 2003), pp. 308-313.

69 John D Battersby: "ANC acts to halt civilian attacks" (*The New York Times*, 21.8.1988).

70 Barnard: *Geheime Revolusie*, p. 150.

71 Williams: "The other armies – a brief historical overview of Umkhonto we Sizwe (MK), 1961-1994" (*Military History Journal*, vol. 11, no. 5).

72 Williams: "The impact of Umkhonto we Sizwe on the creation of the South African National Defence Force (SANDF)" (*Journal of Security Sector Management*, 2.1, Maart 2004, p. 11).

73 Stemmet: "Apartheid under siege" (ongepubliseerde D.Phil.-proefskrif, UV, 2003), p. 55.

74 Stephen Mufson: "Uncle Joe: The white guru of the ANC" (*The New Republic*, 28.9.1987).

75 Leopold Scholtz: *Die SAW in die Grensoorlog, 1966-1989*, hoofstuk 16.

76 SAHA AL3041, "Notes of meeting with Chris Hani, Chief-of-staff and deputy commander of Umkhonto we Sizwe, and Steve Tshwete, Political Commissar", 3.6.1988.

77 Ronnie Kasrils: "The revolutionary army" (*Sechaba*, September 1988, p. 4).

78 Ibid.

79 SAHA AL3041, "Interview with Chris Hani, Deputy Commander Umkhonto we Sizwe, Lusaka", 21.1.1990.

80 Barrell: "Conscripts to their age" (Ongepubliseerde D.Phil.-proefskrif, Oxford, 1993), p. 453.

81 Thula Simpson: "Toyi-Toying to freedom: The endgame in the ANC's armed struggle, 1989-1990" (*Journal of Southern African Studies*, 35/2, Junie 2009, pp. 508-509 en 511).

82 O'Malley: *Shades of Difference*, pp. 244-246.

83 Vgl. hieroor Barrell: "Conscripts to their age" (ongepubliseerde D.Phil.-proefskrif, Oxford, 1993, pp. 449-450; Jeffery: *People's* War, pp. 191-h193; Robert Henderson: "Operation Vula against apartheid" (*International Journal of Intelligence and Counterintelligence*, 10/4, 1997, pp. 418-455).

84 Digital Information South Africa, memorandums, ANC-Constitutional Committee: "Proposals for a National Front", 4.4.1986.

85 Digital Information South Africa, memorandums, ANC-Constitutional Committee: "Foundations of Government in a democratic South Africa", 20.9.1986.

86 Digital Information South Africa, memorandums, ANC-Constitutional Committee: "Nationalisation", 30.4.1986.

87 SAKP: *The Path to Power. Programme of the South African Communist Party as Adopted at the Seventh Congress*, 1989, in my besit.

88 Kader Asmal, David Chidester en Cassius Lubisi (reds.): *Legacy of Freedom. The ANC's human rights tradition* ("Harare Declaration", 21.8.1989 pp. 67-72).

Hoofstuk 15

1 Luli Callinicos: *Oliver Tambo. Beyond the Engeli Mountains* Kaapstad, David Phillip, 2004), pp. 297-298.

2 Nadine Gordimer en Anthony Sampson: "President Mbeki's career" (*New York Review of Books*, 16.11.2000).

3 Max du Preez: "Fischer het meer as Naudé gedoen" (*Die Burger*, 27.10.2004).

4 Thomas Karis: "South African liberation: The Communist factor" (*Foreign Affairs*, 65/2, Winter 1986, pp. 267-268).

5 Kyk Vladimir Shubin: *ANC. A View from Moscow* (Bellville, Mayibuye, 1998).

6 Vgl. Jeffery: *People's War*, p. 49.

7 Thula Simpson: "Soviet policy towards South Africa", in Sue Onslow en Anna-Mart van Wyk (reds.): *Southern Africa in the Cold War, Post-1974*, p. 458.

8 Jeremy Cronin: "Memory and history after ideology – shared past, opposing memories" (op 3.8.2005 van die internet afgelaai van die adres www.fl.ulaval.ca/celat/histoire.memoire/cape1/cronin.htm, maar by die skrywe hiervan het die adres nie meer bestaan nie).

9 Onderhoud van Paul Trewhela met Padraig O'Malley, 13.6.2004, by omalley.nelsonmandela.org/omalley/index.php/site/q/03lv00017/04lv00344/05lv01461/06lv01472.htm.

10 Onderhoud van Paul Trewhela met Ronnie Kasrils, 12.6.2004, by omalley.nelsonmandela.org/omalley/index.php/site/q/03lv00017/04lv00344/05lv01435/06lv01448.htm.

11 Aangehaal deur Irina Filatova: "The ANC's armed struggle and the Soviets", (http://libyadiary.wordpress.com/2011/08/10/the-ancs-armed-struggle-and-the-soviets/).

12 Vladislav Zubok en Constantine Pleshakov: *Inside the Kremlin's Cold War. From Stalin to Khrushchev*, pp. 4 en 6.

13 Karl Marx en Friedrich Engels: *Die Kommunistiese Manifes* (in Nederlands vertaal), pp. 62-63.

14 Ibid., p. 81.

15 Vgl. Piero Gleijeses: *Conflicting Missions. Havana, Washington, Pretoria*, pp. 374-381.

16 Vgl. Joseph L Nogee en Robert H. Donaldson: *Soviet Foreign Policy since World War II*, p. 18.

17 Richard Pipes: *Communism. A brief History*, p. 94.

18 Robert Gellately: *Lenin, Stalin and Hitler. The Age of Social Catastrophe*, p. 85.

19 Dmitri Volkogonov: *Stalin. Triumph and Tragedy* Londen, pp. 133-144.

20 Vgl. Werner Maser: *Der Wortbruch. Hitler, Stalin und der Zweite Weltkrieg*, pp. 35-37; Constantine Pleshakov: *Stalin's Folly. The Secret History of the German Invasion of Russia, June 1941*, pp. 43-44; Zubok en Pleshakov: *Inside the Kremlin's Cold War*, pp. 16-17 en 47-50; John Lewis Gaddis: *The Cold War*, pp. 10-14.

21 Vgl. Sheldon Stern: *The Week the World stood still. Inside the Secret Cuban Missile Crisis*; Frederick Taylor: *The Berlin Wall. A World Divided, 1961-1989.*

22 Christopher Andrew en Vasili Mitrokhin: *The Mitrokhin Archive, II. The KGB and the World*, p. 9. Vgl. ook Odd Arne Westad: *The Global Cold* War, p. 214; Robert Service: *Comrades. Communism: A World History*, p. 319.

23 Ibid., pp. 9-10. Ook die Skandinawiese historikus Odd Arne Westad bevestig op grond van oorspronklike dokumente dat die KGB die argitek van die Derdewêreldstrategie van die Kremlin was. Vgl. Odd Arne Westad: "Moscow and the Angolan crisis, 1974-1976: A new pattern of intervention" (*Cold War International History Project Bulletin* 8/9, Winter 1996, p. 22. Wladimir Sjoebin ontken wel (egter sonder om dit te staaf) dat die Sowjetunie sy betrekkinge met die Derde Wêreld as deel van die Koue Oorlog beskou het. Kyk Vladimir Shubin: *ANC. A View from Moscow*, p. 401.

24 David Pryce-Jones: *The War that Never Was. The Fall of the Soviet Empire 1985-1991*, p. 116.

25 Leonhard: *The Kremlin and the West*, pp. 77 en 80.

26 Odd Arne Westad: "Moscow and the Angolan crisis, 1974-1976: A new pattern of intervention" (*Cold War International History Project Bulletin* 8/9, Winter 1996, pp. 21-22).

27 Gaddis: *The Cold War*, p. 187.

28 Richard Crockatt: *The Fifty Years War. The United States and the Soviet Union in World Politics, 1941-1991*, p. 223.

29 Notule van vergadering, gepubliseer in *Cold War International History Project Bulletin* 8/9, Winter 1996, p. 19.

30 DDR-Komitee für die Kampfdekade gegen Rassismus und Rassendiskriminierung: *Gegen Rassismus, Apartheid und Kolonialismus. Dokumente der DDR 1949-1977*, pp. 44-46 en 54-58.

31 Keith Somerville: *Southern Africa and the Soviet Union. From Communist International to Commonwealth of Independent Studies*, p. 202.

32 Chris Steyn: "Apartheid 'a boon' to Russia" (*The Argus*, 22.9.1995).

33 Vgl. bv. Simon Adams: *Comrade Minister. The South African Communist Party and the Transition from Apartheid to Democracy*, p. 29.

34 Vgl. ibid.; Stephen Clingman: *Bram Fischer. Afrikaner Revolutionary*, p. 150; Brian Bunting: *Moses Kotane*, pp. 104-113. Kyk ook SAKP: *South African Communists Speak*, pp. 135-136, 147-150, 153-161 en 161-165.

35 Onderhoud met Ameen Akhalwaya (www.sacp.org.za/people/slovo/manifesto.html).

36 Joe Slovo: "Beyond the stereotype: The SACP in the past, present and future" (www.sacp.org.za/main.php?include=docs/history/stereotypeJS.html). Vgl. ook Glenn Frankel: *Rivonia's Children. Three Families and the Price of Freedom in South Africa*, p. 304.

37 Heribert Adam: "Europe and South African Socialism: Engaging Joe Slovo" (Idasa Occasional Papers, nr. 29), p. 3.

38 Clingman: *Bram Fischer*, pp. 80-86.

39 Nicolas Werth: "Een Staat tegen zijn Volk", in Stéphane Courtois (red.): *Zwartboek van het Communisme*, pp. 278-279.

40 Clingman: *Bram Fischer*, p. 150.

41 Ibid., p. 213; Glenn Frankel: *Rivonia's Children. Three Families and the Price of Freedom in South Africa*, p. 86.

42 Martin Meredith: *Fischer's Choice. A Life of Bram Fischer*, p. 152.

43 Alan Lipman: "The anti-liberation movements" (*Zabalaza*, Des, 2006, p. 6).

44 Joe Slovo: "Has socialism failed?" (*The African Communist*, 121/1990, pp. 25-51).

45 Dan Tloome: "Stalin and the National Question" (*Liberation*, April 1953, p. 23). Tloome het hom in dié tyd ook uiters lowend oor die China van Mao Zedong uitgelaat. Vgl. Dan Tloome: "How China solves the national question" (*Liberation*, Desember 1955, pp. 7-10).

46 Clingman: *Bram Fischer*, p. 212.

47 Brian Bunting: *Moses Kotane*, p. 200.

48 Lionel [Rusty] Bernstein: "The war that failed" (*Liberation*, Aug. 1953, pp. 9-12).

49 Editorial: "War – against whom?" (*Liberation*, Junie 1954, pp. 1-4).

50 Editorial: "The international scene" (*Liberation*, Nov. 1956, pp. 1-9).

51 SAKP: *South African Communists Speak. Documents from the History of the South African Communist Party 1915-1980*, p. 244 (Michael Harmel: "Collective leadership in the Soviet Union").

52 Ben Turok: *Nothing but the Truth*, p. 50. Vgl. ook "The socialist ideal remains intact, says Turok" (*Work in Progress*, Okt./Nov. 1991, pp. 31). Ronnie Kasrils bevestig dit. Kyk sy *Armed & Dangerous*, p. 37.

53 Editorial: "The new Africa – capitalist or socialist?" (*African Communist*, 1/1959, p. 2).

54 Editorial: "The last days of empire" (*Liberation* Sept. 1955, pp. 2-7). Vgl. ook "Economist" (pseud.): "The capitalist crisis and South Africa" (*Liberation* Aug. 1956, pp. 4-9).

55 Michael Harmel: "Much ado about Pasternak" (*Liberation*, Des. 1958, pp. 8-11).

56 Joe Matthews: "'Africanism' under the microscope" (*Liberation*, Julie 1959, p. 10). Vgl. ook Matthews: "The Sixth Pan-African Conference" (*Liberation*, Okt. 1958, p. 9-13) en Ruth First: "Building, building, building" (*Liberation*, Junie 1954, pp. 12-14).

57 Thomas Karis en Gwendolen M Carter (reds.): *From Protest to Challenge. A Documentary History of African Politics in South Africa 1882-1964. Volume 2: Hope and Challenge 1935-1952*, pp. 162-166 (toespraak van dr. AB Xuma, 23.2.1941); Deirdre Pretorius, Grietjie Verhoef en Marian Sauthoff: "The printed propaganda of the Communist Party of South Africa during World War II" (*Image & Text*, 20/1, January 2012, pp. 30-48).

58 "Resolutions of 43rd National Conference, 16-19.12.1954", by www.anc.org.za/ancdocs/history/conf/resol43.html.

59 Mary Benson: *The Struggle for a Birthright*, p. 188.

60 Editorial: "Sunshine and shadow" (*Liberation*, April 1957, p. 1).

61 UCT Library BC 1081 (O18.10), SAKP: "The Story of the Communist Party".

62 "The Road to South African Freedom", in SAKP: *South African Communists Speak*, pp. 286-287.

63 Ibid., p. 288.

64 Ibid., pp. 289-291.

65 Ibid., pp. 291-292.

66 "S.A.C.P. Contribution" (*The African Communist*, 33/1968, p. 71).

67 Disa- aanlyn argief, "Inner-Party Bulletin", July 1970, p. 8.

68 "Editorial notes" (*The African Communist*, 94/1983, pp. 9-10, verslag van 'n toespraak van Moses Mabhida in Oos-Berlyn, April 1983).

69 M.A.R. (pseud.): "Rights and duties under socialism" (*The African Communist*, 91/1982, pp. 99-100).

70 Moses Mabhida: "Marx belongs to everyone" (*The African Communist*, 95/1983, p. 23). Vgl. ook Yusuf Dadoo: "60th birthday of the SACP" (*Mayibuye*, Julie 1981, p. 3).

71 UCT Libraries, BC 1081 (O17) *Inkululeko-Freedom*, Julie 1971, pp. 3 en 7.

72 "A united people will defeat the enemy" (*The African Communist*, 96/1984, p. 57).

73 "Our fighting alliance" (onderhoud met Moses Mabhida, *Mayibuye*, Maart 1981, p. 2). Vgl. ook Moses Mabhida: "Youth must study and learn from history" (*The African Communist*, 92/1983, p. 83).

74 "ANC the alternative power" (onderhoud met Mzwai Piliso, *Mayibuye*, Maart 1983, p. 4).

75 Yusuf M Dadoo: "Tribute to Dimitrov" (*The African Communist*, 50/1972), p. 62.

76 Terence Africanus (pseud. vir Jack Simons): "Comintern" (*The African Communist*, 36/1969, p. 80).

77 Eddy Maloka: *The South African Communist Party. Exile and after apartheid*, p. 20.

78 UCT Libraries, BC 1081 (O.18.11), "Inner-Party Bulletin – Number 1", p. 8.

79 Irina Filatova: "The lasting legacy: The ANC's Soviet connection" (by libyadiary.wordpress.com/2011/08/10/the-ancs-armed-struggle-and-the-soviets/).

80 Kasrils: *Armed and Dangerous*, p. 89.

81 Scott Thomas: *The Diplomacy of Liberation. The Foreign relations of the ANC since 1960*, p. 177.

82 Mkhize: "Alex la Guma's politics and aesthetics" (*Alternation*, 5/1, p. 153).

83 "Death of Leonid Brezhnev" (*The African Communist*, 92/1983, pp. 5-6).

84 Ibid., pp. 8-10.

85 "Freedom can be won. A Call to the South African People" (*The African Communist*, 43/1970, pp. 21-50).

86 T Sifunasonke: "U.S. Eagle over Africa. Reagan's foreign policy threatens our independence" (*The African Communist*, 99/1984, p. 31.

87 Brian Bunting: "Warmongers who talk of peace – United States Strategy in Southern Africa" (*Sechaba*, April 1985, p. 6).

88 "What Reagan and Botha want" (*Umsebenzi*, 2/1985, p. 15).

89 SAKP: "Inner-Party Bulletin", Junie 1988.

90 SAKP: "The Path to Power. Programme of the South African Communist Party as adopted at the Seventh Congress, 1989" (www.sacp.org.za/main.php?include=docs/history/1989/power1989.html).

91 Ibid.

92 Hans-Georg Schleicher: *Südafrikas neue Elite. Die Prägung der ANC-Führung durch das Exil*, p. 270.

93 Digital Information South Africa, memorandums: SAKP: "Memorandum submitted by the delegation of the African National Congress of South Africa to the Central Committee of the Communist Party of Cuba", 6.10.1966.

94 Ellis en Sechaba (pseud.): *Comrades against Apartheid*, p. 58; Nhlanhla Ndebele en Noor Nieftagodien: "The Morogoro conference: A moment of self-reflection", in Bernard Magubane (red.): *The Road to Democracy in South Africa*, ...960-1970, p. 591.

95 Die hele dokument is te vinde by www.marxists.org/subject/africa/anc/1969/strategy-tactics.htm. 'n Verkorte weergawe verskyn ook in Thomas Karis en Gail Gerhart: *From Protest to Challenge*, V, pp. 387-393.

96 "Extracts from the Political Report of the National Executive Committee to the Consultative Conference of the African National Congress", by www.sahistory.org.za/archive/first-national-consultative-conference-extracts-political-report-national-executive.

97 Ibid.

98 Ibid.

99 Aangehaal in Michael Radu: "The African National Congress: Cadres and Credo" (*Problems of Communism*, vol. XXXVI, Julie-Aug. 1987, p. 73).

100 Scott Thomas: *The Diplomacy of Liberation*, pp. 99-101.

101 Vladimir Shubin: "Unsung heroes: The Soviet military and the liberation of Southern Africa" (*Cold War History*, 7/2, Mei 2007, pp. 253-256).

102 Vgl. bv. "Capitalism and colour bars" (*Mayibuye*, 30.4.1975, pp. 6-8); "Obituary of Moses Kotane" (*Mayibuye*, 15.6.1978, pp. 4); editorial: "Enemy manoeuvres" (*Sechaba*, Jan. 1979, p. 1); Lerato Morena: "Political and organizational tasks" (*Dawn*, 3/1982, p. 27); Arnold Selby: "Finish the job – smash fascism in South Africa" (*Sechaba*, Junie 1985, pp. 27-30); "Umkhonto we Sizwe – born of the people" (*Sechaba*, Maart 1987, p. 18); Disa- aanlyn argief, "Statement of the African National Congress of South Africa on the occasion of the 26th congress of the Communist Party of the Soviet Union", s.d. [1981].

103 Nyawusa (pseud.): "12th Youth and students festival in Moscow" (*Sechaba*, Okt. 1985, pp. 18-19).

104 UK-biblioteek, BC 1981 (P9.2), ANC: "Statement of the African National Congress of South Africa on the occasion of the 26th Congress of the Communist Party of the Soviet Union", ongedateer.

105 Mafosi Shombela: "Our armed offensive. Military strategy in South Africa" (*Sechaba*, Maart 1986, p. 13.)

106 Alfred Nzo: "Mota our example" (*Sechaba*, Nov., 1979, pp. 15-18).

107 Steve Dliwayo: "Our commitment to peace" (*Dawn*, 11/1980, p. 10).

108 "Brezhnev – a great revolutionary and fighter for peace" (*Dawn*, 6/1982, p. 40).

109 Alfred Nzo: "African/Arab unity" (*Sechaba*, Jan. 1979, pp. 2-6).

110 Alfred Nzo: "Mota our example" (*Sechaba*, Nov. 1979, p. 16). Vgl. Ook "ANC-CPSU talks" (*Sechaba*, Feb. 1975, p. 14).

111 Toespraak van Nzo by 65ste herdenking van die bestaan van die SAKP, (www.sacp.org.za/docs/history/65years.htm/).

112 "The eyes of our people are focussed upon this conference" (*Sechaba*, Okt. 1985, p. 3).

113 "Long live proletarian internationalism!" (*The African Communist*, nr. 80, 1.10.1980), p. 45.

114 Farid Esack: "Glasnost and the Mass Democratic Movement" (referaat by Universiteit van Natal, 4.2.1990, by uk.geocities.com/faridesack/feglasnost.html).

115 Filatova: "The ANC's armed struggle and the Soviets" (libyadiary.wordpress. com/2011/08/10/the-ancs-armed-struggle-and-the-soviets/).

Hoofstuk 16

1 Pallo Jordan: "The crisis of conscience in the SACP" (*Transformation* 11, 1990, p. 88).

2 SAKP: *South African Communists Speak*, pp. 242-245 ("Collective leadership in the Soviet Union", 5.4.1956).

3 Kyk John Lewis Gaddis: *The Cold War* (Londen, Allen Lane, 2005), pp. 140-143; Philip Short: *Mao. A Life* (Londen, Houghton & Stodder, 1999), pp. 489-492.

4 Walter Sisulu: "I saw China" (*Liberation*, Feb. 1954, pp. 5-9). Vgl. ook Sisulu: "Taiwan" (*Liberation*, 33/1958, pp. 14-16).

5 "Toussaint" (pseud. vir Rusty Bernstein): "How foreign is communism?" (*The African Communist*, 2/1960, p. 14).

6 Nandha Naidoo: "The 'Indian chap': Recollections of a South African underground trainee in Mao's China" (*South African Historical Journal*, 64/3, September 2012, pp. 707-736).

7 Vladimir Shubin: *ANC. A View from Moscow* (Bellville, Mayibuye, 1998), pp. 37-38, 45-46 en 68-69. Vgl. ook Shubin: "People of a special mould – four SACP leaders in exile" (*The African Communist*, 3/4-2001, p. 49).

8 Stephen Ellis en Tsepo Sechaba (pseud. vir Oyama Mabandla): *Comrades Against Apartheid*, p. 45.

9 South African Communist Party: *South African Communists Speak. Documents from the History of the South African Communist Party 1915-1980* (London, Inkululeko Publications, 1981), verklaring van sentrale komitee, pp. 335-341; ibid., pp. 341-343, brief sentrale komitee – Chinese Kommunistiese Party, 15.12.1964.

10 Moeletsi Mbeki: "How SA and the US share global responsibilities" (*Sunday Times*, 28.6.2009.

11 UK-biblioteek BC 1081, verklaring van sentrale komitee van SAKP, s.d. Uit die dokument self blyk dat dit in 1967 uitgereik is.

12 Shubin: *ANC. A View from Moscow*, pp. 68-69 en 95-96. Vgl. ook "Events in China", verklaring van SAKP- sentrale komitee (*African Communist*, 29/1967, pp. 15-16).

13 Ellis en Sechaba (pseud.): *Comrades against Apartheid*, p. 45.

14 Scott Thomas: *The Diplomacy of Liberation*, pp. 164-166.

15 "Extracts from the Political Report of the National Executive Committee to the Consultative Conference of the African National Congress", by www.sahistory.org.za/archive/first-national-consultative-conference-extracts-political-report-national-executive.

16 Thula Simpson: "Soviet policy towards South Africa", in Sue Onslow en Anna-Mart van Wyk (reds.): *Southern Africa in the Cold War, Post-1974*, p. 458.

17 Sentrale komitee: "The way forward from Soweto!" (*Inkululeko – Freedom*, nr. 20, p. 6).

18 Essop Pahad: "A proud history of struggle" (*The African Communist*, 78/3, 1979, p. 13).

19 South African Communist Party: *South African Communists Speak*, p. 468 (verklaring van sentrale komitee, Jan. 1980).

20 Steve Dliwayo: "Our commitment to peace" (*Dawn*, 11/1980, p. 9). Kyk ook ibid., p. 11.

21 Vgl. bv. Alfred Nzo: "ANC condemns Chinese invasion of Vietnam" (*Mayibuye*, April 1979, p. 3); "Honecker meets Tambo" (*Sechaba*, Mei 1979, pp. 12-13).

22 Alfred Nzo: "Address to members of Unkhonto we Sizwe" (*Dawn*, Sept. 1979, p. 6); "Notes from Vietnam" (*Sechaba*, Mei 1980, pp. 21-23).

23 Editorial notes: "Albania and the Stalin cult" (*African Communist*, pp. 2-4).

24 "ANC on Vietnam" (Sechaba, Mei 1979, p. 13); Thomas: *The Diplomacy of Liberation*, pp. 167-168.

25 UCT Libraries, BC 1081 (O18.1), "Inner-Party Bulletin", Maart 1987, pp. 5-7; Thomas: *The Diplomacy of Liberation*, p. 169; Shubin: *ANC. A View from Moscow*, pp. 316-317.

26 UCT Libraries, BC 1081 (O18.1), "Inner-Party Bulletin", Maart 1987, p. 10.

27 "SACP delegation visits China" (*Umsebenzi*, Sept. 1991, p. 2).

28 Editorial: "The international scene" (*Liberation*, November 1956, pp. 1-9).

29 Vgl. hieroor Jiri Valenta: *Soviet Intervention in Czechoslovakia, 1968: Anatomy of a Decision* (Washington, Johns Hopkins University Press, tweede uitgawe, 1991).

30 Gaddis: *The Cold War*, p. 153.

31 Ibid., p. 292.

32 "Statement by the Central Committee of the South African Communist Party, 29.7.1968" (*The African Communist*, 35/1968, pp. 94-95).

33 Ibid., pp. 95-96).

34 Editorial: "Czechoslovakia" (*The African Communist*, 35/1968, pp. 6 en 13).

35 Kasrils: *Armed and Dangerous*, p. 103.

36 Vgl. Pallo Jordan: "Ruth First Memorial Lecture, 2000", (www.marxists.org/history/international/comintern/sections/sacp/2000/ruth-first.htm); Glenn Frankel: *Rivonia's Children*, p. 281.

37 Hans-Georg Schleicher: *Südafrikas neue Elite. Die Prägung der ANC-Führung durch das Exil*, p. 269.

38 Onderhoud met Hilda Bernstein, 25.8.2004 (by omalley.nelsonmandela.org/omalley/index.php/site/q/03lv00017/04lv00344/05lv01461/06lv01476.htm).

39 Duma Nokwe: "Statement of the ANC (SA) on the situation in Czechoslovakia", 19.9.1968 (*Mayibuye*, 27.9.1968, p. 13).

40 "ANC office in Berlin" (*Sechaba*, Jan. 1979, p. 24).

41 "Twenty years of Sechaba, journal of the ANC" (*Sechaba*, Mei 1987, pp. 27-28); Brian Bunting: "The African Communist" (disa.nu.ac.za/journals/African%20Communist.htm).

42 Hans-Georg Schleicher: "GDR solidarity: The German Democratic Republic and the South African liberation struggle" (*The Road to Democracy*, III, pp. 1118 en 1121).

43 Onderhoud met Aboobaker Ismail, 11.12.2002 (www.omalley.co.za); Hans-Georg Schleicher: "GDR solidarity: The German Democratic Republic and the South African liberation struggle" (*The Road to Democracy*, III, p. 1131).

44 Hans-Georg Schleicher: "GDR solidarity: The German Democratic Republic and the South African liberation struggle" (*The Road to Democracy*, III, pp. 1128-1129).

45 "ANC-GDR journalists: A common approach" (*Sechaba*, Mei 1983, pp. 22-23).

46 Padraig O'Malley: *Shades of Difference. Mac Maharaj and the Struggle for South Africa* (Londen, Viking, 2007), p. 92.

47 Y Ngomezulu: "20 Years of the German Democratic Republic" (*African Communist*, 39/1969, pp. 47-58). Vir 'n soortgelyke standpunt, vgl. B, Pela: "Two German states and the new Africa" (*African Communist*, 6/1961, pp. 19-32).

48 "German Democratic Republic promises greater solidarity with ANC" (*Sechaba*, Feb. 1973, pp. 13-14).

49 "30 Years GDR" (verklaring van die ANC-NUK in *Sechaba*, des. 1979, pp. 22-23).

50 "GDR leader visits Southern Africa" (*Mayibuye*, April 1979, p. 3). Vgl. ook "Honecker meets Tambo" (*Sechaba*, Mei 1979, pp. 12-13) en "Two anti-imperialists honour Nelson Mandela" (*Sechaba*, Des, 1984, pp. 19-20).

51 Ibid.

52 "All roads led to Berlin" (*Sechaba*, Jan. 1981, p. 31).

53 Hans-Georg Schleicher: "GDR solidarity: The German Democratic Republic and the South African liberation struggle" (*The Road to Democracy*, III, p. 1083).

54 "Nazis, apartheid and West Germany" (*Sechaba*, Sept. 1967, p. 16); Editorial: "The fascist alliance" (*Mayibuye*, 15.7.1968, p. 1); "Against racism and neo-colonialism, for the liberation of South Africa" (*Sechaba*, Aug. 1968, pp. 12-13); editorial: "The fascist alliance" (*Sechaba*, Okt. 1968, p. 1); Mzwai Piliso: "Bonn-Pretoria axis" (*Sechaba*, Aug. 1974, pp. 14-15); "The nuclear conspiracy" (*Sechaba*, Nov., 1975, pp. 11-28); "Fight the nuclear conspiracy between West Germany and South Africa" (*Sechaba*, Nov., 1975, pp. 3-4); "FRG-SA close links" (*Sechaba*, Okt. 1975, p. 10); Jürgen Ostrowski: "Bonn-Pretoria alliance lives on" (*Sechaba*, Jan. 1977, pp. 47-53); "Book review: Bonn-Pretoria axis" (*Sechaba*, April 1979, pp. 29-32); "FRG collaboration in practice" (*Sechaba*, Jul. 1981, pp. 31-32).

55 Christopher Andrew en Vasili Mitrokhin: *The Mitrokhin Archive, II*, p. 465.

56 "Contradictions in Western diplomacy" (*Mayibuye*, 8.11.1968, p.5); "Correction" (*Mayibuye*, 22.11.1968, pp. 9-10).

57 Hans-Georg Schleicher: "GDR solidarity: The German Democratic Republic and the South African liberation struggle" (*The Road to Democracy*, III, pp. 1075 en 1077).

58 "Reflections on German unity" (*Mayibuye*, 3/1990, p. 53).

59 Vgl. bv. "The final phase" (*Sechaba*, Okt. 1967, pp. 1-2); "ANC-ZAPU alliance" (*Sechaba*, Nov., 1967, p. 3); "We are at war!" (*Sechaba*, Feb. 1968, p. 1); editorial: "ZAPU-ANC guerrillas renew offensive!" (*Mayibuye*, 3.3.1968, pp. 1-2); "Zapu and ANC communique" (*Mayibuye*, 5.5.1968, p. 1); "Guerrillas Deep inside Zimbabwe" (*Sechaba*, Jan. 1969, pp. 3-4); " Zimbabwe – the vortex" (*Sechaba*, Feb. 1970, p. 1); "Rhodesia: The corridor of power" (*Sechaba*, Maart 1972, pp. 1-3); "Zimbabwe shall be free!" (*Sechaba*, April 1972, pp. 1-3); "ANC visit to Zimbabwe", Julie 1980, pp. 2-3).

60 UK-Biblioteek BC 1081 (P15.1), "Confidential briefing for the information and publicity sections of the ZANU-ANC alliance", 1967.

61 "ANC visit to Zimbabwe" (*Mayibuye*, Julie 1980, pp. 2-3).

62 Schleicher: *Südafrikas neue Elite*, p. 227.

63 Sjoebin: *ANC: The View from Moscow*, p. 316.

64 Yves Santamaria: "Afrocommunisme: Ethiopië, Angola, Mozambique" in Stéphane Courtois (red): *Zwartboek van het Communisme. Misdaden, terreur, Onderdrukking* (Nederlandse vertaling uit die Frans, Amsterdam, Arbeiderspers, 1997), pp. 908-917.

65 "The Ethiopian revolution" (*Umsebenzi*, 3/1988, p. 20).

66 Yusuf Dadoo: "South Africa: Revolution on an upgrade" (*World Marxist Review*, Praag, Julie 1978, www.sacp.org.za/docs/history/dadoo-24.html).

67 "Socialist Ethiopia" (*Sechaba*, Des. 1979, pp. 20-21). Vgl. ook Alfred Nzo: "African/Arab Unity" (*Sechaba*, Jan. 1979, pp. 2-6).

68 Oliver Tambo: "Statement to the 20th session of the assembly of heads of state and government of the Organisation of African Unity", 14.11.1984, by www.sahistory.org.za/archive/statement-20th-session-assembly-heads-state-and-government-organisation-african-unity-o-r.

69 Vgl. Piero Gleijeses: *Conflicting Missions. Havana, Washington, Pretoria*, p. 236.

70 "Message delivered by a member of the Central Committee of the South African Communist Party to the First Congress of the MPLA in Luanda in Dexember 1977", in South African Communist Party: *South African Communists Speak*, pp. 435-436.

71 Editorial: "President Agostinho Neto" (*Dawn*, Aug. 1979, p. 2).

72 Vgl. Volkogonov: *The Rise and Fall of the Soviet Empire*, pp. 293-300.

73 Vasilyi Mitrokhin: "KGB active measures in Southwest Asia in 1980-82" (*Cold War International History Project Bulletin* 14/15, pp. 193-203.

74 SACP: *South African Communists Speak*, pp. 467-469 (verklaring van sentrale komitee, Jan. 1980).

75 Editorial: "The hot Cold War" (*Dawn*, 2/1980, pp. 1-2.

76 Steve Dliwayo: "Our commitment to peace" (*Dawn*, 11/1980, p. 10).

77 Oliver Tambo: "Let us rise to the occasion" (*Sechaba*, Maart 1980, pp. 2-7).

78 Oliver Tambo: "Render South Africa ungovernable!" (www.anc.org.za/ancdocs/history/or/or85-1.html.)

79 "Political report of the NEC, III" (*Sechaba*, Des. 1985, p. 6).

80 Vgl. hieroor Timothy Garton Ash: *The Polish Revolution. Solidarity 1980-1982* (tweede, bygewerkte uitgawe, Londen, Penguin, 1999).

81 Mark Kramer: "Jaruzelski, the Soviet Union, and the imposition of martial law in Poland: New light on the mystery of December 1981" (*Cold War International History Project Bulletin* 11, pp. 5-14).

82 "Central committee statement on Poland" (*The African Communist*, 89/1982, pp. 96-97).

83 "The fight for Poland is a fight for peace" (*The African Communist*, 89/1982, p. 13.

84 Alfred Nzo: "Let us strengthen each detachment of our movement (*Sechaba*, Okt. 1982, pp. 2-10).

85 "Political report of the National Executive Committee to the National Consultative Conference of the African National Congress", Junie 1985.

86 Duma Nokwe: "The national liberation movement of South Africa" (*The African Communist*, 35/1968, pp. 44-45.

87 Editorial notes: "Home's second Munich" (*The African Communist*, 48/1972, p. 9).

88 "A.N.C. declaration" (*Mayibuye*, 30.4.1975, pp. 3-4).

89 Editorial: "Lest we forget" (*Sechaba*, Okt. 1986, p. 1).

90 A Lerumo (pseud. vir Michael Harmel): "The maturing of the revolutionary process, 1971-1977" (www.sacp.org.za/docs/history/dadoo-28.html).

91 "United action is the key" (*Dawn*, 2/1983, p. 3).

92 "A united people will defeat the enemy" (verklaring van die sentrale komitee van die SAKP, Sept., 1983, in *The African Communist*, 96/1984, p. 42).

93 "The spectre of large-scale conventional attacks against independent Africa is a grave concern" (*Sechaba*, Julie 1982, p. 29).

94 Shubin: "Unsung heroes" (www.sas.ac.uk/commonwealthstudies/resource/shubin.pdf, p. 1); Shubin: *ANC. A View from Moscow*, pp. 41-42; Luli Callinocos: *Oliver Tambo. Beyond the Engeli Mountains* (Kaapstad, David Philip, 2004), p. 296.

95 Tom Lodge: *Black Politics in South Africa since 1945* (Johannesburg, Ravan, 1983), p. 298.
96 Callinicos: *Oliver* Tambo, p. 297; Ibid., pp. 47-48; Shubin: "Unsung heroes" (www.sas. ac.uk/commonwealthstudies/resource/shubin.pdf, pp. 41-42.
97 Shubin: *ANC. A View from Moscow*, pp. 62, 68, 109 en 123.
98 Thomas: *Diplomacy of Liberation*, p. 157.
99 Shubin: *ANC. A View from Moscow*, p. 99.
100 Ronnie Kasrils: *Armed and Dangerous*, pp.81-92.
101 Shubin: *ANC. A View from Moscow*, p. 400. Vgl. ook pp. 62-65, 81-83 en 311-312. In 'n vroeëre artikel het hy die getal op meer as 2 000 gestel (Shubin: "Unsung heroes" by www.sas.ac.uk/commonwealthstudies/resource/shubin.pdf, p. 10).
102 Shubin: *ANC. A View from Moscow*, pp. 185-187.
103 Ibid., p. 401.
104 Apollon Davidson en Irina Filatova: "A reunion of old friends" (*Sunday Times*, 27.8.2006).
105 Kasrils: *Armed and Dangerous*, p. 273.
106 Shubin: *ANC. A View from Moscow*, p. 223.
107 Odd Arne Westad: *The Global Cold War* (Cambridge, Cambridge University Press, 2007), pp. 215-217; Westad: "Moscow and the Angolan crisis, 1974-1976" (*Cold War International History Project Bulletin* 8/9, Winter 1996, p. 22).
108 Andrew en Mitrokhin: *The Mitrokhin Archive, II*, p. 465.
109 Nel: *A Soviet Embassy in Pretoria?* p. 27.
110 Ibid., p. 21; Shubin: *ANC. A View from Moscow*, p. 307. Vgl. ook pp. 324-325.
111 Nel: *A Soviet Embassy in Pretoria?* pp. 23-24.
112 Helena Sheehan: "Interview with Jeremy Cronin, II" (www.comms.dcu.ie/sheehanh/za/cronin02.htm).
113 Shubin: *ANC. A View from Moscow*, pp. 340-341.
114 "Statement by the Soviet Afro-Asian Solidarity Committee" (*Sechaba*, Mei 1989, p. 5).
115 Alfred Nzo: "The Soviet Union supports our struggle" (*Sechaba*, Mei 1989, pp. 2-5).
116 Shubin: *ANC. A View from Moscow*, p. 350.
117 Oliver Tambo: "Speech at the meeting of representatives of the parties and movements participating in the celebration of the 70th anniversary of the "Great October Socialist Revolution", Moskou, 4-5.11.1987, by https://www.sahistory.org.za/archive/speech-meeting-representatives-parties-and-movements-participating-celebration-70th.
118 Editorial notes: "New programme of the CPSU" (*African Communist*, 104/1986, pp. 11-14).
119 Vigilator (pseud.): "What really happened to KAL 007? (*African Communist*, 100/1985, pp. 31-37); Editorial notes: "How safe is socialism?" (*African Communist*, 106/1986, pp. 9-15).
120 Editorial notes: "Capitalism vs. socialism" (*African Communist*, 119/1989, pp. 13-20).
121 "We are an extended family", gesprek tussen Joe Slovo en Ken Gill (*African Communist*, 119/1989, pp. 85-96).
122 Aangehaal in Farid Esack: "Glasnost and the Mass democratic Movement" (referaat, Universiteit van Natal, 4.3.1990, uk.geocities.com/faridesack/feglasnost.html).
123 Joe Slovo: "Has socialism failed?" (www.sacp.org.za/main.php?include=docs/history/1990/failed.html).
124 Pallo Jordan: "The Southern African policy of the Soviet Union – with specific reference to South Africa: Some notes" (www.marxists.org/history/international/comintern/sections/sacp/1990/soviet-union.htm).
125 Mark Webber: "Soviet policy in Sub-Saharan Africa: The final phase" (*Journal of Modern African Studies*, 30/1, 1992, p. 15).

126 Heribert Adam en Kogila Moodley: *Negotiated Revolution. Society and Politics in Post-Apartheid South Africa* (Johannesburg: Jonathan Ball, 1993), p. 87.

127 "What the SACP said about the coup" (*Umsebenzi*, 7/4 1991, p. 6). Volgens die blad het Slovo hom al op die 19de in 'n onderhoud met die *Voice of America* teen die staatsgreep uitgespreek, maar dit kon nie onafhanklik bevestig word nie.

128 "Events in the Soviet Union", 22.8.1991. Toe ek oorspronklik navorsing oor die onderwerp gedoen het, was dié dokument te vinde by www.anc.org.za/ancdocs/pr/1991/pro82. html. Dit is sedertdien van die web verwyder.

129 Stephen Ellis: "The South African Communist Party and the collapse of the Soviet Union" (*The Journal of Communist Studies*, 8/2, Junie 1992), p. 155).

130 "The socialist ideal remains intact, says Turok" (*Work in Progress*, 78/Okt.-Nov. 1991, p. 31).

131 Mathatha Tsedu: "Failure of Soviet Union leads to breakdown in emotional engineering" (*Sunday Independent*, 14.2.1999).

132 Onderhoud met Hilda Bernstein, 25.8.2004 (www.omalley.co.za).

133 Vgl. bv. Ellis en "Sechaba": *Comrades against Apartheid*, pp. 146-148; Shubin: *The ANC: A View from Moscow*, p. 280.

134 Paul Trewhela: "Unreliable friend" (www.lrb.co.uk/v21/n22/letters.html).

135 Onderhoud met Paul Trewhela, 13.6.2004 (www.omalley.co.za).

136 Getuienis van Aboobaker Ismail, 27.9.1999, (http://www.doj.gov.za/trc/amn-trans/1999/9909271013_dbn_990928db.htm).

137 Oliver Tambo: "Our alliance is a living organism", toespraak voor SAKP-konferensie, 30.7.1981, (www.anc.org.za/ancdocs/history/or/or81-10.html).

138 Ellis en Sechaba: *Comrades against Apartheid*. pp. 46, 57 en 62; Dale McKinley: *The ANC and the Liberation Struggle. A Critical Political Biography* (Londen, Pluto, 1997), p. 37; C.J.B. le Roux: "Umkhonto we Sizwe and the ANC-SACP Alliance: A Critical Assessment of the Dominant Role that the South African Communist Party played in the Development of the 'Armed Struggle' in South Africa since 1961" (*Joernaal vir Eietydse Geskiedenis*, 18/1, Junie 1993, p. 72).

139 Ellis en Sechaba (pseud.): *Comrades against Apartheid*, pp. 150-151.

140 Vgl. "Strategy and tactics of the African National Congress" (www.anc.org.za/ancdocs/history/stratact.html); "The nature of the South African ruling class" (www.anc.org.za/ancdocs/history/conf/ruling.html).

141 Schleicher: *Südafrikas neue Elite*, p. 274.

142 Ibid., p. 275.

143 ANC: "Statement to the Truth and Reconciliation Commission", para. 3.3, (www.anc.org.za/ancdocs/misc/trc03.html).

144 Ellis en Sechaba (pseud.): *Comrades against Apartheid*, p. 198.

145 Special comment: "The downfall of 'communism' – is it a tragedy for socialism?" (*Work in Progress*, Sept. 1991, p. 8).

146 James Karioki: "Is the ANC anti-imperial?" (*City Press*, 29 Junie 2008).

147 Dale McKinley: *The ANC and the Liberation Struggle. A Critical Political Biography* (Londen, Pluto Press, 1997), p. 48.

Hoofstuk 17

1 Martin Meredith: *Nelson Mandela. A Biography* (Londen, Penguin, 1997), pp. 182–183; Paul Trewhela: "Unreliable Friend" (*London Review of Books*, 11.11.1999); Padraig O'Malley: *Shades of Difference. Mac Maharaj and the Struggle for South Africa* (Viking, New York, 2007), p. 63; Stephen Ellis: *External Mission. The ANC in Exile 1960–1990*

(Hurst, Londen 2012), pp. 17 en 20–23; Irina Filatova en Appollon Davidson: *The Hidden Thread. Russia and South Africa in the Soviet Era* (Jonathan Ball, Johannesburg, 2013), pp. 300–301; Gareth van Onselen: "Yes, he was a Communist, say ANC, SACP" (*Sunday Times*, 8.12.2013).

2   Kyk hoofstuk 4.

3   Kader Asmal: "The author of our political morality" (*Sunday Times*, 23.10.2006).

4   Kader Asmal: *Politics in My Blood. A Memoir*, p. 1457.

5   Luli Callinicos: *Oliver Tambo. Beyond the Engeli Mountains*, pp. 30, 44, 48-59.

6   Nadine Gordimer en Anthony Sampson: "President Mbeki's career" (*The New York Review of Books*, 47/18, 16.11.2000).

7   Callinicos: *Oliver Tambo*, pp. 308-309 en 357.

8   Vgl. hieroor bv. Gustavo Gutierrez en Gerhard Ludwig Müller: *On the Side of the Poor. The Theology of Liberation* (New York, Orbis, 2015).

9   Vgl. bv. Mandela: *The Struggle is my Life*, p. 204 (Mandela – PW Botha, 5.7.1989). Vgl. verder Andrew Masondo: "The struggle will intensify" (*Dawn*, Junie 1982, p. 13).

10   Stephen Ellis: *External Mission*, pp. 79 en 102.

11   Turok: *Nothing but the Truth*, p. 200.

12   Hugh Macmillan: "The African National Congress of South Africa in Zambia: The culture of exile and the changing relationship with home, 1964-1990" (*Journal of Southern African Studies*, 35/2, Junie 2009), p. 315.

13   Ellis: *External Mission*, p. 219.

14   Macmillan: *The Lusaka Years*, p. 202; Callinicos: *Oliver Tambo*, pp. 582-583.

15   "Address by Oliver Tambo to the first congress of MPLA", 12.12.1977 (www.sahistory.org.za/archive/future-free-exploitation-address-first-congress-mpla-o-r-tambo-luanda-december-1977).

16   SACP: *South African Communists Speak. Documents from the History of the South African Communist Party 1915-1980*, "The Road to South African Freedom', programme of the South African Communist Party adopted at the fifth national conference of the Party held inside the country in 1962", p. 316.

17   Oliver Tambo: " 'Our alliance is a living organism that has grown out of struggle'. President OR Tambo on the occasion of the 60th anniversary of the South African Communist Party" (*Sechaba*, September 1981, pp. 4-5).

18   "The alliance born in struggle" (*Umsebenzi*, 1/1985, p. 2); Adelaide Tambo (red.): *Oliver Tambo Speaks*, p. 293 ("The ANC and the SACP", 30.7.1981).

19   McKinley: *The ANC and the Liberation Struggle*, p. 57.

20   "Evidence before the Foreign Affairs Committee of the House of Commons: Oliver Tambo", 29.10.1985, (www.sahistory.org.za/archive/evidence-foreign-affairs-committee-house-commons-oliver-tambo-29-october-1985-london). 'n Verkorte weergawe van die getuienis verskyn in Gerhart en Glaser (reds.): *From Protest to Challenge, Volume 6: Challenge and Victory, 1980-1990*, pp.580-587. Die aanhaling kom voor op p. 583.

21   Sheridan Johns en R Hunt Davis jr. (reds.): *Mandela, Tambo and the African National Congress. The Struggle against apartheid, 1948-1990. A documentary survey* (Speech delivered at Georgetown University, January 27, 1987, p. 262).

22   "Address by Oliver Tambo at the La Trobe University", 3.4.1987 (www.anc.org.za/content/address-oliver-tambo-la-trobe-university. Laaste keer opgeroep op 27.4.2017).

23   Johns en Davis, Jr. (reds.): *Mandela, Tambo and the African National Congress*, pp. 302-305 ("Constitutional guidelines for a democratic South Africa", Julie 1988).

24   Address by Oliver Tambo to the first congress of MPLA", 12.12.1977, (www.sahistory.org.za/archive/future-free-exploitation-address-first-congress-mpla-o-r-tambo-luanda-december-1977).

25 "Speech by Oliver Tambo at the opening session of the first Conference of the Women's Section of the ANC", 10.9.1981. Die toespraak was gepubliseer by www.anc.org.za/content/speech-oliver-tambo-opening-session-first-conference-womens-section-anc toe ek dit op 27.4.2017 opgeroep het, maar dit is sedertdien verwyder.

26 "Speech by Oliver Tambo to the OAU Liberation Committee", 10.2.1983. Die toespraak was gepubliseer by www.anc.org.za/content/speech-oliver-tambo-oau-liberation-committee toe ek dit op 27.4.2017 opgeroep het, maar dit is sedertdien verwyder.

27 "Speech by Oliver Tambo at the Sixth Conference of the Heads of State or Government of Non-Aligned Countries, Havana, Cuba", 3.9.1979 (www.sahistory.org.za/archive/statement-sixth-conference-heads-state-or-government-non-aligned-countries-havana-cuba-o-r).

28 "Statement of the National Executive Committee on the occasion of the 60th anniversary of the ANC", 8.1.1972 (www.sahistory.org.za/archive/january-8th-statements-statement-national-executive-committee-occasion-60th-anniversary-anc).

29 "Statement of the National Executive Committee on the occasion of the 70th anniversary of the ANC", 8.1.1982, (www.sahistory.org.za/archive/january-8th-statements-statement-national-executive-committee-occasion-70th-anniversary-anc).

30 "Statement by Oliver Tambo to the extended meeting of the National Executive Committee of the African National Congress", 1.4.1975. Dit was gepubliseer by www.anc.org.za/content/statement-oliver-tambo-extended-meeting-national-executive-committee-african-national toe ek dit op 27.4.2017 opgeroep het, maar is sedertdien verwyder.

31 "Statement of the National Executive Committee on the occasion of the 75th anniversary of the ANC", 8.1.1987 (www.sahistory.org.za/archive/january-8th-statements-statement-national-executive-committee-occasion-75th-anniversary-anc).

32 Shubin: *ANC. A View from Moscow*, p. 361; Filatova en Davidson: *The Hidden Thread*, pp. 239 en 361.

33 Filatova en Davidson: *The Hidden Thread*, p. 239.

34 UK-biblioteek, BC 1981 (P9.2), ANC: "Statement of the African National Congress of South Africa on the occasion of the 26th Congress of the Communist Party of the Soviet Union", ongedateer.

35 "OR Tambo's statement from Moscow" (*Sechaba*, Januarie 1987, p. 9).

36 "Statement of the National Executive Committee on the occasion of the 60th anniversary of the ANC", 8.1.1972 (www.sahistory.org.za/archive/january-8th-statements-statement-national-executive-committee-occasion-60th-anniversary-anc); "Speech by Oliver Tambo on the occasion of the award of an honorary Doctorate to Nelson Mandela by the Karl Marx University of the German Democratic Republic", 11.11.1987, (www.sahistory.org.za/archive/speech-oliver-tambo-occasion-award-honorary-doctorate-nelson-mandela-karl-marx-university-0); "Speech by Oliver Tambo at the meeting of representatives of the parties and movements participating in the celebration of the 70th anniversary of the 'Great October Socialist Revolution'", 4-5.11.1987 (www.sahistory.org.za/archive/speech-meeting-representatives-parties-and-movements-participating-celebration-70th); "Speech by Oliver Tambo on the occasion of the award of an honorary Doctorate to Nelson Mandela by the Karl Marx University of the German Democratic Republic", 11.11.1987, (www.sahistory.org.za/archive/speech-oliver-tambo-occasion-award-honorary-doctorate-nelson-mandela-karl-marx-university-0).

37 "All roads led to Berlin" (*Sechaba*, Jan. 1981), p. 29.

38 "Statement of the National Executive Committee on the occasion of the 70th anniversary of the ANC", 8.1.1982, (www.sahistory.org.za/archive/january-8th-statements-statement-national-executive-committee-occasion-70th-anniversary-anc).

39 "Anti-imperialist solidarity"(*Sechaba*, Sept. 1979, pp. 26).

40 "Pres. Brezhnev – ANC statement" (*Mayibuye*, Nov. 1982, p. 3).

41 "Speech by Oliver Tambo at the meeting of Representatives of the parties and movements participating in the celebration of the 70th anniversary of the 'Great October Socialist Revolution'", 4-5.11.1987, (www.sahistory.org.za/archive/speech-meeting-representatives-parties-and-movements-participating-celebration-70th).

42 Gevisser: *Thabo Mbeki*, pp. 462-463.

43 Thula Simpson: *Umkhonto we Sizwe. The ANC's Armed Struggle*, pp. 240-241.

44 Thomas G Karis en Gail M Gerhart (reds.): *From Protest to Challenge, Volume 5: Nadir and Resurgence, 1964-1979*, pp. 724-725 ("Report of the Politico-Military Strategy Commission to the ANC National Executive Committee", Aug. 1979) en 726 ("Annexure 'B' – Summarized Themes on Our Strategic Line").

45 Shubin: *ANC: A View from Moscow*, pp. 361-362.

46 Ellis en Sechaba: *Comrades against Apartheid*, pp. 52 en 59.

47 Gerhart en Glaser: *From Protest to Challenge, Volume 6: Challenge and Victory, 1980-1990* ("Summary of Discussions between certain Representatives of Big Business and Opinion-Makers in South Africa and the ANC", ANC-memorandum, 14.9.1985), p. 580.

48 Ronnie Kasrils: *Armed & Dangerous. From Undercover Struggle to Freedom* (Bellville, Mayibuye, 1993), p. 273.

49 Irina Filatova en Apollon Davidson: *The Hidden Thread.*, pp. 238-239. Vgl. ook pp. 310-311.

Hoofstuk 18

1 Aangehaal in Hosea Jaffe: "South Africa, 1985-1994" (*Africa Update Newsletter*, 13/1, winter 2006).

2 Shubin: *ANC. A view from Moscow*, pp. 370-372.

3 O'Malley: *Shades of Difference*, p. 491.

4 Barnard: *Geheime Revolusie*, hoofstuk 21.

5 Robin Renwick: *The End of Apartheid. Diary of a Revolution*, pp. 37, 42 en 66.

6 Barnard: *Geheime Revolusie*, p. 113.

7 Vgl. Willie Esterhuyse: *Eindstryd. Geheime gesprekke en die einde van apartheid*, hoofstuk 9.

8 Gerhart en Glaser (reds.): *From Protest to Challenge*, VI, p. 589 ("A submission on the question of negotiations", 27.11.1985).

9 Theuns Eloff: " 'Dalk sou ek gehoor word as ek jonk en swart was' " (*Rapport*, 28.6.2017).

10 Gerhart en Glaser (reds.): *From Protest to Challenge*, VI, p. 615 "The Question of Negotiations", 9.10.1987.

11 Ibid., p. 655 ("Constitutional Guidelines for a democratic South Africa", Augustus 1988).

12 Renwick: *The End of Apartheid*, p. 108.

13 Barnard: *Geheime Revolusie*, p. 177.

14 Ellis: *External Mission*, pp. 263-264.

15 Ray Alexander Simons: *All my Life and all my Strength*, p. 338.

16 Joe Slovo: "Has Socialism failed?" (*African Communist*, 2nd quarter, 1990, pp. 25-51).

17 Ray Alexander Simons: *All my Life and all my Strength*, pp. 339 en 340.

18 SAKP: *Inner-Party Bulletin*, Februarie 1990, par. 1.1 en 1.18.

19 Stadler: *The Other Side of the Story*, p. 81. Vgl. ook pp. 83-84.

20 Sampson: *Mandela*, pp. 434-435.

21 Asmal en Hadland: *Politics in my Blood*, p. 154.

22 SAHA AL 3041, "Report of internal consultative conference of the South African Communist Party", 1990.

Hoofstuk 19

1 Hoofartikel: "The crisis in the socialist world" (*The African Communist*, tweede kwartaal, 1990, p. 19).

2 Joe Slovo: "Negotiations: What room for compromise" (*African Communist*, 3rd quarter, 1992, pp. 36-40).

3 Ellis: *External Mission*, p. 225.

4 Barnard: *Geheime Revolusie*, p. 145.

5 Raymond Suttner: "When government flouts international obligations and undermines freedom under the law" (*Daily Maverick*, 19.6.2015, by www.dailymaverick.co.za/article/2015-06-19-op-ed-al-bashir-when-government-flouts-international-obligations-and-undermines-freedom-under-the-law/#.VYPQp_mqqko

6 Voorlegging van die ANC aan die WVK, para 6.2.5, p. 61.

7 "People's war and insurrection: The subjective factor" (*Mayibuye*, 3/1989, p. 6).

8 Simpson: "Toyi-toyi-ing to freedom: The endgame in the ANC's armed struggle, 1989-1990" (*Journal of Southern African Studies*, 35/2, Junie 2009), p. 514. Volgens Simpson het Nzo per ongeluk hier 'n toespraak wat vir 'n geslote vergadering van die nasionale uitvoerende raad bedoel was, in die openbaar gelewer.

9 "Chris Hani speaks" (*Umsebenzi*, 7/1, 1991, p. 6).

10 Te vinde by www.icrc.org/ihl.nsf/FULL/470?OpenDocument.

11 *TRC Final Report*, VI, p. 642.

12 "The answer lies in being in the fighting ranks" (*Mayibuye*, 3/1987, p. 5).

13 *TRC Final Report*, VI, para. 52.

14 Ibid., para. 53.

15 *TRC Final Report*, III, p. 599.

16 Cherry: *Umkhonto we Sizwe*, pp. 36-37.

17 Ellis: "Politics and crime: Reviewing the ANC's exile history" (*South Africa Historical Journal*, 64/3, September 2012, p. 628).

18 Cherry: *Umkhonto we Sizwe*, p. 137.

19 Vgl. hieroor Leopold en Ingrid Scholtz: ""Die etiek van revolusionêre geweld: 'n verge-lyking van die Leninistiese met die Gandhiaanse model" (*Tydskrif vir Geesteswetenskappe*, 42/3, Sept. 2002).

20 Hubertus Knabe: *Tag der Befreiung? Das Kriegsende in Ostdeutschland*, p. 13. ("Es sollen auch nicht Verbrechen und Tote gegeneinander aufgerechnet werden, um Deutschland von seiner historischen Verantwortung zu entlasten – denn die eine Untat wird durch die andere nicht geringer, sondern die beide addieren sich.")

REGISTER

www.ingramcontent.com/pod-product-compliance
Lightning Source LLC
Chambersburg PA
CBHW071014280326
41935CB00011B/1345